예술의 魂

【장혜영 著】

어문학사

차례

책머리에 6

제1장
신을 위한 술, 신을 위한 예술

1. 술과 신의 관계

A. 인류의 물 숭배와 신의 탄생 그리고 술　19
　1) 중국의 물 숭배와 용 문화, 술과 여자　19
　2) 한국의 원시신앙과 생식기숭배　34
B. 바람의 숭배와 무당의 탄생 그리고 술　48
　1) 중국의 바람 숭배와 무당　48
　2) 한국의 바람숭배와 영동할미의 분석　60
C. 술과 제사 그리고 무속　70

2. 술과 무속예술의 관계

A. 가무예술의 자궁—술　87
　1) 우보와 예술의 탄생　87
　2) 권력 분산된 한국무속과 반용, 약용의 한국의 술 문화　97
B. 고대 한국의 무속 제의와 연극　103

제2장
인간을 위한 술, 인간을 위한 예술

1. 술과 예술의 탈종교화

A. 춘추전국시기와 고대 한국의 술과 예술 그리고 무속   112

   1) 춘추전국시기의 술과 예술 그리고 무속   112

   2) 고대 한국의 술과 예술 그리고 무속   122

B. 위진남북조 시기와 한국 삼국시대의 술과 예술 그리고 무속   130

   1) 위진남북조 시기의 술과 예술 그리고 무속   130

   2) 고구려 시기의 술과 예술 그리고 무속   144

C. 당나라 시기와 한국 삼국 시기의 술과 예술   158

   1) 당나라의 문학예술과 술 문화   158

   2) 신라의 술과 예술 그리고 무속   171

   3) 백제의 술과 예술 그리고 무속   189

2. 연극예술과 술 그리고 무속

A. 연극의 발전과 인위적 환경의 관계   195

   1) 송대 공연문화의 인위적 환경   195

   2) 고려 말, 조선시대의 공연문화와 인위적 환경   206

B. 연극의 내용과 탈종교화   220

   1) 송대 연극의 탈종교화   220

   2) 여말, 조선 시기 연극과 종교와의 밀월 관계   232

차례

제3장
교통과 술 그리고 예술

1. 행로문화와 문학

A. 당송시대의 교통과 행로문학 247

   1) 길 문화와 문화 소통 247

   2) 당시지로와 과거 256

B. 고려, 조선 시기 교통과 행로문학 265

   1) 삼국, 고려 시기 교통과 행로문학 265

   2) 조선시대 교통과 행로문학 276

2. 술과 행로문학

A. 당송 시기의 술과 행로문학 285

   1) 행로의 법도와 술 285

   2) 당송시에서 보이는 술과 길 문화 292

B. 고려, 조선시대의 술과 행로문화 302

   1) 삼국, 고려시대의 술과 행로문화 302

   2) 조선시대의 한시와 기행문에서 보이는 술과 행로문화 313

제4장
술과 상업 그리고 예술

1. 상업과 예술

A. 당대, 고려 시기의 상업과 도시발전 그리고 예술   327

　　1) 당대의 상업과 도시발전 그리고 예술   327

　　2) 삼국, 고려 시기 상업과 도시발전 그리고 예술   337

B. 송대, 조선 시기 상업과 도시발전 그리고 예술   350

　　1) 송대의 상업과 도시 성장 및 예술   350

　　2) 조선 시기 상업과 도시발전 그리고 예술   360

2. 주점과 상행위 그리고 예술

A. 당송, 고려 시기 주점과 상업 그리고 예술   369

　　1) 당대의 주점과 상업 그리고 예술   369

　　2) 삼국, 고려 시기의 주점과 상업 그리고 예술   379

B. 송대, 조선 시기 주점과 상업 그리고 예술   383

　　1) 송대의 주점과 상업 그리고 예술   383

　　2) 조선 시기 주점과 상업 그리고 예술   393

나가는 말   404

저자의 말   406

책머리에

술은 인류의 기원과 그 발단을 함께 할 만큼 역사가 유구하다. 문명의 개척과 진보에 핵심적 역할을 수행해왔다. 그럼에도 술은 오늘날까지도 생활 소비재라는 일상성 때문에 그 문화적 당위가 홀시되고 있다. 제한적인 음식 문화의 범주를 상회하는 술의 가치는 지금도 학술의 무대에서 재조명을 받아야 할 명분이 충분히 남아 있다.

술은 보통 음료수가 아니다. 갈증을 해소할 수 없기 때문이다. 그렇다고 보통의 식료품도 아니다. 허기를 달랠 수 없기 때문이다. 술은 신경 계통을 극도로 흥분시키고 몸에 에너지를 공급할 뿐만 아니라 흥분을 억제시키고 마비시키기도 한다. 술을 마시면 향기로운 냄새로 인해 맛이 좋기 때문에도 그렇지만 정신상에 미치는 영향 때문에 그 가치가 더욱 중요시된다. 한마디로 말해 술은 일종의 특수한 음료라고 할 수 있다.…… 술의 발견은 과학, 문학, 예술, 민속, 정치 등 인류의 사상과 물질문명에 적잖은 영향을 미쳤다.[1]

술 문화가…… '보편적'이라 함은 그 관련 범위가 넓어 정치, 군사, 경제,

---

1)「西周酒文化与宝鷄当今名酒」陝西人民出版社 1990年 9月. p.8.

철학, 문학, 예술, 관광, 교제, 의료보건 등 다방면에 걸쳐 술의 영향이 미치지 않은 곳이라고는 없기 때문이다.[2]

술의 기원에 대해서는 아직도 학계의 정설이 없다. 현존하는 술의 기원에 관한 여러 가설들을 귀납하면 인류 탄생 이전과 이후로 분류할 수 있다. 수렵, 채집시대의 과일주와 원숭이술猿酒은 전자에 속하고 농경시대 사람들인 의적儀狄과 두강杜康의 술 발명은 후자에 속한다. 자연 상태이거나 혹은 원시인류가 식용의 목적으로 채집하여 동굴 속에 저장해둔 고당분 함유 과일이 대기 중의 효모와 교접하여 발효된 술이 과일주이다. 원주猿酒는 원숭이들이 나무 구멍이나 바위틈에 저장해둔 과일에 효모가 들어가 발효된 천연 술이다. 이들의 공통점은 술 원료가 곡물이 아닌 과일이라는 데 있다.

곡식을 이용하여 빚은 술은 의적과 두강에 이르러서야 비로소 등장한다. 물론 대우大禹시대(의적)나 하夏나라(두강) 이전에도 술은 있었다. 요임금은 천 사발의 술을 마셨고 순임금은 백 잔을 마셨다고 한다.[3] 이러한 사실은 의적과 두강의 술의 발명 연대와 얼핏 모순되는 것 같지만 이들이 마신 술은 곡주가 아닌 과일주였을 가능성도 배제할 수 없다. 두강의 술 발명에 관해서는 고서에 기록이 있음에도 의문을 제기하는 사람들이 있다.[4]

---

2) 「中国酒文化辞典」黄山书社. 1990年 10月.
3) 「대동야승선집」
4) 「우리 땅에서 익은 우리 술」조정형 지음. 서해문집. 2003년 6월 10일. p.30. 위무제(魏武帝) 때의 사람…… 두강은 술 빚기에 능했다는 것뿐이고, 두강이 술의 시조라는 것은 잘못된 견해이다.…… 이상과 같은 사정으로 보아 중국에서의 술의 기원을 단정 지을 수는 없다.

(사진 1) 의적儀狄(左)과 두강杜康(右)
역사에 기록된 술 발명가들이다.

의적의 술 발명에 대해서도 여러 문헌기록이 남아 있다.[5]
한漢대 유향劉向의 《전국책戰國策〈위책魏策 2〉》에는 다음과 같은 기록이 보인다.

> 昔者, 帝女令儀狄作酒而美, 進之禹, 禹欽而甘之, 遂疏儀狄, 絶旨酒,
> 曰: '后世必有以酒亡 其國者.' 옛날에 우왕의 부인이 의적을 시켜 술을
> 빚게 하였다. 맛이 좋아 우왕에게 진상했다. 우왕이 맛을 본 후 말하기를
> '후세에 반드시 술 때문에 나라를 망치는 왕이 있을 것이다.' 라고
> 말했다.

---

5) 《呂氏春秋(여씨춘추)》儀狄作酒 (의적이 술을 빚었다.) 《世本(세본)》儀狄始作酒醪 (의적이 최초로 감주〔찹쌀을 발효시켜 만든 곡주〕를 빚었다.)

여기서 제녀帝女는 우왕의 부인 여교女嬌를 가리킨다. 도산여교塗山女嬌는 치수를 위해 동분서주하던 우왕이 30살 되던 해에 그녀의 고향에서 만난 여인이다. 굴원의 시《천문天問》에는 이런 구절이 있다.

> 어찌 저 도산의 딸을 얻어
> 대상에서 그녀와 정을 통했는가?[6]

여교가 주관酒官인 의적에게 술을 빚어 올리도록 명을 내린 데에는 그럴 만한 연유가 숨어 있다. 출중한 미모의 소유자인 여교는 치수 대업으로 13년 동안이나 집으로 돌아오지 않는 우왕 때문에 아들 계啓를 양육하며 쓸쓸한 독수공방의 세월을 보내야만 했다.

> 대상(豪桑)에서 결혼한 여교는 우의 도성인 안읍(安邑: 지금의 山西省 解縣 동북쪽)으로 보내졌는데 그곳에서의 생활이 익숙하지 않아 늘 고향을 그리워하였다. 우는…… 안읍성 남쪽에 그녀를 위해서 누각을 지어 그녀가 쓸쓸하고 적막할 때면 그 누각에 올라가 멀리 몇 천 리 밖의 고향을 바라보게 하였다.…… 그러나 낯익은 고향을 떠나 온데다가 또 사랑하는 남편과 헤어져 있어야 하는 나날이 그녀에게는 너무나 처량하고 고달프게 느껴졌다.[7]

중국의 첫 애정시가로 불리는, "후인혜의候人兮猗(기다림이란 그 얼마나 기나긴 것인가!)"[8]란 시만 보고서도 임을 기다리는 그녀의 심정이 얼마나 애절했던가

---

6) 《釋文》焉得彼嵞山女, 而通之於臺. 言禹治水, 道娶塗山氏之女, 而通夫婦之道於台桑之地. 焉, 一作安. 一云:焉得彼塗之女, 而通於台桑塗.
7) 「중국신화전설 1」위앤커 지음. 전인초 옮김. 민음사. 2004년 4월 10일. p.371.
8) 《呂氏春秋音初篇》

책머리에

〈사진 2〉 우왕의 부인 여교女嬌
의적에게 술을 만들어 올리게 하여 독수공방의 고통을 술로 이겨낸 미녀이다. 술을 인간의 심리와 인연을 맺어준 역사적인 인물이다.

를 이해할 만하다. 젊고 아름다운 여성이, 더구나 산도 설고 물도 선 타향에서 무려 13년 동안이나 독수공방해야 하는 그 인고의 세월은 보통 사람은 감내하기가 힘든 생리적, 정신적 고통이었을 것이 틀림없다. 여성을 산 채로 죽이는, 독수공방의 가슴 찢어지는 설움을 잠시나마 잊을 수 있는 방법은 오로지 하나 술뿐이었다. 여교는 의적이 만든, 과일주보다 도수가 높은 곡주로 13년이라는 기나긴 외로움을 버텨낼 수 있었을 것이다.

여교와 우왕의 술과의 인연은 여기서 끝나지 않는다. 굴원의 시에서 보면 그들이 처음으로 만났던 밀회 장소도 술과 깊은 연관이 있음을 알 수 있다. 그들은 야외의 뽕나무밭(상림桑林)에서 첫 데이트를 가진다. 뽕나무 열매인 오디는 상심주桑椹酒를 만드는 원료이다.9) 전설에 의하면 의적은 뽕나무 잎으로 싼 밥을 발효시켜 곡주를 담갔다고 한다.

이처럼 술은 그 탄생의 시초부터 인간의 내면심리와 정신세계와 긴밀한 인연을 가지고 있다. 우왕이 의적이 발명한 술의 작용을 우려하고 금주한 것은 완전히 국가적인 대의와 정치적인 고려 때문이지 술과 인간의 정서적 유대를 걱정한 것은 아니었다.

우왕의 경우도 술과의 남다른 인연은 여교와 다를 바 없다. 의적이 진상한 술을 마셔본 후 금주했다는 기록은, 역으로 우가 그 전까지 술을 마셨음을 입증한다. 금주 범위도 의적이 만든 곡주에 한정되었을 가능성이 없지 않다. 술맛 즉 알코올의 농도가 높은 곡주가 위정자에게 미칠 해로움을 경계했을 따름이지 음주 자체를 거부한 것은 아니기 때문이다. 또한 그가 수행한 치수

---

9) 《本草纲目》李時珍. 桑椹: 釀酒服 (오디는 술을 빚어 마신다.)《천연식초》구관모 지음. 국일미디어. 2006년 10월 16일. p.106. 우리나라와 중국에서는 오디로 빚은 술을 상심주(桑葚酒) 또는 선인주(仙人酒)라고 해서 송엽주와 더불어 아주 귀한 술로 취급했으며 보건, 강장효과가 널리 인정되었다.

책머리에

治水는 두절된 물길을 터서 자연의 순리를 복구하는 작업이다. 여교의 술이 막힌 신경계통을 열어 기의 흐름을 원활하게 하고 정신적 자유를 보장하는 원리와 같은 맥락이라 할 수 있다.

수렵, 채집시대 상고인들의 주거지는 동굴이었다. 그들의 주식은 육류와 나물 그리고 과일이었으므로 식기(그릇)가 필요 없었다. 구운 고기나 마른 과일은 깨끗한 판석板石이나 잔디草地만 있으면 음식물을 놓아두기에 충분했기 때문이다. 그러나 물이나 술과 같은 음식물은 특제된 용기가 없이는 운반이나 보관이 어렵다. 더구나 자연 숙성된 과일주나 원주猿酒는 획득하기가 힘들기에 잘 보관해 두어야만 했다. 기명器皿은 바로 이러한 액체 식품의 보관 필요성 때문에 탄생한 것이다.

> 옛날의 사발은 자루가 달린 자그마한 그릇이었다. 물을 푸는 데 사용했다.[10]

그릇은 물을 푸고 담는 용도에 그치지 않고 제사의 성행과 더불어 술을 담아 보관하는 제기로 발전했다. 상고시대 기명들은 대체로 밑에 세 개의 발이 달려 있다. 이는 출렁거리는 액체가 쏟아지지 않도록 균형을 유지하기 위한 장치일 것이다.

> 음식을 담는 궤(簋)는 장방형 또는 원형의 기명이다. 양쪽에 손잡이가 있고 밑에 발이 달렸다. 청동, 토기, 나무 또는 대나무로 제작한다.[11]

---

10) 「上古食器酒器」馮進. 2011年 2月 8日.《大公報》古代的碗是加了一個柄的小盂, 用來舀水的.
11) 동상서. 盛飯用簋(音「鬼」)是長方形或者圓形的器皿, 兩旁有耳, 腹底有足, 可以是青銅, 陶, 木或竹製的.

고대 기명의 대부분을 차지하는, 발과 손잡이가 달린 그릇은 십중팔구 물그릇이 아니면 제기祭器(술잔)이다.

그릇의 발달은 술이 제사에 사용되면서부터 본격화되었다. 술을 담그고 보관하고 제단에 진상하는 데 제기祭器는 필수였다. 제기의 출토 연대가 7천 여 년 전으로 거슬러 올라간다는 고고학 발굴 결과를 보고서도 알 수 있다. 자산문화, 삼성퇴유적, 대문구문화, 용산문화유적에서 발굴된 대량의 주기酒器들은 이 같은 주장을 밑받침해준다.

제기의 발달은 인류문명사에서 술이 차지하는 비중이 얼마나 컸던가를 짐작케 한다. 곡식 재배가 식량 확보보다는 양조釀造원료 조달을 목적으로 한 것이라는[12] 가설의 진실 여부를 떠나 곡물을 이용한 인공 양조기술의 발견은 성대한 제사의식을 고대사회에 정착시켰다. 제의는 무당의 위계승격에 명분을 제공하였고 무당의 술에 대한 사용독점권을 배당해 주었다. 고대사회에서 술은 오로지 제사 때에만 마실 수 있는 별식이었다.[13]

이렇듯 고대사회에서 술은 두 갈래의 경로를 통해 부동한 음주 역사를 써내려 왔음을 알 수 있다.

개인의 은밀한 내면으로 침투하여 희로애락을 함께한 음주 역사는 의적과 두강에 의해 시작된 후 오늘날까지 그 맥을 면면히 이어오고 있다. 13년 동안이나 독수공방하며 애달픈 기다림에 목마른 여인의 고독과 외로움을 달래준 것도 술이고 조조의 깊은 시름을 풀어준 것도 술(두강杜康)이다.[14] 여기서 술

---

12) 「上古食器酒器」馮進. 2011年 2月 8日.《大公報》1937年. 我国考古学家吴其昌先生曾提出 一个很有趣的观点: "我们祖先最早种稻种黍的目的, 是为釀酒而非做饭." 1937년 고고학자 오기창선생은 "우리 조상들이 벼와 기장을 재배한 최초의 목적은 먹기 위해서가 아니라 술을 빚기 위해서였다."라는 흥미로운 견해를 내놓았다.
13)《尚書》〈酒誥〉飮惟祀.
14) 「한시어 사전」전관수 지음. 국학자료원. 2002년 07월 09일. p.192. 憂思難忘. 何以解憂 唯有杜康. (근심스런 일 잊기 어려운데, 무엇으로 그 근심 풀려는고? 오직 술이 있을 뿐일세.)

(사진 3) 어유圍卣(左) 서주시기西周早期 북경방산유리하北京房山琉璃河출토. 북경수도박물관 소장. 효유鴞卣(右)
유卣는 고대에 술을 담는 주기酒器이다. 제사 때 거창秬鬯이라는 향기로운 제주祭酒를 담는 주구이다. 주기의 종류는 존尊, 작爵 광觥, 화盉, 배, 각角 호壺, 유卣, 방이方彝등 여러 가지가 있고 재료는 토기, 청동靑銅, 칠기漆器 청자靑瓷, 금은金銀, 옥玉 등으로 제작한다.

은 인간의 감정과 정서를 조절하는 마술사의 역할을 했던 것이다.

한편 무속은 제사를 명분으로 인류역사의 절반에 해당하는 오랜 기간 동안 술을 자신의 지배하에 두고 신을 위한 제물로 충당해왔다. 무속이 술을 독점할 수 있었던 것은 과학기술이 발달하지 못한 여건에서 고대인들의 물질적 생존에 대한 절박함이 정신적 문화에 대한 추구보다 우선시되었기 때문이다. 먹고 사는 것이 놀고 즐기는 것보다 더 급박했던 것이다.

그러나 다행스러운 것은 무속과 술의 이런 불평등한 예속관계는 인류문명사에서 대서특필할 만한 사건의 발단이 되었다는 사실이다. 술을 능욕한 무속은 그 대가로 스스로의 자궁 속에 예술의 씨앗을 잉태함으로서 의외의 결실을 맺게 된다. 하지만 무속에 의해 탄생한 초기예술은 그 관심사가 인간의 희로애락이 아닌, 신의 희로애락이이라는 유감스러움도 동시에 부여되었다. 무속이 신의 감시를 피해 음으로 양으로 인간을 향해 추파를 던지는 예술의 불륜을 억압할 수밖에 없었던 그 지점에서 무속과 술의 결별은 이미 숙명적인 것이었다. 술은 무속과 체결한 노예계약을 청산하고 자유를 찾아 인간과 합류한 것이다. 신의 기쁨조, 무당의 무구巫具에 불과했던 예술이 독립을 선언하고 뒤늦게나마 인간에게 운명을 의탁하게 된 역사적인 사건은 술의 영향을 배제하고는 논급할 수 없다. 신의 희로애락을 대변하던 데로부터 인간의 희로애락을 표현하는 데로 전향하면서 무속 예술은 드디어 인간을 위한 진정한 예술로 거듭날 수 있었다.

    술과 예술의 탈 무속은 실로 수천 년의 세월과 수많은 역사적 격변기를 거치고 나서야 비로소 실현될 수 있었다. 중국의 경우 술의 탈 무속은 춘추전국부터 위진남북조에 이르는 시기에 진행되었고 예술의 탈 무속은 당대를 거쳐 송대宋代에 와서야 완성되었다. 이와는 대조적으로 한국의 경우 술과 예술의 탈 무속은 조선시대 말엽에 와서야 서구문화의 유입으로 급속하게 원유의 중국문화와 교체되었다고 할 수 있다. 종합예술인 연극을 중심으로 봤을 때 한국에는 조선시대 말엽 이전에는 예술다운 예술이 없었다고 단언할 수 있다.

    본서는 술이 무당의 지배 하에서 어떻게 무속과 연대하여 예술을 탄생시켰으며 더 나아가 술과 예술이 어떻게 무속의 억압으로부터 탈피하여 인간을 위한 참된 예술로 재탄생하는가 하는 역사적인 변천 과정을 국내외 문헌 자료 분석을 통해 담론을 펼치려 한다. 독자의 이해를 돕기 위해 한국과 중국의 경우를 시대별로 비교하여 논리를 전개하려 한다.

    학술성은 객관성을 전제로 할 때에만 설득력을 확보할 수 있다. 이 책을 집필하는 내내 객관성을 견지하려고 노심초사했음을 미리 알려 두는 바이다.

책머리에

제1장

신을 위한 술, 신을 위한 예술

선사인류는 알몸뚱이에 원시적인 도구인 석기나 목기만을 달랑 손에 든 채로 대자연과 마주섰다. 과학상식의 결여와 단일 규합을 해체하는 씨족공동체의 반동으로 분산된 역량의 불리함에 인구마저 적었던 그들에게 대자연은 생존을 위해 반드시 필요한 물질공간인 동시에 시시각각 생명을 위협하는 공포와 위험의 대상이기도 했다. 살아남기 위해서는 대자연의 위협적인 공격으로부터 자신을 보존하는 대책마련은 필수였을 것이다. 그 대안으로 떠오른 것이 다름 아닌 신이다.

선사인류는 대자연이 자행하는, 무소불위의 신통력이 어떤 보이지 않는 신비한 힘이 배후조종하는 것이라고 생각했다. 그 신비한 존재의 이름을 신이라 부른 것이다. 신을 공경하고 경배하여 그의 도움을 빌어 자연으로부터 오는 위험을 해결하려 했다.

그러나 아이러니하게도 전지전능한 신에게도 치명적인 결여가 존재했다. 신은 부재의 현존이고 현실 외재적이고 상상의 공간에만 존재한다는 사실이 인간을 곤혹에 빠트렸다. 그러한 신과 만나고 강신하게 하는 대안으로 떠오른 것이 술이다. 술은 인간의 정신을 현실로부터 초월시켜 상상의 세계에로 인도하는 신비한 기능이 있다. 술과 신의 초현실적인 소통이 가능할 수 있었던 원인은 양쪽 다 물水과 바람風에 그 기원을 두고 있기 때문이다.

본장 1절에서는 물과 바람 그리고 신과 술의 관계를 무속과 결부시켜 심도 있는 담론을 전개하려고 한다.

그런데 신을 영접하기 위해 투입된 술은 상상의 터널을 통하여 도달한 곳에서 신 대신 생각지도 않던 예술을 발견하게 된다. 그곳은 원래 신의 공간이 아니라 예술의 공간이었다. 그러나 부재의 신과 짝사랑에 빠진 무속은 예술의 자유를 박탈하고 그를 사역使役하여 청신淸神의 도구로 삼았다. 그리하여 예술은 무속의 무리한 억압 아래 수천 년 동안 신 하나만을 위하여 재능을 한껏 펴보지도 못하고 지독한 인고의 세월을 버텨내야만 했다. 오로지 신 혼자만이 존숭의 대상인 무속의 영역에 유폐된 예술에게 그나마 위안이 되어 주었던 건 술이었다. 그러나 술마저 인류지성의 탈신脫神태동과 인본주의의 대두로 인한 무권巫權쇠락의 기회를 틈타 무속의 지배를 탈피하여 인간에게로 복귀하면서 예술은 드디어 이들 무속과의 천년 종속관계에 종지부를 찍고 인간을 위한 진정한 예술로 새롭게 태어나는 계기로 삼게 된다.

본장 2절에서는 초기에는 무속에 의해 성장했지만 후기에는 무속의 한계 때문에 발전의 기회를 억압당해야만 했던, 술과 예술의 파란만장한 역사 과정을 중점적으로 다루려고 한다.

1. 술과 신의 관계

A. 인류의 물 숭배와 신의 탄생 그리고 술

1) 중국의 물 숭배와 용 문화, 술과 여자

물은 생명의 근원이다. 그래서 8괘에도 물이 택澤과 수水 두 번이나 나타난다.[15] 택澤은 연못이나 늪, 호수처럼 물이 모이거나 고인 장소를 뜻함으로 물을 의미한다. 오행(수, 화, 목, 금, 토)에서도 당연하게 첫 번째 순위이다. 그만큼 물은 인간의 생존은 물론이고 생명 전체에 중요한 의미를 가지고 있음을 암시한다.

---

15) 〔팔괘〕건(乾), 태(兌), 이(離), 진(震), 손(巽), 감(坎), 간(艮), 곤(坤)·〔육효〕천(天), 택(澤), 화(火), 뇌(雷), 풍(風), 수(水), 산(山), 지(地).

(사진 4) 대홍수. 창세기 7장. (구스타프 도레Gustave Dor)
창세기 7장에는 B.C 2348년, 노아의 나이 600살이 되던 해 2월 17일의 대홍수가 기록되어 있다. 선사시대의 대홍수에 대해서는 세계 각국의 많은 신화들에서도 나타난다.

물이란 무엇인가. 그것은 만물의 본원이며, 모든 생명체의 근원이다.[16]

물을 만물의 기원으로 보는 사상은 동양뿐만이 아니라 서양사상사에서도 보인다.[17]

그러나 물이 인간과 각별한 인연을 맺게 된 계기는 원시적인 수렵과 채집생활방식에서 벗어나 농경문화에로 진입하면서부터라고 할 수 있다. 농경은 물의 전제가 선행되어야 하기 때문이다. 인류의 고대문명이 대하大河와 대평원을 중심으로 발전해온 역사적 사실만 보고서도 쉽게 수긍이 된다. 나일강유역의 이집트문명, 티그리스강과 유프라테스강 유역의 메소포타미아문명, 인더스강과 갠지스강유역의 인도문명 그리고 황하유역의 중국문명 등 고대농경문명의 발상지는 한결같이 큰 하천과 평야를 끼고 있음을 알 수 있다.

그런데 큰 강과 넓은 평야는 농경에 유리한 조건을 제공함과 동시에 인간의 생존에 불리한 인소도 내포하고 있다는 점이 고민거리가 될 수밖에 없다. 평야의 중심을 가르며 흐르는 강은 물길을 터서 인수하기는 용이하지만 반면 강물이 쉽게 범람하고 농경지가 침수되는 단점이 존재한다. 게다가 평원지대는 광선에 무방비 상태로 노출되어 강우량이 적고 태양 복사량이 높을 때는 가뭄 속도가 가배되는 취약점도 있다. 하천 범람과 가뭄은 농사에 결정적인 영향을 미친다. 이는 농경시대의 서막을 연 요순시대에 국가적인 차원의 대대적인 치수작업이 거행되었던 역사적 사실을 미루어서도 짐작할 수 있다. 치수는 당시 국정의 전부였고 치수에 성공한 자는 왕의 권좌를 차지할 정도였다.

---

16) 《管子. 水地》水者何也, 万物之本原也, 诸生之宗室也.
17) 물은 만물의 기원이다. 탈레스. (B.C.625~624~대략 B.C.547~546)그리스 철학자. 밀레토스학파의 창시자.

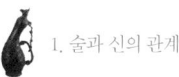 1. 술과 신의 관계

그가(요임금) 임금 자리에 있었던 1백여 년 동안에 무서운 가뭄이 들었고, 또 가뭄에 뒤이어 대홍수가 일어났다.[18]

요임금 때에 기나긴 대홍수가 있었는데 저그만치 22년간이나 계속되었다고 한다. 그 당시 중국 땅은 온통 다 홍수의 피해를 입어 그 상황이 참으로 비참했다. 대지는 물로 가득 차 백성들은 살 곳을 잃어버렸다.[19]

고대인들은 홍수와 가뭄[20]에 효과적으로 대처하지 못하면 농사는 물론이고 생존조차도 지켜내기 어려웠다. 요순시대에는 대대적으로 치수사업을 진행했고 고대 이집트인들은 나일강의 범람을 다스리는 과정에 천문학, 기상학, 측량학, 역법, 토목건축학이 고도로 발달했다. 물론 일정한 효과도 거두었다. 그러나 물길을 뚫고 제방을 축조하는 등 인간의 힘으로 물을 다스리는 데는 한계가 있을 수밖에 없었다. 그것은 어디까지나 땅위에서의 토목공사에 지나지 않기 때문이다. 가뭄과 홍수는 어디까지나 하늘이 하는 일이었기에 하늘까지 다스리기에는 인간의 능력이 미치지 못했다.

지상 유동流動, 등천登天(수증기 증발), 비천飛天(구름), 강우降雨 등의 기능으로 생명을 기르기도 하고 죽이기도 하는 신비함은 물을 인간의 숭배 대상으로 신격화하기에 충분했다. 중국에서 물 숭배는 용 신앙에 집약되었다.

> 용은 물에서 생겨났다. 오색 피부로 떠돌아다닌다. 그러므로 신이라고 한다. 작아지려고 하면 누에꼬치만 하게 되고 커지려고 하면 하늘 천지간에 차고 솟구쳐 오르려고 하면 구름 위에 이르고 내려가려고 하면

---

18) 「중국신화전설 1」위앤커 지음. 전인초 옮김. 민음사. 2004년 4월 10일. p.253.
19) 동상서. p.343.
20) 요임금 때 열 개의 태양이 한꺼번에 하늘에 나타나서 땅이 메마르고 벼이삭이 말라 죽었다. 동상서. p.289.

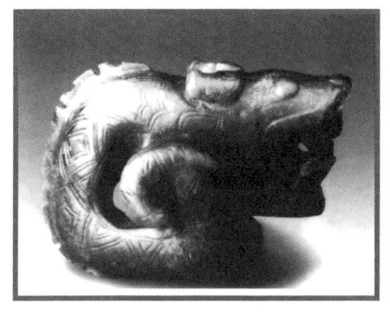 

(사진 5) 옥룡玉龍 (상대商代)
1975년 하남안양은허부묘河南安陽殷墟婦墓에서 출토

깊은 물속으로 들어간다. 변하지 않는 날이 없고 끊임없이 아래위로 오르내려 그를 일컬어 신이라고 한다.[21]

신은 보통 자연 속에 실재하는 동식물이나 반인반수와 같은 구체적인 자연물의 형상을 가진다. 그런데 유독 용과 봉황만은 구체적인 형상이 없는 상징적인 신이다. 용의 동물형상과 이미지는 수생水生동물들의 여러 가지 특징들이 중첩되어 창조되었다는 주장도 있지만[22] 필자는 동물이 아닌 물의 형상과 결부시켜 용의 이미지를 해석하려고 한다.

중국에서의 신의 역사적 변천과정을 살펴보면 다물신(동식물), 동물신, 반인반수신(황제, 염제, 복희, 여와, 치우 등), 상징신(용, 봉황), 인간신(태상로군)의 순차적 계보를 이어왔음을 어렵잖게 알 수 있다. 이중에서 다물신과 동물신 숭배시

---

21) 《管子. 水地編》龙生于水, 被五色而游, 故神。欲小则化如蚕蹋, 欲大则藏于天地;欲上则凌于云气, 欲下则入于深泉。变化无日, 上下无時, 谓之神。
22) 「中华文化与水」革怀垰. 长江出版社. 2005年 1月 1日. "龙实际上起源于远古先民的水崇拜和书生动物崇拜。龙的动物形象和意象是在先民崇拜水和蛇, 鱼, 蚧, 鳄等水居动物的混沌思维中完成的. 용은 사실 선사인류의 물 숭배와 수생동물숭배에서 기원했다. 용의 동물형상과 이미지는 상고인들이 물과 뱀, 물고기, 도마뱀, 악어 등 물에서 사는 동물들에 대한 숭배가 중첩되어 완성된 것이다.

기까지는 아직 농경문화가 보급되기 전의 원시 토템신앙들이다. 신이 반인반수의 형태를 띠면서부터 수렵과 함께 농경이 시작[23]되었다, 농경문화는 경작지를 거점으로 하는 정착문화의 터전에서만 산생될 수 있다. 공동체와 분산된 씨족들의 본격적인 사회통합은 보편신 즉 준 유일신의 형성과 함께 탄생을 고한다. 용과 봉황을 보편신 또는 준 유일신이라 함은 공간적인 지역성 또는 특수성을 취하는 개별적인 신들이 아니라 장소적 통합성을 상징하기 때문이다. 개별적인 하천이나 바다, 호수의 신이 아니라 물과 관련된 통합적 이미지(하천, 호수, 바다, 구름, 비 등)를 상징하는 신이 바로 용이다. 물은 그 영향 범위가 개별적 하천이나 호수에 그치지 않고 실로 하늘과 땅, 바다, 대기층은 물론이고 땅 밑의 깊은 지하까지도 그 활동 영역에 속할 정도이다. 이와 같이 용은 농경문화와 사회공동체를 구성하는 구심점 역할을 한 수신水神, 농경신이었다. 중국에서의 신의 변천과정과 그에 해당하는 생산수단, 신앙체계, 사회구성의 진화과정을 아래의 도표에 집약해 보았다.

【도표 1. 중국에서의 신의 역사적 변천 과정】

생계수단	채집과 수렵	수렵과 채집	수렵과 농업	농경	농경, 수공업
신	다물신	동물신	반인반수신	상징신(용,봉)	인간신
신앙	원시 토템	부족 토템	지역신	준 유일신	유일신
공동체 구성	씨족 집단	부족 집단	성장공동체	집합공동체	사회공동체
비고	식물동물숭배	도구 발달	반렵 반농	농경사회정착	도교:태상로군

---

23) 전설에 의하면 소의 머리에 사람 몸을 한, 반인반수의 염제 신농씨가 농업과 의학을 발명했다고 전해진다. 인구가 늘어나 수렵과 채집으로는 먹는 문제를 해결하기 어려웠기 때문이다.

준 유일신은 전지전능한 창조신인 유일신에 비해 그 신통력의 범위가 제한적이다. 용의 경우에도 인간의 길흉화복과 생사를 주관하는 유일신과는 달리 농경과 관련된 기상측면의 기능 이외에는 별다른 신통력을 발휘하지 못한다.

> 응룡(鷹龍)은…… 물을 모으고 비를 내리게 할 수 있는 능력을 갖고 있었다.[24]
>
> 응룡(鷹龍)은…… 날개를 펼치고 하늘을 날 때 구름을 몰아 비를 내리게 하려 하던 참이었다.[25]
>
> 용은 바람을 일으키고 비를 몰아치기도 하고 구름 속을 누비며 안개를 내뿜으면서 한재와 수재를 관장한다.[26]

용의 형상과 물의 형상을 비교해보면 용이 실존동물이 아니라 물의 이미지가 투영된 상징물임을 알 수 있다. 용은 몸을 "감출 수도 있고 드러낼 수도 있고 키울 수도 있고 줄일 수도 있고 짧아질 수도 있고 길어질 수도 있다. 봄철에는 등천하고 가을철에는 연못 속으로 스며든다."[27] 모두 물의 속성들이다. 몸체가 가늘고 길고 구불구불한 모습은 흐르는 강물의 모습을 닮았고 계절의 변화에 따라 하늘로 증발하기도 하고 땅속으로 스며들기도 하는 현상

---

24) 「중국신화전설 1」위앤커 지음. 전인초 옮김. 민음사. 2004년 4월 10일. pp.174~175.
25) 동상서. p.175.
26) 「龍鳳文化原流」北京公藝文化出版社 1998년. p.8.
27) 《说文·鱼部》能幽能明, 能巨能细, 能短能长, 春分而登天, 秋分而潛渊.

역시 물의 속성이다. 용은 "물에서 태어나서"[28] 물을 마시고 물에서 살며"[29] 물을 지배한다.

여기서 용은 물을 지배하는 수신水神이라는 사실에 주목할 필요가 있다. 용이 물을 관장하는 수신임에도 불구하고 학계에서는 예나 지금이나 물의 이미지와는 전혀 상관없는 해석들을 쏟아내고 있다. 뱀 토템 부족집단이 수많은 다른 부족집단들을 통합하는 과정에서 형형색색의 동물토템들이 결합되어 용의 형상을 탄생시켰다는 주장[30]이나 악어를 용의 원형으로 보는 가설[31]은 모두 용이 물의 신이라는 사실을 학술적으로 설명하지 못한다.

용의 형상 속에 집약되었다는 동물상들은 물고기, 뱀, 조개蜃를 제외한 기타 동물상들 즉 사슴, 낙타(말), 토끼, 매, 호랑이, 소, 돼지 등은 물과는 하등의 연관성도 없다. 낙타는 중원에 서식하지도 않는 동물이다. 한마디로 용의 형상은 구불구불한 하천의 형상과 형형색색의 구름의 모습과 번개의 모습을 상징화한 것이다. 발은 상고인들이 대지 위를 흐르는 물이 커다란 발을 이용하여 기어 다닌다고 생각하여 형상화한 것이며 비늘은 물고기의 비늘이라기 보다는 출렁이는 물결의 파문에 가깝다. 용이 날개도 없이[32] 하늘을 자유자재로 비상할 수 있는 건 천지간을 자유자재로 운행하는 물의 속성을 닮았기 때문이다. 물이 수증기를 통해 하늘 위로 증발하고 구름이 되어 바람을 타고 공중에서 날아다니는 신통력이 고스란히 용에게 전수되고 있다.

---

28) 《管子·水地篇》水生于水.
29) 《呂氏春秋·举难》龙食于清,游与清.
30) 「伏羲考」闻一多. 上海古籍出版社. 2006年 1月 1日.
31) 「九歌新考」周勋初. 上海古籍出版社, 1986年. 8月.
32) 날개를 가진 용도 있다. 그러나 응룡(鷹龍)뿐이다. 황제에게는 응룡(鷹龍)이라는 신룡(神龍)이 한 마리 있었다. 응룡에게는 한 쌍의 날개가 달려 있었다. 「중국신화와 전설 1」위앤커 지음. 전인초 옮김. 민음사. 2004년 4월 10일. p.174.

이제는 물과 술의 관계에 대해 언급할 때가 된 것 같다. 고대사회에서 술과 물은 같은 뜻이었다. 마시다는 뜻인 음飮의 고자古字는 물보다는 술을 마신다는 의미로 쓰였다.

> 동작빈(董作賓)은 "음(畬)"은 현대어의 "음(飮)"자라고 보고 있다…….
> 사람이 고개를 숙인 채 손으로 술잔을 들고 혀로 술을 마시는 모습이다.[33]

음飮은 마시다는 뜻의 고어이다. 물이 아니라 술을 마시고 있다. 쓴술 염畬자도 현대어의 음飮자와 같은 뜻이다. 이는 고대인들에게 있어서 술은 곧 물이고 물은 곧 술이었다는 사실을 입증해주는 예이다. 하夏나라 때는 물을 떠놓고 제사를 지냈다.[34] 제주祭酒는 아침이슬을 사용하는데 하나라 때에는 명수明水라고 불렀다. 청주清酎 바로 청수清水 즉 맑은 물이다. 주周나라 때에도 현주玄酒를 제주로 사용했다. 현주는 물清이고 한국에서는 '정화수'라고 한다. 『일주서극은』, 『주례 대축周礼 大祝』, 『예기』, 『곡례』, 『예운礼運』 등 고문헌에도 모두 물로 제주를 삼고 물을 진상하여 청신請神하는 제의祭儀기록이 보인다.[35]

> 현주, 명수를 숭상하여 다섯 가지 맛 중에서 으뜸으로 친다.[36]

---

33) 《甲骨文祭祀用字研究》元鎬水. 博士学位论文. 董作宾认为"畬" 在的"飮"字……. 象人低头手抓酒碗伸出舌头喝酒的样子.

34) 「中国酒文化」 杜景华. 新华出版社. 1993年 12月. p.27. 而礼仪又规定, 凡祭祀时候, 要用玄酒和明水. 玄酒即清水, 明水是取自能见月亮的池中的水. 예의에서는 제사할 때 현주와 명수를 사용한다고 규정하고 있다. 현주는 바로 맑은 물이다. 명수는 달이 비치는 연못의 물에서 취한다.

35) 「玄酒的用途和来历」胡新生. 中国社会科学报. 2009年 10月 29日. 《逸周书 克殷》, 《周礼, 大祝》以及《礼记》的《曲礼》, 《礼运》等篇, 都曾提到以水为祭品和以水降神的礼仪.

36) 《礼记》玄酒明水之尚, 贵五味之本也.

물이 신성시되고 신의 제주로까지 격상된 이유는 물이 신이 탄생한 신성한 영역이며 신이 음용하는 음식이기 때문이다. 농경민에게 물이 생존의 근본이듯이 신에게도 물은 없어서는 안 될 생존공간이다. 물이 없으면 농경도 없고 신도 없고 술도 없다.

그러나 물은 신에 대한 숭배와 제사의식이 발달하며 점차 그 자리를 술에 양도하고 권좌에서 물러난다. 술은 알코올이라는 자신만의 강점을 무기로 물을 구축하고 인간의 정신세계와 종교의 모든 영역을 탈취한다. 물은 술의 공격 앞에서 힘없이 신권을 상실하고 농경과 육체적 삶을 위한 물질적 자연물로 잔존하는데 만족해야만 했다.

한층 발달된 후기 양조주가 현주를 계승하여 제주가 될 수 있었던 원인을 말할 때 비록 알코올 성분이 추가되었지만 여전히 물성분이 주를 이룬다는 사실을 간과해서는 안 된다. 고대의 술은 일반 음식물이 아닌 제사 전용으로 양조되었다.[37] 제주는 물의 위상을 한 단계 격상시킨 계기가 되었다고 할 수 있을 것이다. 술이 인간과 신을 연결해주는 신비로운 가교 역할을 감당할 수 있었던 데는 세 가지 원인이 있다. 첫 번째로 술 속에는 신의 식욕을 만족시킬 수 있는 물이 들어 있다. 앞에서도 언급했듯이 물은 신의 주식이다. 두 번째로는 신의 기분을 즐겁게 할 수 있다.

> 신과 사람은 똑같이 감정과 욕망 그리고 희로애락을 느끼며 먹고 입는 것에 대한 욕구를 가지고 있다. 따라서 (무당은) 매번 청신할 때마다 반드시 제물을 바쳐 귀신과 신의 식욕을 만족시켜야 한다.[38]

---

37) 「中国酒文化大关」山东人民出版社. 2001年 8月 21日. p.21. 上帝造了酒, 并不是给人享受的, 而是为了祭祀. 술은 사람들이 향수하라고 만든 것이 아니라 제사를 위해 하느님이 창조한 것이다.《尚书·酒诰》
38) 「中国风俗通史」(原始社会卷) 宋兆麟. 上海文艺出版社. 2001年 11月. p.512. 因为人与神一

(사진 6) 야곱이 꿈에 하나님을 만나다(창세기 28장 10~22절)
꿈은 기독교신자에게도 하나님을 만날 수 있는 유일한 장소이다. 그것은 꿈만이 육체적 한계와 시공을 초월할 수 있기 때문이다. 그런데 술은 깨어 있는 상태에서도 접신接神이 가능하므로 제의에 사용되었다.

세 번째 이유는 술이 인간의 정신세계에 미치는 신비한 자극 때문이다. 신과 인간은 장소적 공간의 불일치로 하여 원활한 소통이 어렵다. 인간의 활동반경이 지상에만 한정되어 있는 반면 신의 활동 영역은 지상뿐만 아니라 지하, 수계, 천계를 총망라할 만큼 광활하다. 그런데 문제는 물리적인 방법으로는 인신人神 간의 거리를 좁힐 수가 없다는 점이다. 육체는 현실을 떠날 수 없기 때문이다. 인간이 신을 만날 수 있는 장소는 단 하나 상상의 공간이다. 상상의 공간에 도달하는 방법은 오로지 정신력에 의존할 수밖에 없다.

인간의 육체는 시간, 공간적으로 한계가 있다. 신이 과거, 현재, 미래의 시간 속에서 자유로운 것과는 달리 인간은 오늘이라는 시간의 구속과 그 시간과 결탁한 고정된 장소를 일초도 벗어날 수 없다. 그래서 인간의 정신은 육체의 한계를 극복하려는 탈현실의 시도를 한 순간도 중단한 적이 없다. 그렇게 찾은 대안이 바로 꿈과 술이다.

결국 인간은 꿈과 술을 통해서만 신이 존재하는 상상의 공간에 이를 수 있다는 결론에 도달하고 만다. 그러나 몽夢과 취醉는 동일성도 있지만 차이점도 존재한다. 상상공간의 도달과정과 결과도 판이하다

【몽夢과 취醉의 비교】

공통점	차이점
• 이성 시스템 작동 정지. 판단력 배제. • 현실적 구속 극복	• 몽은 현실과 완전 단절. 취는 현실과 연결. 판단력 약화. • 몽은 현실 속에서의 물리적인 사건 행동 중지. 취는 감성의 지배 아래 현실 속에서의 사건과 행동 지속. • 몽은 감성 활동 휴면. 감성 다운↓. 취는 감성의 극대화.감성 업↑

样，也有七情六欲，具有吃穿欲望，也有喜怒哀乐，因此每逢请神必须上供以满足鬼神的食欲。

몽은 감성 활동이 휴면상태인 반면 취는 최대한 활성화되어 있기에 상상공간에서의 인간 주체의 활약이 적극적이다. 신과의 소통이 꿈보다 원만할 수 있는 조건을 갖춘 셈이다. 뿐만 아니라 술은 인간의 감성을 이성이 비워둔 공간으로까지 확장시키고 현실과 신과의 교감을 가능하게 만드는 특성까지 가지고 있다. 술은 인간의 정신을 현실에서 분리하여 상상의 세계에로 운반해주는 신비한 음식이다. 그 상상의 세계에는 신이 존재한다.

그러나 제주시대에 술은 신 하나만을 위한 제물일 뿐 인간을 위한 향유품은 아니었다. 농경의 미발달로 항상 곡물이 부족했던 고대에는 양조주도 희소할 수밖에 없었다. 의적이 술을 통해 외로움과 고독을 달랬던 것처럼 사람들이 술을 정신적으로 향유한 것은 춘추전국시기에 와서야 가능해졌다. 이 시기에 이르면 더 이상 신을 기쁘게 하기 위한 제물이기를 거부하고 인간과 희로애락을 함께하는, 인간을 위한 술로 재탄생하게 된다.

술과 여자의 밀접한 관계에 대해서도 설명을 부연해야겠다. 주색酒色의 인연이 단지 술을 여자가 발명(의적)하고 술을 빚는 사람도 여자[39]라는, 단순한 역사적 사실만으로 명분을 얻은 건 아니다. 일단 왜 남자가 아닌, 여자가 술을 빚었는가 하는 내막부터 탐구해봐야 할 것이다.

중국의 신석기시대 북방유적지들에서 수많은 여신상들이 출토되고 있다는 사실은 주지하는 바이다.[40] 여신상들의 공통된 특징은 여성의 유방과 복

---

39) 주례에 의하면 궁중 요리는 남자들이 담당하고 술(酒人), 청량음료(漿人), 육장(醢人), 신맛의 육장(醯人) 등 발효식품 부서에서는 여자들이 일했는데 정원이 각각 20~30명씩 되었다고 한다.
40) 「중국여성연구」 민음사. 2007년 7월 20일, p.15. 요령(遼寧)의 홍산문화(紅山文化)유적지와 내몽고(內蒙古) 임서(林西)의 흥륭문화(興隆文化)유적지, 섬서성(陝西省) 부풍(扶風) 안판(案板)의 앙소문화(仰韶文化)유적지가 그 예이다. 이 유적지들에서는 풍만한 가슴과 배를 가진 여신상들이 대량 출토되었다.

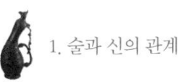

(사진 7) 나체 임산부 (토기조각상)
홍산문화·요녕객좌동산취유적遼宁喀左東山嘴遺址 출토. 출산과 양육의 중요성 때문에 유방과 복부가 **부각**되어 있다.

부가 풍만하다는 것이다. 이는 여성의 출산과 양육의 중요성을 강조한 것임을 알 수 있다.

물이 만물을 생성하고 여성이 생명을 탄생시키는, 양자의 생식 공통성은 물(술)과 여성을 자연스럽게 연결해주고 있다. 여성의 출산 역시 자궁 속의 물(양수)에서 생명을 잉태하고 출산한다.[41] 생식기능에서 비롯된 여성의 반신반인半神半人성은 여러 면에서 나타나고 있다. 귀신은 주로 여자들이다. 신과 교감하고 소통하는 무당 역시 여자들이다. 고대에는 홍수나 가뭄이 생기면 여자들을 희생시켜 신에게 바쳤다. 이는 신과 여성의 특별한 관계를 설명한다.

여성의 생식력은 물에 내원을 두고 있기에 여성과 물은 동일시된다. 물을 마시고 임신하거나 물에서 목욕하고 임신하거나 목욕 후 물건과 접촉하고 임신하거나 목욕 중에 무언가를 먹고 임신하거나 하는 신화 속의 이야기들은 모두 물이 여자의 임신에서 없어서는 안 될 중요한 요소임을 설명해준다.[42] 이처럼 물의 생명력과 여자의 생식력은 각각 천지자연과 인류를 생산하는 동일한 기능을 발휘하고 있다.

여성과 술이 천년 세월이 흐르면서도 변치 않는 깊은 연분을 맺게 된 결정적인 계기는 여자의 아름다움이다. 술은 유흥을 불러오고 유흥은 아름다움과 멋을 갈망한다. 여성의 아름다움은 자연의 아름다움과 더불어 술맛을 돋운다. 술맛은 여성의 향기로 인해 더욱 향기롭고 술꾼은 여성의 미모로 인해

---

41)「中国水崇拜」向柏宋. 上海三联书店. 1999年 6月. p.26. 女子虽然成了生殖器的主题, 然而, 水终究还是致孕生子的不可或缺的因素. 여자는 비록 생식기의 주체이긴 하지만 궁극적으로는 물이야말로 아이를 임신하는 데 없어서는 안 될 인소이다.
42) 동상서. pp.26~28.

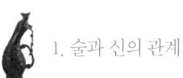
1. 술과 신의 관계　　　　　　　　신을 위한 술, 신을 위한 예술 － 33

더욱 깊이 취한다. 그것은 유흥과 아름다움의 만남이다.

그리하여 고대로부터 술이 있으면 언제나 여자가 배석하기 마련이다. 당송시대에는 도회의 술집마다 여기女妓들이 넘쳐났다. 문인들은 이런 술집에 드나들며 술도 마시고 시도 썼다. 북송의 수도 임안臨按에는 대형 술집에 기녀들이 대거 운집했을 뿐만 아니라 골목의 작은 술집에도 하등 기녀들이 항시 대기하고 있었다.[43] 술자리에 여자가 공석空席하면 취흥도 동시에 사라지기 때문이다. 유교적인 도덕의 잣대만 버리면 인류의 흥과 쾌락의 근원은 뭐니 뭐니 해도 술과 여자이다.

이 모든 것은 물의 존재로 하여 가능성을 부여받았다.

2) 한국의 원시신앙과 생식기숭배

한국에는 물신水神신앙이 없다고 하는 것이 옳을 것이다. 신화와 전설은 물론이고 최근 연간 국내 학자들에 의해 신화로 둔갑된 설화 즉 민담들에서도 관련 자료를 찾아보기 힘든 상황이다.

> 한국의 신화는 天神神話와 水神神話의 두 계열로 정리된다. 천신신화는 〈단군신화〉, 〈주몽신화〉, 〈혁거세신화〉, 〈수로신화〉가, 수신신화는 〈야래자〉와 〈구렁덩덩신선비〉, 〈금와〉신화가 있다. 그러나 후자의 〈야래자〉와 〈구렁덩덩신선비〉는 신화로는 전하여지지 않고 전설과 민담으로 전해지고 있는 것들이다. 또한 그 신화적 성격을 추출해 냄으로써 원래는 신화였음을 추정할 수 있다. 여기에 앞서 검토했듯이 이러한 신화 추정의 설화로 하나 더 추가할 수 있는 자료가 〈두꺼비신랑〉설화이다. 이미 앞에서 그 신화적 성격을 〈구렁덩덩신선비〉와 〈야래자〉, 〈금와〉신화와의 대비에서 추출하였는 바, 이 네 자료를

---

43) 《东京梦华录》卷 2.

토대로 한국의 수신신화 체계를 설명해 낼 수 있으리라 본다.[44]

"신화적 성격을 추출해 냄으로써 원래는 신화'였다고 둔갑시킨 「야래자」나 「두꺼비 신랑」의 경우 신화적 신빙성이나 역사성의 결여라는 단점을 극복하지 못한다. 여전히 단순동물에 대한 샤머니즘적인 구복형 민간설화의 수준에 머물러 있다. 민담이 형성된 시기도 기껏해야 고려시대 말에서 조선시대로 거슬러 올라갈 뿐이어서 역사성마저 결여되어 있다. 민담에는 바늘과 실이 나타난다. 그것도 바늘귀에 꿸 만큼 가는 실이다. 실絲은 18세기 영국의 산업혁명 이후에 생겨난 근대 산품이다. 좀 더 멀리 거슬러 올라가 보았자 물레로 뽑은 실일 것이다. 물레는 13세기 아랍, 중국, 유럽의 그림들에서 보이지만 한국에서는 문익점이 원나라에서 목화씨를 몰래 들여온 다음에야 실을 뽑을 수 있었다. 14세기, 고려 말인 1366년 이후에나 가능했던 일이었다.

뿐만 아니라 민담에 등장하는, 이른바 수신水神이라는 뱀, 수달, 지렁이는 어떠한 신통력도 발휘하지 못한다. 말이 수중동물일 따름이지 사람의 수컷이나 다를 바 없다. 여자와 잠을 자고 임신시키는, 일반 남자의 성기능이 전부이다. 이게 다 무슨 수신인가? 이게 다 무슨 신화인가? 학문이 아니라 언어도단이다.

"신화 추정의 설화로 하나 더 추가"된 「두꺼비신랑」민담(더 정확하게 표현하면 옛말)도 똑같은 역사성의 결핍을 드러내고 있다. 민담에서 나오는 "정승"은 조선시대 관직이다. 두꺼비의 기능도 신화 속의 신들이 할 만한 신통력이 결여되어 있다. "정승 집 마당을 똥으로 가득 채우고", "짐승을 잔뜩 잡고"(그나마 무능하게도 형들한테 모두 빼앗긴다.) "창고에 쌀을 가득 채우고", "허물을 벗

---

44) 《온지논총》1권. 「〈두꺼비신랑〉說話의 神話的 性格」 최원오. 온지학회. 1995년 1월. p.234.

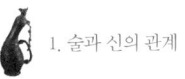

었다 쓰고", "승천" 하는 등 몇 가지 재간뿐이다. 이 정도의 신통력으로는 물을 총괄하는 신령스러운 수신이 될 자격이 부족함은 말할 필요도 없다. 민담에 자주 나오는 도깨비들도 부릴 줄 아는 얕은 재주에 불과하다. 상술한 민담 속의 두꺼비는 수신이라기보다는 조선시대 백성들의 샤머니즘적인 기복신앙의 표현일 따름이다.

한국은 수신이 없는 대신 산신이 발달했다. 이는 한국이 고대에는 큰 하천변보다는 주로 산악지대에서 살았음을 의미한다. 물론 농경보다는 수렵이나 채집이 주요 경제수단이었다.

한국에서 신화 하면「단군신화」를 꼽아야 할 것이다. 신빙성 문제가 존재하지만 워낙 고문헌 텍스트가 결핍한 상황에서 고대사 연구자들이라면 어쩔 수 없는 선택이다.

> 환웅이 따르는 무리 3,000명을 거느리고 태백산 영마루의 신단수 아래에 내려와 그곳을 신시라 이르니, 그가 곧 환웅천왕이다. …… 이때, 곰 한 마리와 호랑이 한 마리가 굴에서 살았는데 늘 환웅에게 사람이 되게 해달라고 빌었다. 어느 날 신은 신령스러운 쑥 한 줌과 마늘 스무 쪽을 주면서 말했다. (단군신화)

황하, 장강(양자강) 유역에서 시작된 중국의 농경문화와는 달리 한국의 고대문명은 그 서막이 산지에서 열린다. 바로 "태백산 영마루" 이다. 신시神市는 산기슭도 계곡도 평야도 아닌 산 정상에 세워진 마을이다. 태백산 영마루에는 물론이고 신시를 세웠다는 묘향산 주변[45]에도 큰 하천은 존재하지 않는다. 묘향산의 대표적인 하천은 묘향천이다. 길이가 겨우 16.5km이며 유역면적도

---

45) 백두산은 화산대이고 지금도 화산재가 도처에 널려 있어 그곳에 신시를 세웠다는 주장은 어불성설이다.

71.8㎢밖에 안 된다. 부성천, 원명천, 진명천 역시 자그마한 시냇물들에 불과하다. 이러한 자연환경에서 수신숭배가 형성될 수 없다는 것은 너무나 자명한 사실이다.

고대 산간지대에서의 생계수단은 주로 채집과 수렵이다. 수자원이 없이는 농업생산은 불가능하기 때문이다. 수렵과 채집으로 살아가는 고대인들의 거처는 "동굴"이다. "마늘과 쑥"은 재배작물이 아니라 자생 식물이고 채집에 의해 식용이나 약용으로 사용했던 것이다. 이는 신시사람들이 수렵보다는 채집이 위주였음을 설명한다. 동굴에서 사는 곰은 잡식동물이어서 육식과 초식 모두 가능하다. 채집에서 주를 이루는 것은 과일인데 초식성 동물은 과일을 잘 먹는다.

> 웅녀는 그와 혼인할 상대가 없으므로 번번이 신단수 아래에서 태아의 임신을 빌었다. 이에 환웅이 잠시 변신하여 그녀와 혼인해 아이를 낳으니 그 이름을 단군왕검이라 하였다. (단군신화)

중국에서는 고대로부터 농경문화의 영향으로 수신숭배가 보편화 되었으나 신시사람들은 샤머니즘적인 목신木神 즉 원시생식기숭배가 행해지고 있음을 알 수 있다. 신단수는 남성 성기를 상징한다. 웅녀가 신단수 아래에서 임신을 빌고 있기 때문이다. 여자를 임신시킬 수 있는 것은 오로지 하나 남성의 성기뿐이다. 남성 성기숭배는 남성의 성기를 닮은 나무나 돌을 숭배하는 원시 신앙이다. 민간에서는 남근목 또는 남근석(좆바위)이라 부른다. 지리산 피아골에는 아직도 남근숭배 원시 신앙이 잔존하고 있다.[46]

---

46) 지리산 피아골의 깊은 골짜기에 종녀(種女)마을이 있었다. 종녀란 아이를 낳아주는 것을 생업으로 하는 씨받이 여인을 의미한다. 종녀촌에는 절대자로 군림하는 성신(性神) 어미를 비롯하여 종녀들이 무리를 지어 살았는데, 어느 집에 팔려 들어가서 아들을 낳으면 혈육

1. 술과 신의 관계

(사진 8) 제천 박달재의 남근목
한국에서 생식기숭배의 역사가 오래 되었음을 입증하는 유물이다. 옛날 박달재에는 박달나무가 우거졌다고 한다. 신단수도 박달나무이다. 목질이 단단하여 남성 성기를 상징하기에 적합하다.

    신단수가 남성의 성기를 상징한다는 증거는 수종樹種의 특성에서도 알 수 있다. 이른바 신단수는 박달나무이다. 박달나무는 북부 산악지대의 심산식생의 낙엽교목이다. 목질木質이 단단하기로 유명하다. 지난날에는 주로 방망이, 홍두깨, 다듬이방망이, 방아나 절구의 공이 또는 수레바퀴살과 같은 견고하면서도 강한 내구성이 필요한 도구를 만드는 자료로 쓰였다.
    충북 제천에는 「박달재」라는 곳이 있는데 남근조각상이 많다. 옛날에 의 정을 끊고 되돌아서고, 딸을 낳게 된다면 데리고 와서 다시 씨받이로 길렀다. 이들은 자주 성신굴에 찾아가 무궁한 생산을 비는 기원제를 올렸다. 남근(男根)이 새겨진 제단 앞에서 성신어미가 주문을 외우고 성신가(性神歌)를 부르다가, 옷을 차례차례 벗어던지고 관능적인 춤을 추었다. 그러다가 흥분되면 젊은 종과 어울려 열락의 시간을 보냈다. 종녀촌에 모여 사는 씨받이 여인들이 남의 집에 팔려가 아들 많이 낳기를 바라는 염원을 담은 기원이자, 성신어미의 욕정 해소굿이라고 할 수 있는데, 남근을 숭배하고 있다.《스포츠경향》『「김재영의 S학사전」남근 숭배』2011년 03월 23일.

는 이곳에 박달나무가 우거졌다고 전해진다. 남근목과 박달나무 그리고 박달재, 이들의 결합은 결코 우연한 일치는 아닐 것이다. 옛날에는 박달나무로 남근목을 조각했을 가능성도 배제할 수 없다. 신시의 신단수(박달나무) 역시 원시 성기숭배에서 남근을 상징하고 있음을 말해준다.

    남근숭배는 다른 동물들에 비해 수적으로 열세했던 초창기 인류의 번식과 풍요에 대한 갈망으로부터 기원한 것이다. 농경문화가 도입되지 않은 상황에서 아직 강력한 사회공동체가 형성되지 못하고 생계수단도 열악한데다가 수명마저 극히 단명했던 신시 인들에게 있어서 무엇보다 급선무는 다출산을 통해 씨족집단의 세를 불리는 것이었다. 남근숭배는 바로 이러한 사회 환경의 특수성으로부터 비롯된 것이라 할 수 있다. 농경문화의 정착과 함께 물에 대한 숭배가 자연스럽게 받아들여진, 당시로서는 선진적인 중국의 문화와는 대조적이라 하겠다. 거의 원시적인 것과 인간적인 것의 차이라고 할 수 있을 것이다. 농경문화와 수렵(채집)문화의 차이이기도 하다.

    앞에서도 지적했듯이 용문화는 물 숭배의 결정체이다. 그렇다면 물 숭배가 없는 한국에 용문화가 존재한다는 학계의 주장은 어떻게 이해해야 하는가.

> 한국의 水神信仰은 농경문화가 전해 오기 이전부터 水邊 漁撈族이었던 濊人들 사이에 있었던 현상이다. 그것이 農耕神으로 변하게 된 것은 농경문화를 끌고 들어온 貊人들이 주도권을 쥐게 된 기원전 5세기 경부터였다고 추측된다. 그러므로 龍神信仰의 기원을 단순히 中國이나 印度에서만 찾을 필요는 없을 것 같다.[47]

---

47) 「한국 무교의 역사와 구조」 유동식. 연세대학교 출판부. 1989년 06월 01일. p.100.

한국의 이른바 용신신앙과 중국의 용신신앙은 본질적으로 다르다는 사실을 염두에 둘 필요가 있다. 중국의 용신신앙은 불교 전래 이전부터 있었던 고유문화이다. 중국의 용신은 농경과 물과 밀접한 관계가 있는 반면 한국의 용신은 구복과 벽사의 기능이 강하다. 이는 전형적인 인도의 뱀 토착 신앙이다. 범문梵文으로 나가naga라고 불리는 인도의 토착용은 이무기(큰 구렁이), 남아차대륙에 서식하는 이무기蟒蛇(큰 구렁이)[48]이다. 아직 용이 되지 못했다는 점도 아쉽지만 불교에서의 용의 역할 역시 중국의 용과는 전혀 다르다.

> 사실 불교에서의 "용" 또는 "용왕"은 불경의 호법자에 불과하다. 그의 직책은 부처를 모시는 것이다.[49]

중국의 민간문학에서 말하는 용왕, 용궁의 일들은 불경 이야기의 영향을 받은 것이 많다.[50] 이러한 현상은 비단 중국의 경우만은 아닐 것이다. 한국 구전문학이나 설화에도 용왕과 용궁이야기가 많다. 이는 중국의 전통 용문화가 아니라 불교 영향을 받은 것이라 단정할 수 있다.

고서의 기록을 봐도 상술한 주장은 설득력을 얻는다. 우선 『삼국유사』의 기록을 보도록 하자. 『삼국유사』가 스님의 손에서 집필되었다는 조건을 차치하고라도 용이 불교적 성격을 띠고 있다는 것은 피면할 수 없다. 세 가지 유형의 용이 나오는데 첫째는 불법을 수호하는 호법용護法龍이고 둘째는 나라를 수호하는 호국용護國龍이고 세 번째는 이 두 가지를 결합한 용이다. 그 어디

---

48) 용이 되기 전 상태의 동물로, 여러 해 묵은 구렁이를 말하기도 한다. 차가운 물속에서 500년 동안 지내면 용으로 변한 뒤 굉음과 함께 폭풍우를 불러 하늘로 날아올라간다고 여겨졌다. 《백과사전》
49) 「中华文化与水」靳怀堾. 长江出版社. 2005年 1月1日. 事实上, 佛教中的 "龙"与"龙王"不过是佛经的护卫者, 其职责是为佛服务的.
50) 동상서.

에도 물이나 농경과 연관된 기능은 보이지 않는다. 다만 호국 기능이 추가되었을 뿐 불교의 용과 다를 바가 없다. 『삼국유사』에서는 용이 도리어 불교적, 국가적 이상의 실현을 가로막는 악의 대변자로 등장한다. 한국에서 용이 중국의 전통 용신인 농경신으로 대접을 받게 된 것은 고려시대와 조선시대부터였다. 드디어 『고려사』와 『조선왕조실록』에 기우제를 지내는 기록들이 나타나고 있기 때문이다. 물은 경제는 물론 국가의 존망과 직결되는 중요한 요소이다. 용은 바로 그 강우량을 관장하는 신이므로 기우제를 통해 도움을 청하는 것이다.

한마디로 한국에는 물, 농경과 관련된 용신숭배가 없다.

이제는 술에 대하여 말할 때가 왔다.

『단군신화』에는 술이 등장하지 않는다.[51] 술이 발명되기 이전임을 알 수 있다. 단군이 왕이 된 시기가 요임금이 왕위에 오른 지 50년만인 경인년이라고 한다. 술은 이보다 후기인 우왕시대의 의적儀狄이 발명한 것으로 전해지고 있다. 술에 관한 최초의 문헌기록은 「제왕운기帝王韻紀」이다. 해모수가 하백의 딸 유화에게 술을 먹여 취하게 한 후 임신시킨다는 동명성왕의 탄생설화이다. 그 뒤로는 고려시대까지 술에 대한 산발적인 기록[52] 외에는 거의 보이지 않는다.

한국에서 술을 제사에 사용한 기록은 『후한서』와 『삼국지』 등 중국사서

---

51) 웅녀는 그와 혼인할 상대가 없으므로 번번이 신단수 아래에서 태아의 임신을 빌었다. 이에 환웅이 잠시 변신하여 그녀와 혼인해 아이를 낳으니 그 이름을 단군왕검이라 하였다. 《단군신화》

52) 《삼국사기》〈대무신왕(大武神王)〉편에 지주(旨酒)를 빚어서 그 효력으로 한나라의 요동태수를 물리쳤다는 기록과 《위지》〈동이전〉에 "고구려 사람들은 스스로 장양(藏釀)을 잘한다"는 기록 그리고 《태평어람(太平御覽)》에 강소성의 명주 곡아주가 고구려에서 유래했다는 단편적인 기록이 전부이다.

에서 나타난다.

> 귀신과 사직, 영성(靈星)에 제사지낸다. 10월에 제천 모임이 있는데 이를 '동맹'이라 한다.53

> 귀신에 제사를 지내고 영성과 사직에도 제사를 지낸다.…… 또한 종묘를 세워서 영성과 사직에 제사 지낸다……. 10월에 하늘에 제사 지내는 나라 안의 모임이 있는데 이를 '동맹'이라 한다.54

(사진 9) 영성무靈星舞. 한화상전漢畫像磚
한고조는 기원전 199년 주나라 때의 전통을 이어받아 농사신 후직后稷의 제사를 영성제靈星祭라 명명하고 전국에 영성사靈星祠를 건립하고 제사를 지내도록 천하에 영을 내렸다. 이 제사에서 추는 춤을 영성무靈星舞라고 한다. 밭을 갈고 씨 뿌리고 김매는 등 농경의 동작들로 춤사위를 창안한 것이다. 농경국가인 중국에서 영성제의 역사가 얼마나 유구한 가를 입증해준다.

---

53) 好祠鬼神, 社稷, 零(靈)星, 以十月祭天大會, 名曰東盟.《후한서(後漢書)》東夷列傳第七十五. 高句麗.

54) 祭鬼神, 又祠靈星, 社稷.…… 亦得立宗廟, 祠靈星, 社稷.…… 十月祭天, 國中大會, 名曰東盟.《삼국지(三國志)》烏丸鮮卑東夷傳第三十. 高句麗.

이밖에도 양서梁書, 구당서舊唐書, 신당서新唐書에도 기록이 보이는데 구당서와 신당서에 일신日神, 가한신可汗神, 기자신箕子神이 추가된 것 말고는 『후한서』와 『삼국지』의 기록과 대동소이하다.

　여기서 문제가 되는 것은 '영성靈星'이라는 단어의 판독이다. 전한서음의에 이르기를 "용성龍星의 좌각左角을 천전天田이라 하고 (농상農祥, 즉 농업의 상서로움) 진일辰日에 우牛로서 제사하는데 이를 영성零星이라 불렀다."[55] 용성은 농사를 주관하는 별 이름이다. 천전성天田星, 용성龍星, 령성欞星, 영성零星, 문성文星, 문창성文昌星, 문곡성文曲星, 적성赤星, 녹성祿星, 천진성天鎭星으로도 불린다. 앞에서도 언급했듯이 용은 수신이고 농경신이다. 그리고 필자는 고대 한국에는 수신이나 농사와 연관된 농경신이 없다고 단언했다. 그런데 왜 고서에, 그것도 중국의 정사에 용신이 나타난 것일까?

　고구려는 중기까지도 농업이 발달하지 않은 국가였다. 국토의 대부분이 산악지대이고 토양이 척박했기에 농사지을 조건이 갖춰지지 않았기 때문이다.

> 큰 산과 깊은 계곡이 많고 평야나 소택은 없다. 산골짜기를 따라서 살고 시냇물을 마신다. 비옥한 토지가 없어 비록 농사에 힘을 기울여도 배를 불리기에는 부족하다.[56]

> 백성들은 모두 토착민이고 산골짜기를 따라 사는데 베옷이나 비단옷 그리고 가죽옷을 입는다. 토양이 척박하고 양잠과 농업은 자급자족하기에도 부족해 음식을 절약한다.[57]

---

55) 龍星左角曰天田, 則農祥也. 辰日祠以牛, 號曰零星.《前漢書音義》
56) 多大山深谷, 無原澤, 隨山谷以爲居, 食澗水, 無良田, 雖力佃作, 不足以實口腹.《삼국지(三國志)》烏丸鮮卑東夷傳第三十. 高句麗.
57) 民皆土著, 隨山谷而居, 衣布帛及皮, 土田薄塉, 蠶農不足以自供, 故基人節飮食.《위서(魏

고구려 경내의 토지가 농사짓기에는 적합하지 않음에도 용신제를 지내는 것이다. 이상한 것은 농작물 재배조건을 충분하게 갖춘 부여에서는 도리어 용신제를 지내지 않는다58)는 사실이다.

농사는 하늘을 믿고 짓는다. 그런데 하늘은 인간의 능력으로는 좌지우지할 수 없는 초월적 공간이다. 인간이 하늘을 움직일 수 있는 방법은 오로지 하나 제사뿐이다. 그런 이유로 고대국가의 탄생과 운영은 제사를 전제로 할 수밖에 없다. 오늘날의 국가가 이념의 공통성을 중심축으로 정체성을 구축한다면 고대국가의 정체성은 바로 제사의 공통성을 바탕으로 형성된다. 하나의 국가 그것은 동일한 신을 제사 지낸다는 의미이기도 하다.

> 고대 중국은 "예로써 나라를 다스리는" 국가였다. 예는 절차가 복잡하고 체계가 방대하다. 그러나 그중에서도 제사 예의가 가장 중요하다. 《예기 제통》에 이르기를 "예에는 오경이 있지만 제사보다 중요하지 못하다." 고 했다. 중국의 역대 왕조의 통치자들은 바로 하늘과 땅, 조상에게 제사 지내고 성인을 숭상하고 기우제를 드리는 등 다양한 제의를 통해 정권의 합법성을 확립하고 황제의 권위를 확고하게 다짐으로서 황제를 중심으로 한 정치적 통치 질서를 수호했다.59)

한무제가 기자조선을 멸하고 그 땅에 한의 지방정권인 사군四郡을 설치

書》列傳第八十八. 高句麗.
58) 多山陵, 廣澤, 於東夷之域最平敞. 土地宜五穀, 不生五果. 산과 언덕이 많고 넓은 늪이 있어 동이 지역에서는 가장 평탄한 지형이다. 오곡을 재배하기 알맞은 땅이고 과일은 나지 않는다. 《삼국지(三國志)》烏丸鮮卑東夷傳第三十. 夫餘.
59) 中国古代号称"以礼治国", 礼仪名目繁多, 体系庞大, 但其中要屬祭祀礼仪最为重要。《礼记·祭统》云: "礼有五经,莫重于祭." 中国历代王朝的统治者, 正是通过郊天祀地,享祖崇圣, 祈雨祭厉等各种祭祀活动, 确立政权的合法性信仰, 建构统治的合法性, 彰显皇帝的权威,从而维护以皇帝为核心的政治統治秩序.「中國古代國家祭祀的政治功能及其影響」《求索》(月刊) 2008年 02期.

할 때 고구려도 현도군에 편입되었던 역사적 사실은 주지하는 바이다.『후한서後漢書』에도 문헌기록이 남아 있다.60) 한사군의 지방 관리들은 모두 한漢왕실에서 직접 파견된 한족漢族들이었다. 이들이 한사군 경내에서 펼친 통치이념이나 정치적 행사들은 죄다 한漢 왕실과 보조를 맞추었을 것은 더 말할 필요도 없을 것이다. 필자가 보기에는 용신제사도 이들 한족漢族 지방 관리들에 의해 행해졌던 것이라고 간주한다. 고구려도 한사군의 관할행정 구역으로서, 황제국의 지방정부로서 고대국가의 통치이념인 제사의 통일성을 유지했을 것이 분명하기 때문이다. 한漢왕조가 용신을 숭배하고 있었다는 사실은 유방의 탄생설화에서도 증명된다. 유방은 어머니 유오가 교룡과 접신하여 낳은 용의 혈통이다.61)

이러한 추측은『조선왕조실록』에 실린 기록에서도 입증이 가능하다. 임금도 영성에 대해 모르지만 신하들도 영성이 농사를 맡은 용신임을 모르고 있다.62) 이는 영성제가 한사군의 통치자였던 한족漢族에 의해 행해졌기 때문에 한韓민족에게는 그 전통이 전해지지 않았음을 의미한다.

그러면 고구려 사람들은 농사를 짓지 않고 뭘 먹고 살았을까? 고구려는 중기까지만 해도 수렵과 함께 주변 국가들에 대한 약탈을 통해 생필품을 획

---

60) 武帝滅朝鮮, 以高句麗爲縣, 使屬玄菟郡, 賜鼓吹伎人.《후한서後漢書》東夷列傳第七十五. 高句麗. 한무제는 조선을 멸망시키고 고구려를 현으로 삼아 현도군에 소속시켰다.

61) 母曰劉媼. 其先劉媼嘗息大澤之陂, 夢與神遇, 是時雷電晦冥. 太公往視, 則見蛟龍於其上. 已而有身, 遂産高祖.《史記列傳》「高祖本紀」

62) 판서운관사(判書雲觀事) 이제무(李齊茂) 등을 순금사(巡禁司)에 내렸다. 임금이 서운관 월령(書雲觀月令)을 보고, "영성(零星)은 무슨 별인가? 그 제사는 어떠한 것인가?" 하니, 이제무 등이 모두 대답하지 못하였다. 예조로 하여금《문헌통고(文獻通考)》를 상고하게 하니, 본디 천전영성(天田靈星)으로 농사를 주관하는 별이었다. 그러므로 임금이 제사하는 데 입추(立秋) 후 진일(辰日)에 제사하여 농공(農功)을 보답하는 것이었다. 임금이, "서운관에서 잘못 전하여 내려와서 영(靈)을 영(零)으로 하여 축문(祝文)에 기재한 지가 오래 되었다." 하고, 이제무 등을 가두었다.《조선왕조실록》「태종 9년 기축(1409,영락 7년) 6월26일」(정묘)

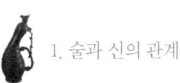

득하는 유목국가였다.

고구려의 경제는 농업도 상업도 아닌, 이웃국가를 노략하여 얻은 재물로 재정을 충당하는 '약탈경제' 였다.63)

중국 정사에도 이러한 사실을 입증할 기록들이 보인다.

대가들은 농사를 짓지 않고 놀고먹는 자가 만여 명이나 된다. 하호들은 쌀, 양식, 생선, 소금을 멀리서 져다가 (이들에게-필자) 공급했다. …… 나라에는 큰 창고가 없고 집집마다 자신의 작은 창고를 가지고 있다. 부경이라고 부른다.64)

(사진 10) 팔정리 고분벽화의 고상 창고
부경桴京은 곡식을 저장하는 자그마한 다락이다. 양곡 보관 수량도 제한될 수 밖에 없다.

"놀고먹는 사람"이 만여 명이면 "좌식계급坐食階級"이 15분의 1(고구려 인구 3만 호)이나 된다. 게다가 이들을 먹여 살리는 농노인 하호들65) 역시 농사를 짓지 않는다. 양식을 "멀리서 져다가" 공급한다. "멀리遠"가 어디인지, 거리가 얼마나 먼지에 대해서는 알 수가 없다. 상업거래가 아니면 필시 약탈품일 것이다. 하호가 져나른 생필품

---

63) 「한국전통문화의 허울을 벗기다」 장혜영 지음. 어문학사. 2010년 5월 25일. p.237.
64) 《삼국지三國志》烏丸鮮卑東夷傳第三十. 高句麗. 其國中大家不佃作, 坐食者萬餘口, 下戶遠擔米糧魚鹽供給之……. 無大倉庫, 家家自有小倉, 名之爲桴京.
65) 하호(下戶)라는 표현은 후한대(後漢代)에 부강한 호족인 상가(上家)와 대비되는 존재로, 빈한하지만 독립된 가계를 가지고 자유로운 신체를 보유한 소작농을 지칭한 용어였다. 「내일을 여는 역사」 제12호. 강만길외 지음. 서문집 2003년 6월 2일. p.98.

이 "약탈품"일거라는 필자의 추측에 명분을 달아주는 기록은 "부경桴京"이다. 나라에 큰 창고가 없다는 것은 농사를 짓지 않아 양식을 저장할 곡창이 필요하지 않았음을 의미한다. 전리품이나 약탈해온 물건을 분배하여 집집마다 보관하면 그만이었다. 고구려가 농업국가가 아니라면 물이나 농사와 관련된 신에게 제사 지낼 이유가 없다.

> 제사에 현주를 사용한 기록도 『고려사』와 『조선왕조실록』에 한두 번 보일 뿐 거의 나타나지 않는다. 고려사에는 정종 11년(1045년) 정월에 풍사에게 제사를 지낼 때 명수와 현주를 사용한 기록이 보인다.[66] 세종실록에도 제사에 현주가 사용된 간략한 기록이 있을 뿐이다.[67]

이밖에도 조선시대 문인인 김시습의 『매월당집梅月堂集』과[68] 허난설헌의 시 「곡자哭子」에도 현주라는 단어가 나온다.[69] 조선시대에 와서 제사에 정화수(현주)가 자주 사용된 것은 극심한 재해와 흉년으로 인한 양식 부족 때문에 빈번하게 내려졌던 금주령과도 관계가 있을 것으로 간주된다.

조선시대 이전의 고대 한국에서 제사에 현주가 드물게 사용된 것은 뒤늦은 농경문화의 정착과 연관이 있다. 농경문화의 부재로 인해 물 숭배가 형성되지 못하였고 따라서 현주를 신성시하는 풍습도 형성되지 않을 수밖에 없

---

66) 태준 2개 중 하나에는 명수(明水)를, 다른 하나에는 예제(醴齊)를 담는다. 착준 2개 중 하나에는 명수를, 다른 하나에는 앙제(盎齊)를 담는다. 산뢰 2개 중 하나에는 현주(玄酒)를 담는다. 象尊二一實明水一實盎齊山罍二一實玄酒一實淸酒爲一重在神位東南隅北向.《高麗史》卷 62. 志 15.
67) 다음은 제기(祭器)에 제수를 담을 찬구(饌具)를 진설하고, 준소는 문밖 좌편에 두되, 현주(玄酒)는 서쪽에 둔다. 次設祭器實饌具, 設尊所於戶外之左, 玄酒在西,《세종실록》7권, 2년.
68) 昔酒(석주)와 玄酒(현주)가 있는데 석주는 감주(甘酒)요, 현주는 물(水)이요, 모름지기 최고의 술은 물(玄酒)이요.《매월당집(梅月堂集)》
69) 너희 무덤에 술잔을 따르네. 玄酒存汝丘. 허난설헌. 「곡자(哭子)」

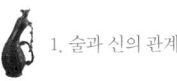

었다. 한국에서 술이 농경문화가 아닌, 무속과 불교의 전래를 계기로 그 맥을 간신히 이어왔다는 사실은 다행스러운 일이라 해야 할 것이다. 그러나 종교에 빚을 진 한국의 술은 그 대가로 무속과 불교의 질곡에서 벗어나지 못해 예술과의 환상적인 결합에 실패한 채 평범한 제물祭物과 약물藥物로 전락하고 말았다.

B. 바람의 숭배와 무당의 탄생 그리고 술

1) 중국의 바람 숭배와 무당

혹자는 물 숭배와 바람 숭배는 하등의 연관도 없다고 생각할지도 모르겠다. 바람과 물이 고대인들에게는 떼래야 뗄 수 없는 긴밀한 관계를 가지고 있었다는 사실을 아는 사람이 얼마 안 된다. 상고인들의 눈에 천지간을 자유롭게 이동할 수 있는 자연물은 두 가지뿐이었다. 즉 물과 바람이다. 물은 가시적이고 질료적인 흐름이고 바람은 비가시적이고 음성적인 흐름이라는 차이뿐 무한 개방의 유동성은 다를 바 없다. 상고시대에는 풍수風水라고 해서 바람이 물보다 더 신성시되었다. 갑골문의 바람 풍鳳자에서 머리 위의 도끼는 바람의 권위를 나타낸다.[70]

이들의 공통점은 첫째로 생명의 원천이라는 것이다. 물이 만물의 근원이라는 사실은 누구나 아는 사실이다. 바람 역시 물 못지않게 생명의 탄생에 중요한 역할을 담당하고 있다. 동물의 생명은 호흡을 통해서만 지속이 가능

---

70) 풍(風)자는 응조(鷹鳥) 머리 위에 〈辛〉의 모습이 놓인 것으로, 신(辛)은 바로 斧, 斤이다…… 당초에 신(辛)은 수렵 도구이자 일종의 공격무기로서 대개 그 경제 상황을 상징하였고, 그 후에는 주로 군사적 역량을 상징하였다. 《龍鳳文化原流》王大有 지음. 林東錫 옮김. 동문선. 2002년 09년 10일. p.143.

하다. 숨을 쉰다는 건 바람 즉 기가 흐름을 의미한다. 창세기에 보면 하나님은 아담을 진흙으로 빚은 후 코에 바람(생기)을 불어 넣어 생령을 창조한다.[71] 히브리어로 바람은 루아흐חור שדרוקה라고 하는데 "호흡, 숨, 바람, 생명의 기운" 이라는 뜻도 포함하고 있다. 성령聖靈이라는 의미도 있다, 이는 바람의 신성함과 자연계에서의 권위를 단적으로 입증해주는 비근한 예이다.

바람의 영향은 비단 생명체에만 한정된 능력에 만족하지 않는다. 우주공간의 모든 물질은 바람의 유동風氣에 의해 생성과 소멸의 변화과정을 거친다. 상고인들은 바람이 우주공간에서 내려오는 줄로 알았다. 조기금문早期金文에서 풍風자는 우주공간⌒天 안에 구름 운云자에 기운 기气氣자가 들어가 만들어졌다. 이는 우주공간을 자유자재로 유동하는 물과 바람을 의미한다. 기氣의 갑골문자는 二인데 하늘(위 획)과 땅(아래 획) 사이에서 흐르는 물과 바람 즉 기류를 나타낸 글자이다. 자형字型이 구름을 닮았다고 주장하는 사람들도 있다.

이처럼 물과 바람은 유동을 통해 생명을 부여하는 두 개의 신비로운 자연현상이다.

더욱 간과할 수 없는 것은 바람이 농경과도 밀접한 연관이 있다는 사실이다. 바람의 흐름을 나타내는 기(氣金文)를 보면 (气晩期金文)밑에 쌀미米 자가 있다. 풍수의 유동과 농사의 관계를 암시해준다. 옛 사람들은 바람 소리와 풍향을 미루어 농사절기를 판단했다.

> 陽氣가 두텁게 쌓여 土氣가 움직이기 시작하면…… 太史는 稷에게 이렇게 고한다. "오늘부터 2월 朔日에 이르는 시기엔 陽氣가 모두

---

71) 《창세기》 2장 7절. 여호와 하나님이 흙으로 사람을 지으시고 생기를 그 코에 불어 넣으시니 사람이 생령이 된 지라.

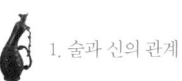
1. 술과 신의 관계   신을 위한 술, 신을 위한 예술 ─ 49

올라와 흙이 기름져지기 시작합니다. 이때 뒤집어주고 변화시켜주지 않으면 지맥이 막혀 곡식이 자라지 못하게 됩니다."…… 밭갈이 時期가 시작되기 5일 전에 樂太師 瞽는 風氣가 온화해짐과 시기가 왔음을 알려 줍니다.…… 그 날은 瞽와 樂官이 聲律을 가지고 바람과 토지를 살핍니다.72

'악태사樂太師'는 바람을 관찰하여聽風 밭갈이 등 농사시기를 살피는 전문 관직이다. 바람의 방향에 따라서 춘하추동이 변화한다. 상고시대에는 시각보다는 청각이 더 중요시되었다. 바람은 농경 이전부터 인간의 숭배 대상이었기 때문이다. '총명聰明'의 총聰(金文)자에는 귀 이耳자가 들어가 있고 성인聖人의 성聖(早期甲骨文)자에도 귀 이耳자가 들어있다. 입 구口자는 만기갑골문晚期甲骨文에 가서야 추가(聖)된 것이다. 성인은 큰 귀를 가져 소리를 잘 듣는, 지혜로운 사람을 가리킨다. 성인이 듣는 소리는 팔방음(바람이 곧 음이다.73)과 그리고 농경과 관련된 바람의 소리이다. 총명한 사람과 성인은 별난 사람이 아니다. 이 세 가지 소리를 잘 들으면 자격을 얻을 수 있다. 바람소리를 잘 듣고 풍토를 관찰하는 청력聽力과 지혜의 일치는 고대사회에서 지식인인 동시에 지배층이었던 무당들이 대체로 맹인이었다는 사실에서도 여실히 나타나고 있다. 시력의 퇴화가 역으로 청각을 고도로 발달시킴으로서 바람 소리를 듣는 기능을 향상시키는 역할을 한다고 생각했던 것 같다. 시각이 필요 없을 정도로 소리에 집착했던 고대에는 바람의 중요성도 그만큼 중요했음을 알 수 있다.

---

72)《中國文學理論批評史》(先秦篇) 敏澤 지음. 성신중국어문연구회. 옮김. 성신여자대학교출판부. 1998년 2월 28일. p.24.
73) 동상서. p.27.

(사진 11) 팔방에서 불어 오는 바람소리를 듣고 팔괘八卦를 그리는 복희伏羲
태평어람太平御覽」에는 "伏羲坐于方壇之上, 聽八風之氣 乃畵八卦복희는 단 위에 앉아 팔방에서
불어오는 바람소리를 듣고 팔괘도를 그렸다."라는 기록이 전해지고 있다. 우주의 원리를
집약한 팔괘도가 결국은 바람의 변화법칙인 것이다.

바람은 하늘이 부리는 신이다.[74] 그것은 바람이 만물이 되기 때문이다.[75] 중국 문헌인《요곡堯典》과《대황경大荒經》에는 사방풍四方風[76], 사방신四方神[77] 이라는 바람과 관련된 갑골문기록이 남아 있다. 중국 학계에서는 40년대부터 많은 학자들이 사방풍과 계절 농사와의 연관성에 대해 활발한 연구가 전개되고 있다.[78] 고대인들에게 바람이 그처럼 중요했던 이유는 역법작용을 놓았기 때문이다. 역법曆法이 농경문화의 소산이라는 사실은 주지하는 바이다. 우리가 알고 있는 역법체계는 천문력天文曆이지만 아직 천문지식이 박약했던 상고시기에는 바람으로 계절과 농사절기를 파악했다. 이른바 생물기후학달력物候曆(phenologica-l calendar)이다. 바람의 방향, 세기, 온도 변화를 통해 기상관측과 계절의 순환 그리고 농사절기를 정하는 역법이다.

《곡요堯典》와《대황동경大荒東經》에는 갑골문 사방풍이 기상 변화의 관측을 통해 계절과 농사철을 확정하는 생물기후학달력제도라는 기록이 있다. 생물기후학달력에서 바람에 대한 관찰은 특히 중요하다. 그것은 생물기후학과 바람의 관계가 풍향, 풍력, 온도의 차이에 따라 가뭄, 홍수, 더위, 추위 등 기상변화에 직접적이면서도 확실한 영향을 미칠 정도로 밀접하기 때문이다. 뿐만 아니라 수토, 동식물 등 각종 생물기후학에도 영향이 있다. 이러한 현상을 기상학 전문용어로 계절풍이라고 한다. ……

74)《하도제통기(河图帝通纪)》에 이르기를 "风者, 天地之使." 라 했고 또《용어하도(龙鱼河图)》에 이르기를 "风者, 天之使也" 라고 했다.
75)《백호통의·팔풍편(白虎通义. 八风篇)》에 이르기를 "风之为言萌也, 養物成功." 이라고 했다.
76) 东方曰析(석),凤(卽凤)曰协(협), 南方曰因(인), 凤曰凱(개). 西方日, 凤曰彝(의). 北方日伏(복), 凤曰役(역),《甲骨文合集》14294版. 东协(협)俊(준)南微(미)民(민) 西韦(위)北役(역). 卜辞《大荒经》
77) 东析, 析折丹(折절)南因, 遲因因乎(因인)西彝, 夷石夷(夷이) 北(伏복) 陝鶘(오원). 卜辞.《尧典》《大荒经》
78) 대표적인 학자들로는 胡厚宣, 杨树达, 陈梦家, 陳邦怀, 丁山, 严一萍, 于省吾, 李学勤, 曹锦炎, 郑慧生, 常正光, 郑杰祥, 冯时. 등이다.

(사진 12) 생물기후학달력 72후候(左)와 역산歷山(산서山西 남부)
순왕舜王이 중국 고대 황하 유역의 72후를 만든 곳이어서 얻은 이름이다. 기후학역법은 5일을 후候, 3후候를 기氣, 6기氣를 시時, 4시時를 1년으로 하여 모두 24절기 72후로 획분한 물후력物候歷이다. 매개 후마다 일종의 상응한 물후物候현상이 있다.

생물의 변화와 농사계절은 바람(계절풍)에 의해 결정되기에 고대인들은 바람의 변화에 대한 관찰을 통해 생물의 변화와 농사절기를 예측했다.[79]

바람이 농경과 얼마나 긴밀한 관계를 갖고 있는지를 알 수 있다. 고대인들의 생산 활동은 기상정보와 연관이 있었기에 그들은 일찍부터 바람과 생물 성장 간의 관계를 알고 있었다.[80] 바람이 역법으로 사용될 수 있었던 이유는 계절을 앞서 도착함으로서 농사절기를 미리 예고할 수 있는 선행성先行性에 있었다. 바람은 계절의 전령이다. 고대인들은 바람이 하늘이 부리는 신으로

---

79) 〈山海经·大荒经〉与〈尚书·尧典〉的对比研究. 刘宗迪.《民族艺术》2002年 03期. 月刊.《尧典》和《大荒东经》中关于四方风的记载,反映了通过观测气象变化确定季节和农时的物候历制度. 在物候历中, 对风的观察特别重要, 这是因为物候与风之间的关系直接而且明显, 不同的时节, 风的风向, 风力和湿度各不相同, 可以导致干旱, 多雨, 暑热, 寒冷等不同的气象条件和水土, 禽兽, 昆虫, 草木等不同的物候反应, 这种现象, 在气象学上, 就被称为"季候风"……. 由于物候的变化和农时之早晚决定于风的季候性, 因此, 古人就通过观察风的变化来预告物候的变化和农事之起迄,

80) 동상서. 古人生产生活与气象息息相关,因此, 很早就认识到季候风与物候之间的关系了.

서 계절을 불러오는 신통력이 있다고 믿었음직하다. 계절은 바람의 지배하에 움직이고 더 나아가 우주만물도 바람의 조화로 생멸한다고 생각했다. 동풍은 얼음을 녹이고 만물을 부활시킨다. 남풍은 만물을 기르고 성장시키지만 한발 旱魃을 불러오기도 한다.[81] 바람의 권위는 그렇게 주어진 것이다. 그리하여 태호복희太昊伏羲씨와 여와女媧씨는 모두 성이 풍씨였다. 풍신 숭배와 풍신의 권위는 오로지 농경민에게서만 보이는 신앙이다. 어렵 민족도 바람을 숭배하지만 그 관심사가 바람의 세기와 방향에만 있지 온도에는 없다. 바람이 부는 것조차 바라지 않는다. 풍신 숭배는 다원성, 방위성, 지역성과 기후성 등 네가지 특징이 뚜렷하게 나타난다.[82] 바람은 지역과 풍향이 다름에 따라 악풍惡風과 선풍善風으로 나뉘기 때문이다.

중국에서는 바람의 신을 달, 별과 연계시키는 민간신앙이 존재한다. 중원지방에서는 풍신을 별에 귀속시킨다.[83] 고대인들은 기성의 유난스런 반짝임이 바람을 일으킨다고 생각했다.[84] 공영달孔穎達은 별星을 기성箕星이라고 했다. 바람의 신인 풍사風師, 풍백風伯은 별箕星이다. 그리하여 바람은 물과 연대하여 만물을 길러 인간에게 이롭게 한 공으로 왕이 제사를 지내 그 은덕에 보답한다.[85] 풍백은 원래 남성 신이였으나 뒤에 여성 신으로 변하며 풍이(초나라의 풍신 비렴飛廉은 그 이름이 풍이風姨이다.)가 되었다. 이는 바람이 천문지식의 발달(천문력)과 함께 후기에 그 권위가 실추되었음을 의미한다. 농경 관련 정보를 바람이 아닌 천문지식에 의해 입수하면서 자연스럽게 권좌에서 물러난 형국이라 할 수 있다.

---

81)《中國古代的飮酒風俗》郭泮溪. 陝西人民出版社. 2002年 9月. p.475.
82)《中國风俗通史〈夏商卷〉》宋鎭豪. 上海文藝出版社. 2001年 11月. p.650.
83)《尙書. 洪範》에 이르기를 "星有好風"이라고 했다.
84)《中國古代的飮酒風俗》郭泮溪. 陝西人民出版社. 2002年 9月. p.476.
85)《中國民間信仰風俗辭典》中國文联处办公司. 1997年 5月. p.155.

> 바람의 흐름을 기(氣)라고 한다. 기(氣)는 실은 바람⁸⁶이다.
>
> 기(氣)는 풍(風)에 속한다. …… 기(氣)가 부족하면 풍(風)이 없다는 증거이다.⁸⁷
>
> 대지가 기를 불어 내는 것을 풍이라 한다.⁸⁸

기는 물과 바람의 공통적인 속성으로서 오늘날의 표현을 빌리자면 에너지라고 할 수 있다. 에너지는 이동과 흐름을 가능하게 하는 일종의 기운이다. 물 에너지는 물질적으로는 만물의 생명을 창조하고 정신적으로는 의식의 흐름을 자극한다. 후자의 경우 물은 술이라는 형태를 취한다. 바람은 생물의 성장을 도모할 뿐만 아니라 자신의 에너지로 물질을 이동시킨다. 무당은 바람의 이 신비한 기능을 포착하고 수천 년 동안 신과 인간의 거리를 좁히는 수단으로 이용해왔다. 술이 무당의 영혼을 현실로부터 분리하여 신의 세계로 상승시킨다면 바람은 무당의 육체를 지면으로부터 들어 올려 하늘로 상승시킨다.

바람의 기원은 물에서 찾을 수 있다. 《장자내편소요유莊子內篇逍遙游》에는 이런 구절이 적혀 있다. "북해(명溟)에는 한 마리의 물고기가 있었다. 그의 이름은 곤鯤이라고 한다. 곤은 크기가 몇 천리나 되는지 알 수 없다. 곤이 변해 새가 되었는데 그 이름이 붕鵬이다."⁸⁹ 붕鵬은 물에서 생성했는데 고어로는 봉鳳이다. 앞에서도 언급했듯이 봉은 풍風과 같은 자이다. 즉 바람이다. 바람

---

86) 《廣雅.釋言》風, 氣也.
87) 《文心雕龍·风骨篇》
88) 《齊物論》莊子. 大塊噫氣, 其名爲風.
89) 北冥有鱼, 其名为鲲. 鲲之大, 不知其几千里也. 化而为鸟, 其名为鹏.

의 모태는 물이다.

붕새는 6월의 바람을 타고 구만리 창공에로 날아오른다.[90] 바람은 붕새까지 하늘로 들어 올리는 강력한 에너지를 소유하고 있다. 그 에너지 때문에 바람은 어떠한 속박에도 저항하며 자유자재로 움직일 수 있다. 바람의 이러한 특징은 현실이라는 공간에 갇힌 물체로 하여금 시간과 공간을 초월할 수 있는 가능성을 열어주었던 것이다. 물심양면에서 현실적인 시공간의 한계를 극복할 수 있는 방법은 오로지 술과 바람뿐이다.

중국 고대무속에서 무당들은 술과 바람을 인간과 신의 거리를 좁히는 수단으로 상용했다. 술이 무당의 정신세계를 현실로부터 신의 세계에로 인도하는 역할을 수행했다면 바람은 무당의 육체를 현실로부터 신의 영역인 하늘로 들어 올리는 역할을 분담했다. 이 경우 바람은 흔히 새로 나타날 수밖에 없다. 바람은 가시적인 형상화가 불가능하기 때문이다. 새의 비상하는 형상을 빌어 바람을 상징했던 것이다. 무당의 바람에 대한 이용은 주로 무복巫服과 무구巫具에서 표현된다.

> 무는 접신하기 위해 속된 육체를 벗어나려고 Ecstasy상태(황홀경 상태, 신들린 상태, 접신 상태)에 몰입한다.…… 이런 황홀경 상태에서는 정신이 육체를 벗어나 새처럼 자유롭게 신의 세계로 등천할 수 있다.…… 무가 자신의 머리에 새 깃털을 꽂거나 새 깃털을 들고 춤추는 것은, 새가 자신의 영혼을 실어 천계로 상승시킨다는 믿음 때문이며, 또한 새처럼 쉽게 등천하고자 함이다.[91]

새의 도움을 받거나 새가 되어서 등천한다기보다는 바람의 도움을 받

---

90) 《장장내편소요유(莊子內篇 逍遙游)》搏扶搖而上九萬里, 去以六月息者也.
91) 《중국무속의 이해》김인호 지음. 도서출판 이경. 2009년 1월 29일. p.67.

아, 영혼이 아닌 육체가 등천한다는 표현이 더 정확할 것이다. 붕새도 바람을 빌어야, 그것도 6월의 강풍이 불기를 오랫동안 기다린 뒤에야 비로소 하늘로 날아오를 수 있기 때문이다. 무당은 깃을 이용하면 새처럼 바람을 탈 수 있다고 믿었던 것이다. 무당은 바람의 에너지를 빌리려 한 것이지 새가 되려고 한 것은 아니다. 사다리나 계단을 설치[92]하는 무당의 특수한 무구들도 이 장치들의 기능을 빌리려는 의도에서이지 사다리나 계단이 되려는 목적이 아닌 것처럼 말이다. 고대 무속에서는 현실과 천상으로 통하는 경로가 두 갈래라고 생각했던 것 같다. 하나는 정신소통 구간이고 다른 하나는 물질통로 구간이 그것이다. 붕새의 정신적인 자유는 자신의 거대한 몸뚱이를 6월의 강풍을 타고 날아 오를 때에만 가능하다. 비록 무당의 정신이 술의 기능을 빌어 등천했다 하더라도 육체의 동반상승이 결여된 상태에서는 완벽한 등천이 될 수 없는 것이다. 바로 이러한 원인 때문에 주나라에서는 무당이 기우제를 지낼 때 새의 깃털, 그중에서도 도요새鷸의 깃털을 달고 춤을 추는 것이다. 전설에 의하면 도요새는 "하늘이 언제 비를 내릴지 안다."고 한다. 선진先秦시기의 천문 관원들도 머리에 도요새의 형상을 본 뜬 모자를 썼다.[93]

    중국에서 샤먼은 새의 깃털을 달거나 깃털 모자를 쓸 뿐만 아니라 무복(신의神衣) 제작도 새의 깃털이나 날개를 모방한다. 전설 속의 샤먼은 하늘을 날 수 있었다고 한다.[94] 깃과 날개는 바람의 형상이다. 바람은 불가시적인 자연현상이어서 새의 깃털과 날개로밖에는 가시화할 수 없다. "붕이 힘차게 날아

---

92) 동상서. p.67.
93) 《中国古代巫術》胡新生 著. 山东人民出版社. 1998年 12月. p.286. 舞蹈者必须头戴鸟羽特別是鹬鸟的羽毛. 传说鹬鸟能 "知天将雨". 先秦时代的天文官员也习惯头戴鹬冠以为标志.
94) 《文史哲学集成》〈薩満信仰的歷史考察〉莊吉發 著. 文史哲出版社. 中華民國八十五(85)年 二月. p.43.

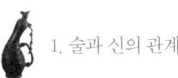

(사진 13) 무사승천도巫師昇天圖
하남성신양시장대관서북소류장河南省信陽市長台關西北小劉庄출토. 무당이 승천하기 위해 비둘기모자를 쓰고 새의 분장을 하고 있다.

오르면 그 날개는 마치 하늘을 가득 뒤덮은 구름 같다."[95] 새라기보다는 바람의 모습이다. 바람의 모습을 새의 형상에 담아낸 것이다.

바람은 물과 무속하고만 연관이 있는 것이 아니라 문학예술과도 인연이 깊다. 중국 고어체 시에는 육의六義가 있는데 그 첫 번째가 풍風이다. 《시경》의 풍風, 아雅, 송頌, 부賦, 비比, 흥興과 《주례춘궁周礼春官》의 풍風, 부賦, 비比, 흥興, 아雅, 송頌은 순서가 다르지만 풍은 여전히 일위를 차지하고 있다. 시가문학이 전부라고도 할 수 있었던 고대에 문학에서의 풍의 비중이 얼마나 컸던가를 실감나게 한다.

> 시는 모두 육의로서 이루어져 있는데 풍(風)이 그 첫 번째이다. 풍은 감화의 근원이 되고 지기(志氣)의 부절(符節)이 있다. 라는 말은 바로 풍의 원천이 시의 강렬한 감화력에 있다는 것을 강조한 것이다.[96]

---

95) 《장자내편소요유(莊子內篇逍遙游)》怒而飛, 其翼若垂天地云.
96) 《中國文學理論批評史》〈魏晉南北朝 篇〉敏澤 지음. 유병례 등 옮김. 성신여자대학교출판

절절한 감정을 표현하는 것은 반드시 풍에서 시작한다.[97]

풍은 다름 아닌 기氣의 흐름이다. "기는 풍이 아직 움직이지 않은 것을 가리키고, 풍風은 기가 이미 움직인 것을 가리킨다."[98] 바람은 비단 물질에 대한 작용에만 그치지 않고 정신이나 비물질적인 현상에도 영향력을 행사한다는 의미이다. 장자의 사상(소요유)에서도 나타나고 고대문학에서도 나타나고 있다. 이는 바람이 물처럼 에너지氣를 소유할 뿐만 아니라 유동(기의 흐름)하는 물체라는 특성 때문에 가능할 수 있었다.

바람과 음악과의 연관성은 바람이 거의 음악의 모태라고 할 수 있을 만큼 긴밀한 관계를 가지고 있다.

顓頊은 그 소리를 좋아해서 飛龍에게 명하여 팔방의 바람소리를 모방한 음악을 만들게 하였다.[99]

그러면 바람의 정체는 도대체 무엇인가? 고대인들의 눈에 바람은 오늘날 우리가 이해하는 "유동하는 공기"가 아니다. 자연계의 만물이 내보내는 생명의 호흡이다. 이것은 계절의 순환에 의한 상하기복의 절주를 가진 음율(音律)이다.[100]

부. 2008년 1월 30일. p.32.
97) 동상서.
98) 동상서. p.34.
99) 《中國文學理論批評史》〈先秦篇〉敏澤 지음. 성신중국어문연구회 지음. 성신여자대학교 출판부. 1998년 2월 28일. p.16.
100) 박사논문.〈专制王权的催眠术―儒家之"乐"的专制主义实质〉李宪堂 著. 南开大学历史学院. p.2. "那么, "风又是什么呢？ 在古人眼里, 风不是今人所理解的"流动的空气", 而是自然万物所发出的有生命的呼吸, 这种呼吸依据季节的转换会发生有规律的升降起伏, 这就是"律"

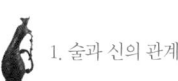

1. 술과 신의 관계   신을 위한 술, 신을 위한 예술 — 59

음악이 새소리, 물소리를 모방하여 생겨났다는 전설들도 결국은 바람과 연관이 있다. 모든 소리는 바람을 통해 전해지기 때문이다. 소리는 바람의 유동현상이다. 청풍聽風만 잘하면 팔방음을 정통할 수 있는 비결이 여기에 있다. 고대의 제사계급의 중요 성원 중의 하나인 악사樂師는 그래서 청각을 중시하고 시력을 경시한다. 시각이 아니라 청각을 이용하여 바람소리를 들음으로서 자연의 움직임을 파악했고 예술을 탄생시켰다. 바람은 문학과 음악뿐만 아니라 고대예술의 중요한 구성부분인 무용의 탄생에도 영향을 미쳤다.[101]

이렇듯 바람은 물과 술 그리고 무속과 예술 등 고대의 모든 것과 깊은 연관을 맺고 있다. 바람을 신성시하고 숭배한 것은 물과 함께 농경문화의 영향이 크다. 중국에서 풍신숭배가 광범위했던 이유도 농경과 연관이 있다고 해야 할 것이다. 한마디로 농경사회에서 예술의 모태는 물(술)과 바람이다. 다만 바람의 위상은 농사의 필요성 때문에 급속하게 발전한 천문지식에 그 자리를 양도하며 짧은 영광을 마무리하고 말았다.

2) 한국의 바람숭배와 영동할미의 분석

바람의 숭배는 농경문화의 산물임을 이미 앞에서 밝혔다. 그러면 이번에는 한국의 풍신 숭배에 대해 알아보도록 하겠다. 한국의 상고시대 역사를 다룰 때면 빠질 수 없는 텍스트인 「단군신화」에도 풍신風神이 등장한다. 환웅이 풍백風伯, 우사雨師, 운사雲師를 거느리고 신단수 밑으로 내려와 나라를 세운다고 되어 있다. 여기서 풍백은 바람의 신이다. 그러나 이상한 것은 신화 속에는 농경에 관련된 내용이 한 글자도 보이지 않는다. 일부 논자들은 풍백, 우사를 치우가 황제와의 전쟁에서 이들을 부려 승리를 거둔 역사사실을 증거로

---

101)《좌전·은공팔년《左傳·隱公八年》》舞所以節八音以成八風. 무용은 팔음을 조절하여 팔풍을 만든다.

전쟁과 관련이 있을 것으로 주장하면서 농경과의 연관성을 극력 부정하려고 한다. 그러나 「단군신화」에는 전쟁에 관한 단 한마디의 기록도 찾아볼 수 없다. 풍백, 우사, 운사는 모두 신들인데 웅녀는 이들에게 빌지 않고 신단수에 기자한다. 이는 단군신화의 저술자가 한국고대사의 정통성과 민족사의 영광을 부각하기 위해 무작위로 추가한 내용일 가능성도 배제할 수 없다. 이러한 추측이 설득력을 얻는다면 신시에는 농경도 전쟁도 없었다. 오로지 번식만 있었을 따름이다.

바람의 신적인 권위는 농경의 필요로 발달한 천문지식의 대두와 함께 추락했다는 사실도 앞에서 지적했다. 남성 풍신의 여성화가 이 사실을 가장 잘 대변해주고 있다. 한국에도 삼국시대에 벌써 중국의 천문력이 전래된 것으로 나타난다. 역법이 필요하다는 것은 농경이 시작되었음을 의미한다. 천문지식이 결여되었던 상고시대에 농경문화도 정착되지 않았던 한국에서는 숭배할만한 풍신을 가지지 못했음을 알 수 있다.

이상하게도 바람의 숭배는 천문과학지식과 역법체계가 확립된 조선시대에 와서야 뒤늦게 생겨나고 있다.[102] 이른바 "영동할미"라고 불리는 바람의 신이 등장한다. 물론 중국에도 할머니 바람 신이 존재한다. 하북성 동부 연해지방에는 바람할머니風婆婆라는 민간풍신신앙이 있다. 이곳 사람들은 해마다 음력 8월 초하룻날에 제사를 지낸다. 어부들도 출항하기 전에 태풍과 역풍逆風이 불지 말고 무사귀환하게 해달라고 풍할머니에게 빈다.[103]

어원커족鄂溫克族의 샤먼들도 풍신을 숭배한다.

바람은 바람의 신이 조종하는 것이라 여긴다. 세상의 끝에 머리를 헝클

---

102) 《동국여지승람(東國輿地勝覽)》과 《탐라지(耽羅誌)》에 기록이 보인다.
103) 《中国民间信仰辞典》中国文联出版公司. 1997年 5月. p.157.

(사진 14) 영등제(좌)와 영등할망
제주에서는 지금도 음력 2월이면 바람신風神이자 풍농신豊農神인 영등할망제를 지내고 있다.
(제주시수협어판장)

어트린 한 노파가 있다. 그녀의 머리카락은 아주 길다. 한 번 머리를 흔들기만 하면 인간 세상에는 금시 광풍이 분다.[104]

「영동할머니」는「영동할만네」,「영동할멈」,「영동할마니」,「영동할마시」,「할마시」,「영동바람」,「풍신風神할만네」,「영동麻姑할머니」등 여러가지 명칭으로 불린다.[105] 그런데 중국의 경우 풍신의 모습이 바람과 연관성이 있는 사물로 상징화되어 나타나고 있는데 반해 영동할머니는 바람과 연결되는 상징물이 결여되어 있다는 점에 주의를 돌릴 필요가 있다. 붕새의 날개나 긴 머리카락은 모두 보이지 않는 바람의 형상을 가시화한 것이다. 기이하게도 영동할머니는 바람과 아무런 연관도 없는 딸과 며느리를 데리고 다닌다.

「영동할먼네」가 딸을 데리고 下降(내려오면)하면 바람이 불고, 며느리를

---

104)《东北亚的萨满教》-韓中日俄蒙薩滿教比較研究. 色音 著. 中国社会科学出版社. 1998年 1月 3日. p.98. 认为风是由風神主宰的. 世界的边缘上有个披头散发的老太婆(女神), 她的头发很长, 只要她头发一甩, 人间即刻狂风大作.
105)《韓國民俗考》宋錫夏 著. 日新社. 檀紀 4293年 3月 30日. p.91.

데리고 하강하면 비가 온다고 한다.[106]

　제주도를 제외한 기타 지방의 영동할머니가 바람을 일으키는 방법은 모두 딸과 며느리의 대동 변화에 따라 달라지는, 대동소이한 서사구조이다. 바람은 딸을 사랑하는 모정母情이고 비는 며느리를 미워하는 시어머니의 구박이라고 한다. 그러나 해변이나 어촌에서는 도리어 비보다 바람이 나쁜 영향을 미친다. 어로작업과 해녀들의 물질은 바람이 불면 파도가 높아 어려워지기 때문이다. 반대로 비는 어부와 해녀들의 작업에 별 영향을 미치지 않는다. 풍신의 딸에 대한 사랑은 인간에게 해로움을 가져다주고 며느리에 대한 미움은 역으로 인간들에게 이로움을 준다. 풍어豊漁와 풍작은 모두 미운 며느리를 데리고 와야 가능하다. 영동할머니가 사랑하는 딸은 인간에게는 아무런 이로움도 주지 못한다. 게다가 비는 바다에서는 별다른 의미가 없다. 그렇다고 육지에서도 반드시 풍작과 직결되는 것은 아니다. 강우량 다소에 따라 홍수재해를 일으킬 수도 있다. 딸에 대한 풍신의 사랑이 어부들에게는 저주라는 사실과 며느리에 대한 풍신의 구박은 농사꾼들에게는 복이라는 사실은 신과 인간 사이의 관계를 딜레마에 빠져들게 하는 서사체이다. 이는 해변과 육지에 따라 제사 목적과 소원이 달라질 수밖에 없는 아이러니를 초래할 수밖에 없는, 실패한 설화구조라고 할 수 있다.

　앞에서도 지적했듯이 상고시대 중국의 풍신인 사방풍四方風은 바람의 방향, 시간, 온도 등의 정보를 수집하여 계절과 농사절기를 판단한다. 이러한 판단은 바람의 유동으로 계절이나 절기보다 먼저 예측을 가능하게 한다. 물론 바람이 제공하는 정보에 의한 농경의 조절은 천문역법이 발달하며 점차 그 기능이 퇴화되었다.

---

106) 동상서. p.92.

1. 술과 신의 관계

그런데 한국의 풍신은 기상신이 부려야 할 신통력이 하나도 없이 예측 판단 기능과 농경에 필요한 계절 관련 정보가 결여되고 있다. 영동할머니한테서 얻을 수 있는 정보는 기껏해야 바람이 불면 딸을 데리고 내려오고 비가 오면 며느리를 데리고 내려온다는, 농사와 어로와는 아무런 연관도 없는 허드레 정보뿐이다. "치마가 바람에 펄럭이는 모습이 보기 좋다"던지 "옷이 비에 젖은 모습이 보기 싫다"[107]던지 하는 내용들은 모두 모녀간의 혈육애와 고부간의 갈등을 나타낼 뿐 풍신이 장관하는, 동식물의 성장발육과 죽음, 계절의 변화에 대해 어떠한 설명도 부여하지 못한다. 생명이나 자연 현상보다는 가족관계, 그중에서도 모녀와 고부간의 관계에 대해 더 관심이 집중된다. 아마 유교를 국가통치 이데올로기로 정했던 조선시대의 영향을 받았을 것으로 추정된다.

풍신은 바람을 끌고 다니며 계절을 주관하고 생명을 키운다. 각 계절마다 풍향과 기온이 다를 뿐만 아니라 소리와 풍속風速도 상이하다. 이에 반해 영동할머니는 1년에 단 한 번 인간세상을 다녀간다. 그것도 단 20일 뿐이다. 방향도 없고 온도도 없고 계절도 거느리고 다니지 않는다. 그러니 어떻게 농경신이라 할 수 있겠는가. 노파가 지배하는 건 딸과 며느리뿐이다. 그녀가 바람을 일으키고 비를 내리게 하는 목적도 계절과 생명과는 전혀 연관이 없으며 단지 딸과 며느리를 지배하기 위해서이다. 다시 말해 풍신의 관심사는 생명과 계절의 변화가 아니라 집 안의 위계질서 확립이다. 사방풍이 순수 자연신이라면 영동할머니는 인신人神이다. 물론 예외도 있다. 제주의 "영등할망" 설화[108]가 그것이다.

---

107) 《한국민속대백과사전》 〈한국세시풍속사전〉 영동할머니날.
108) 《제주 영등할망 설화》 : 옛날 영등이라는 신이 있었다. 그는 인간세상의 사람도 아니고 저승세계의 사람도 아니고 용궁의 사람도 아니었다. 무한(無限)에서 솟아나 제주바다 저

영등신은 영등하르방, 영등할망, 영등대왕, 영등호장, 영등우장, 영등별감, 영등좌수, 이렇게 모두 일곱 신위(神位)이다. 음력 이월 영등달이 되면 이 신들은 강남천자국[中國]에서 제주도로 산구경 물구경을 오는데, 맨 먼저 한림읍 귀덕리 복덕개라는 포구로 들어온다. 그리하여 한라산에 올라가 오백장군에게 현신 문안을 드리고, 어승생 단골머리와 소렴당을 거치고 산방굴을 지나 드리디끗[橋來里]까지 돌면서 복숭아꽃, 동백꽃 구경을 하고 다니며, 세경 너른 땅[耕作地]에는 열두 시만국[新萬穀] 씨를 뿌려주고, 갯가 연변(沿邊)에는 우무, 전각, 편포, 소라, 전복, 미역 따위가 많이 자라도록 해초 씨를 뿌려준다.[109]

편 수평선 너머에서 살고 있었다. 태풍이 몰아치는 어느 날, 제주섬 한림의 한수리마을 어부들이 고기잡이를 나갔다가 풍랑을 만났다. 어부들을 태운 배는 성난 파도에 휩쓸려 하염없이 표류해 갔다. 그들이 도착한 곳은 외눈배기 거인들이 사는 나라였다. 외눈배기들은 이마 한복판에 등잔만큼 큰 눈이 하나만 있는 식인종들이었다. 영등은 이것을 보고 '저 사람들을 살려야겠다.'는 마음을 먹게 되었다. 영등도 외눈배기 거인들처럼 몸집은 거인이었으나, 마음은 어질고 착하였다. 그는 커다란 왕바위위에 가 앉아 있으면서 배를 그 안으로 들어오게 하여 숨겨주었다. 외눈배기들은 사냥개들을 앞세우고 와서 여기저기 들쑤셔대며 어부들을 찾았다. "지금 여기로 맛있는 먹거리가 들어왔는데 어디로 갔느냐?" "나도 그런 걸 주워 볼까 하고 여기 이렇게 나와 앉았다." 영등은 시침을 뚝 떼고 대답했다. 어부들을 찾지 못한 외눈배기들은 투덜대면서 모두 돌아가 버렸다. 태풍으로 날뛰던 바다도 잔잔해져서 배가 항해하기에 좋은 날씨로 변하였다. 영등은 어부들의 배를 보내주면서 다음과 같이 하면서 돌아가라고 시켰다. "이 배를 타고 도착할 때까지 가남보살 가남보살 하면서 가라." 어부들은 영등이 시킨 대로 주문을 외면서 배를 타고 돌아오게 되었다. 고향 마을이 바라다 보이는 곳까지 거의 도착하게 되자 안심을 하고 그만 주문을 외지 않았다. 그러자 갑자기 광풍이 일어나 바다와 하늘에 휘몰아쳤다. 어부들의 배는 순식간에 외눈배기나라로 불려갔다. 마침 영등이 그 자리에 다시 있어 어부들이 살려달라고 애원하였다. 영등은 또다시 그들을 살려 고향으로 무사히 돌려보내 주었다. 그후 이 사실을 알게 된 외눈배기들은 영등에게 "당신 덕분에 맛있는 먹거리를 놓쳐 버렸다."고 말하면서 모두가 달려들어 그를 죽여 버렸다. 영등의 몸을 세 토막으로 끊어 바다로 던져 버리니, 머리는 성산포의 우도, 몸통은 성신, 발치는 한수리에 떠올랐다. 제주 백성들은 바다의 재앙을 막아준 영등의 은혜를 생각하여 해마다 음력 2월 초하루부터 15일까지 영등제를 지내고 있다. 영등은 고기잡이 어부들이나 해녀들에게는 항해의 안전을 지켜주는 수호신이며 해산물의 풍요를 가져오는 신이다. 神들의 섬-제주의 신화와 전설-2001년 제주세계섬문화축제위원회

109) 《한국민속대백과사전》〈한국민속신앙사전〉영등굿.

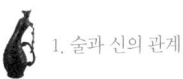

1. 술과 신의 관계

제주 영등할망은 바람의 신이라기보다는 바다의 신(해양신)이다. 그녀는 바람을 관장하는 능력이 부재한다. 설화에 따르면 어부들이 사경에 처하게 된 것은 풍랑 때문이다. 주문을 외지 않아 다시 '외눈배기 거인들의 나라'로 돌아온 것도 풍랑 때문이었다. 영등할망이 과연 바람을 관장하는 풍신이라면 바람을 멈추어 풍랑만 없애면 그만이었을 것이다. 결국 풍랑을 일으키는 바람을 관장하는 능력자는 "가남보살" 즉 관음보살이다. 주문을 그치자 관음의 도력도 그쳐 풍랑은 다시 일어난다. 바람을 지배하지 못한 대가로 영등할망은 신도 아닌 식인종들에게 죽임을 당한다. 그러니 엄밀히 말해 영등할망은 신도 아닌, 원한을 품고 죽은 귀신에 불과하다.

영등할망이 제주 땅에 곡식의 씨앗을 파종하는 내용도 현실과 동떨어진 감이 없지 않다. 우선 지적해야 할 점은 제주는 곡물생산보다는 감귤생산을 중심으로 한 과수재배지역이다. 화산 토양의 특성 때문에 벼 재배는 안 되고 곡물생산은 밀, 보리, 감자와 콩에 그친다. 밀재배면적은 농경지 총면적 5만 6,693ha[110]에서 75ha밖에 안 된다. 쌀보리는 365ha, 맥주보리는 1,958ha, 봄 감자는 1,022ha,[111] 가을 감자는 1,430ha[112] 이다. 농경구조상 곡물생산이 주가 아님을 알 수 있다. 게다가 더구나 이해하기 어려운 것은 영등할망이 씨를 뿌린 시기는 음력 2월 초하룻날이다.

---

110) 《제민일보》「제주 농경지 산림 면적 계속 감소」김석주 기자. 2009년 01월 08일 (목). 지난해 제주지역 경지면적은 5만 6693ha (논 84, 밭 5만 6609ha)로 2007년 5만 7204ha (논 101, 밭 5만 7103ha)에 비해 511ha (0.89%)가 감소했다.

111) 동상서.「재배면적 보리는 감소 밀은 증가」김석주 기자. 2010년 06월 24일 (목). 제주지역 쌀보리 재배면적은 올해 365ha로 지난해 232ha에 비해 133ha (57.3%) 늘어났다. 그러나 맥주보리는 올해 1958ha로 지난해 2722ha에 비해 764ha (28.1%)나 감소…… 밀 재배면적은 75ha로 지난해 62ha에 비해 13ha (21.0%)나 늘어났다.…… 봄감자 재배면적은 1022ha로 지난해 1024ha에 비해 소폭인 2ha (0.2%) 감소했다.

112) 《제주매일》「가을감자, 작년 비 재배면적 10%↑」임영섭 기자. 2004년 08월 18일 (수). 조사 결과 가을감자 재배면적은 지난해 1300ha보다 10% 늘어난 1430ha로 예상된다.

(사진 15) 맹인 악사樂師. 윌리엄 사운드William Saunders (영국인 촬영가) 19세기 사진작품. 고대에는 무당은 물론이고 악사들도 맹인들이 많았다.

제주도의 밀과 보리의 파종 적기는 10~11월이고 콩 파종기는 5월 하순 ~6월 중순이다. 오로지 봄 감자의 파종 시기와만 일치하는 시간이다. "우장을 쓰고 내려오면 비가 온다는 영등할망은 도대체 풍신인가 아니면 곡신인가 그도 아니면 수신인가? 정체가 아리송하다. 풍신이라 하자니 바람을 장관하지 못하고 곡신이라 하자니 씨앗을 뿌려만 놓고 성장에는 관여하지 않고 수신이라 하자니 물을 관장하는 신통력이 없다. 하나의 신이 세 개의 기능, 바람, 비, 곡식을 주관한다는 설화의 내용 설정은 단군신화에서 풍백, 우사, 운사가 각각 그 분공이 다른 신들로 등장하는 내용과도 일치하지 않는다. 그냥 그 흔한 귀신옛말 중의 하나일 뿐일지도 모르겠다는 생각이 들 정도이다. 결국 한국에는 수신도 없고 자격에 걸 맞는 풍신도 없다. 이는 농경문명의 역사가 유구하다는 한국사의 기존 논리를 재고할 수밖에 없도록 한다.

상고시대 중국에서의 인간과 바람의 소통은 주로 청각으로 이루어졌다. 비가시적인 바람의 특성으로 인해 시각은 휴면상태에 빠지고 바람의 소리에 대응하는 청각과 온도에 대응하는 촉각이 기능을 대신했던 것이다. 청각의 이러한 중요성 때문에 고대 중국의 성인聖人과 총명聰明한 자는 모두 남다른 청각 기능의 소유자들이었다. 제사를 주관하는 무당이나 악사樂師들도 맹인이 많았다. 농경민족인 중국인들은 자연현상으로서의 바람자체에 관심이 많았음을 알 수 있다. 그것은 농사와 밀접한 관계가 있었기 때문이다. 자연재해를 피하고 작황을 이루려면 절기에 대한 예측과 상응하는 대책을 미리 취할 필요가 있다.

그러나 한국의 경우 풍신 경배는 바람 자체가 아니라 모녀, 고부간의 관계변화에 더 흥취가 짙다. 바람과의 소통방법도 감각기관이 배제된, 맹목적인 기대와 대책 없는 기다림뿐이다. "치마가 바람에 날리고" "옷이 비에 젖는" 것은 물론 가시적인 현상이다. 그러나 영등할미나 그녀의 딸, 며느리는 인간의 눈에는 보이지 않는 귀신들이다. 감관의 작동 중지는 예측, 판단을 모두 불가능하게 만들 수밖에 없다. 결국 농사에도 아무런 도움이 안 된다. 자연현상의 변화를 미리 알고 재해를 대처할 수 없기 때문이다. 다만 예측과 대비가 필요 없는 분야는 어로 작업 뿐이다. 풍신에게 빌다가 바람이 멈추면 그때 바다로 나가면 그만이다.

    풍신 숭배가 농경과 연관이 깊다고 할 때 바람과 술과의 관계도 지나칠 수 없다. 수신, 풍신 숭배가 없는 한국은 농경의 역사가 짧을 수밖에 없다. 농경이 발달하지 못한 국가는 양곡이 적어 양조업도 침체상태에 빠지게 된다. 식량을 확보하기 위해서는 양조와 음주를 금할 수밖에 없다. 양조업이 영세된 상황에서 술은 기호식품에서 배를 불리는 식량이나 약주로 위축될 수밖에 없다. 조선8도에 널리 퍼진 음식문화의 하나인 반주飯酒와 새참에 내오는 술은 모두 술이 식량의 기능을 하고 있는 산 증거들이다. 술이 음식물로 소화될 때와 혈관에 흡수되어 중추신경계통으로 주기酒氣가 흐를 때 인체와 정신에 미치는 효과는 전혀 다르다. 현실의 한계를 극복하고 정신적인 자유를 얻기 위해서는 후자의 경우에만 해당된다. 술이 배를 불리는 음식과 피로를 회복하는 약품으로 섭취되는 순간 한국인은 술이 유도하는, 자유와 낭만이 창조하는 예술의 공간을 상실하고 말았던 것이다.

    풍다우주風茶雨酒라는 말이 있다. 바람이 불면 차를 마시고 비가 오면 술을 마신다는 뜻이다. 술과 차의 근본은 모두 물雨이다. 바람이 불면 비가 온다. 비는 바람을 따라 다닌다. 바람을 물, 술, 차와 자연스럽게 연결시킨 것은 고대 중국인들이 이들 간에 상호 밀접한 관계가 있다고 느꼈기 때문이다. 차는 술과 다를 바 없이 정신에 작용하는 일종의 정신흥분제이다. 물은 물론이

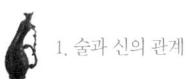

거니와 차도 대체로 양진兩晉이후부터 술을 대신하여 제주로 사용[113]되었고 손님을 접대하는데 사용했다. 불교에서도 부처님께 차를 공양한다. 하늘과 땅, 신神들과 부처는 물론이고 귀신까지도 술 대신 차로 제사를 지낸다. 이는 차가 술과 같은 용도로 쓰였음을 의미한다. 그래서 바람이 불면 차를 마신다는 말은 바람이 불면 술을 마신다는 말로 이해해도 별 무리는 없을 것이다.

한국에서의 바람과 예술에 대한 담론은 관련 자료의 부족으로 공백으로 남겨둘 수 밖에 없게 되었다. 중국에서의 바람과 음악 및 무용의 관계에 대해서는 앞 절에서 이미 언급했기에[114] 여기서는 생략한다.

C. 술과 제사 그리고 무속

고대사회에서 술은 제사와 불가분의 연관 속에서 권력의 상징으로 군림해왔다. 조기早期갑골문에 보면 제사 제䘵자는 손(丮)에 핏방울이 떨어지는 고깃덩어리를 들고(肉夕)있는 모습이다. 떨어지는 액체의 형상을 피 또는 술이라고 해석하는 학자들도 있다. 나진옥은 술과 고기를 제단에 올리는 형상[115]이라고 주장한 반면 엽옥삼은 손으로 예기禮器에 고기가 아니라 술을 따르는 모양[116]이라고 해석한다.

상고시대부터 제사에는 가장 귀중한 것을 진상한다. 고대에 고기와 술은 일반 서민들은 먹어 보기 힘든 귀중한 음식들이었다.

---

113) 《南齐书》齐武帝生性节俭. 他曾下诏曰:"我灵上慎勿以牲为祭. 唯设饼, 茶饮, 干饭, 酒脯而已" 제나라 무제는 근검절약의 성품을 타고 났다. 그는 "짐의 제단에는 가축을 잡아 제사를 지내지 말고 떡, 차, 밥, 주포(酒脯)만을 제단에 올리라"고 조서를 내렸다.
114) 《吕氏春秋·孝行》:"雜八音. 養耳之道也. 陳奇猷校释:"八音, 八风之音.
115) 《殷城书契考释》罗振玉 著. 北京图书馆出版社. 2000年. p.15.
116) 《殷墟书契前编集释》1卷. 叶玉森 著. 上海大东书局. 1933年. p.29.

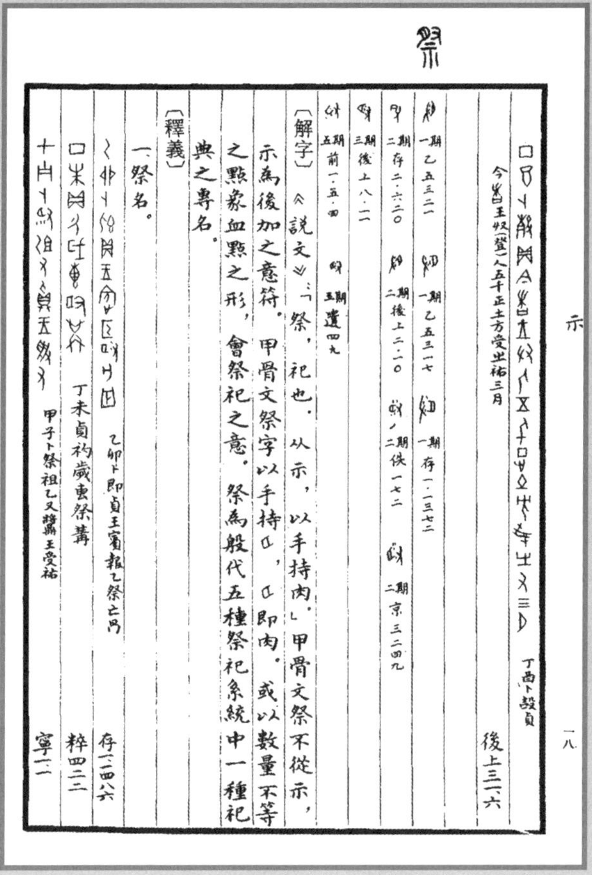

祭

示

一八

丁酉卜㱿貞

今者王收(登)人五千正土方受出祐三月

後上三一·六

一期 乙五三二二　一期 乙五三一七　一期 存一·一三七二

二期 存二·六二〇　二期 後上二·一〇　二期 佚一七二　二期 京三二四九

三期 後上八·一二

五期 前一·五·四　五期 遺四九

〔解字〕《說文》：「祭，祀也。从示，以手持肉。」甲骨文祭不從示，示爲後加之意符。甲骨文祭字以手持ロ，ロ即肉。或以數量不等之點象血點之形，會祭祀之意。祭爲殷代五種祭祀系統中一種祀典之專名。

〔釋義〕

一、祭名。

乙卯卜即貞王賓報乙祭亡尤　存一·一四八六

丁未貞祏歲重祭冓　粹四二二

甲子卜祭祖乙又𩰫王受祐　寧一·一

(사진 16) 갑골문 제祭. 「갑골문 자전甲骨文字典」 四川辭書出版社. 1990년 9월

필자도 자형字形이 술과 고기라는 견해에 동감이다.

(고대사회에서) 술은 사람들의 식생활의 필수품이 아니었다. 중산층 이하 사람들에게는 술은 사치품일 따름이었다.…… 양식의 부족과 양조업에 대한 여러 가지 제한 때문에 선진(先秦)이전 시대의 서민들은 술을 마시기 어려웠다. 술은 주로 상류사회의 제사와 향연에 사용되었다. 당시 늘 저잣거리에 나가 술을 사서 마시는 계층은 거의가 사대부(士)나 유랑협객 또는 상인들과 같은, 권력을 쥔 귀족들이었다.…… 술이 하층민들과 인연을 맺게 된 것은 양한(兩漢)이후의 일이다.[117]

곡물부족현상은 농경법이 낙후한 고대로 거슬러 올라갈수록 심각했다.

【도표 2. 중국역사상 인구 평균 식량소유 통계】

왕조	전국경지면적(억묘亿市畝)			농작물 파종면적 점유비중	식량단위 (市畝)산량 (근市斤/市畝)	총산량 (억근 亿市斤)	전국인구 (만명)	인구당 소유량 (근市斤)
	총면적	북방	남방					
춘추전국	2.3			94%	91	196.74	3200	614.8
진한(秦漢)	5.72			94%	117	629.01	6000	1048.35
위진 남북조	3.85	1.925	1.925	90%	122/215	583.85	5000	1167.7
송원(宋元)	7.2	2.59	4.61	90%	140/343	1749.45	12000	1457.87
명(明)	10.7	4.39	6.31	85%	155/337	2385.88	20000	1192.94
청(淸) (1800년대)	10.5	4.31	6.19	85%	155/337	2340.97	30000	780
청(淸) (1840년대)	14	5.74	8.26	85%	155/337	3122.32	40000	780
청(淸) (1900년대)	16	7.74	8.26	85%	155/337	3385.82	46000	736

춘추전국시기 일인당 양식 평균 점유율은 한대漢代의 1048.35근에 비해

---

117) 《中国古代庶民饮食生活》赵荣光 著. 商务印书馆国际有限公司. 1997年 3月. p.72. 酒不是人们食生活的必需品, 对于中产阶级一下而言, 它应屬奢侈品…… 然而由于粮食的珍贵和酒事的种种限制. 先秦以前时代的庶民阶级, 尤其是其中的力役之夫是较少与酒有缘的. 酒主要是上层社会的祭祀与宴会活动的常用物. 当时那些经常到市肆买饮者, 多是士, 游侠, 商贾等既非掌权的贵族.

훨씬 적은 숫자인 614.8근[118]밖에 안 된다. 계층별 양식점유율의 차이를 감안할 때 일반 서민들은 항상 굶주림에 허덕였음을 알 수 있다. 춘추전국 이전에는 충분한 양식 확보가 더욱 어려웠을 것이다. 소로 밭을 갈아 농사 짓는 우경법은 춘추전국시기에 와서야 일부 지역에서 보급되었다. 그 전까지는 인력 경작을 해야 했기에 곡물 생산량이 적어 사람들의 배를 불릴 수 없었다. 철제 농기구도 전국시기 중기부터 시작되어 한대에 와서야 전면 보급되었다. 한대 이전, 춘추시대와 전국초반까지 목제 농기구는 석기와 함께 주요 농사도구였다. 춘추말기에 등장한 철기는 주로 병기, 제기 등을 제작하는 데 사용되었다. 소를 이용한 축력경작도 한대에 와서야 인력농법을 대신하여 전면 보급된 것이다. 목제 농기를 사용하여 인력으로 농사를 짓던 그 시대에는 항상 양식이 부족했다. 그러니 양곡을 원료로 빚는 술 역시 진귀할 수밖에 없었을 것이다. 술은 신에게만 드리는 신성한 음식이었고 귀족들이나 마실 수 있었다.

고구려의 경우는 땅이 척박하여 건국 초, 중반까지는 먹는 문제를 농사보다는 주변국에 대한 약탈로 해결하였던 만큼 양조업의 발달은 생각도 할 수 없었다. 결국 술의 권위는 그 희소성과 신성함 때문에 부여받은 것이다.

고대사회에서는 고기 역시 진귀한 음식이었다. 맹자는 70살이 된 노인은 고기를 먹을 수 있다고 했다. 그러나 고대사회에서 70까지 장수하는 사람은 극히 희소했다. 춘추전국시기에는 스승을 찾아 문하생이 되려면 마른 고기 두 묶음束을 예물로 들고 가면 받아주었다. 육류는 평민 백성들은 먹기 힘든 것임을 알 수 있다. 그리하여 육류는 신에게 드리는 주요한 제물이 되었던

---

118)《中国农事》2007年 7月.「传统农业时代乡村粮食安全水平估测」卜风贤. p.25.

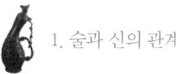
1. 술과 신의 관계   신을 위한 술, 신을 위한 예술 − 73

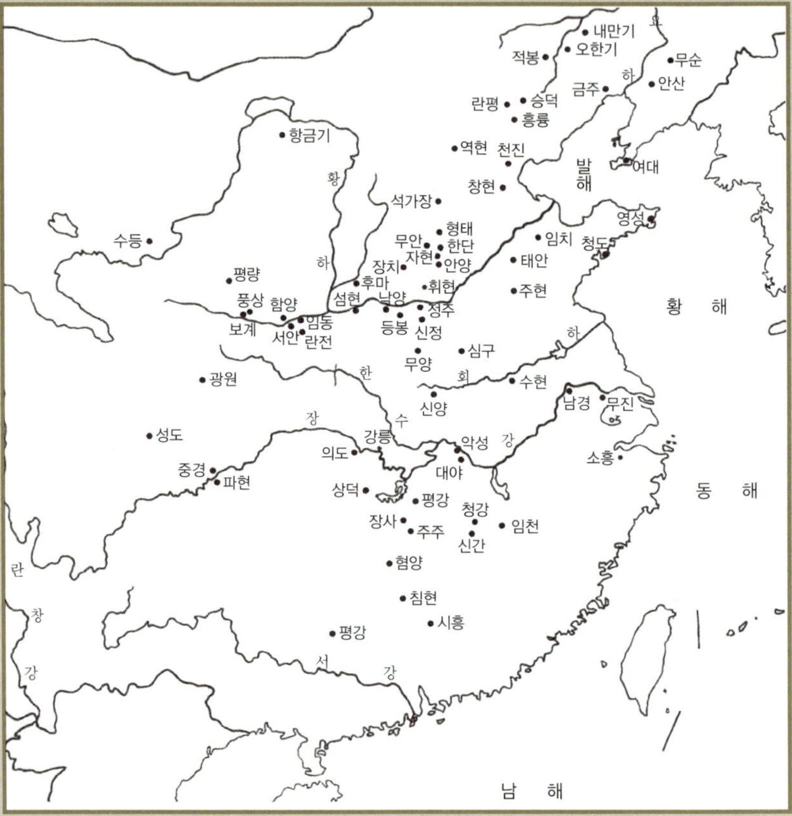

(사진 17) 전국시기 철제 농기구와 철기 출토 분포 지역
이 시기에 가래, 호미, 낫, 괭이 등 철제 농기구가 농사 도구로 사용되기 시작했다.

것이다.[119]

술의 권위를 장악한 것은 제사를 주관하는 무속이었다. 무당이 술을 신에게 드리는 신성한 음식으로 사용하면서 그 권위는 더 높아졌다. 그러나 춘추전국시대에 이르러 무당 계층이 권력층에서 추락하면서 술도 덩달아 종교적인 권위를 상실하고 인간의 일상으로 복귀하는 계기를 맞게 된다.

> 계급사회 진입 후 종교와 무속의 내부 분공이 갈수록 세분화되었다. 무당 이외에도 대형의 제의를 주관하는 직책을 맡은 종관(宗官)과 축수구복(祝壽求福)을 담당한 축관이 따로 생겨났다. 주나라 때에는 제사를 주관하던 무당의 지위가 벌써 종(宗), 축(祝)에 의해 대체되었다.[120]

> 전국시대에 이르러 전통적인 종교 조직이 전면 붕괴되면서 사회 구조에도 중대한 변화가 발생했다. 무당의 지위도 그에 따라 일락천장(一落千丈)했다.[121]

무당과 술의 권위 추락은 시대적 추이였다. 무당의 권위는 제관祭官, 축관祝官에 의해 계승되었지만 술의 권위는 제사와 신의 독점에서 개방되어 일반 평민들의 기호품으로 돌아왔다. 술의 이러한 탈 권위는 이 시기의 농업생산 발달과 양곡생산의 증가가 원인이 되기도 했다. 술과 제사 그리고 신의 분리는 예술의 본격적인 탄생에 기여했다.

여기서 잠시 주나라 때 하늘에 제사 지낸 예법에 대해 살펴보도록 하겠

---

119) 《中国古代的祭祀》刘晔原, 郑惠坚 著. 商务印书馆国际有限公司. 1996年 7月. p.12.
120) 동상서. p.11. 进入阶级社会以后, 宗教巫术事业内部的分工日趋细密, 在巫觋之外又有了以组织大型祭仪为主要职责的宗官和祝寿求福为主要职责的祝官. 到周代, 巫觋在祭祀活动中的主角地位已被宗, 祝所取代.
121) 동상서. p.15. 进入战国时代, 传统的宗族组织全面崩溃, 社会结构发生了重大变化, 巫师的地位也一落千丈.

다. 한국고대사의 제천祭天기록에 대한 자료와 결부시켜 논해야 할 필요성 때문이다.

주대周代 제천의식은 교외에서 진행되었기에 교사郊祀라고도 한다. 그곳에 둥근 하늘을 상징하는 원형의 원구단圜丘壇을 축조한다.[122] 제사 전날 천자와 문무백관들은 먼저 목욕재계沐浴齋戒하고 신에게 진상할 제물들을 돌아본다. 제사 당일에는 천자가 아침 일찍 문무백관을 인솔하고 교외로 나간다. 천자는 겉에는 큰 갖옷을, 안에는 일월성신과 산 그리고 용을 수놓은 갖옷을 입고 머리에는 주옥으로 만든, 열두 가닥의 술이 드리운 면류관을 쓴다. 허리에는 큰 홀大圭을 차고 손에는 진규鎭圭를 들고 서쪽을 향해 원구단 동남쪽에 선다. 그와 때를 같이하여 북과 음악소리가 일제히 울리며 천제에게 제사를 즐길 시간이 다가왔음을 알린다. 이어 천자는 천신에게 진상할 희생동물을 죽인다. 이 희생물은 옥과 구슬, 홀, 비단필 등과 함께 미리 준비된 나무더미 위에 던져진다. 천자가 나무더미에 불을 지피면 불길이 하늘 높이 타오르면서 천신이 향기를 맡게 된다. 그런 다음 음악의 연주와 함께 시尸를 원구단 위로 영접한다. 시는 천신의 화신인데 살아 있는 사람이 그 역할을 담당하여 신을 대신하여 제사를 향유한다.[123] 시尸의 앞에는 옥구슬, 솥鼎, 궤簋[124] 등 여러가지 제물을 담은 제기들을 진상한다. 먼저 희생물의 피를 드린 후 다섯 종류의 술을 두 차례 올린다. 그런 다음 옹근 희생물과 대갱大羹(육즙), 형갱鉶羹(절인 야채즙)등을 올린다. 네 번째 헌주獻酒 뒤 음식黍稷(기장)을 진헌進獻한다. 천신尸의 식사가 끝난 다음 천자와 무용수들은 함께「운문云門」춤을 춘다. 제사 참가자

---

122)《天津师大学报》1995年. 第二期.「从〈诗经〉看周代祭天礼仪」姜楠. p.70.
123) 주나라 이후에는 제사예법만 계승하고 산 사람이 맡았던 시(尸)의 역할은 신의 위패(位牌)로 대신했다.
124) 제사 지낼 때 서직(黍稷)을 담던, 아가리가 둥글고 두 귀가 달린 나무 그릇.

들은 제사에 사용되었던 술을 나누어 마신다. 천신이 하사한 음식이라 하여 후세에는 음복飮福이라고 한다.

한국의 경우 고대 제천 기록은 중국의 정사인 후한서, 삼국지 등 몇 안 되는 문헌에만 간략한 기록이 남아 있을 뿐이다. 「단군신화」에는 아예 제천에 대해 일언반구도 없다. 앞에서도 언급했지만 수목 숭배 즉 성기 숭배만 나타날 따름이다. 희생은 물론이고 제사의 중심인 술도 언급되지 않고 있다.

제천행사기록이 비교적 상세한 「삼국지」의 관련 단락을 인용해보자. 중국 주나라 때의 제천행사와 비교하면서 읽으시기 바란다.

> 10월에 하늘에 제사 지내는 나라 안의 대회를 '동맹'이라고 한다.······ 그 나라의 동쪽에 큰 굴이 있는데 '수혈(隧穴)'이라고 부른다. 10월의 나라 안 큰 대회 때 동굴 신(隧神)을 나라의 동쪽으로 모셔다가 나무로 만든 수신을 신좌에 세우고 제사 지낸다.[125]

고구려인들이 제사 지내는 신은 천신이 아니라 동굴 신이나 수신樹神임을 알게 하는 대목이다. 이는 「단군신화」에서 곰이 살던 동굴과 일맥상통하는 구절이다. 쑥과 마늘을 먹고 사람이 된 곰은 동굴隧穴에서 나와 신단수 밑에서 아이를 임신하게 해달라고 빈다. 「삼국지」의 기록에도 고구려인들이 동굴 신을 밖으로 옮겨 나무로 만들어 세우고 제사 지낸다. 이와 같은 동일성은 한민족의 정체성에도 어긋나지 않는, 설득력 있는 기록이어서 가치가 돋보인다.

주나라의 제천의식과 비교해 보면 고구려의 "제천의식"에는 원구단, 임

---

125) 《三國志》高句麗. 以10月祭天, 国中大会, 名曰同盟······ 其国東有大穴, 名隧穴, 十月国中大会, 迎隧神還于国東上祭之, 置木隧于神坐.

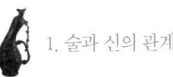

(사진 18) 중국에서 황제가 하늘에 제사를 지내는 원구단圜丘壇

금과 문무백관의 참여, 음악, 술, 시尸가 없고 제물(희생, 홀, 옥과 구슬 등)의 소각 절차가 없다. 주나라 제천의식에서 인신 간의 소통방식은 제물을 연소시킨 연기 냄새와 신을 대신한 시尸의 존재이다. 그러나 고구려의 제천의식에는 인신人神간의 소통방식이 결여되어 있다. 수목이 인간과 신을 이어주는 통로 (천신이 내려오는 계단)역할을 한다는 주장은 현대학자들의 견해일 따름일 뿐 당시 상황을 반영하지는 못한다. 수목을 인신 간의 통로로 인식하게 된 것은 주나라 때보다 훨씬 뒤에 몽골이나 동북아시아샤머니즘의 대두로 시작된 것이다.

> 顔師古는 匈奴나 鮮卑를 비롯한 북방제족이 가을철에 神樹의 주변을 도는 의식을 행하고 있다고 기록하고 있다.[126]

> 북방사회에서 최고 존재는 하늘이며 그것이 인간계에 출현할 때는 山峰이나 숲, 나무의 끝단에 강림한다는 것은 널리 알려진 사실이다.[127]

몽골계 민족의 발원지에 해당하는 흑룡강 중상류 일대나 동 몽골지역에서 무성한 가지를 자랑하는 수종樹種은 사실 버드나무 이외에 다른 나무를 찾아보기 힘들다. 에가미 나미오江上波夫는 문헌 기록을 종합해 볼 때 흉노匈奴, 선비鮮卑, 돌궐突厥, 고차高車, 거란契丹, 강족羌族, 몽골 등 역대 유목민족들이 버드나무를 신목神木으로 숭상하고 있다는 사실을 지적하고 있다.…… 버드나무의 숭배는 위에 언급한 민족들 이외에도 고대 고구려나 여진계 민족인 금金이나 만주족에서도 발견된다. 고구려는 원래 기원적으로 타브가치Tabgachi나 몽골과 매우 유사성을 가지고 있는 민족에 속한다. 고구려나 부여계의 시조

---
126) 《북방민족의 샤마니즘과 제사습속》박원길 지음. 국립민속박물관. 1998년. p.36.
127) 동상서. p.37.

설화에는 시조의 어머니로 유화柳花라는 여성이 등장하고 있는데 유화柳花란 중세 몽골어로 Uda-Checheg(버드나무꽃)으로 복원된다.[128]

몽골족을 비롯한 북방 제족들은 모두 주나라 이후에 흥기한 민족들이다. 나무를 신과 인간의 소통 공간으로 생각한 것은 이들 민족의 무속신앙에서 비롯된 것이다. 그렇다면 고대한국에서 천신제는 없었다고 해야 옳을 것이다. 고구려의 제천기록이 하늘에 제사 지낸 것이라기보다는 수목신앙이었다고 하는 것이 올바른 이해라고 간주된다. 고대사회에서 신목神木신앙은 인간의 소통보다는 생식기신앙의 의미를 많이 가지고 있었다. 「단군신화」에서 신단수는 남근을 상징하고 「주몽전설」에서 버드나무는 여성 성기를 상징한다. 우리민족과 만주족에게는 원시시대에 공통적으로 여성성기와 버드나무를 숭배하는 풍습이 있었다.[129] "원시시대"는 물론이고 삼국시대 때에도 나무를 성기로 숭배하는 풍속이 전해지고 있었을 것이다. 추모왕이 큰 나무 아래에서 씨를 받은 것이나[130] 왕건과 이성계가 부인을 만난 장소가 모두 버드나무 아래라는 설화내용에 주목할 필요가 있다. 나무는 성기를 상징할 뿐만 아니라 남녀의 성적 결합(짝짓기)의 장소를 제공하기도 한다. "남녀가 모여 연일 먹고 마시고 노래하며 춤을 추는" 것은 성기를 상징하는 나무 아래에서 짝을 찾고 성 결합을 하는 민속행위이다. 수혈(동굴)은 「단군신화」뿐만 아니라 만주족 창세신화인 천궁대전에도 보인다. 아부카허허는 "동굴 속의 버들가지 미녀"이다.

---

128) 동상서. p.87.
129) 《류화와 보도마마》〈비교민속학〉(15집 1권) 1998년, pp.493~506.
130) 《동명왕편》에 추모왕이 큰 나무 아래에서 유화부인이 보낸 새(鳥)로부터 씨앗을 받았다는 기록이 있다.

고구려에 천신제가 없었다는 이유를 하나 더 고르라면 국가의 기틀인 왕권이 강력하게 수립되지 못했다는 점이다. 건국 초기 고구려는 자그마한 연맹에 불과했다.

> 그 사회의 연맹왕권이 강하게 확립되어 있지 않은 분위기 속에서, 소연맹국의······131

약소국가의 최대 관심사는 당연히 인구의 증가이다. 그러한 국가적인 수요가 성기숭배로 나타난 것이다. 김두진은 한 걸음 더 나아가 고구려의 제천의식을 소도와 연계시키고 있다.132 시베리아 바이칼 지역의 자작나무신앙은 "샤먼이 영계靈界를 여행할 때 오르내리는 신성한 매개체, 곧 우주목宇宙木"133의 역할을 담당하고 있다. 나무의 특징은 성장이다. 성장할수록 신이 살고 있는 천상과의 거리가 좁혀진다. 신과 가장 가까운 등천登天 통로가 될 수 있는 조건을 충족시켜준 것이다. 뿐만 아니라 나무가 성기 숭배의 대상이 될 때에는 그 성장이 성기의 발기와 팽창을 상징하기도 한다. 소도(솟대)나 샤먼의 신목처럼 사목死木을 신목으로 사용할 경우에도134 의미는 변하지 않는다.

솟대 위에는 새의 조상彫像이 있는데 이 새는 한반도 남부지방의 농경과 관련이 있다.

---

131) 《한국학논총》 제18권. 국민대학교 한국학연구소. 1995년. 김두진. 「고구려 초기 동맹 제의의 소도 신앙적 요소」 p.2.
132) 동상서. 고구려 초기 사회의 東盟 제의 속에 소도 신앙적인 요소가 殘存.
133) 《바이칼》 문학동네. 김종옥 지음. 2002년 8월 12일 p.79.
134) 《한국의 고대사를 해부한다》 장혜영 지음. 어문학사. 2008년 8월 6일. p.86. 솟대와 장승이 번갯불에 소사(燒死)되거나 자연 고사(枯死)된 고목이 그 연원이었을 것으로 추정된다.

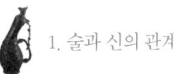

(사진 19) 구포의 소도(左)와 몽골족 신목(右)
한국의 소도(손진태) 「조선민족문화의연구」나 바이칼의 샤먼이 집에 세운 자작나무는 모두 신목神木이다.

한반도에서도 벼농사가 위주인 한강 이남 지역에서의 물새이자 겨울 철새인 오리를 앉힌 솟대신앙의 보편적인 현상은 농경과 오리의 가장 밀접한 관계를 설명해준다. 천둥새라 불리는 오리가 재채기를 하면 비가 온다는 속신(俗信)도 농경과 오리의 연관성을 암시하는 속담이다.[135]

지형이 높은 지대에 입간立竿하면 철새들이 멀리서도 솟대를 보고 앉을 자리를 쉽게 찾을 수 있다. 옛 사람들은 철새들이 솟대 위에 앉아 있는, 자신과 닮은 천둥새의 조상彫像을 보고 읍락邑落으로 내려와 보금자리를 틀 거라고 생각했다. 천둥새의 도래는 곧 농사의 근본인 강우降雨의 도래와 연관되기에 소도는 쌀농사 지역인 한반도 남쪽지방[136]에서는 신성시되기에 충분한 대상이었다.

성기숭배이던 철새숭배이던 나무숭배이던 격식을 갖춘 제의가 필요 없

---

135) 동상서. p.69.
136) 《三國志》魏書. 韓. 又諸國各有別邑, 名之爲蘇塗, 立大木, 縣鈴鼓, 事鬼神. 여러 나라의 각 읍락에서는 소도라고 부르는 큰 나무를 세우고 방울과 북을 달아서 귀신으로 섬겼다.

다. 원구단이나 음악은 물론이고 술도 별다른 작용을 하지 못한다. 주나라의 제천활동에서 술이 신과 함께 최고의 권위를 누렸다면 원시적인 나무 숭배의 제족들에게서 술은 신과 소통하기 위한 무당의 개인적인 수단으로만 존재할 따름이었다. 주왕조가 무너지자 술은 권력을 상실하고 신의 독점에서 벗어나 인간의 정신세계에로 복귀했다. 물론 술의 일부는 권력을 잃은 무당들의 수중에 들어가 지속적으로 신을 위한 제물로 충당되었다.

그러나 신목신앙의 영역에서 술은 처음부터 하층에 분포된 무속인들의 점유물로 전락하여 근대에 이르기까지도 무속의 질곡에서 벗어나지 못하였다. 이와 같은 현상은 나무숭배문화권 민족의 예술발전에 걸림돌이 되었음을 아래 장절들에서 진일보 논할 것이다.

마지막으로 기우제에 대해 한마디 짚고 넘어가야겠다. 기우제는 농경과 밀접한 연관이 있기 때문이다. 중국에서는 은대殷代에 벌써 「상림지설桑林之說」이라 하여 탕왕이 기우제를 지낸 전설이 전해지고 있다.[137] 탕왕시대에 7년 가뭄이 들었다.[138] 강물과 우물이 마르고 곡식과 초목이 말라 죽었다. 백성들은 살길을 찾아 뿔뿔이 흩어졌고 굶어 죽은 시체가 도처에 널려 있었다.

기우제는 우雩 또는 우례雩礼라고 한다. 주나라 때 기우제는 네 종류가 있

---

137) 무당은 "산 사람을 제물로 바쳐 기우제를 지내야 하늘이 비를 내린다."고 말했다. 탕왕은 크게 한숨을 쉬며 "기우제는 백성을 위해 드리는 것인데 어찌 그들을 희생물로 바칠 수 있겠는가" 하고 자신을 희생물로 바치기로 결정한다. 기우제 준비가 끝나자 왕은 목욕재계하고 손톱과 머리를 깎은 후 교외의 뽕나무 숲으로 나갔다. 제단 앞에 무릎을 꿇고 하늘을 우러러 발원했다. "모두 짐의 부덕한 탓입니다. 백성들에게는 죄가 없습니다. 나한테만 벌을 내리고 비를 내려 백성들을 재난에서 구해주옵소서." 왕은 무당들에게 인도되어 나뭇더미 위로 올라갔다. 무당들이 나뭇더미에 불을 달자 주위에 모여든 수천수만의 백성들이 꿇어 엎드려 눈물을 비오 듯이 흘리며 성군의 죽음을 슬퍼했다. 그러나 왕이 불길 속에 휩쓸리는 순간 광풍이 불고 천둥 번개가 치며 비가 내리기 시작했다. 불길은 꺼지고 왕은 살아났다.
138) 《管子·轻重篇》汤七年旱, 民有无粮卖子者. 탕왕시대에 7년이나 가뭄이 들었다. 식량이 부족하여 자식을 팔아먹는 사람들이 있었다.

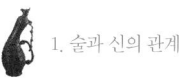

었다. 4월에 천자가 지내는 기우제를 대우제大雩帝라고 한다. 성대한 무악舞樂 속에서 천제天帝, 산천 그리고 하천과 호수에 제사 지낸다. 비를 내리게 하여 오곡의 풍수를 빈다. 이처럼 천자까지 참석하여 기우제를 성대하게 거행하는 것은 비 즉 물이 농경에 미치는 영향이 너무나 지대하기 때문이다.

기우제는 반드시 여자 무당이 제의를 주관한다. 이는 앞 절에서도 언급했듯이 물—여성은 서로 불가분의 관계에 놓여 있기 때문이다.

> 기우제에는 왜 유독 여무가 출현하며, 그 상관성에 내재되어 있는 본질적인 의미는 무엇일까? 그 원인에 대한 고찰은 크게 두 가지를 짚어봄으로서 가능할 것이다. 우선 무의 본질을 찾아보는 것이고, 다음으로 여성과 운우(雲雨)의 관계를 살펴보는 것이다. 진몽가(陳夢家)는 은허(殷墟)복사의 기록을 분석한 결과, 무의 본래 역할이 춤추고 노래 부름으로서 강신(降神)하고 비를 구하는 것이라고 했다. 그는 갑골 복사에서 춤추는 자를 무라고 하였고, 그 동작을 무(舞)라고 했으며, 비를 구하는 제사 행위를 우(雩)라고 한 것에 착안하여, 무(巫), 무(舞), 우(雩), 우(吁)의 네 글자는 같은 음이며 기우제에서 연원한 것임을 밝혔다.[139]

제사의 근원은 기우제이다. 무당 즉 여자의 역할은 비를 부르는 것이다. 물이 생명의 근원이고 여자 역시 생명의 근원이라는 이 공통성은 물과 여자를 자연스럽게 하나로 이어준 것이다. 농경사회에서, 과학이 아직 발달하지 못한 고대에 기우제는 자연재해를 극복하는 유일무이한 수단이었다. 비가 내리지 않아 초래하는 가뭄은 고대인들의 힘으로는 도저히 이겨낼 수 없는 속수무책의 재난이었다. 오로지 기우제를 지내는 방법 외에 다른 해결책이란 없었다. 그러나 같은 자연재해인 홍수는 고대인들의 힘으로도 얼마간은 대책

---

139) 《중국 여신 연구》 송정화 지음. 민음사. 2007년 07월 20일. p.106.

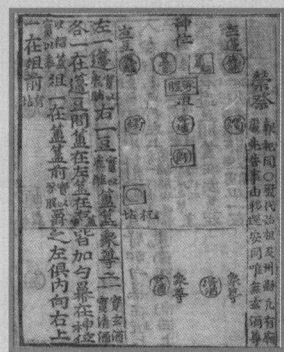

〈사진 20〉 상왕商王의 기우제祈雨祭
중국에서 무당이 주최하는 기우제는 구석기시대부터 거행되었다. (左1. 운남창원云南滄源암각화) 한국은 중국과 달리 기청제의 기록이 많다. (右2. 국조오례의國朝五禮儀) 치수상황이 낙후했음을 암시한다. 농경이 발달하지 못했음을 입증하기도 한다.

을 마련할 수 있었다. 물길을 뚫고 둑을 쌓고 저수지를 축조하고…… 하는 치수작업이다. 치우는 바로 이 치수의 업적으로 황제의 자리에까지 오른다.

그런데 한국의 경우는 기우제의 기록이 없거나 극히 희소하다는 점에 유의할 필요가 있다. 고구려에는 기록이 전무하고 신라[140]와 백제[141]에도 극히 짤막한 기록 한 줄만 보일 따름이다. 기우제가 적었다는 건 국가 경제에서 차지하는 농업의 비중이 약소하다는 것을 의미한다. 초, 중기까지 약탈경제에 의존했던 고구려에 기우제 기록이 전무한 것은 절대 우연한 현상이 아니다. 기우제의 기록은 고려와 조선시대에 올수록 농경의 발달과 함께 늘어나고 있다.

그런데 한국은 특이하게도 기우제보다는 기청제祈晴祭 기록이 자주 눈에 띈다. 《삼국사기》「권 제32」「잡지 제1」의 기록이 그 예 중의 하나이다. 이는 치수 상황이 낙후했음을 암시한다. 농경이 발달하지 못했음을 입증하기도 한다. 중국에서도 기청제의 기록이 보이지만 극히 적다.[142] 그 원인은 앞에서 이미 언급한 대로 한발旱魃에 비해 홍수는 인간의 힘으로 대처하기가 용이하다는 이유 때문이다.

결론적으로 제사의 시원은 기우제이고 기우제는 농경의 필요에서 생겨난 문화현상이라 할 수 있다. 이 제사를 주관하는 무당은 물과 인연이 깊은 여

---

140) 《三國史記》卷 4.「新羅本紀」眞平王. 五十年春二月, 百濟圍椵岑城, 王出師擊破之, 夏大旱, 移市, 畵龍祈雨 秋冬, 民飢, 賣子女. 50년(628) 여름에 큰 한재가 들어 시장을 옮기고, 용을 그려 놓고 기우제를 지냈다.
141) 《三國史記》仇首王十四年, 夏四月大旱, 王祈東明廟乃雨. 구수왕 14년 4월에 가물이 들어 왕이 동명묘에서 기우제를 드렸다.
142) 《农业考古》2009年 第04期. 〈中国古代祈晴祭祀研究——兼说民俗中的"扫晴娘"〉陈俊谕. 雩祭中的祈晴祭礼历代文献记载虽少之又少. 우제 중에서 기청제례는 역사 문헌 속에서 그 기록이 극히 적다.

성이다. 술에 대해서 한마디 더 보탠다면 뽕나무를 들 수 있을 것이다. 탕왕湯王은 뽕나무 밭에서 기우제를 지낸다. 의적과 뽕나무의 관계가 술과 연관성이 있다는 사실은 앞에서 이미 지적했다. 뽕나무의 열매는 술을 빚는 원료이다. 갑골문에서 상✱은 무성한 나뭇잎을 의미하지만 전문篆文에서 상𣛮자는 나뭇잎이 ψ 손ᴣ으로 변해 있다. 이는 손으로 열매를 따고 있는 모습이다. 뽕나무 열매는 술을 빚는 원료이다. 뽕나무 밭, 그것은 제사와 술의 연관성을 입증하는 상징물들이다.

물→제사, 제사→술의 공식은 농사와 연관되는 필수 코드이다. 기우제가 없는 공동체는 농경의 발달이 결여될 수밖에 없고 농경의 부재는 술의 부재로 이어질 수밖에 없다.

고대사회에서 술이 없는 예술은 상상도 할 수 없다고 한다면 술이 무속에 예속당한 한국과 술이 무속에서 탈피한 중국의 경우 예술 발전 과정의 차이에 대한 연구가 다음 장의 주요 담론 내용이 될 것임을 암시해준다.

2. 술과 무속예술의 관계

A. 가무예술의 자궁—술

1) 우보禹步와 예술의 탄생

예술이 무속에 기원을 두고 있다는 주장은 이미 가설이 아닌 정설이다. 강신과 등천을 지향하는 무당의 제의는 예술의 초석을 다지는 중요한 역할을 수행했다. 무당은 인간과 신의 사이를 이어주는 반신반인의 특이한 존재이다. 중국 소수민족인 고산족高山族의 고문자를 보면 사람 인人자는 ⼈ 형이고 귀신 귀鬼자는 ⌂형이며 무당 무巫자는 ⌂형으로 표기하고 있다. 무당이 인 귀人鬼사이를 이어주는 매개자임을 의미한다.143 고대의 무인巫人은 노래와 춤을 업으로 삼고 신을 즐겁게 하는 사람이었다.144 무무巫舞의 기본 보법인 우보禹步의 창시자는 대우大禹이다. 그는 13년 동안 밖에서 지내며 치수사업에 매진하다가 편고병偏枯病145에 걸렸다고 한다. 우왕의 비틀거리는 걸음걸이가 전국시기와 위진 이후의 무인계층에 의해 무무巫舞의 보법으로 보편화된 것이다. 도교에서는 우보禹步가 우왕이 남해 바닷가에서 본 새의 걸음걸이를 모방한 것이라고 한다.146 이는 우보가 반드시 절름발이 걸음걸이에서 연원된 것이 아닐 수도 있다는 가능성을 제시한다. 필자는 우보禹步가 신체장애에서 파생된 보법이나 새의 걸음걸이를 모방한 보법이 아니라 음주 뒤의 술 취한 걸음걸이 즉 취보醉步라고 간주한다.

앞에서도 언급했듯이 우왕禹王은 술과 깊은 인연을 가지고 있다. 우의 부인 제녀帝女가 의적儀狄에게 술을 빚어 올리도록 명한다. 그런데 의적을 대우大禹의 딸로 보는 주장도 있다.147 사실 의적은 여자인지 남자인지도 분명하지

---

143) 《中國神秘文化》郑小江 著. 当代世界出版社. 2008年 11月 1日. 台湾高山族把人字写成 ⌂ 形, 鬼字写成 ⌂形, 巫字写成 ⌂, 称"胡求"即巫, 说明巫介于人鬼之间;
144) 《宋元戏曲考》王国维 著. 东方出版社. 1996年 3月. 古代之巫, 實以歌舞为职, 以乐神人 这也.
145) 《尸子(52)》下篇.〈散見諸書文彙輯 9〉"편고의 병이 발생하고 걸음이 비틀거렸는데 사람들은 이를 우보라고 하였다." 편고(偏枯)의 본래 뜻은 수목의 한쪽은 가지와 잎이 무성하고 반대편은 말라 죽는 병리현상을 말한다. 사람으로 말하면 반신불수라고 할 수 있다.
146) 《中國古代巫術》胡新生 著. 山東人民出版社. 1998년 12월. p.35.
147) 《中国酒文化大观》山东人民出版社. 2001年 8月. p.19. 大禹是我国古代一位著名的帝王, 也是一位很有远见的政治家. 相传, 他的女儿仪狄是位造酒的专家. 대우는 고대 중국의 이름난 제왕이며 앞날을 예측하는 정치가이기도하다. 전하는데 의하면 그의 딸 의적은 양조전문가라고 한다.

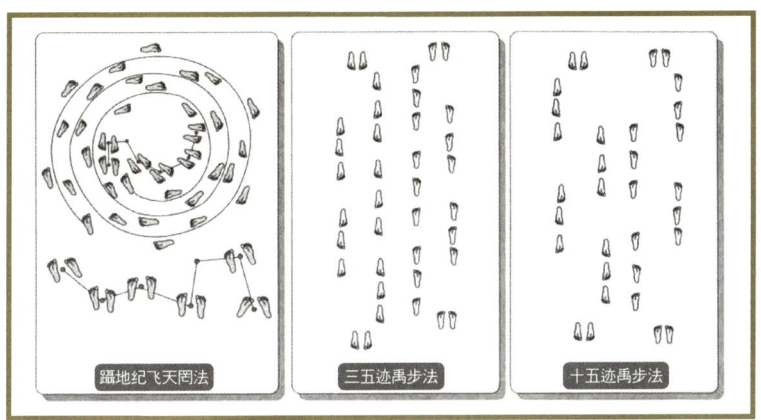

| (사진 21) 우왕이禹王이 창조한 무무巫舞의 기본 보법
쇠락한 무속이 도교에 습합하며 도교도신精神의식에서 사용하는 일종의 보법으로 계승되었다. 취보醉步일 가능성도 배제할 수 없다.

않다. 딸이 술 빚는 전문가라면 그 양조기술은 가문의 전통일 가능성이 많다. 우가 부인 여교女嬌를 큰 뽕나무밭大桑에서 만났다는 기록과 탕왕湯王이 뽕나무밭桑林에서 기우제를 지낸 기록은 모두 술과 연관이 있을 것으로 추측된다. 곡주穀酒는 주나라 때부터 빚었고 은나라 때까지는 뽕나무열매로 빚은 과일주를 제사에 사용했을 가능성도 배제할 수 없다. 탕왕湯王의 음악인 대호大濩는 뽕나무밭에서 연주되어 상림桑林[148]이라고도 한다. 갑골문에서 호濩는 한 사람이 비가 억수로 쏟아지는 아래에 서 있는 모습이다.[149]

뽕나무 잎은 선사시대 인들에게 여성 생식기의 상징물이었다. 여성은

---

148) 《左传》杜预注: 桑林, 殷天子乐名.
149) 《美与时代(下半月)》 2009年 06期. pp.70~73. 只是"濩"在甲骨文中写作"闍", 极像一个人在大雨淋漓中的形象.

2. 술과 무속예술의 관계   신을 위한 술, 신을 위한 예술 － 89

또한 물 숭배와 연관이 있다.[150]

뽕나무 숲은 여성 생기기와 물을 상징함으로 "구름을 불러 비를 내리게 할 수 있다."[151] 상고시대에 물(현주玄酒)과 술은 동일한 의미였다. 갑골문에 보이는 춤 출 무舞도 새의 깃털이나 나뭇가지 또는 소꼬리가 아니라 물과 연관이 있을 것으로 추측된다. 조기 갑골문에서 무舞는 ⼤로 표기되어 있다. 한 사람이 ⼤ 양 손에 꽃가지 ⼤를 들고 있는 모습이다. 그러나 이 글자는 만기晚期 갑골문 비 우雨의 상형문자 ⼤와 너무 흡사하다. 하늘을 의미하는 一자만 빼면 ⼤ 혹은 ⼤만 남는다. ⼤자와 ⼤ 그리고 ⼤는 완전히 유사하다. 꽃가지나 새의 깃털 또는 소꼬리[152]가 아니라 물, 더 정확하게 표현하면 두 손에 술잔을 든 형상이라 할 수 있다. 춤을 추면서 술이 철철 흘러넘치는 모습이다. 결국 무무巫舞는 술잔을 들고 신의 강림과 등천을 시도하는 무당의 춤사위다. 무무巫舞의 춤사위가 광기와 더불어 으스스한 공포 분위기[153]까지 자아내는 것은 취흥 때문일 것이다. 은상殷商 때 이 상림桑林춤은 물(술)과 관련이 깊은 뽕나무밭을 전문 공연장소로 삼았었다[154]. 술에 탈혼脫魂의 신비한 기능이 숨어있다는 사실을 고대에는 무당밖에는 몰랐다. 술이 일반인들에게 보급되지 않았기 때문이다. 무병巫病이 술을 대신하여 엑스터시(무아경)의 기능을 수행하게 된 것은 술이

---

150) 《周口师范学院学报》第23卷 第6期. 2006年 11月. 成军, 李娜 著.〈桑林乐舞探源〉p.145.
151) 《淮南子》高诱注文 : 桑林者, 桑山之林, 能兴云作雨也. 상림은 뽕나무 산의 숲인데 능히 구름을 불러 비를 내리게 할 수 있다.
152) 《中国古代音乐史》上册. 杨荫浏 著. 人民音乐出版社. p.19. 这种舞, 叫做"舞雩", 在殷墟卜辞中有着代表这种舞的专字作"舞" 这种舞, 是要执着牛尾跳的, 而且这牛尾又是要在若干舞者之间轮流传递的, 所以又叫做"代舞"或"隶舞"—"代"是轮流传递的意识, "隶"在卜辞中写作 象两只手捧着一个牛尾的样子.
153) 《美与时代(下半月)》2009年 06期. pp.70~73. 可见直至春秋, 殷商后裔宋人所表演的传统乐舞《桑林》仍保留了古时巫舞狂热, 阴森, 恐怖的气氛.
154) 동상서. 桑林显然是殷人专门用来祭祖祷神, 施行巫术的宗教场所.

민간사회에 보편화된 춘추전국시대의[155] 일이다. 술의 대중화로 인해 술의 신비와 그 신비를 자본으로 구축된 권력이 상실되면서 무병의 대체가 가능해졌다. 병病은 죽음과 가장 가까운 거리에 있다는 점, 죽음의 세계는 귀신의 영역이고 그래서 그곳에 갔다 와야 접신接神 과정이 용이해질 수 있다는 점이 무병이 술을 대신할 수 있는 신비를 가지도록 해주었다. 무당은 술을 대신할, 신비스러운 정신승화의 방법이 필요했던 것이다. 물론 신무神舞의 춤사위에는 술에 의해 현실을 초월한 정신 말고도 육체까지 동시에 등천하려는 동작이 추가되어 있다.

굿춤의 손발놀림, 몸놀림들은 모두 신에게 제주祭酒를 따르거나 경배하는 동작들이다. 기본 보법인 우보禹步는 말할 것도 없고 팔을 하늘로 향해 쳐들거나 몸을 회전하거나 허리를 굽히는 동작들은 신에게 술을 권하고 절하고 신의 위치를 확인하는 동작들이다. 샤먼의 음주는 무당을 현실에서 초탈하게 할 뿐만 아니라 그 향기를 통해 신을 불러들인다.

> 고대의 무당은 술로 제사를 지낼 뿐만 아니라 제사의식 중에 술을 마심으로서 통신(通神)한다. 무당의 음주는 스스로를 일종의 도취상태에 빠져들게 한다. 이러한 도취상태 속에서 신령神靈과 감응하거나 신을 업음으로서 신인교감(神人交感)의 경지에 도달한다. 현재 샤먼교의 무당들은 "도대신(跳大神)"이라는 종교의식을 진행할 때 여전히 이 풍속을 유지하고 있다.[156]

---

155) 《조선민족문화의 연구-조선문화총서》제5집. 을유문화사. 1948년.
156) 《午夜沉醉》〈场景文化丛书〉宋一苇 著. 中国文联出版公司. 2005년 09월. 古代的巫师不仅以酒祭神, 在祭祀活动中还需饮酒通神。巫师饮酒使自己进入一种迷醉状态, 在这种迷醉状态中感应神灵, 或被神灵附体, 以达到神人交感的境界. 现在, 萨满教的巫师在"跳大神"的宗教活动中, 仍然保存着这种遗风.

이렇듯 술은 무당의 정신세계를 받들어 하늘로 승천시킨다. 그러나 육체는 등천할 수 없다. 육체는 술이 아닌 다른 방법으로 들어 올릴 수밖에 없다. 그것은 주로 무복과 무구巫具에서 나타난다. 긴 팔소매와 새의 깃털로 만든 무모巫帽157 그리고 부채는 바람을 이용한 새의 등천을 모방한 것이다. 방울과 거울, 복장 등의 무구는 신이 강림할 장소의 청결을 하고 부정을 막는 벽사辟邪의 의미도 있지만 이들은 각각 소리와 광선, 색상을 이용하여 신과 무당의 공간거리를 좁히려는 의도가 짙다.

무당이 노래와 춤으로 신을 기쁘게 한다는 일부 학자들의 주장158은 설득력이 부족하다고 생각한다. 고문헌에도 이에 관한 기록이 없다.《설문說文》에서는 무巫자를 춤으로 신을 모시는 자라 하였다.159 술의 영험을 빈 등천의 목적이 육체의 분리로 좌절되었을 때 접신의 방법은 강신降神 밖에는 없다. 한마디로 신무神舞와 무가巫歌는 술을 통한 접신의 의지와 무구의 도움을 빈 육체의 상승의지가 예술로 승화된 결과라고 할 수 있다. 춘추전국시기 무주巫酒의 기능을 무병巫病이 대신할 때까지 술은 무속의 영역에서 예술의 모태 역할을 담당해왔다.

만기晩期 갑골문에서 춤출 무舞자는 𡘹자에 입 구口자를 머리에 더 얹어

---

157)《中國古代巫術》胡新生 著. 山東人民出版社. 1998年 12月. p.286. 周代祈雨之舞名叫 "鳥舞". 它的特点是舞蹈者必须头戴鸟羽特别是鷸鸟的羽毛 传说鷸鸟能 "知天將雨", 先秦时代 的天文官员也习惯头戴鷸冠以为标志. 주나라 시대 기우제를 지낼 때 추던 춤을 "새춤"이라고 한다. 그 특징은 춤추는 사람이 반드시 머리에 도요새(황새)의 깃털을 단다. 전설에 의하면 도요새는 "하늘이 언제 비를 내리는지를 안다"고 한다. 선진시대의 천문관원들 역시 습관적으로 도요새의 깃털로 만든 모자를 썼다.
158)《学术论坛》2007年 第10期. 王少良, 李守亭 著. pp.130~134. 是以歌舞娛神为职业的专业 从艺者. (무당은) 노래와 춤으로 신을 기쁘게 하는 직업을 가진 전문예인이다.
159)《说文》以舞降神者也.

(사진 22) 새(鳥)의 분장을 한 무당
무당은 머리와 팔에 새의 깃털을 꽂았다. (운남창원滄源암각화. 左. 운남진영석채산 晉寧石寨山구리징. 右.)만주 샤먼 굿춤에서도 머리에 새 깃털 모자를 쓰고 긴 옷소매를 너울거리며 하늘로 올라가는 춤사위를 벌이고 있다.

놓은 모양이다. ㅁ자는 입으로 소리 내어 부르는 무가巫歌를 의미한다. 무가는 무당과 신의 대화를 근간으로 한 가사를 전제로 한다. 무가가사는 최초의 문학작품이다. 「초사楚辭」에서는 이 무가체형식이 그대로 계승되고 있다. 무가는 화자(신)와 청자(무당)의 음성교류에 의해 접신, 청구請求하기에 반드시 수직적인 문답형 구조를 가질 수밖에 없다.

    문답문학이 구전무가에서 전형적으로 나타나는 형식[160]

    신과 무와의 문답에서 근본적으로 발생되어 가는 이런 문답형식[161]

    〈천문〉은 그 내용과 형식에 크게 두 가지의 특징이 존재한다. 그 하나는 文義에 次序가 없다는 것이고, 또 다른 하나는 전편이 連問식으로 이루어져 있다는 것이다.[162]

「초사楚辭」는 구전무가의 문답구조를 그대로 모방하지만 설자說者(작가)와 간자看者(독자) 사이의 음성은 탈락하고 기호가 그 자리를 대신하며 문학의 초석을 마련하고 있다. 문학작품에서의 음성과 청구의 퇴장 내지는 기호화는 문답자 실체의 몰락과 양자 종속관계의 청산을 초래한다. 음성 접신과 청구는 술에 의해서 가능했다. 제사는 달리 표현하면 신에 대한 무당의 접대이고 신의 식사시간이다. 술은 신의 주식이다. 신은 제물의 청결을 눈으로 살피고 그 향기만 섭취한다. 신에게 향기 없는 식품은 그 생명을 상실한 물건에 불과하다.

---

160) 《중국 무속과 중국 고대문학》 김인호 지음. 도서출판 이경. 2010년 2월 25일. p.161.
161) 동상서. p.163.
162) 《초사와 무속》 김인호 지음. 신아사. 2001년 7월 30일. p.147.

신과 무당의 종속관계의 퇴화는 신의 실존과 권위를 기호 안에 연금하고 그 공간에 설자와 간자라는 새로운 평등관계를 설정한다. 술 또한 신의 독점물로부터 권력 공백지대인 설간說看관계에 침투하여 감성의 교류를 용이하게 하는 데 일조한다. 문답체의 고루한 무가답습과 기호 서사체의 문학양식의 결합이라는 초사의 이 이중성은 남방 특유의 무속의 성황과 무관하지 않다.

자연 지형과 인간 문화는 깊은 연관성을 가지고 있다. 무속이 산간지대 일수록 뿌리를 깊이 박는 이유도 이 양자의 역학적 관계 때문이다. 초나라 초超자는 관목이나 가시나무 또는 나무가 빽빽이 들어선 수림을 의미한다.[163] 옛 초나라 땅인 지금의 호북성과 호남성은 산과 구릉 그리고 소택이 많은 산간지대이다.[164] 호북은 산지와 구릉이 70%를 차지하고 호남도 2/3를 점한다. 산, 구릉, 평원, 소택, 하천, 계곡, 분지 등 복잡한 자연지형은 우선 지역에 따른 기상조건의 현저한 차이를 초래할 수밖에 없다. 지역마다 개별적 대응조치가 필요한 부분이다. 다음은 교통의 발달에 장애가 된다. 이는 정보의 공유와 지역민들의 연대를 불가능하게 한다. 자연현상의 다양성으로 인해 불가피할 수밖에 없는, 지역적인 분산 대응은 협동성을 상실한 인간의 대처 능력을 약화시킨다. 결국 역량의 결여를 다른 어떤 힘(무당과 신神의 영험)에 의존하여 문제를 해결할 수밖에 없다.

뿐만 아니라 지형에 의한 생존 경계의 상대적 고립은 정서적으로 고독과 슬픔, 한을 유발하는 인소로도 작용한다. 남방인들의 이러한 정서는 이 지역 무가의 특이한 선율에서도 잘 나타난다. 일찍 무가체에서 탈피하여 평면 서사와 독백체(수신자가 배제된 발신자만의 대화)가 발달한 《시경》을 탄생시킨, 평원

---

163) 《説文解字》楚, 叢木. 一名荊也. 从林, 疋聲.
164) 《春秋大事表》(全三册) [清]顧棟高 著. 中华书局. 1993年 1版 1刷. 荊州府, 以東多山[奚谷]之险. 因名.

지대인 북방과는 달리 초나라에서는 문답형 구전무가를 계승한 「초사」가 창작된 사실에서도 상술한 주장에 명분을 달아준다. 평원지대에서는 기상상황이 어디나 비슷하여 여러 지역이 연대하여 효과적으로 자연현상에 대처할 수 있기에 외부의 힘을 빌릴 필요성이 적기 때문이기도 하다.

초나라는 무속의 영향이 막강했던 만큼 술의 영향력도 만만치 않았다. 굴원屈原의 「어부사漁父辭」에는 다음과 같은 구절이 있다.

> 모든 사람이 다 취해 있는데 나 홀로 깨어 있었습니다.[165]

초나라荊楚大地는 사람을 취하게 만드는 술의 본고장이다. 선진시대에 벌써 주례에도 나오는[166] 의성막걸리宜城醪라는 명주名酒가 생산되었다. 주나라 때 여러 제후국들 중에서 초나라의 음주풍속이 가장 성했다고 한다.[167] 이는 초나라의 왕성한 무속과 관련이 있다. 그러나 초나라에서 술은 이미 무당의 독점물이 아니라 문학과 함께 민초들의 삶 속으로 깊숙이 들어왔음을 알 수 있다.

춘추전국시기에 이르러 북방에서는 이미 《시경》이 무속의 영향권에서

---

165) 衆人皆醉, 我獨醒.
166) 《周礼·天官·酒正》郑玄注说: "泛者. 成而滓浮, 泛泛然如今宜城醪矣."《周礼》贾疏引马融注写道: "今之宜城, 会稽稻米清."
167) 《三峡日报》2010年 11月 24日. 「生逢其时——"楚派黄酒"闪耀荆楚」据「楚国风俗志」记载. 在周代的各个方国中, 要数楚国饮酒风气最盛. 楚人酿酒的技艺'手法相当高明, 酒的种类也多, 皆为上品. 春秋战国时代, 楚国在生产传统名酒香茅酒的同时, 又发明. 酿造出了一些富有楚地特色, 合乎楚人口味的新酒品种, 譬如「九歌」中提到的两种甜酒, 即桂酒和椒浆. 초나라 풍속지의 기록에 의하면 주나라 때의 여러 제후국들 중에 초나라의 음주풍속이 가장 성했다. 초나라의 양조기술은 수법이 아주 능란하고 술의 종류도 많고 죄다 일품이었다. 춘추전국시대에 초나라에서는 전통명주인 향모주를 생산하는 동시에 초나라의 특색을 가지고 초나라사람들의 입맛에 맞는 새로운 술 품종을 또 발명했다. 「구가」에 나오는 두 품종의 단술 즉 계주와 초장이다.

(사진 23) 굴원의 어부사漁父辭

벗어났고 남방에서도 「초사」가 무속의 영향에서 벗어나려는 몸부림을 하고 있는 상황에서 술은 문학의 옷자락을 부여잡고 신에게서 서민들에게로 서서히 공간 이동을 진행하기 시작했다고 단언할 수 있다.

2) 권력 분산된 한국무속과 반용飯用, 약용藥用의 한국의 술 문화

중국에서 무속이 중앙권력서열에 자리매김할 수 있었던 결정적 원인은 그들의 제의가 국가의 운명과 결부되어 있었기 때문이다. 농경사회였던 고대 중국에서 기우제는 국가적 차원의 대사였고 나라의 흥망과 군주의 존망과 직결되는 것이었다. 정치의 성패와 국가의 흥망은 전적으로 무속인의 손에 장악되어 있었던 만큼 무당의 권위도 하늘을 찌를 듯이 높을 수밖에 없었다. 물론 이러한 권위는 상고시기 아직 농사에 유용한 천문지식이 박약했던 현실과도 연관이 있다. 그것은 춘춘전국시기에 이르러 인간의 사상과 천문지식 영역의 일대 혁신이 일어나면서 무속의 권위가 밑바닥으로 추락한 사실에서도 입증된다.

한국의 경우 상고시기에 농경을 축으로 한 강력한 왕권국가가 수립된 적도 없다. 「단군신화」에도 기우제를 지내는 장면은 찾아볼 수 없다. 1885년

난곡蘭谷이 지었다는 「무당내력」에서 "부루단지", "업주가리"에 치성과 기도를 드렸다는 기록[168]은 기우제라고 말할 수는 없다. 원시적인 민간신앙에 불과하다. 환웅이 내려온 묘향산(혹은 백두산) 아래는 벼농사를 지을 수 없는 고장이다. 고구려는 중기까지도 제대로 농사를 짓지 않고 주변 국가들을 노략질한 물품으로 국가재정을 충당했다. 신라와 백제에도 기우제기록은 거의 보이지 않는다. 고려 시기에 와서야 기우제가 성했는데[169] 이는 한반도에서 농경이 본격화된 것은 고려시대부터라는 것을 암시한다.

농경과 기우제가 필요 없었던 고대 한국에서 무속은 중앙 권력 서열을 향한 진출에 실패하고 서민계층에 잠입하여 구복과 벽사를 무기로 영역을 구축했다. 거기서 무당이 누릴 수 있는 권력은 오로지 하나 술뿐이었다. 혹자는 단군과 차차웅이 무당이었다는 기록을 들어 반론을 제기할지 모르겠으나 필자는 엄밀한 의미에서 이들도 무당은 아니었다고 생각한다. 중국에는 은나라 탕왕湯王시절에 무당이 따로 있어 기우제를 지냈다. 상고 시대의 무당은 대체로 신체의 특정 부위(청각)만 기능이 발달하고 다른 부위는 장애라는 사실도 간과할 수 없다. 맹인이 임금이 될 수는 없기 때문이다. 뿐만 아니라 무당의 대다수가 여자였다. 한국의 경우도 제사는 반드시 나이 많은 성숙한 여자 무당이 주관했다.[170]

---

168) 《巫黨來歷》蘭谷 著. 後日擇地等壇上器盛禾穀, 編草掩之稱日扶婁壇地, 業主嘉利, 每十月, 新穀既登以甑餅酒果致誠祈禱. 후일 터를 골라 단을 쌓고 토기에 벼 곡식을 담아 풀을 엮어 가려 놓으니 이를 가리켜 '부루단지' 또는 '업주가리'라고 하였다. 매년 10월에 새 곡식으로 시루떡, 술, 과실을 올려 치성, 기도하였다.
169) 《한국의 고대사를 해부한다》장혜영 지음. 어문학사. 208년 8월 6일. p.118. 고려 조정에서는 가뭄을 극복하기 위한 기우제를 구실로 무당을 궁내에까지 공공연히 불러들여 굿판을 벌였다. 현종, 숙종, 고종, 충렬왕, 충선왕, 충숙왕을 거치며 무당을 불러들여 기우제를 지냈다.
170) 동상서. 祈禱時必用老成女子, 世稱巫人其後婁炙增加謂之巫堂. 기도할 때는 반드시 나이 많은 성숙한 여자를 쓰는데 세상에서는 이 사람을 무인이라고 불렀다. 그후 무인의 수효

그러니 단군과 남해차차웅은 부족연맹의 족장쯤 되었을 것이다. 선사시대 족장들은 공동체의 리더와 제사장을 겸하는 경우가 많았다. 실제로 일부 학자들은 차차웅의 태자이며 신라 제3대왕인 유리이사금을 왕이 아닌 부족연맹장部族聯盟長으로 보고 있다. 유리이사금의 시대는 강력한 왕권국가라기보다는 부족연맹部族聯盟의 성격이 강했다는 논리가 깔려 있다. 차차웅은 더 말할 것도 없다. 신라가 완전한 국가 형태를 갖춘 것은 법흥왕 때였다.

한마디로 고대 한국에는 무속다운 무속이 없었다. 농경의 미발달로 인해 국가 종교로서의 권력을 획득하지 못한 채 세간에 분산되어 간신히 명맥을 유지해 오다가 불교의 전래를 기회로 삼아 습합되면서 음으로 양으로 세력을 키워 나갔다. 그러다가 고려 중기 이후 불교가 쇠퇴하자[171] 그동안 민중 속에서 강화된 역량을 자본으로 종교사각지대에 독립적 종교로서의 자신의 입지를 구축했던 것이다. 무속이 고대로부터 한민족의 기간 종교적 구실을 해왔다는 주장[172]은 설득력이 부족하다. 고대한국의 무속은 원시 생식기신앙이었다고 앞 절에서 이미 언급했기에 여기서는 생략한다.

한국 무속의 특징은 고려 중기 이후까지도 민간차원의 원시적인 제의 즉 피재避災, 구복求福, 벽사辟邪가 주를 이루었지만[173] 가무를 통한 무당의 영육靈肉의 등천과 접신接神은 연극의 제1요소인 대화를 발전시키는 데 일정하게

가 증가하여 무당이라고 이르게 되었다.
171) 《한국의 무속이 예술에 끼친 영향》김화선. 고려 때는 궁중이나 민간 할 것 없이 무속신앙이 풍미하였고 팔관회와 연등회가 국가적 종교행사로 자리 잡았지만 이 두 행사는 겉으로는 불교행사로 보이지만 그 내용은 예로부터 전해 내려오는 무속의 전통축제를 이은 것이다. 고려 때의 무속은 불교가 흥성했던 중엽보다 불교가 쇠퇴하기 시작한 중엽 이후부터 더 성행했다.
172) 《韓國巫俗硏究》金泰坤. 集文堂. 1995년 10월 1일. p.39. 오래인 歷史 속에서 古代로부터 韓民族의 基幹宗敎의 구실을 해온 巫俗……
173) 高麗時代는 時代的으로는 中世에 處하였지만, 精神的으로는 原始狀態를 완전히 脫皮하지 못하였다. 《韓國民俗學》제1號. 朴桂弘. 「巫가 中世社會에 끼친 영향.」p.92.

기여했다. 물론 연극의 제2요소인 연기(망아상태에서 타자 즉 신을 연기)를 도입하는 데도 일조했다. 강신무의 화려한 분장은 가면무의 외형적 모방의 연장이긴 하지만 망아변신忘我變神의 내면연기로 하여 무속연희를 극화시켰다. 그러나 한편으로는 인간의 희로애락을 예술의 주제로 삼고 무속과 신의 예속에서 탈피한 송나라의 경우와는 정반대로 예술을 종교에 예속시키고 내면연기를 신의 희로애락에 초점을 맞추면서 종신노예계약을 체결하고 만다는 데 대해서는 다음 장에서 서술하려 한다.

한국에서 삼국 이전 문헌자료에서 술 기록은 전부 열거해도 겨우 대여섯 가지뿐이다. 「단군신화」에도 술에 관한 기록은 없다. 술에 관한 가장 오랜 기록은 「주몽신화」에서 선을 보인다.[174] 그런데 이 설화에서 간과할 수 없는 것은 술이 정신 흥분제가 아니라 약용(마취제)으로 쓰이고 있다는 사실이다. 중국에서도 유난히 전란이 심했던 상고시대에 술이 무의巫醫에 의해 상처를 치료하는 마취제로 사용된 적이 있다. 그러나 그것은 주로 외상소독제 역할을 했을 뿐 그래도 제주祭酒로 사용되는 경우가 더 많았다. 필자가 이 대목을 강조하는 저의는 한국에서 술이 인간의 정신세계를 활약시키는 작용보다는 약용으로 주로 식음되었음을 설명하기 위해서이다. 유난히 발달한 한국의 약주문화는 주몽시대로 거슬러 올라갈 만큼 그 역사가 유구하다. 「조선왕조실록」에는 약주에 관한 기록[175]이 일일이 열거할 수 없을 정도로 수없이 나타나고

---

174) 《동국이상국집〈東國李相國集〉》「동명왕편(東明王扁)」방 가운데는 세 자리를 마련해 놓고 동이술을 두었다. 그 여자들이 각각 그 자리에 앉아서 서로 권하며 술을 마시고 크게 취하였다. 왕은 세 여자가 크게 취하기를 기다려 급히 나가 막으니 여자들이 놀라서 달아나고 장녀인 유화만이 왕에게 붙들린 바 되었다.
175) 《朝鮮王朝實錄》太宗 9卷, 5年(1405 乙酉) "議政府詣闕進藥酒, 上不許, 請至再至三, 從之. 初, 上憂旱甚, 減膳轍樂, 或日中一食, 將二十餘日, 至是雨足, 故河崙, 英茂等進酒. 의정부에서 예궐(詣闕)하여 약주(藥酒)를 올리니, 임금이 허락하지 아니하였다. 청하기를 두세

있다. 재해와 양곡 부족으로 식량난이 극심했던 한반도에서는 금주령이 자주 내려질 수밖에 없었다.[176] 그러나 약주만은 음주를 허락했다. 양반사대부들은 실제 약주는 물론이고 청주까지도 약양주藥釀酒인양 사칭하면서 마셨다.[177] 건강이나 병 치료에 필요한 약주이던 청주이던 약주로 마시게 될 때에는 다량 음주가 불가능하며 정신적 흥분 상태에 이르도록 마실 수도 없게 된다. 문자 그대로 약이 되고 마는 것이다.

한국에만 유독 반주飯酒가 발달한 원인도 약주와 관련이 있다. 일단 약주라고 하면 남의 시선 때문에 술상을 별도로 차리거나 안주를 곁들일 수 없다. "사대부 집안에서는 문을 걸어 잠그고 몰래 술을 빚어 마셨다." 그렇게 밥반찬이 술안주를 대신하다보니 반주가 성행하게 된 것이다. 약주나 반주는 정신적 흥분에 도달하지 못한 채 한낱 음식으로 술의 기능을 퇴화시키는 작용을 놓았다. 약주나 반주는 마신 뒤 수면을 취하는 것이 보통이다.

그래도 25사「동이전」에 술이 제 기능을 발휘하고 있는 기록이 보여 다행스럽다.

> 『魏志(위지)』東夷傳에 의하면 이 땅의 迎鼓(영고), 東盟(동맹), 舞天(무천) 등 群集大會에서는 밤낮으로 食飮하였다는 것이다. 여기서 飮이란 물론 술을 가리키는 것이다.

번에 이르러서 좇았다. 처음에 임금이 가뭄이 심함을 근심하여 어선(御膳)을 줄이고 풍악을 폐하며, 혹 낮에 한 끼만 들기도 하여 20여 일이 되었는데, 이때에 이르러 비가 흡족히 내렸기 때문에, 하윤(河崙)과 조영무(趙英茂) 등이 술을 올린 것이다." 이외에도 약주 관련 기록이 수도 없이 많이 보인다.

176) 凶年이나 飢饉 때이면 釀造의 금지와 飮酒의 절제를 숙한 例가 高麗 李朝를 통하여 그, 예가 많다.《韓國文化史大系IV》〈風俗・藝術史〉高大民族文化研究所. 1970년 2월 28일. p.280.
177)《韓國食品社會史》李盛雨 著. 敎文社. 1995년 1월 20일. p.238. 특권계급은 청주를 藥釀酒인양 사칭하면서 마셨다.

술을 마시면 감각과 理性이 마비되어 황홀한 경지에 빠지게 된다. 이 황홀한 경지는 초자연적인 힘에 의한 일종의 神들린 경지라 하겠다. 이 경지가 「神人융합」의 경지로서 이 경지를 위하여 群集大會에서 술을 마심으로써 神과 함께 취하여 친숙해지고 아울러 재앙을 막고 풍족한 수확을 기대하는 것이다.
이밖에 洞祭, 山祭, 時祭, 忌祭 각종 告祀, 名節, 祭祀 등에서도 같은 뜻으로 술을 음복(飮福)함으로써 神人共飮의 결과를 가져온다.[178]

고대 제정일치사회에서 술과 고기(제물)는 신과 무당 그리고 인간의 삼위일체를 가능하게 하는 구심점 역할을 수행했다. 신은 술 향기의 유혹에 끌려 강신하고 무당은 초월적인 술의 기능을 빌어 접신接神하고 사람들은 음주가무를 위해 모여든다. 신은 술 향기에 취하고 무당과 인간은 술에 취한다. 가무는 술에 의해 더욱 익어간다. 예술은 관객의 탄생과 함께 태어난다. 관객이 배제된 단독 예능은 예술로 승화될 수 없다. 술은 신무융합 神巫融合은 말할 것도 없고 무당의 연희를 대중들에게 보급하는 매체 역할을 담당한다. 예술의 발전은 술에 의해 시작되고 술에 의해 발전한다.

그런데 아쉽게도 이렇듯 바람직한 현상은 고사 기록에만 그쳤을 뿐 삼국시대와 고려시대를 거치면서 한국에서의 술의 작용은 극히 미미하다는 것을 인정하지 않을 수 없다. 미숙한 농경문화로 인한 양조업의 위축과 억압된 음주문화 그리고 무속에 의한 술의 장기예속화 등의 악재가 중첩되며 한국예술은 19세기 초반까지도 종교적인 침체의 수렁에서 헤어나지 못하고 말았다.

---

178) 동상서. p.188.

(사진 24) 혜원蕙園 신윤복申潤福 무녀신무巫女神舞 (左) 조선시대 굿(右)
신은 술 향기의 유혹에 끌려 강신하고 무당은 초월적인 술의 기능을 빌어 접신接神하고 사람들은 음주가무를 위해 모여든다.

B. 고대 한국의 무속 제의와 연극

무속을 연극과 연관시키려는 학술적 시도들은 모방과 유희라는 양자의 공통성 때문에 가능해지고 있다.

> 演劇의 原流가 여러 民族에게 共通된 模倣本性이나 遊戱本能에서 비롯된다고 하여, 그 例로서 演劇을 뜻하는 영어의 Play, 佛語의 Jeu, 獨語의 Spiel, 中國語의 戱, 日語의 あとび 등이 모두 遊戱와 함께 演劇을 뜻하는 말임을 들어 설명하나, 우리나라 말로 이에 해당하는 것은 「노릇」 (놀음)일 것이다.[179]

굿이 신령을 섬기고 즐겁게 하기 위하여 가무를 아뢰고 각가지 재주를 부리는 신성한 의식이었으나, 그 가무오신(歌舞娛神)에서 가무오인 (歌舞娛人)하는 연극이 출발하였음은 元始綜合藝術體(ballad dance)가

---

179) 《韓國文化史大系Ⅳ》風俗 藝術史. 高大民族文化硏究所. 1970년 2월 28일. p.888.

말해준다[180]

이러한 공통성에 착안하여 아예 무속의 제의와 연극을 동일시하려는 학술적 움직임도 최근 들어 활발해지고 있는 양상이다. 그러한 확대해석의 저변에는 한국에서 무속의 제의를 빼놓고는 연극을 논할 만한 텍스트가 없기 때문인 것으로 짐작된다.

>이미 여러 민속학적 관찰에서 지적되어 있는 것처럼 굿의 제의와 놀이는 불가분의 관계에 있고, 그런 관계는 대개의 경우 제의절차가 주가 되고 따라서 놀이는 그에 따르는 행사로 간주되어 왔고 그런 각도에서 연구되어 온 것이 사실이다.
>그러나 우리가 영신(迎神)의 놀음으로 간주할 수 있는 굿은 그것이 신을 맞아 '놀리는' 행사인 한에서 어떻게 놀리느냐 하는 방법을 두고 볼 때 놀리는 절차가 바로 제의일 수 있다. 그렇다면 굿은 바로 놀이인 것이며 제의자체가 곧 놀이인 것이다.[181]

민속놀이로서의 군집群集 굿이 발생하기 전의 고대 한국의 일인 무속 제의에도 모방과 유희의 요소는 존재한다. 그러나 단지 모방과 유희를 근거로 제의를 연극과 직결시키는 데는 무리가 따른다. 제의 연행에서의 모방과 오락성은 연극에서 공연되는 대화와 스토리의 갈등구조와 현격한 차이를 보이기 때문이다. 그리스의 비극에서 대화법의 도입은 우선 등장인물의 복수複數화에서 가능성을 획득한다. 지휘자와 코러스(합창단)의 대화는 테스피스Tespis에 이르러서는 1명의 정식 배우가 공연에 도입됨으로서 연극의 공간을 확보

---
180) 《한국연극사》이두현 지음. 學硏社. 1976년 12월 23일. p.16.
181) 《굿, 그 황홀한 연극—민족예술의 지평을 넘어서》이상일 지음. 江川. 1991년 7월 20일. p.92.

했다. 그리스에서 배우란 말이 응답자란 뜻의 Hypoknies 이다.[182]

고대 제의에는 바로 대화 상대로서의 이 "응답자"가 부재하기에 진정한 의미에서의 대화가 없게 되었던 것이다. 신과 무당의 대화, 그것은 사실상 상대가 상실된 일인 자아독백에 불과하며 응답자의 물리적인 음성이 결여된, 상상속의 대화이며 관중은 들을 수 없는 허상의 대화이다. 대화의 상대인 응답자가 사라짐으로서 인물 간의 서사도 사라질 수밖에 없다. 오로지 신의 희로애락만이 유일한 서사로 고정된다. 수신자의 부재는, 연극에서는 중추를 이루는 갈등구조마저도 제의에서 백지화시킨다. 귀신을 쫓는 척사斥邪제의에서는 무귀巫鬼의 갈등구조가 형성될 듯싶지만 그 역시 응답자의 역할 포기로 무산된다. 상대의 도발(대응)이 배제된 갈등은 사실상 무의미하기 때문이다. 결국은 아무런 갈등도 발생하지 않는다. 무언가가 발생했다면 갈등 발생 이전의 예방조치, 그것도 무당 일인의 행위만 있었을 뿐이다.

연극은 "관계의 예술"이다. 등장인물들 간의 관계와 연기자와 관객들 간의 관계가 바로 그것이다.

> 무대와 객석의 교감이야말로 연극을 이루는 가장 중요한 조건이다.[183]

연극은 관객에 의해 탄생되었다고 해도 과언은 아닐 것이다. 예술은 보여주기 위한 것이다. 관객의 호응이 없으면 예술의 생명도 끝이 난다.

물론 무속의 제의에도 관계구조는 형성되어 있다. 신과 무당, 무당과 참석자. 그러나 무속제의에서 무당이 보여주려 하는 상대는 관객이 아니라 신이다. 이는 접신자를 상실한 허상의 관계이다. 그리하여 스스로 공연자가 되

---

182) 《세계연극사》장한기 지음. 엠애드. 2000년 4월 25일. p.52.
183) 《연극의 세계 - 연극이란 무엇이가》김성희 지음. 태학사. 2006년 3월 10일. p.19.

고 스스로 관객이 될 수밖에 없다. 무자巫者와 관중의 관계는 더구나 비정상적이다. 제의에서 연행자와 참여자의 관계는 양자 대등한 대면교류가 아닌 일방향 종속관계이다. 참여자와의 직접적인 감정교류가 차단된 셈이다. 무자巫者는 참여자들을 등진 채 신을 향해 연행을 진행한다. 무당은 오로지 신과만 소통할 뿐 등 뒤의 참석자에게는 관심이 없다.

한편 제의에서의 모든 모방과 유희는 신의 희로애락을 반영하고 접신을 위한 것이다. 오신娛神, 오인娛人 전환도 발신자(무당)와 접신자rhjksror의 감정교류에서가 아니라 궁극적으로는 오신이다. 연극에서 배우가 관중을 즐겁게 하기 위한, 배우와 관객의 관계란 상상할 수도 없는 일이다. 한마디로 제의에서 무당의 연희는 참석자의 희로애락과는 무관한 행위이다.

연행자가 신을 등지고 인간을 향해 마주섰을 때, 인간을 마주서서 신이 아닌, 인간의 희로애락을 모방하고 그들과 정서교감을 할 때, 그 시점이 바로 연극이 탄생하는 지점이다. 그리고 술은 신과 무당을 이어주는 역할에서 배우와 관객을 이어주는 역할을 할 때 진정한 예술의 모태가 된다.

한국의 무속은 농경의 후진성으로 말미암아 한 번도 국가적인 최고 권력을 누린 적이 없었다. 그렇다고 서민 속에서의 인기가 추락한 적도 없었다. 고려시대까지도 "精神的으로는 原始狀態를 완전히 脫皮하지 못했던"[184]대중의 무지와 영합하여 자신의 생존공간을 구축하고 제의를 명분으로 술을 장악했다. 비록 고려 국교國敎로서의 상위 종교인 불교가 병존했지만 다행인지 불행인지 술과는 인연이 없었다. 고려시대 사찰들에서 양조업이 성황을 이루었던 건 음주보다는 사찰운영에 필요한 자금조달과 속인들을 더 많이 불자로

---

184) 《韓國民俗學》제1號. 朴桂弘 지음.「巫가 中世社會에 끼친 영향.」p.92.

결집시키려는 목적에서였다. 고려 중기 이후 불교의 쇠퇴를 계기로 무속은 오히려 진일보 자신의 입지를 굳히며 불교가 비워둔 영역까지 접수하고 술에 대한 지배권을 한층 강화했다.

그러나 무속이 제아무리 대중의 무지와 인기에 영합하여 신앙과 술의 지배권을 행사하였다고 하더라도 그의 속성이 민간신앙인 한, 술을 비롯한 제반 문화현상들에 대한 통제력에 한계가 따를 수밖에 없다. 무속의 느슨한 통제 속에서도 술이 대중 속으로 전파되지 못한 이유는 뭐니 뭐니 해도 한반도의 역사적인 병폐인 식량난 때문이었다. 잦은 금주령은 술의 정신적 자극 기능을 배격하고 단순한 약용(약주), 식용(반주)의 위축된 형태로 간신히 그 명맥을 이어오도록 했다.

이렇듯 한국에서의 술의 종교화(무속화)는 인간의 희로애락과 정감을 표현하는, 예술의 발전을 촉진하는 술의 기능을 퇴화시키는 최악의 결과를 초래했던 것이다.

술을 무속에 저당 잡힌 한국의 전통예술은 과연 어떤 모습이었을까? 당연히 예술 역시 술과 함께 무속의 지배하에 들어갈 수밖에 없었다. 무속의 통제 밑에서 자유를 잃은 채 시들어 버린 한국 전통예술의 진상을 다음 장에서 낱낱이 파헤쳐 보려고 한다.

제2장

인간을 위한 술, 인간을 위한 예술

예술의 역사는 술이 신을 위한 술祭酒에서부터 인간을 위한 술飮酒로 전이하는 과정이기도 하다. 환언하자면 술이 신의 음식에서 인간의 음식으로 이동하는 과정이다.

중국의 경우 술은 세 차례의 탈피 단계를 거쳐 전이가 완수된다.

그 첫 단계는 춘추전국시대이다. 이 시기는 백가쟁명의 시대로서 반전통적인 사상들이 우후죽순처럼 대두했다. 전통에 대한 숭배인 제사는 자연히 푸대접을 받는 위치로 밀려나게 되었다. 천자의 나라, 주제국周帝國의 국운이 저물며 제후국들에 대한 지배력도 약화되었다. 따라서 제사로 인해 부여된 술의 특권도 추락할 수밖에 없게 되었던 것이다. 권력을 상실하고 주인을 잃은 술은 새로운 주인을 찾아 생존공간을 구축해야만 했다. 신神의 억압에서 해방되어 자유를 얻은 술이 선택한 서식지는 인간이었다. 대중 속으로 들어와 예술과 연대하여 인간을 위한 술이 되었다.

두 번째 단계는 위진남북조 시기이다. 이 시기는 강대한 한제국漢帝國이 붕괴되며 호풍胡風(서역풍西域風), 불풍佛風(불교佛敎), 도풍道風(도교道敎)이 휘몰아치며 제주祭酒와 음주飮酒가 혼용된 시대였다. 문인들의 기호품이 된 술은 당나라의 예술 발전에 기틀을 마련해 주었다. 그러나 술에 대한 종교의 영향은 여전히 그 흔적이 남아 있던 시기이기도 하다.

세 번째 단계는 송宋나라 시기이다. 이 시기는 중국 대륙에서 술이 완전히 종교의 그늘에서 탈피하여 대중 속으로 들어가 예술의 꽃을 피운 격동의 시대이다. 이민족의 침략으로 남송은 국가사직社稷이 죄다 붕괴되고 제사도 무의미해진, 시대적 한계를 드러낸 기회를 틈타 술은 완전히 종교의 예속에서 탈피하여 대중 속으로 들어갔다. 술은 신의 희로애락을 위한 음식에서 인간의 희로애락을 위한 예술의 촉매제로 그 역할을 바꿨다. 한편 술은 예술의

(사진 25) 서문표투무西門豹投巫
미신으로 무지몽매한 백성들의 고혈을 빨아 먹던 늙은 무당을 강물에 처넣어 죽인 서문표는 전국戰國 초기 사람이다. 춘추전국시기 무속의 추락을 입증하는 사록史錄이다.

발전에 필수 전제인 상업과 교통, 도시화의 발전에도 거대한 기여를 했다.

본 장에서는 술이 예술의 발전과 예술 발전의 전제조건인 상업, 교통, 도시화의 발달에 어떤 중요한 기여를 했는지에 대해 중국과 한국의 경우를 비교하여 담론을 전개할 것이다.

1. 술과 예술의 탈종교화

A. 춘추전국시기와 고대 한국의 술과 예술 그리고 무속

1) 춘추전국시기의 술과 예술 그리고 무속

춘추전국은 반전통의 슬로건을 치켜든 이데올로기의 대혁명의 시기였다. 강력한 신권제정(神權祭政)국가였던 주나라의 붕괴는 제례와 신의 권위를 하루아침에 땅바닥으로 추락시켰다. 국가를 보호한다고 믿었던 신의 무능은 전통종교(무속)의 지위를 국가적 차원에서 민간차원으로 축출하는 계기가 되었다. 신권주의는 인문주의(북방)와 낭만주의(남방)로 교체되며 신이 아닌 인간 스스로가 운명의 주인이 되기 시작했다. "춘추전국시기는 중국 역사에서 첫 번째로 되는 사회 대변혁의 시대이다."[185]

> 춘추전국시기 중국에서는 천지를 뒤흔드는 변화가 발생했다. 공자는 그 변화를 "禮崩樂壞(예붕악괴, 예가 무너지고 음악이 망가졌다.)"라고 여겼고 곽말약은 "노예사회에서 봉건사회로 향한 전변"이라고 보았다.[186]

---

185) 《春秋战国时期观念与思维方式变革》禎彦, 吾敬东 著. 湖南出版社.. 1993年 1月. p.3. 春秋戰國是⋯⋯ 我国历史上第一个社会大变革的时代.
186) 《史学月刊》2001年03期. 「论春秋战国时期中国社会的转型」叶文宪 著. 春秋战国时期中

공자가 말한 "예붕악괴禮崩樂壞"는 바로 주나라의 종법제례와 그 제례를 주관했던 무속의 지위가 추락했음을 의미한다. 춘추전국은 백가쟁명을 통해 학문의 시대가 열린 시기였다. 사람들이 자연을 있는 그대로 인식하려 할 때 종교의 신비성도 사라지기 마련이다. 당대의 지식과 문화를 대표하는 무당이 의존한 것이 신의 영험이라 할 때 자연, 인문학의 면전에서 그의 운명은 쇠퇴의 길밖에 없었을 것이다.

> 고대 종교쇠락의 중요한 표징은 종교조직의 와해이다. 무격의 지위는 학술의 아래로 추락했다.[187]

이들은 주제국周帝國의 몰락과 함께 중앙권위를 박탈당하고 모두 민간이나 아니면 살길을 찾아 새로운 귀족의 문하에 흡수됨으로서 사士계급에 혼입하여 생존공간을 확보한다.

무속의 몰락과 함께 인간은 신도神道에 맞서 인도人道를 내세우며 운명의 주인이 되었을 뿐만 아니라 도교의 신선방술神仙方術처럼 스스로가 신이 되려고까지 한다. 국가도 제사보다는 농업과 국방의 발전을 도모하는 정책적 변화를 보이기 시작했다. 하늘을 믿기 전에 관개, 배수 작업을 추진했고 거름을 사용했다. 제사의 희생물로 사용되던 소를 우경牛耕에 돌렸다. 우경은 인력으로는 하기 힘든 무거운 철기농기구를 보편화하는 데 없어서는 안 될 전제이다. 상商나라는 비록 청동기시대라고 하지만 철기는 무기나 제기祭器 제작에만 제한적으로 사용되었을 뿐 농기구는 여전히 목기木器, 석기石器, 골기骨器 등

国社会发生了翻天覆地的变化. 这一变化, 孔夫子称之为"礼崩乐坏", 郭沫若称之为"从奴隶社会向封建社会转变".

187) 《中国春秋战国宗教史》张践, 马洪路, 李树琦 著, 人民出版社, 1994年 p.8. 古代宗教衰落的重要表现是宗教组织的瓦解, 巫觋地位下降, 学术下移.

1. 술과 예술의 탈종교화

원시적인 생산도구들이 대부분이었다.[188] 소와 철제보습을 이용한 밭갈이 법을 장악함으로서 주나라의 협소한 정전제井田制농법은 사람들을 만족시키지 못해 대규모의 사전私田을 일굴 수밖에 없게 된 것이다. 사전의 출현은 식량문제를 해결하는 데 일조했다. 그런데 식량문제보다 더 중요한 것은 노예에서 해방된, 자유를 얻은 농민이 탄생했다는 역사적인 사건이다.

> 사유제의 확립은 인간을 해방시켰다는 의미도 가지고 있다. 원래의 공유제형태에서는 농민은 통치자에게 매인 몸이다. 그들은 통치자를 위해 무상의 노동을 지불해야 한다. 이런 상황에서 인간은 자유롭지 못하다. 농민들은 원시공유제에 부합되는 등급관계에 완전히 묶여 있을 수밖에 없다.…… 그러나 사유제가 실시된 후부터는 생산 자료는 더 이상 제공된 것이 아닐 뿐만 아니라 노동 역시 무상의 형식을 유지하지 않게 되었다. 인간의 몸도 타인에게 예속되지 않고 자신의 일을 스스로 결정지을 수 있게 되었다. 그야말로 일종의 해방이 아닐 수 없다.[189]

이렇듯 춘추전국시대에는 노예에서 해방된 농민, 유랑하는 선비士, 수공업자와 상업화된 도시민들이 넘쳐났고 농업의 발전으로 식량문제까지 해결된, 경제적으로는 풍족하고 정치적으로는 격동의 시대였다. 영웅호걸들이 우후죽순처럼 생겨나고 천재들이 도처에 웅거한 격동의 시대에 필요한 것은 과연 무엇이었을까?

---

188)《春秋战国时期观念与思维方式变革》丁祯彦, 吾敬东 著. 湖南出版社. 1993年 1月. p.26.
189) 동상서. 私有制的确立还在一定意义上解放了人本身。在原来那种公有制形态下, 劳动者对于统治者来说是一种人身依附关系, 他们为统治者提供了无偿的劳动, 而在这样一种情况下, 人身是不自由的, 人们完全为一种与原始公有制相应的等级关系所束缚, 实际上, 不仅劳动者与统治者之间, 即使在统治者内部, 这样一种依附关系也同样存在, 而当私有制获得发展之后, 生产资料不再是被赐予了的, 因此劳动也就不再保持无偿形式, 而人身也不再成为依附关系, 人们开始能够自由自己来决定自己的事务, 这便是一种解放.

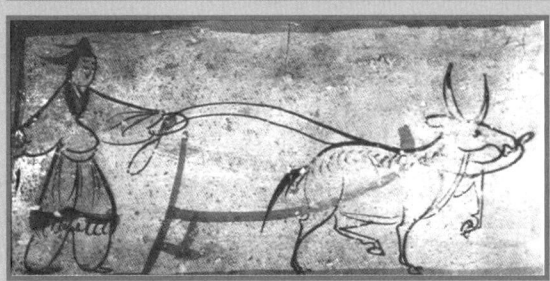

(사진 26) 심경세작도深耕細作圖(左)와 우경도牛耕圖(右)
중국에서는 춘추전국시기부터 철제농기구와 소를 농경에 사용하였다. 우경은 밭을 깊이 갈아 소출을 올리는 효과를 낼 수 있었다.

그것은 바로 술이다. 철기농기구의 사용과 우경牛耕으로 인한 생산력의 제고와 토지 사유私有제도에 따른 농민의 생산적극성은 양곡 소출을 주나라 때에 비해 60% 내지 한 배 이상 끌어올리는[190] 성과를 이뤄낼 수 있었다. 고대 사회에서 양곡생산량의 한배 증가는 농업생산력의 혁명이 일어나지 않고는 이뤄낼 수 없는 획기적인 사건이다.[191]

곡물생산량의 증가는 식량 외의 잉여양곡으로 양주산업을 발전시킬 수 있는 기초를 다지는 데 기여했다. 이즈음 술은 이미 무속의 몰락과 함께 신神으로부터 인간에게로 회귀한 상태였던지라 민간에 재빨리 보급되었다. 춘추전국시기의 양주산업이 얼마나 발전했는지는 술의 고향으로 불리는 안휘성 육안시 서성현 서후무덤安徽省六安市舒城縣舒侯墓에서 1980년에 출토된 문물에서도 확인할 수 있다. 무려 183건의 양조와 관련된 기물器物이 발굴되었다.

뿐만 아니라 곡물생산의 증가는 여분의 식량을 비축함으로서 농업에 종사하지 않는, 방대한 선비士계층을 먹여 살릴 수 있게 되었다.

> 춘추전국시대의 사(士) 계층의 변화에 대해 담론을 계속해보도록 하자. 이러한 변화의 가장 중요한 인소 중의 하나는 당시 사회 각 계층의 유동이다. 즉 상층귀족의 하강과 하층 서민의 상승이다. 그리하여 사 계층은 귀족과 서인(庶人)의 중간에 위치하고 상하유동의 교차점이 되었다. 따라서 사의 인원도 대폭 증가할 수밖에 없었다.[192]

---

190) 동상서. p.25.
191)《中国封建社会经济史》第1卷. 人民出版社. 1981年 12月. p.188.
192)《士与中国文化》余英时 著. 上海人民出版社. 1987年 12月. p.12. 现在让我们接着讨论士阶层在春秋战国时代所发生的变化. 这种变化的一个最重要的方面是起于当时社会阶级的流动. 即上层贵族的下降和下层庶民的上升. 由于士阶层适处于贵族与庶人之间. 是上下流动的汇合之所. 士的人数逐不免随之大增.

전국 말기에 이르러서는 사 계층이 더욱 급증했다. 토지를 상실한 몰락 귀족과 사회 하층민으로 구성된 이들의 특징은 궁핍과 곤궁이었다. 게다가 이들은 자신의 정치적인 이념을 실현하기 위해 항상 길 위에서 떠돌아다니는 유랑민들이기도 하다. 사가 사대부로 불린 것은 진한秦漢 이후부터이며 그 이전에는 유사遊士라고 불렸던[193] 것도 이러한 이유에서이다. 뜻을 이루지 못하고 세상을 방랑하는 선비들의 가난과 고독을 달랠 수 있는 방법은 오로지 하나 풍월(문장)과 술뿐이다. 술은 이들에게 없어서는 안 될 상비품이었다. 자유를 얻은 선비와 술―이들은 서로 굳게 연대하여 정계에서 좌절된 꿈을 예술에서 꽃을 피워 냈던 것이다.

그 시대의 대표적인 선비라 할 수 있는 공자도 평생 세상을 떠돌아다녔다. 그가 노나라에 가 노자를 만난 이야기에서 우리는 선비들이 술을 얼마나 즐겼던가를 엿볼 수 있다.

공자는 그의 나이 34세 때인 노소공 24년魯昭公二十四年과 45세 때인 기원전 508년에 노나라를 방문하여 노자를 두 번이나 만났다.[194]「공자가어·관주孔子家語·觀周」,「사기·공자세가史記·孔子世家」,「장자·천운莊子·天運」등 고문헌에도 상기 기록이 보여 신

(사진 27) 전국戰國시기 새 모양 마개鳥盖의 조롱박 술병瓠壺
대량의 주기酒器는 춘추전국시기의 양조업과 음주풍속의 흥성함을 대변해준다.

---

193) 동상서. p.9.
194) 《中和学刊》第二辑, 陕西师范大学出版社., 2010年 9月.「孔子"适周问礼"时间考辨」杨朝明, 张向向 著.

(사진 28) 공자와 노자의 만남. 두 성인은 조집주棗集酒(송하주宋河酒)를 마셨다고 한다 춘추전국시기 무속의 억압에서 해방된 술은 유교와 도교를 휩쓸며 대중 속으로 줄기차게 보급되었다.

빙성이 높음을 암시한다.

하남성녹읍현조집진河南省鹿邑縣棗集鎭은 술의 고향으로 이름난 고장이다. 이곳은 또한 도가의 창시자 노자가 탄생한 고향이기도 하다. 전하는데 의하면 노자는 이곳의 명주인 조집주棗集酒를 많이 마시고 신선이 되었으며 「도덕경道德經」을 지었다고 한다. 조집주宋河粮液의 역사는 기원전 518년까지 거슬러 올라간다고 한다. 전설에 의하면 기원전 508년 공자가 낙읍洛邑을 방문하여 노자를 배알했을 때에도 두 성현은 이 술을 마시며 이야기를 나눴다고 한다. 공자의 주량은 한량없었고惟酒无量 노자도 친구들과 술을 마시고 대취하여 채찍을 휘둘러 왕옥산王屋山과 형산衡山을 만들었다는 전설이 전해지고 있다. 선비의 대표라고 할 수 있는 성현들이 이러했으니 일반 사 계층의 음주풍속은 더 말할 필요도 없을 것이다.

> 이처럼 술이 이왕 신과 무속의 특권에서 해방되어 지식계층인 선비의 애환과 고락을 같이 한 이상 그 효과가 예술에 반영되지 않을 수 없다. 실제로 고대 예술의 정수라고 할 수 있는 음악에서부터 그 효력이 나타나고 있다.

우리는 고대음악이 춘추전국시기에 들어와서 내용에서부터 형식에 이르기까지 전반적으로 커다란 변화가 발생했음을 알 수 있다. 총괄하여 말하면 절주가 빠르고 생기발랄하며 사람의 마음을 감동시킨다. 이러한 변화는 음악의 진보라고 해야 당연할 것이다. 그러나 전통의 입장에 선 사람들의 귀에는 이 새로운 음악이 인간의 의지를 나약하게 만드는 "방탕한 소리"로 들릴 따름이었다.[195]

「악기·위문제편樂記·魏文帝篇」에 보면 위문후魏文侯가 의관을 정제하고 고악古樂을 들을 때는 잠이 들까봐 두려웠지만 정鄭나라와 위衛나라의 음악을 들을 때면 피곤한 줄을 몰랐다고 한다. 자하子夏는 그 원인을 신악이 무례하고 사특한 소리이며 사람을 현혹하여 깊이 빠져들게 하기 때문이라고 설명했다.

> 정나라의 음악은 복잡하여 사람들을 무례하게 만들고 송나라의 음악은 아름다워 사람들을 의기소침하게 만들며 위나라의 음악은 촉박하여 사람의 마음을 산란하게 만들며 제나라의 음악은 기괴하여 사람을 오만하게 만든다. 이상 네 가지 음악은 가무와 여색에 대한 사람들의 향수를 만족시켜주는 것이다. 하지만 사람의 덕행과 수양에 해를 끼칠 수 있기 때문에 제사에는 이 음악들을 모두 사용하지 않는다.[196]

춘추전국의 급변하는 동란의 물결 속에서 태어난 신악新樂은 무속이 국가 중심 권력에 서서 제사를 주관하던 시절에는 상상할 수 없는 음악이었다.

---

195) 《中国春秋战国艺术史》李福顺, 刘晓路 著. 人民出版社. 1994年 1月. p.106. 我們可以看出古乐传到春秋战国的时候, 从内容到形式都发生了巨大变化, 总的看是节奏加快. 生动活泼, 更打动人心. 应该说这是音乐的进步, 但对那些站在传统立场上的人来说, 新乐是被视为消磨人意志的"淫声".

196) 동상서. p.106. 郑国的音乐复杂, 使人意志放纵. 宋国的音很妩媚, 使人意志消沉, 卫国的音很急促, 使人意志烦乱 齐国的音很古怪. 使人意志傲慢. 以上四种音都是满足人们声色的享受, 但损害人们德行修养的. 所以祭祀的时候都不用他们.

주나라의 음악은 신에 대한 공경을 바탕으로 한 예악禮樂으로 절주도 느리고 경건함이 넘쳤다. 예악禮樂은 무당이 주관하는 제사가 국가의 정치이념이었던 하夏, 상商, 주周대를 풍미한 무속의 자궁에서 잉태된 유교문화이다. 주나라는 은나라의 제사와 음악을 계승했다. 주제국의 예악은 은殷나라에서 귀순한 악사들에 의해 완성되었다.[197] 그러나 민간 속악俗樂에 뿌리를 둔 정악鄭樂, 위악衛樂(신악)은 빠른 절주에 무례하고 사특하고 기괴하여 사람의 마음을 산란하게 한다. 게다가 이 음악은 남녀의 정을 자극하는 음란함까지 가지고 있다. 성색聲色이라는 말은 "가무와 여색"을 의미하는데 고금중외로 가무와 여색은 반드시 술과 연관되어 있다. 그래서 고대로부터 "음주가무飮酒歌舞"와 "주색酒色"이라는 합성어가 생겨난 것이다. 바로 술과 융합된 음악의 그 음탕함 때문에 신악을 제사 음악에서 배제했던 것이다.

솔직히 무례하고 사특하고 음란한 4종음四种音은 술을 통한 정신적인 흥분상태가 전제되지 않고는 창작할 수도 감상할 수도 없는 음악이다. 무속의 몰락은 술을 신의 전유물에서 해방시켰고 술은 신을 위한 음악을 인간의 즐거움을 위한 예술로 끌어내렸다. 무례함과 아름다움, 급박함과 기괴함 그리고 사람의 마음을 산란하게 하는 음란함도 죄다 술이 정신을 자극한 결과이다.

춘추전국시기에 유난히 무속이 성행했던 초나라의 경우에도 이러한 사정은 다를 바가 없다고 해야 할 것이다.

---

197) 《史记·殷本纪》殷之大师、少师乃持其祭樂器奔周. 은나라의 태사(太師)와 소사(少師)들은 제기와 악기들을 가지고 주나라로 도망쳤다. 필자 주-태사는 주나라의 관직이다. 태사(太師), 태박(太傅), 태보(太保)를 삼공(三公)이라 부르는데 그중의 하나이다. 시와 음악을 관장하는 악관지장(乐官之长)이라는 관직도 있다.

초나라는 민간 무풍이 특별히 성행했다. 민간가무활동이 다채롭고도 풍부했다.198)

오늘날까지도 유전되는 「초사(楚辭)」는 풍부한 자료를 제공하고 있다. 그중에서도 「구가(九歌)」는 총 11편에 달하는 다양한 제신(祭神)가무를 기록하고 있다. 민간제사에서 나타나는 제례는 그 가무음악의 가사가 용속하다. 그리하여 구가의 곡을 지었다.…… 굴원은 초나라의 서울인 영(郢)성으로 추방당하였다. 원강(沅江. 귀주성에서 발원하여 호남성 경내로 흐르는 강)과 상강(湘江. 광서성에서 발원하여 호남성 경내로 흐르는 강)사이의 양강유역에서 귀신에게 제사 지내는 민간가무활동을 목격하고 거기에 가사와 곡을 붙여 개인의 심경을 토로하였다.199)

초나라가 무속이 성행한 이유에 대해서는 앞장에서 이미 논했음으로 여기서는 생략하기로 한다. 탈 권위화의 과정을 거친 무속과 무당은 하층으로 내려와 귀신을 섬기는 민간신앙과 타협하여 활로를 개척했다. 무속의 이와 같은 세속화는 산발적인 민간예술을 규합하고 발전시키는 데 일정한 기여를 했다고 할 수 있다. 그러나 무속예술의 치명적인 단점은 그 예술이 궁극적으로 추구하는 대상이 인간의 희로애락이 아닌 신과 귀신의 희로애락이라는 점이다. 다만 초나라의 무속예술에 의미를 부여할 수 있는 점은 중심 권력에서 박탈당했으나 민간예술을 통합, 계승했다는 것이다. 더구나 그 예술이 굴원과 같은 당대 으뜸의 문장가의 붓 아래서 미화되었다는 사실이다. 그러나 그것은 어디까지나 무속이 꽃 피울 수 있었던 최후의 기회였다는 점을 망각해

---

198) 동상서. p.112. 楚国民间巫风特盛, 民间乐舞活动丰富多彩.
199) 동상서. pp.112~113. 流传至今的"楚"提供了丰富的资料. 其中「九歌」记载了多种祭神的歌舞, 共十一篇……. 出现俗人祭祀之礼, 歌舞之乐, 其词鄙陋, 因作九歌之曲…… 屈原遭放逐来到南郢之邑. 沅湘之间, 看到民间祀鬼神的歌舞活动, 屈原为之作曲填词, 抒发个人情怀…….

서는 안 된다. 중국역사에서 무속예술의 영광은 굴원에 의한 초나라 무속예술을 끝으로 다시는 제2의 전성기를 누리지 못한 채 퇴락의 일로를 걸었다. 다만 한국의 경우는 이와는 정반대로 세월이 흐를수록 무속은 왕성한 활동을 펼쳤으며 줄곧 예술을 수중에 거머쥐고 자신의 시녀로 부려먹었다. 이에 대해서는 다음 장에서 상세하게 담론하려고 한다.

2) 고대 한국의 술과 예술 그리고 무속

한국의 상고사는 춘추전국시기와 비견할만한 격변의 시대가 없다. 뿐만 아니라 국가의 형성과 왕조 교체과정도 확실하지 않다. 일연의 민족사관에 의해 만들어진 「삼국유사」에서 그 첫 모습을 드러낸 이른바 「고조선」과 중국 정사에 기록된 「기자조선」, 「위만조선」이 대치하면서 학술적 혼란을 조성하고 있는 실정이다. 실체가 없는 「고조선」이라는 국호를 따로 만들어 「기자조선」설에 맞서는 데에는 그럴만한 이유가 있다. 「기자조선」을 승인하면 한국의 고대 국가가 정통성을 상실한, 중국의 제후국이 되기 때문이다. 그런 원인 때문에 일부 국내 학자들은 기자조선과 위만조선의 존재를 부인하고 고조선의 존재를 전면에 내세운다. 이 두 국가를 상고시대의 고조선의 뒤를 이은 국가로 간주하는 이들도 있다. 그러나 이들은 기자조선의 존재를 부인하면서도 범금팔조犯禁八條만은 슬쩍 빼내어 고조선의 법률로 둔갑시키고 있다. 범금팔조는 엄연히 《삼국지》,《한서》에 나오는 기자조선의 법률에 대한 정사기록이다. 기자조선에 대한 정사자료의 신빙성을 부인한다면 범금팔조도 당연히 부인되었어야 한다. 범금팔조만 빼낸 목적은 고조선에 관한 문헌사록文獻史錄이 전무하기 때문이다. 자신에게 유리한 자료만 인정하고 불리한 자료는 부인하는 태도는 학자답지 못하다.

만일 고조선이 중국의 영향에서 완전히 탈피한, 한국의 정통성을 대표할 수 있는 민족국가라면 기자조선에 관한 모든 문헌기록은 취소되어야 한다. 그러면 남는 기록은 「단군신화」하나 뿐이다. 그마저도 고려말기에 저술된 「삼국유사」에서 비로소 나타나고 있다. 언제나 느끼는 것이지만 한국 고대사 연구에서 난제는 자료 부족이다. 신화와 전설 몇 편이 전부이다. 그러니 고조선의 실체도 달랑 「단군신화」 하나를 연구텍스트로 삼을 수밖에 없다. 이 신화의 신빙성에 대해서는 필자의 졸저 「한국의 고대사를 해부한다」에서 언급했음으로 관심이 있는 독자들은 일독하기 바란다.

사실 환웅이 지상에 내려와서 한 일이라고는 곰에게 쑥과 마늘을 준 것(불임증을 치료하고)과 웅녀를 임신시킨(성관계) 사건뿐이다. 단군조선을 "제정일치의 시대" 이고 단군은 "제사장" 즉 무당이라고 하지만 그는 웅녀가 신단수

(사진 29) 신단수 밑에서 기자하는 웅녀
전형적인 원시 성기숭배이다.

1. 술과 예술의 탈종교화   인간을 위한 술, 인간을 위한 예술 — 123

밑에서 기자祈子할 때까지만 해도 제의를 주관하기는커녕 아직 세상에 태어나지도 않았다. 앞에서도 지적했지만 웅녀의 기자祈子는 그냥 원시 성기숭배에 지나지 않는다. 격식을 차린 제사의식이 필요하지 않았던 것이다. 그것은 기자祈子 장소에 무당은 물론 술까지 등장하지 않았다는 사실에서도 짐작할 수 있다.

단군조선은 엄밀한 의미에서 국가가 아니었다.[200] 적어도 기자조선이 건국될 때까지는 그랬다. 국가 형성 이전의 군집群集공동체에서는 경제, 이념, 문화면에서 한계를 드러내기 마련이다. 우선 경제발전의 가속화가 더딜 수밖에 없다. 철제농기구의 제조공급과 농경을 위한 대규모 수리시설공사가 불가능하기 때문이다. 농업생산의 침체는 식량 확보는 물론이고 양조업의 발전까지 저조하게 한다. 뿐만 아니라 무속활동의 경제적 지반을 약화시키고 직업화의 길을 차단해 그들이 이끌어 온 상고예술의 발전에 반작용을 놓게 된다. 채집생활을 경제적 수단으로 삼는[201] 집단에게는 더 말할 것도 없을 것이다. 그들에게 술이 있다면 곡주가 아니라 자연 숙성된 과일주 정도에 그쳤을 것이다. 자연 숙성의 과일주를 얻는다는 것은 금을 캐기보다 더 어려운 것이다. 배는 고프고 술도 없는데 무속마저도 활발한 활동을 펼치지 못했다면 예술도 침체의 늪에 빠져들 수밖에 없다. 왜냐하면 예술은 흥에서 발현되기 때문이다. 국가가 형성되지 못하면 문화는 규합과 국가적인 예禮에로의 격상이 어려워 지역에 산재하게 된다. 산재화된 문화는 자발적이고 산발적이며 원시적일 수밖에 없다.

고조선의 국가이념은 홍익인간弘益人間(널리 인간을 이롭게 하다.)이라고 한다.

---

200) 《한국의 고대사를 해부한다》장혜영 지음. 어문학사. 2008년 8월 6일. pp.187~212.
201) 『단군신화』에서 환웅이 곰에게 마늘과 쑥을 주는 사실에서 알 수 있다.

인간이 중심이다. 인문유교시대에나 있을 법한 이념이다. 그래서 일고의 가치도 없는, 후대의 학자에 의해 조작된 망설이라는 느낌이 강한 것이다. 고대사회에서 더구나 단군조선이 성립되었다는 기원전 2333년의 상고시대에서 국가 통치이념은 인간이 중심이 아니라 신이 중심이었다. 즉 국가 정치의 첫 번째 과제는 제사이다.

제사가 없는 "고조선"에서 무속은 국가권력에 진입할 수 있는 기회를 상실했으며 더 나아가 자신의 지배하에 있는 예술을 국가적인 고차원의 예술로 격상시킬 수 있는 기회마저 상실하고 말았던 것이다. 제사에서 연행되지 못한 음악과 무용은 고사상태에 처할 수밖에 없다. 한편 "제사를 위해 만들어진 술"은 제사가 없어짐으로 인해 수요가 줄어들며 생산과 소비가 동시에 위축될 수밖에 없다. 술이 없으면 흥이 깨어진다. 다시 한 번 강조하지만 예술은 흥에서 시작된다.

이 시기에 문학작품으로 전해져 내려오는 고대가요는 오로지 「공무도하가公無渡河歌」한 수뿐이다. 「공후인箜篌引」이 최초로 문헌기록에 나타나는 것은 2세기 후반 동한東漢 채옹蔡邕의 《금조琴操》이며 그 뒤로 순욱荀勖의 《태악가사太樂歌詞》와 공연孔衍의 《금조琴操》등 중국문헌에 기록되어 있다. 3세기 말, 서진西晉사람 최표崔豹의 『고금주古今注』에 가사와 함께 배경설화가 첨부되어 전해진다. 이 고대가요가 중국의 작품인가 하는 시비를 떠나서 내용을 살펴보자. 수많은 국내 학자들이 이 시에 매달려 의미 부여에 안간힘을 쓰고 있다. 정렬貞烈의 여심女心을 노래한 시라는 주장,[202] 백수광부는 주신酒神(디오니소스)이고 그의 아내는 악신樂神 (님프)이라는 견해[203] 등등 각양 각색의 가설들이

---

202) 《한국문학의 연원과 현장》장덕순 지음. 집문당, 1986년 10월 30일. p, 548
203) 《한국고전시가작품론 1》집문당, 1992년, pp.59~60.

 1. 술과 예술의 탈종교화   인간을 위한 술, 인간을 위한 예술 ― 125

난립한다. 정병욱은 한 걸음 더 나아가 "公竟渡河는 사랑의 종언, 님의 부재로 墮河而死는 죽음을 초월한 사랑이라는 의미를 내포 한다."[204] 며 확대해석마저 서슴지 않고 있다.

필자는 이 고대가요에 대해 이들과는 전혀 다른 견해를 피력하려고 한다.

새벽에 강변으로 나온 것은 먼 길을 가기 위한 것이다. 그런데 백수광부는 나루터의 배를 버리고 물을 건넌다. 뱃사공과 광인은 서로 모르는 사이이다. 그들이 한동네 사람이었다면 인사를 나누었을 것이다. 이들은 다른 곳에서 사는 과객過客이다. 이들 부부가 생활난에 쪼들려 유리걸식하는 사람이라는 추측은 뱃삯을 치를 돈이 없어 도보로 강을 건너는 행동에서도 짐작할 수 있다. 그리고 그들은 박수와 무녀 부부였다.

시에서 등장하는 사물적 이미지는 물과 악기(공후箜篌) 그리고 술병(호壺)이다. 물에 대한 설명은 잠시 뒤로 미루고 우선 공후와 술병에 대해 언급해보도록 하자. 공후는 한대漢代에 서역에서 들어온 악기이다. 고대에는 주로 궁중 아악연주에 사용되었다. 물론 민간에도 유행했다. 이 시가 창작된 시기가 고조선 말기(위만조선시대)라고 할 때 공후가 사용된 지 그렇게 오래 되지는 않았음을 알 수 있다. 당시 공후를 다룰 줄 아는(즉흥 작사, 작곡까지 할줄 아는) 여성은 궁중 악공이 아니면 기생이나[205] 무녀뿐이었다. 그런데 궁정 악공은 안정된 수입을 가져 유리걸식할 필요가 없으며 기생은 남편이 없다. 남는 것은 무녀

---

204) 《한국고전시가론》정병욱 지음. 신구문화사, 1980년. p.64.
205) 중국에서 기생은 은상시대부터 있었다.《中國娼妓史》王书奴 著. 三联书店上海分店. 1988年 2月. p.29. 故谈奴隶娼妓. 当自西周始…… 子乃入於奴隶之班. 她们爲了生活的逼迫, 势力的却只得卖力而为奴隶, 或者卖性而为娼妓. 而为变相的娼妓. 西周就是一个顯著的實例. (노예창기는 서주에서부터 시작되었다.…… 여자들도 노예가 되었다. 그녀들은 생활의 핍박에 떠밀린 나머지 노예가 되어 노동력을 팔지 않으면 성을 파는 창기로 변신해야만 했다. 서주가 바로 그 뚜렷한 실례이다.

이다. 뱃사공(곽리자고)의 부인 역시 무녀일 가능성을 배제할 수 없다.

　술은 지독한 생활난으로 유리걸식하는 그들에게는 경제적 부담이 큰 사치식품이 아닐 수 없다. 먹을 식량도 부족한 당시 술을 항상 휴대하고 다닌다는 것은 일반 서민들로서는 상상도 할 수 없는 일이다. 그럼에도 희귀한 술을 휴대한 것은 무격巫覡인 그들 부부가 무의식巫儀式을 진행할 때 사용하는, 없어서는 안 될 제주祭酒이기 때문이다. 굶어죽는 한이 있더라도 공후와 제주는 항상 휴대해야 하는 밥그릇이었다.

　백수광인은 인명이 아니라 인물에 대한 묘사이다. 머리가 허옇게 센, 미친 늙은이라는 뜻이다. 머리가 허연 것은 곽리자고가 이미 나이가 든 노인임을 암시한다. 박수의 경륜이 오래고 동네방네에 명성도 자자하고 생계유지에 필요한 자신만의 단골도 충분히 확보하고 있었을 것이 틀림없다. 그런데도 그들은 고향을 등지고 유랑의 길을 나서지 않으면 안 되었던 것이다. 이는 고조선시대의 열악한 경제상황과 생존의 기로에 선 무속의 상태를 대변해 주고 있다. 여옥도 즉석에서 공후를 타며 노래를 지어 불렀다는 사실을 통해 원래는 무당이었다는 추측이 가능해진다. 그러나 더 이상 무당 직업만 가지고는 생계를 유지할 수 없게 되자 남편이 사공 일을 하게 되었을 것이다.

　사공이 물에 뛰어들어 죽는 여인을 옆에서 보면서도 구해주지 않은 이유는 무엇일까? 그녀의 노래 가사가 정확하게 들릴 만큼 그들 사이는 지척의 거리였으며 직업이 뱃사공이라 수영에도 누구보다 능숙했을 텐데 말이다. 여옥이 탄 공후는 백수광인의 아내가 버린 악기일 것이다. 뱃사공은 자신의 경우를 미루어 그들의 생명은 구원할 수 있어도 그들의 궁핍과 가난은 구제할 수 없음을 알았을 것이다.

　강은 생존공간의 경계이며 한계이다. 물리적인 힘으로 인간을 타개할 수 없는 공간 속에 억압한다. 억압된 한계적 공간에서 탈피할 수 있는 유일한

 1. 술과 예술의 탈종교화　　　　인간을 위한 술, 인간을 위한 예술　—　127

출구가 다름 아닌 강이다.

> 강을 건너가려는 것은 현세의 한계와 질서를 초월하려는 마음이다.[206]

강은 익사의 위험이 수반될 뿐만 아니라 더구나 강 건너 대안의 미지의 세계로 인해 불안감마저 추가된다. 미지 속에는 항상 환상과 함께 공포가 대기하고 있어 사람을 설렘과 두려움에 떨게 한다. 그 모험이 던지는 위험 때문에 아내는 광인의 도강을 강력하게 만류한다. 광인도 미지의 세계가 두려웠을 것이다. 그러나 이곳에서 죽으나 미지의 세계에 가서 죽으나 그에게는 마찬가지였다. 다만 술은 두려움을 가셔주었다.

광부가 손에 술병을 들고 머리를 풀어 헤친 채 물속에서 광란하는 모습은 무인巫人의 신들린 경지와 다를 바 없다. 농경사회에서 물은 신이 사는 곳이다. 술은 신이 좋아하는 음식이다. 무당은 강물 속으로 들어가 직접 신에게 현실적 고충을 호소하고 있다. 신의 가호를 기원하고 있다.……

이처럼 고조선 말에 와서야 겨우 그 모습을 드러내기 시작한 한국 무속은 상술한 예문 분석을 통해서도 알 수 있듯이 나라의 제의를 주관하는 통치이념이 아니라 구복, 척귀, 치병, 점술 같은 것을 행하는 간단한 민간무술民間巫術에 지나지 않았다. 삼국시대에 이르기까지 중국 춘추전국시대에 맞먹는 이데올로기의 대격변기 같은 것은 없었다. 조용히 한무제漢武帝의 공격에 나라가 망하고 왕조가 교체되었을 따름이다.

고조선 시기의 몰락하는 무당의 생활고를 노래한 이 평범한 가요가 오늘날까지 전해질 수 있었던 비밀은 그 시절의 아픔을 잊을 수 없었던 무당들의 입을 통해서였다. 무당에 의해서 곡이 붙고 불러진 가요답게 문인들의 손

---

206) 《노래여 천년의 노래여》 이어령 지음. 문학사상사. 2003년 09월 29일. p.222.

| (사진 30) 공무도하가公無渡河歌 공후인箜篌引
권력에서 배제된 무당의 비참한 생활상을 노래한 고대 가요이다.

에서 창작된 작품들과는 달리 예술성은 거의 찾아 볼 수 없다. 풍경묘사도 없고 감정이입도 없고 사물의 의인화나 기발한 시적 상상력도 결여되어 있는, 현실세태를 반영한 민간생활민요이다.

그러니까 결론적으로 말하면 아직 상고시기에 한국에는 제사를 주관하는 국가차원의 무속도 형성되지 않았고 예술도 탄생하지 않았다고 해야 옳을 것이다. 뭔가 있었다고 한다면 원시신앙과 미숙한 원시종합 예술정도였을 따름이다. 이를테면 웅녀의 남성 성기숭배 같은 미신뿐이었다. 말기에 와서야 무속이 형성되기 시작했지만 피폐된 경제 속에서 고전을 면치 못하였다.

1. 술과 예술의 탈종교화

《삼국지》에 나오는, 동이족에 대한 제사와 음주에 대한 기록은 이보다 한참 뒷날의 이야기이다.

하는 수 없이 이 담론은 여기서 마쳐야 할 것 같다. 담론을 전개할만한 자료가 부족하기 때문이다.

B. 위진남북조 시기와 한국 삼국시대의 술과 예술 그리고 무속

1) 위진남북조 시기의 술과 예술 그리고 무속

위진남북조는 춘추전국에 이어 중국에서 두 번째로 되는 대동란, 대격변의 시기였다. 또한 무속의 탈 중심과 술의 탈 무속의 과정이 한층 가속화된 시기이기도 하다.

무속은 이미 춘추전국시기의 반무反巫, 반신反神, 인본주의 사상의 세찬 물결에 치명상을 입은 상태에서 양한兩漢이 국가통치이념으로 택한 유교에 밀려나 민간신앙의 형태로 간신히 명맥을 이어오고 있었다. 그러다가 한말漢末의 경제 붕괴로 심각한 타격을 감수해야만 했다.

> 상술한 내용에서 우리는 전쟁, 수해와 한발로 인한 흉작, 역질은 한나라 말기의 중국, 특히는 북방인구의 급격한 감소의 주요한 원인임을 알 수 있다.[207]

한말과 위진 시기에는 식량이 결핍하고 곡가穀價가 치솟아 길가에 아사자가 부지기수였다. 농민들은 살길을 찾아 토지를 버리고 타향으로 뿔뿔이

---

207) 《中國魏晋南北朝经济史》刘静夫 著. 人民出版社. 1994年 4月. p.8. 从以上叙述可以看出, 战争, 灾荒, 疫疾是造成汉末中国, 尤其是北方人口锐减的最主要的原因.

흩어져 갔다. 북방 사람들은 자연재해와 전란을 피해 안전한 지대로 대거 이동했다. 땅은 넓은데 인적은 희소한 현상은 비단 안정된 경제생산체제를 파괴했을 뿐만 아니라 직업인으로서의 무당의 경제적 생존 지반까지 위협했다. 인구 감소는 결국 수입 내원의 감소와 이어질 수밖에 없기 때문이다. 따라서 스스로 무속 활동의 범위를 위축시키던지 아니면 유동하는 사람들을 따라 대이동을 하지 않으면 안 될 기로에 서게 되었던 것이다. 이것은 위진남북조시대에 무속이 위축될 수밖에 없었던 첫 번째 원인이다. 이 시기에도 무속 활동은 지속되었지만 기자祈子, 액막이, 병굿, 길흉208 등 민간 차원의 소규모 푸닥거리에 불과했다. 이는 전란과 식량난 그리고 재해로 인한 당시 백성들의 생활고와 맞물린 간단한 굿일 따름이다.

무속이 위축될 수밖에 없었던 두 번째 원인은 불교, 도교, 현학과 관련이 있다. 현실적인 위험에서 탈피하기 위해 많은 사람들이 불교와 도교 그리고 현학을 통해 불안한 현실로부터 도피하려고 했다. 특히 이 시기 불교 신자들은 폭발적으로 증가했다.

> 북제(北齊), 북주(北周) 전역에는 승려가 300만 명이나 되었다. 당시 북방 인구가 3000만이니까 승려의 비례가 무려 10/1이나 차지한다.209

위의 기록은 원래 무속을 중심으로 결집되었던 신자들이 태반이 불교나 도교신자로 개종改宗하였음을 암시한다. 경제적 지반 상실에 이어 신자 상실까지 감수하면서 무속의 입지는 뿌리째 흔들릴 수밖에 없었다. 무속이 어쩔 수 없이 불교와 도교의 밑으로 들어가 행랑살이를 하게 된 연유가 바로 죽음

---

208) 《中国全史》36卷.「魏晋南北朝习俗史」人民出版社. 전자책.
209) 동상서.

의 위기를 넘기고 살아남기 위한 데 있었다. 일부 학자들은 불도佛道와 무속의 관계를 "습합"이라고 표현하지만 이는 학술적 근거가 부족하다. 습합은 절충을 의미하는데 절충은 양자 간의 대등한 관계를 전제로 하기 때문이다. 도교가 무속의 제의祭儀를 많이 도입하였다곤 하나 절대로 양자가 대등한 관계는 될 수 없다. 무속은 그렇게 불교와 도교의 그늘 밑에서 숨을 죽인 채 사경에 처한 자신의 잔명을 간신히 이어갈 수 있었다.

세 번째 원인은 무속에 대한 정부의 탄압정책이다. 위태조魏太祖 조조는 황건기의를 진압한 후 무속 활동을 대대적으로 구축했다.

> (조조가)간사한 귀신을 섬기는 일을 제거하니 이로 인해 세간의 음사(淫祀)가 마침내 끊어지게 되었다.[210]

조조의 왕위를 계승한 아들 조비도 선왕의 뒤를 이어 무속을 탄압했다. "봉건정권의 이러한 금지령은 여러 차례에 걸쳐 지속되었고 한 번도 중단된 적이 없었다."[211] 이는 경제 지반을 상실하고 신자들이 빠져나가고 불교와 도교의 그늘 아래에서 숨을 죽이고 살아가는 무속에게는 치명타가 아닐 수 없었다.

위진 시대의 위정자들은 전쟁물자 확보를 위해 경제 회복에 전력했다. 땅을 버리고 외지로 떠나가는 유민流民들을 불러 모아 경작지에 묶어두기 위해 조조는 "둔전제屯田制"를 실시한다. 서진西晉, 북위北魏는 물론이고 그 뒤로 둔전제는 일부 내용만 수정되면서 당나라 때까지 계승되었고 파괴된 중국 경

---

210) 《三国志·魏书·武帝经》遂除奸邪鬼神之事, 世之淫祀由此遂绝.
211) 《中国全史》36卷. 「魏晋南北朝习俗史」人民出版社. 전자책.

(사진 31) 조조의 둔전제(중국 허창 조승상부許昌曹丞相府)
조조는 전란으로 토지를 이탈한 노동력을 농지에 정착시키는 둔전제를 실시함으로서 후한 말 극도로 피폐해진 농업을 발전시켰다.

제를 빠르게 회복시켰다. 조조는 둔전제와 병행하여 수리시설, 농업기술, 정경세작精耕細作을 권장함으로서 알곡 단위당 수확고를 높이는 데 힘썼다. 이와 동시에 수공업과 상업의 발전에도 세심한 주의를 돌렸다.

실제로 위진남북조 시기의 경지 면적은 진한시기보다 줄어들었지만 무당 수확고는 122~215근으로서 91근이었던 춘추전국시기나 117근이었던 진한시기보다 훨씬 높다. 인구도 6,000만 명인 진한보다 1,000만이나 적은 5,000만 명이다.[212] 그러면 이제는 양조에 사용할 양식문제는 해결된 셈이다.

위진남북조 시기의 경제구조에서 특이한 점은 농업생산보다 상업의 발

---

212) 《中国农史》2007年 4月. 「传统农业时代乡村粮食安全水平估测」卜风贤 著.

달이 유난히 신속하다는 것이다.

이 시기의 다른 하나의 독특한 경제현상은 상업의 기형적인 발전이다.[213]

상업의 발달은 반드시 교통의 발달과 상품 유통의 발전을 전제로 한다. 위진남북조 시기의 수많은 은둔자들이 깊은 산속에서도 술을 사서 마실 수 있었던 원인은 바로 이 상업의 발달과 떼어놓을 수 없는 연관을 가지고 있다.

하지만 무속은 위진남북조의 경제가 호전된 뒤에도 활동 영역을 넓히지 못한 채 불교와 도교의 그늘 아래에서 곁방살이를 했을 뿐 한 번도 과거의 권위와 영광을 누려보지 못했다. 다만 술만은 무속의 지배에서 완전히 탈피하여 은사隱士들의 품속으로 들어가 극진한 사랑을 받으며 예술의 꽃을 피우는 데 기여했다. 은사와 술 그리고 자연은 항상 그림자처럼 서로 붙어 다녔다.

위진시기에 흥행한 철학사조인 현학玄學의 관심사는 자연이었다. 왕필은 자연을 명교名敎와 조화시키려 했으나 죽림칠현竹林七賢의 중심인물인 완적阮籍과 혜강嵇康은 자연의 존재를 명교를 초월하여 위치시킨다.[214] "그들이 창도한「자연론」은 현학사조思潮 중에서 특별히 중요한 자리를 차지한다. 내면 세계에 침잠하여 마음 내키는 대로 행동하는"[215] 일종의 자유주의라고 할 수 있다.

여기서(명교를 초월하여 자연에 맡겨라.) "자연"은 사회와 단절되고 사회도덕 규범의 제한을 받지 않는, 있는 그대로의 자연을 말한다. 따라서 역시

---

213) 《中國魏晋南北朝経済史》靜夫 著. 人民出版社. 1994年. p.3. 此时的另一个独特的经济现象是商业的畸形发展.
214) 越明教而任自然. (명교를 초월하여 자연에 맡겨라.)
215) 《新編中国哲学史》〈厦门大学新世纪教材大系〉中國書店出版. 2002年 2月. p.272.

자유로운 존재의 상태를 의미한다.[216]

현학이 인생관에서 인성 해방과 함께 "소극적이고 퇴폐 정서로 나타나는"[217] 현상과 극단적인 개인주의로 비쳐지는 원인도 현실의 규제를 탈피한 그 자유사상 때문일 것이다. 이 시기에 유행된 청담淸談은 심오한 정신 경계에 도달하고 현실에서 이탈하기 위한 일종의 방법론이었다. 자연 (정신세계)으로의 탈피를 지향하는 현학과 청담의 본질은 탈속脫俗이다.

탈속 은둔문화의 원인을 제정祭政분리, 즉 무문화의 탈 권위로 인한 세속의 불결 때문에 "정결성 추구"에서 찾는 학자들도 있다.

> 정결성을 유지해야만 성스러운 신과 만날 수 있다는 무문화가 낳은 또 다른 하나의 문화 현상이 바로 이 지상에서 정결한 곳을 찾아가서 정결하게 생활하는 것이다.[218]

> 중국에서 은자들의 발생은 제정이 분리되기 시작하면서 나타나기 시작하는 것으로 여겨진다.[219]

> 은둔문화의 본격적인 성행은 위진남북조 이후를 기다려야 한다.······ 속된 현실을 벗어나 탈속 은둔하려는 생각이 크게 성행하기 시작하는 것으로 여겨진다.[220]

---

216) 《新编中国哲学史》(上册) 人民出版社. 2004年 7月. p.286. 这里的 "自然", 即指未进入社会关系, 未受社会礼法规限的自然而然的, 因而也是自由的存在状态.
217) 《新编中国哲学史》(厦门大学新世纪教材大系) 中国书店出版. 2002年 2月. p.277.
218) 《중국무속의 이해》김인호 지음. 이경. 2009년 1월 29일. p.62.
219) 동상서. p.63.
220) 동상서. p.64.

(사진 32) 탈속 은둔도隱遁圖

탈속 은둔자들은 왜 자연으로 들어갔을까? 이 문제에 대한 중국학자들의 연구가 흥미로워지는 대목이다. 「중국 고대의 은사隱士」라는 책에서 한조기韓兆琦는 위진남북조 시기의 은둔자들에 대한 원인을 여섯 가지로 분류하고 있다.

1. 정치가 부패하고 세상이 혼란하거나 아니면 정치는 그다지 부패하다고 말할 수는 없어도 통치자가 이족(彝族)정복자여서 일부 사람들이 이런 사회현상에 거부감을 느낀 나머지 지배자와 타협하기 싫어 은둔의 길을 택한다.
2. 해로움을 피해 멀리 피신함으로서 가족의 안위를 도모한다.
3. 일부 사람들은 벼슬살이가 어려워 여지 없이 참패하고 실망하거나 혹은 그런 일은 없지만 관직에 오래 몸을 담고 있다 보니 속속들이 알고 있기에 이 말썽 많은 곳을 떠나 은사가 되는 것이다.
4. 성격이 거칠고 명리에 욕심이 없으며 이익을 따지지 않으며 벼슬의 구속을 받기 싫어하던 참이거나 혹은 자연을 좋아하거나 산천을 두루 유람하는, 자유자재의 나날을 보내기 싫어 은자의 길을 택했다.
5. 재능과 박식을 겸하고 공명심이 강하지만 기회를 만나지 못해 잠시 은거하여 출세할 기회를 노린다.
6. 직접 벼슬을 구걸할 수 없어 방향을 바꿔 종남첩경(관리가 되는 첩경)의 길을 걷는다.[221]

어느 조목에도 무속과 관련된 내용은 찾아볼 수 없다. 은둔의 목적과 형

---

221) 《中国古代的隐士》韩兆琦 著. 商务印书馆国际有限公司. 1996年 7月. pp.13~22. 1. 政治黑暗, 世道混乱, 或者虽然不能说是政治多么黑暗, 但占据统治地位的是彝族征服者, 有些人对这种社会现实看不惯, 不想与现实的统治者合作, 于是愤然走上了归隐的道路. 2. 避乱远害, 以求身家姓名的安全. 3. 一些人在官场屡经坎坷, 最后碰的头破血流, 心灰意懒;或者本人并不碰壁, 而是在官场看的太久, 看得太透了, 于是最后退出了这个是非之地, 成了隐士. 4. 生性淡泊, 不慕荣利, 更捎带着或是不愿受官场的拘束, 或是爱好自然山水, 总之是希望过一种捎带逍遥散荡, 自由自在的日子. 5. 有才有识, 有强烈的进取功名之志, 只是由于尚未遇到机缘, 故而只好暂时隐悉, 待价而沽. 6. 欲正面求官而不得, 遂转弯改走终南捷径.

식 또한 천편일률적이 아니라 시대에 따라서도 그 원인에 확연한 차이가 드러난다. 춘추전국시대 은둔의 특징은 사족士族들의 집단적 유랑集流이었다. 이들의 유랑은 정치적인 목적을 실현하기 위해서였다. 벼슬길에 나가서 명리를 추구하려는 것이다. 그와 같은 시도는 어디까지나 시선이 사회현실 속으로 초점이 맞춰진 것이었다. 그들은 기다림의 고독과 좌절로 인한 정신적 고통을 술로 달랬다. 이와는 대조적으로 위진남북조시대의 은둔자들의 특징은 개인적인 탈속 행위이다. 속세도 벼슬도 명리도 다 버린, 염세와 체념의 극치로서 그들에게는 오로지 사생활만이 의미가 있는 것이다. 그런데 다행스러운 것은 예술은 개인에 의해 창조(공연예술은 예외)된다는 점이다. 막강한 힘을 가진 공동체에서 떨어져 나온 개인은 왜소하고 허망하다. 그래서 이 시기의 은둔자들은 술과 예술을 벗 삼아 외로움을 달랬던 것이다.

탈속 은둔은 김인호의 주장처럼 무속의 약화 내지는 해체 때문에 비롯된 것이 아니다. 도리어 무속의 간섭에서 해방됨으로서 가능해진 것이라고 해야 할 것이다. 고대사회에서 인권을 억압한 건 신권神權이다. 신권과 왕권은 서로 결탁하여 인권의 자유를 결박했다.

"무속의 정결성"에는 한계가 있음을 반드시 짚고 넘어가야겠다. 이른바 무속의 정결성은 장소와 시간에서 모두 국한성을 띠고 있다. 그 정결성은 제의 공간에 한정되고 재의가 진행되는 시간 속에만 국한될 수밖에 없기 때문이다. 주변 공간은 여전히 불결하다. 자연은 물론 주변 공간으로 배제될 것임으로 한 번도 무속적인 정결함을 가져본 적이 없다. 무속의 정결함을 체험할 수 있는 사람들도 제의 참여자에 국한된다. 제의가 끝나면 정결함은 사라지고 주변공간과 다를 바 없이 더러워진다.

정결하지 못함은 제의 장소와 시간에만 존재하는 것은 아니다. 술은 신의 음식이고 신을 접대하는 음식이기 때문에 정결하다. 그러나 그 술은 은둔자들의 개인적인 감정을 위해 사유私有되는 순간 무속적인 정결함은 사라진다. 은둔자들이 무속적인 정결함이 그리워 탈속했다면 입산하고서도 제의를 행하고 신에게 술을 바칠 수도 있었을 것이다. 하지만 그들은 신을 공경하기보다는 술(장생불로를 위한 연단 술)을 통해 자신이 신이 되려고 했다. 무속의 신권이 해체되고 술이 신에게서 인간에게로 복귀한 것은 예술의 발전을 위해 실로 다행스러운 일이 아닐 수 없다. 무속이 주장하는 정결함의 위선은 이미 춘추전국시대에 폭로되었고 해체되었다.

위진남북조시대에는 그 어느 시대보다도 음주풍속이 성행했다.

> 위진남북조 시기에 음주풍이 성행했다. 고관대작들은 물론 민간에서 술을 마시는 풍속 역시 조금도 뒤지지 않았다. 특히나 위진 문인들은 술을 떠나서는 살 수 없었다. 그들은 술을 마심으로서 근심걱정을 날려 보내거나 세상을 멀리 하거나 등을 돌렸다.[222]

위진남북조의 문인들 중에서도 "죽림칠현"과 술의 각별한 인연에 대해서는 모르는 사람이 없을 정도이다. 그들이 음주에 집착한 이유는 단순히 마음속의 근심걱정을 덜고 세상과 담을 쌓기 위한 데 그치지 않는다.

> 위진의 선비들은 죄다 애주가들이었다.…… "죽림칠현"은 하나같이 술을 좋아했다.…… 그들은 술 속에서 예법에 저항하는 자유를 추구했고 취함을 통해 현실에서 도피했다. 술을 마시는 것으로 근심걱정을 덜었고 술을 빌어 풍월을 읊조렸다.[223]

---

222) 《中国风俗通史〈魏晋南北朝卷〉》张承崇, 魏向东 著. 上海文艺出版社. 2001年 11月. p.54. 魏晋南北朝饮酒之风盛行, 不仅达官显贵中酒鬼成群, 民间饮风也毫无损色, 尤其是 魏晋文人, 是离不开酒, 他们或饮酒消愁, 或以酒避世, 也有的借酒放纵.
223) 동상서. p.55. 魏晋士人多喜欢酒…… "竹林七贤"个个都能饮酒, 他们虽然心情不同, 但不

방점을 찍어야 할 곳은 바로 "예법에 대한 저항"과 "자유에 대한 추구"라는 문구이다. "죽림칠현"의 대표라 할 수 있는 완적은 술과 관련된 일화가 많이 전해지고 있다. 그중에서도 가장 눈길을 끄는 이야기는 모친상을 당하고서도 제사를 지내기는커녕 술을 마셨다는 "세설신어"의 기록이다. 이 기록에서 우리는 당시 문인들의 탈속 은둔의 이유에 대해 답을 얻을 수 있을 것이라 간주한다.

> 완적(阮籍)은 어머니를 장사지내는 데 살진 돼지 한 마리를 삶아서, 술을 두 말 마셨다. 그리고 영결(永訣)에 임하여 단지 이렇게 말했다. "끝장이다." 한마디 말을 하고 곡을 하더니 피를 토하고 한참 동안 혼절한 것처럼 꼼짝 않고 있었다.[224]

> 완적은 어머니가 돌아가려 할 때 의연하게 바둑을 두고 있었다. 상대방이 그만 두자고 해도 완적은 듣지 않았으며 그와 승부를 냈다. 그 바둑이 끝나자 술을 세 말 마시고 소리 높여 한 번 곡을 했다.[225]

> 명사전(名士傳)에 이런 이야기가 있다. '완적은 친상(親喪)을 당했을 때 세상의 예법에 따르지 않았다. 배해(俳楷)가 조상하러 왔을 때, 마침 완적은 술에 취해 있었다.[226]

보다시피 완적은 유교의 제례를 완전히 무시하고 있음을 알 수 있다. 제사의 근원은 무속으로 거슬러 올라간다. 공자는 주나라를 이상적인 사회라

少人对当政者失望, 对世事采取玩世不恭的态度. 他们在酒中追求违礼教的自由, 在醉中逃避现实, 每或把酒消愁, 借酒咏怀.
224) 《新完譯 世說新語》撰者 劉義慶. 譯者 安吉煥. 明文當. 2006년 5월 30일. p.211.
225) 동상서. p.212.
226) 동상서. p.214.

| (사진 33) 죽림칠현竹林七賢
천년 세월을 넘어 오늘날까지도 이들의 명성을 떨치게 한 건 뭐니 뭐니 해도 술의 공로를 첫 번째로 꼽아야 할 것이다. 그들의 재능은 술을 통해 활짝 꽃폈다.

고 칭송했다. 그런데 주나라는 다름 아닌 무속에 의한 제사가 국가정치의 중심을 이룬 나라였다. 모친상을 당하고서도 그는 제사의 모든 형식을 무시한 채 술을 마시고 대취한다. 그러나 모친의 사망에 대한 그의 슬픔은 결코 제사를 지낸 다른 그 어떤 자식들보다 못하지 않다. 모친의 사망에 피를 토할 정도로 슬퍼할 자식이 이 세상에 과연 몇이나 되겠는가. 그에게는 예禮보다는 술이 중요했다. 제사를 지내고 술을 영전에 드리는 것보다 마시는 것이 중요했다. 이 모든 것은 쓸데없는 형식보다는 진정성이 있는 개인의 감정을 소중히 여긴 데서 비롯된 행동이다. 그렇다면 완적의 가슴속에 응어리진[227] 것의 실체가 무엇인지를 인제는 알 때가 된 것 같다. 바로 개인의 자유를 억압하는 예법이다. 당시만 해도 사회 통념이었던 유교 예법은 그 타성이 너무 강해서 술이 아니고서는 도저히 그 굴레를 벗어 던질 수가 없었다.

술은 죽림칠현에게 특별한 의미가 있다. 현실 속에 갇혀버린 육체에 구속된 정신을 자유로운 상상의 공간으로 유도하는 작용을 놓고 있다. 술은 현실적인 온갖 질서와 규제에서 탈피한 자유정신을 드넓은 예술의 공간으로 비상하도록 도와주며 그 속에서 개인의 능력을 최대한 발휘할 수 있는 에너지를 제공했다. 죽림칠현의 완적과 혜강은 물론이고 도연명과 조조, 조식 등 당시의 쟁쟁한 문인들이 앞 다투어 명작들을 쏟아냈다. 도연명의 "음주飮酒20수"를 비롯하여 술과 관련이 있는 작품들도 수도 없이 많다.

문학가인 동시에 음악가인 완적이 술에 취하여 지은 "주광酒狂"곡은 유명하다. 이 연주곡은 명태조明太祖의 아들인 주권朱權이 1425년에 편찬한, 중국에서 가장 오래된 고금악보집인《신기비보神奇秘譜》에 실린 것이다. 고금古琴

---

[227] 동상서. p.265. 왕효백(王孝伯;王恭)이 왕대(王大;王忱)에게 물었다. "완적은 사마상여(司馬相如)와 비교할 때 어떻습니까?" 왕대가 말했다. "완적은 가슴속에 응어리진 것이 있었지. 그러기에 술을 마시어 그것을 씻었던 거야"

연주 음악으로서는 보기 드문 3박자인데 술에 취하지 않고는 도저히 작곡할 수 없는 곡이다. 자유분방하고 즉흥적이면서도 몽롱한 황홀경에 빠져들며 불안하고 절박하면서도 갈수록 고조되는 격렬함은 취중의 정신 상태를 완벽하게 표현해내고 있다.

술의 기운이 음악에 스며들었다고 할 때 시라고 스며들지 말라는 법이 없을 것이다. 시고 음악이고 모두 한 사람의 손에서 만들어진 것임을 감안할 때, 역시 죽림칠현의 일원인 혜강嵇康은 「성무애악론聲无哀樂論」에서 악樂을 예禮와 연계시킴으로서 음악을 정치 도구화하려는 유교의 논리에 맞서 개인 정감 공간으로서의 음악예술의 독립성을 주장했다.228) "시에서 일어나고 예에서 서며 악에서 이루어진다興于詩, 立于禮, 成于樂는 공자의 예악禮樂이론에 정면으로 도전하여 음악은 유교적인 "윤리와 정치의 도구가 아니라 선비의 개인적인 인격의 영역"229)이라고 주장한 혜강의 악론樂論은 예술의 탈종교화를 넘어 탈정치화에 기여한 획기적인 사건이라 할 수 있다. 이는 예법보다 개인의 감정이나 인격을 우선시하는 완적의 사상과 동일한 것이다. 이처럼 인간의 감정을 즐겁게 하고 희로애락을 함께 하는 것은 언제나 술이었다.

한편 이 시기의 예술은 술과 여자를 접목시키는 특이한 발전경로를 개척하기도 했다.

> 가기(家伎)는 가정집에서 부리는, 주인을 위해 봉사하는 가무인원이다. 위진 이래로 기생을 키우는 풍습이 성행했다. 가정집의 기생 중에는 적잖은 우수한 음악인재들이 배출되었다. 서진(西晉)시기의 석숭(石崇)에

---

228) 《中國魏晉南北朝艺术史》黃新亞 著. 人民出版社. 1994年 4月. p.158.
229) 동상서. p.162, p.158.

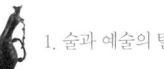

녹주(綠珠)라는 이름을 가진 기생이 있었다. 용모가 아름다울 뿐만 아니라 피리도 잘 불었다. 권신 손수(孫秀)가 이 말을 듣고 사람을 석숭으로 파견하여 기생을 요구했다. 석숭에서는 수십 명의 기녀를 내놓고는 고르도록 했다.230

이 시기에 발단한 예술과 주색의 동침同寢은 현대에 이르기까지 한 번도 중단된 적이 없다. 술과 여자는 항상 연대하여 예술의 발전을 추진시켰다.

2) 고구려 시기의 술과 예술 그리고 무속

위진남북조 시기에는 전쟁물자의 확보를 위해 경제회복에 박차를 가했다. 조조가 실행한 "둔전제屯田制"는 당나라 때가지 계승되면서 한漢말의 붕괴된 경제를 신속히 복구하고 발전을 도모했다. 수리시설, 농업기술, 정경 세작과 토지 개간을 권장하고 상업을 발전시켰다. 예술은 바로 그와 같은 탄탄한 경제적 기반 위에서 발전할 수 있었다.

그러나 땅이 척박한231 고구려 경제는 중반까지도 국가적 통일경제체제가 수립되지 못하고 불안전한 "약탈경제"에 의존했다.

고구려는 땅이 척박하여 식량 자급자족이 어려웠고 수렵만으로 생계를 유지하기도 쉬운 일은 아니었다. 고구려의 경제는 농업도 상업도 아닌

---

230) 《中国风俗通史〈魏晋南北朝卷〉》张承崇, 魏向东 著. 上海文艺出版社. 2001年 11月. pp.591~592. 家伎是私人蓄养为私人服务的乐舞人员, 魏晋以来, 蓄伎之风盛行, 家伎中出现了不少优秀的音乐人才. 西晋时, 石崇有个妓人叫绿珠, 貌美且善吹笛。权臣孙秀听说, 便派人向石崇要妓人.石崇出示数十女妓, 让来者挑选.
231) 《三國志》〈魏書〉高句麗: 多大山深谷, 無原澤. 隨山谷以爲居, 食澗水, 無良田, 雖力佃作, 不足以實口服. 其俗節食. (큰 산과 깊은 계곡이 많고 평야와 연못은 없다. 골짜기를 따라 주거를 이루고 계곡물을 마신다. 토지가 척박하여 비록 힘써 농사를 지어도 배불리 먹지 못한다. 식량을 절약한다.)

이웃 국가를 노략하여 얻은 재물로 재정을 충당하는 "약탈경제"였다. 적어도 중기까지는 약탈한 재물이 국가 수입원의 대부분을 차지했다.[232]

그곳 사람들은 성품이 포악하고 급하며 도둑질과 노략질하기를 좋아한다.[233]

민초들은 굶주리는데 왕실은 대책 마련은 고사하고 백성들의 고혈을 짜내 호화로운 궁실을 꾸미는 데에만[234] 정신이 팔려 있었다니 식량난은 더욱 가중되었을 것이 틀림없다. 식량부족으로 인한 양조업의 침체는 말할 것도 없다. 더욱 중요한 것은 먹는 문제가 사람들의 초유의 관심사가 될 수밖에 없기에 생계형 구조의 사회가 형성된다는 사실이다. 배를 불리기 위한 삶 즉 생계형 삶이 문화예술의 흥기에 전가轉嫁시키는 부정적인 영향은 결코 간과할 수 없다. 이에 대해서는 아래에서 문학예술과 결부시켜 언급하려 한다.

고구려에 들어와 고조선시대의 원시집단신앙에서 한걸음 진보하여 국가 제의를 주관하는 무속이나 점술과 같은 민간무속신앙이 형성되기 시작했다.

> 梁柱東 博士는, 迎鼓는 「마지굿」, 東盟은 「섯붉」(曉의 뜻), 「훈붉」(寒盟. 天의 古訓)이며 무천(舞天)은 「훈붉춤」(天祭舞)으로 解釋을 내렸다. 한편 馬韓은 五月 下種이 끝났을 때와 十月 秋收가 끝났을 때 祭鬼神하는데, 밤낮을 쉬지 않고 歌舞飮酒하고 數十人이 일제히 장단에 맞추어 踏地低昻하며 춤추는 그 모습은, 그것이 集團的이고 종교적인 儀式이라는 점에서 迎鼓, 東盟, 舞天과 다름이 없다고 생각한다.…… 迎鼓, 東盟,

---

232) 《한국전통문화의 허울을 벗기다》장혜영 지음. 어문학사. 2010년 5월 25일. p 237.
233) 《梁書》〈列傳第四十八〉高句麗: 人性凶急. 喜寇抄.
234) 《三國志》〈魏書〉高句麗: 好治宮室(궁실을 꾸미기를 좋아한다.)

舞天 또는 馬韓의 祭天 行事의 主祭者는 巫覡이었을 것이다.……李惠求 博士는 馬韓의 祭鬼神은 즉 굿이고, 이 굿은 農作에 관한 것인 까닭에 五月의 江陵別神굿 같은 것과 十月의 各地의 도당굿을 그 遺風으로 보았으며, 數十人이 춤추며 시끄럽게 노는 광경은 굿중패의 鼓握에 비할 수 있다고 하였다.[235]

뿐만 아니라 고구려는 국가적인 행사인 "종묘를 세워 영성과 사직에 제사 지냈다."[236] 제의 주제자主祭者가 무격이라면 무속의 위계가 국가적인 권력의 반열에 올랐음을 암시한다. 물론 이것은 중국에서 춘추전국과 위진남북조를 경과하며 무속의 권위가 추락한 것과는 너무나 대조적이며 뒤늦은 행보라고 할 수 있다. 게다가 고구려에서 문학예술은 아직 맹아기에 불과해 무속이 장악할 아무런 내용물도 없는 상태였다.

왕실과 민간에서는 미신 색채가 농후한 복서卜筮(길흉점), 치료治療(병굿), 저주詛呪(타인의 재앙이나 불행을 빔), 신탁神託(점의 일종), 공창空唱(복화술複話術을 이용한 점술)등 무속 점술占術이 만연했다. 「삼국사기」에는 길흉화복을 점치는 고구려 시기의 기록이 전해지고 있다. 이 전통은 고려시대까지 계승된다. 중국의 예술이 무속의 그늘에서 벗어나 눈부신 발전을 거듭하는 마당에 뒤늦게 불어친 무풍巫風은 한국사에 유례없는 최고조의 광기를 부리며 문학 예술을 포함한 모든 것을 잠식해버렸다.

고구려에 도대체 문학이 존재하는가? 이 문제는 오랫동안 필자를 고뇌에 빠트렸다. 고구려는 장장 2000년 역사에(단군조선의 존재를 가정할 때)달랑 「공무도하가」한 수밖에 남기지 못했던 고조선과 다를 바 없기 때문이다. 춘추전

---

235) 《韓國文化史大系》〈風俗・예술사〉高大民族文化硏究所. 1970年 2月 28日 pp.971~972.
236) 《三國志》〈魏書〉高句麗: 亦得立宗廟, 祠靈星, 社稷.

국과 한나라, 위진남북조 시기를 거치며 수없이 배출된 중국인 문인들과 비교하면 700년 역사가 흐르는 동안 단지 설화 몇 편과 가요 몇 편이 문학유산의 전부라니 상상도 되지 않는다. 이 몇 편의 졸작에 매달려 밥벌이를 해야 하는 한국의 학자들이 가엾기까지 하다. 출처와 내용이 분명한 유리왕의 「황조가」, 정법사의 「영고석」, 을지문덕의 「여수장우중문시」에다 내용은 유실되고 가명歌名만 전해지는 「내원성가」, 「연양가」, 「명주가」(고구려 때인지 고려 때인지 시대 구분마저 확실하지 않다.) 까지 합산해도 겨우 여섯 수이다. 게다가 술과는 아무런 연관도 없으며 그중 시가다운 영고석詠孤石[237]이라는 작품의 저자 정법사定法師도 중국 후주後周에 들어가 살며 중국화 된, 문인이 아닌 스님이다. 「내원성가」, 「연양가」, 「명주가」는 《고려사》〈악지〉에 전하는데, 《고려사》는 조선 초기 김종서金宗瑞(1390년~1453년)와 정인지鄭麟趾 (1396년~1478년) 에 의해 저술된 책이다. 고구려가 멸망한지도 781년이 지난 뒤에 저술된 책이어서 학술적 신빙성도 그만큼 떨어질 수밖에 없다. 1449년에 편찬이 시작되어 1451년에 완성된 사서史書이다. 고구려가 멸망한 지 781년 뒤에 제작된 것이니 역사적 현실감이 떨어질 수밖에 없다. 거기다가 술과는 인연이 없는 문학은 상상력과 시혼이 메마를 수밖에 없다.

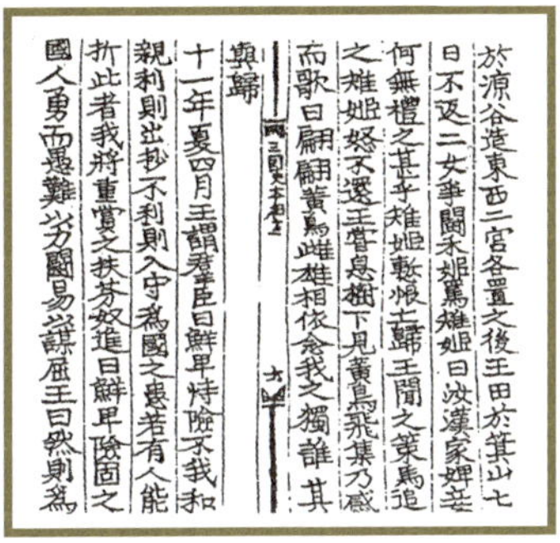
於涼谷造東西二宮各置之後王田於箕山七
日不返二女爭鬪禾姬罵雉姬曰汝漢家婢妾
何無禮之甚乎雉姬慙恨亡歸王聞之策馬追
之雉姬怒不還王嘗息樹下見黃鳥飛集乃感
而歌曰翩翩黃鳥雌雄相依念我之獨誰其
與歸
三國史記卷十三　六
十一年夏四月王謂群臣曰鮮卑恃險不我和
親利則出抄不利則入守為國之患若有人能
折此者我將重賞之扶芬奴進曰鮮卑險固之
國人勇而愚難以力鬪易以謀屈王曰然則為

(사진 34) 황조가 (삼국사기 권 13)
가요 여섯 편중의 한 편.

237) 《해동역사 海東繹史》 권47. 〈영고석詠孤石〉 정법사(定法師) 지음. 迴石直生空 平湖四望通 巖?恒灑浪 樹?鎭搖風 偃流還淸影 侵霞更上紅 獨拔群峰外 孤秀白雲中. (형석은 하늘에 우뚝 솟고/평호는 사방으로 트였네/바위 뿌리는 언제나 물결에 씻기는데/나무 끝은 우거져 바람에 나부낀다/잔잔한 물 위에는 그림자 잠기고/자욱한 노을 속에 붉은 봉우리/군봉 밖으로 홀로 솟아서/흰 구름 사이에서 으젓하구나.

고구려 시기의 작품이라는 몇 편의 실화도 같은 문제를 안고 있다. 「바보온달과 평강공주설화」, 「유리왕전설」, 「미천왕설화」, 「낙랑공주와 호동왕자 설화」는 모두 그 출처가 《삼국사기》이다. 《삼국사기》의 찬술 연대도 고구려가 아닌 고려시대(1145년)이다. 고구려가 멸망한 지 477년 뒤의 기록이라 할 때 저자의 각색과 입김을 무시할 수 없을 것이다. 전부 왕이나 왕족의 이야기일 뿐, 서민의 희로애락과 술이 함께 녹아든, 같은 시기의 중국문학작품들과 어깨를 겨루기에는 예술성이 결여된, 민담 차원의 비문학작품이라 단정지을 수밖에 없을 것 같다. 불행한 것은 이런 몇 편의 설화와 가요를 내놓고는 문학작품이라 할 만한 텍스트가 없다는 사실이다. 그래도 신라에는 향가라도 있다.

그러면 고구려의 문학이 왜 이처럼 침체의 수렁에 빠져 헤어나오지 못했을까 하는 의문이 생긴다. 앞에서도 잠깐 약술했지만 그 원인은 경제와 정치 상황과 연관이 있다. 생계형 사회에서는 먹는 것보다 더 중요한 것은 없다. 인간의 모든 활동의 귀결점은 식량 확보이다. 생계 수입원을 약탈에 의존하는 고구려사회에서 사람들은 항상 식량 해결 문제 때문에 전전긍긍하고 불안해할 수밖에 없다. 일상의 대부분 시간들이 생계문제에 할당되기에 문화생활에 배당할 시간적 여유가 없는 것이다. 아프리카처럼 경제적으로 궁핍한 나라의 사람들이 문화예술의 발전이 완만한 원인이 여기에 있다. 어떻게 하면 작은 창고桴京(삼국지)에 식량을 가득 채워 넣을 것인가 혹은 양식을 더욱 절약해서(삼국지) 오래 먹을 것인가 하는 것이 그들의 최대 관심사이다. 예술은 배가 부른 다음에 하는 것이다. 술도 굶주림부터 해결한 다음에 마시는 것이다. 식량난은 자연스럽게 술과 예술의 인연을 고구려인들에게서 멀어지게 했다.

춘추전국과 위진남북조의 문학과 예술이 획기적인 발전을 이룩할 수 있었던 이유 중의 하나는 잦은 전란戰亂을 거론하지 않을 수 없다. 역사상 어떠한 격변기도 전란을 수반하지 않는 것은 없다. 전란은 전쟁의 필요에 의해 교통이 발달되며 이 교통을 따라 인구 대 이동을 유발한다. 인구의 유동은 문화의 전파속도를 가속화하며 보편화시키는 데 기여한다.

뿐만 아니라 부단한 전란은 왕조의 몰락과 창립이 거듭되면서 정계에서 떨어져 나온 수많은 유휴遊休 지식인들을 민간으로 몰아낸다. 정계에서 좌절한 이들 사대부들은 자신들의 재능을 빛낼 새로운 은신처로 모여드는데 이곳이 바로 문학과 예술의 공간이다. 문학과 예술은 이들의 충원을 통해 인적 자원을 확보하고 변신을 시도할 수 있었던 것이다. 그들에게는 잃어버린 권력과 초야에 묻힌 쓸쓸한 마음을 달래줄 술이 있었고 그 술을 빌어 예술의 공간에서 마음속에 쌓인 한과 자연에 대한 사랑을 마음껏 쏟아놓을 수 있었다. 문학과 예술은 그들의 천당이었다.

그러나 고구려는 건국 후 무려 700년 동안이나 왕조가 바뀌지 않았다. 약탈 전쟁은 국경 밖에서 이루어졌고 간혹 내전이나 대륙과의 전쟁이 벌어지기도 했지만 사직社稷만은 망하지 않고 그들을 지켜주었다. 관리들은 세세대대로 안정된 벼슬자리에서 국록에 만족하며 안일한 생활을 했다. 먹는 문제에만 오롯이 집착하며 육체적 삶을 소비했다. 그들에게 불안과 위험은 오로지 식량 하나뿐이었다.

고구려 문학의 가장 주목할 만한 특점은 작가나 작품 어느 쪽을 막론하고 술과 전혀 인연이 없다는 것이다. 그것은 문학 자체가 존재하지 않았거나 존재했다고 해도 형성 초기 즉 맹아상태에 있었기 때문일 수도 있다. 술과 인연을 맺은 시인은 둘째 치고 평범한 문객 한 명 남기지 못하고 고구려는 역사 속에서 쓸쓸하게 사라졌다. 자연의 아름다움과 인간의 내면 감정을 노래하는 서정시가 주를 이루었던 고대문학에서 술이 시인의 영혼과 시행 속으로 흘러

(사진 35) 청상기淸商伎 수隨, 당唐 구, 십부기九, 十部伎기 중의 하나
위진魏晉시기에 형성된 중원 한족漢族의 민간 음악.

들어가지 않고는 명작들이 생산될 수 없다. 술이 흘러 들어가야 비로소 시는 현란한 상상력과 낭만이 넘쳐난다. 술과 단절된 "고구려 문학"은 메마른 정감의 사막위에서 끝내 예술의 꽃을 피워내지 못한 채 고사枯死하고 말았다.

다행히도 음악과 무용 분야에서는 그나마 상황이 나아 보인다.

상고시대에 수나라의 칠부기七部伎, 구부기九部伎와 당나라의 십부기十部伎에 들어갔다는 고구려악은 문헌기록으로 전해지는 것이 얼마 안 된다. 《고려사(악지)》〈삼국속악조〉에「내원성來遠城」,「연양가延陽歌」,「명주가溟州歌」가 기재되어있을 따름이다. 《수서隨書(음악지〔音樂志〕)》「지서가무芝栖歌舞」와「가지서무歌芝栖舞」가 기록되어 있으나 내용은 전해지지 않는다. "「지서가무芝栖歌舞」는 안국安國의「지루가무芝褸歌舞」와 같은 계통"238이다. 일본에서 전하는 우방악右方樂24곡239도 4곡은 일본곡이고 나머지는 삼국악(고구려, 백제, 신라)과 발해악 그리고 서역악까지 집성된 것이어서 어떤 것이 고구려악인지 단정하

---

238) 《韓國文化史大系》〈風俗・藝術史〉高大 民族文化研究所. 1970년 2월 28일. p.896.
239) 신도리소(新鳥蘇), 고도리소(古鳥蘇), 신쇼도쿠(進走禿), 다이쇼도쿠(退走禿), 나소리(納曾利), 소리고(蘇利古), 곤론핫센(崑崙八仙), 고도쿠라쿠(胡德樂), 오닌데이(皇仁庭), 기도쿠(貴德), 아야기리(陵切) 지큐(地久) 등이다.

기가 어렵다. 술에 취하여 추는 호인무胡人舞인 호덕악胡德樂은 아무래도 고구려악은 아닌 듯싶다. "고구려악이 뛰어나게 됨은 서량기西凉伎와의 교류가 있었고, 이 서량을 통하여 구자악龜玆樂을 받아들인 까닭이다."[240] 고려기(고구려악)는 구자악과 중국악의 혼합[241]이다.

결국 고구려악은 서량악과 중국악을 절충한 음악이라 할 수 있다. 서량악이란 곧 서역음악이며 중국악이란 중국의 속악俗樂인 청상기清商伎를 의미한다. 서역악은 중국의 북주北周(557년~580년)대에 이르러 서역악을 채용採用한 것[242]이다. 중국으로부터의 음악의 수입과 답습은 어느 시대에나 지속적으로 있어 왔던 일이다. 한漢나라 때에도 북 치고 연주하는 음악인을 하사[243]했고 송나라 때에도 그랬다.

> 고려조정에 파견된 송의 교방악공과 교방악사들은 대악서와 관현방의 좌부에 소속되어 당악을 가르쳤다. 당악정재의 반주악기 및 노래와 춤을 가르쳤던 송의 교방악사들이 고려조정에서 일정한 급료를 받으면서 임무수행을 하다가 본국으로 돌아가기도 했고, 머물러 있으면서 대대로 당악 전수의 임무를 수행하였다.
> …… 송의 교방악사들이 고려조정에서 가르친 것들은 呈才공연과 관련된 樂·歌·舞 곧 반주음악 및 노래와 춤이었다.[244]

악곡만 수입된 것이 아니라 노래와 춤 연주기법도 중국 음악전문가들에

---

240) 《韓國文化史大系》〈風俗·藝術史〉高大 民族文化研究所. 1970년 2월 28일. p.977.
241) 《한국무용사》송수남 지음. 금광미디어. 2008년 11월 28일. p.34.
242) 《新羅五伎研究序說》梁在淵 著. 陶南 趙潤濟博士回甲記念論文集. 1964년.
243) 《三國志》〈魏書〉漢時賜鼓吹技人.
244) 「高麗 唐樂의 音樂史學的 照明」宋芳松,《역사민속학》제9호. 한국역사민속학회. 1999년 11월 30일. pp.688~689.

게서 전수받은 것이다. 송나라의 교방악가무는 고려의 국가적 행사였던 연등회와 팔관회에서 연주되었다. 고려의 교방기녀들이 송의 교방악사들로부터 악가무를 익혔을 뿐만 아니라 직접 송나라에 파견되어 배우기도 했다.[245] 고구려의 음악도 중국의 영향으로부터 탈피하여 독립적인 형식을 소유할 수는 없었을 것이 분명하다. 그럼에도 중국 음악계보에 입적할 수 있었던 원인은 서역음악의 절충이었다. 고구려악, 그것은 엄밀히 말해 중국악의 답습이고 연장이었다. 서역악은 중국에서도 이미 광범위하게 유행하고 있었다. 당나라는 호풍이 거세차게 몰아치던 시대였다.

황해도 안악安岳에서 발굴된 제3호분벽화에 나오는 악기들도 한대漢代 고취악鼓吹樂에 그 연원을 두고 있다. 전실前室의 주악도奏樂圖는 한대漢代의 황문고취黃門鼓吹에 해당하고 회랑回廊의 대행렬도는 한대漢代의 단소요가短簫饒歌로 판단된다.[246] 고취악鼓吹樂은 서주西周 시기의 군악軍樂이 춘추전국시기를 경과하여 한대에 이르러 고취악으로 전변한 것이다. 그 어느 것도 중국 음악의 영향에서 자유로운 것은 없다. 중국 음악의 답습이라고 말하는 것이 차라리 정확한 표현일지도 모른다.

고구려의 음악과 무용이 무속의 영향에서 벗어났다고 주장하는 학자들이 있다.

고구려의 무용과 음악 예술은 원시적인 의식행사인 무속(巫俗)의 형태에서 탈피하여 개성적이고 세련되고 풍만하여졌다.[247]

---

245) 동상서. p.689.
246) 《韓國音樂序說》李惠求 著. 서울대학교 출판부. 1975년.
247) 《한국무용사》 송수남 지음. 금광미디어. 2008년 11월 28일. p.38.

고구려의 무용은 무속의 형태에서 벗어나 반주자와 무용자가 분류되는 등 독립적인 예술형태로 발전하였는데 무용의 특징이나 그 특징에 있어서 자기적인 특징을 이루기 시작하였다.[248]

음악은 원래 무속에서 기원했다. "한국 음악은 상고시기로 거슬러 올라 갈수록 무계巫系와 연관"[249]이 깊다. 상고시대에 한국에 음악이 존재했는가 하는 문제는 차치하고 고구려 음악이 원시무속의 간섭에서 조금이나마 탈피할 수 있었던 원인은 주대周代의 음악이 춘추전국시기를 횡단하며 탈 무속화 과정을 거쳐 새롭게 태어난 한대漢代의 음악을 흡수했기 때문이다. 주나라의 붕괴는 무속의 붕괴를 의미하며 음악이 춘추전국의 격변기에 무속의 지배에서 벗어나는 계기가 마련될 수 있었다. 그러나 고구려 음악은 물론 무용도 무속의 영향권에서 완전히 탈피한 것은 아니다. 이러한 주장은 고구려악 속의 가면무假面舞를 보고서도 추정 가능하다. 신토리소新鳥蘇, 고토리소古鳥蘇, 신슈쿠토크進走禿, 다이슈쿠토쿠退走禿, 나소리納曾利, 코토쿠라쿠胡德樂, 소리코蘇利古, 곤린핫센崑崙八仙, 오닌테이皇仁庭, 키토쿠貴德, 치큐地久, 아야기리陵切는 모두 가면을 사용한다.[250] 가면의 기원은 원시무속으로 거슬러 올라간다.《예기월령禮記·月令》에 가면을 쓴 대나무大儺舞의 기록이 보인다.《속한서續漢書·예의지禮儀志·대나편大儺篇》에는 또 머리에 가면을 쓴 방상씨方相氏가 역시 가면을 쓴 12명의 신장神將들을 거느리고 사귀邪鬼를 구축하는 기록이 보인다.

주술의식에서 탈은 사람과 신이 교통하는 도구와 매체로서 무사(무당)가 신과 서로 통하도록 해주는 신기(神器) 중의 하나이다. 신을 내리게 하는

---

248)《최승희 무용예술연구》이애순 지음. 국학자료원. 2002년 03월 25일. p.46.
249)《韓國文化史大系》〈風俗·藝術史〉高大民族文化硏究所. 1970年 2月 28日. p.971.
250) 동상서. p.897.

(사진 36)방상씨方相氏(화상석)

능력이 결핍된 '무'에게 있어서 탈은 더욱 없어서는 안 되는 존재이다.[251]

고구려 무용에 관해 언급한 삼국사기의 기록에는 악공인이 자주빛 비단 모자에 새 깃을 장식하고…… 붉은 가죽신을 신고…… 다른 두 사람은 붉고 노란 치마저고리를 착용했다고 전하고 있다. 방상씨方相氏도 아래에 주홍색 치마를 입는다.[252] 중국 산정동山頂洞 구석기시대의 무속 巫術유적지에서 발굴된 철광분말도 붉은 색이다. 붉은 색은 피를 상징하기에 무당이 적철광분말을 이용하여 사자死者의 혈액을 보충하고 다른 세계에서 부활하도록 술법을 부리는 것이다.[253] 주나라 때의 기우제는 무용수들이 반드시 머리에 새 깃을 다는데 특히 도요새의 깃털을 달고 춤을 춘다. 선진시대先秦時代의 천문관리들도 머리에 도요새의 깃털 모자를 쓴다.[254]

신의(神衣)지을 때는 새의 깃과 날개를 많이 모방한다. 그 기능은 샤먼의 천계에로의 비상을 대신한다.[255]

고구려 무용이 여전히 무속의 강력한 영향권 속에 묶여 있음을 입증해

---

251) 《중국 탈의 역사》顾朴光 著. 홍희 옮김. 동문선. 2007년 10월 30일. p.73.
252) 《中国舞蹈史话》常任侠 著. 上海文艺出版社. 1983年 10月. p.6. 下面系着朱红色的围裙.
253) 《中国古代巫术》胡新生 著. 山东人民出版社. 1998年 12月. p.9.
254) 동상서. p.286.
255) 《萨满信仰的历史考察》莊古發 著. 文史哲出版社. 中华民国八十五年 二月. p.43.

주는 자료들이다. 물론 호선무胡旋舞와 같은 호방하고 명랑하며 개방적인 서역무용과 접목되면서 무속의 간섭에서 일탈하려는 움직임도 보였다. 선무제宣武帝(494년~515년)때 북위北魏의 서울 낙양에 호인胡人가구가 1만여 호나 되었다256고 하니 인접국가인 고구려라고 서역문화의 영향에서 피해 갈 수는 없었을 것이다.

한국 고대사연구에서 문헌자료 결여는 술과 관련된 분야에서도 예외는 아니다. 따라서 한국의 "술이 언제부터 어떻게 시작되었는지 명확하게 알 수 없다."257

학자들은 한국의 술에 관한 최초의 기록을 『제왕운기帝王韻紀』에 나오는 「주몽설화」라고 주장한다. 천제天帝의 아들 해모수가 하백의 딸을 술에 취하게 한 후 주몽을 잉태하게 하였다는 전설을 증거로 내세운다. 그러나 「주몽설화」에 나오는 술은 고구려의 술이라고 단언하기가 애매한 점이 있다. 하백河伯은 중국 수신水神의 이름이다. 그것도 중국인들의 발상지인 황하의 수신이다. 그는 항상 황하의 물가와 구하九河, 낙수洛水에서 놀았다. 이 말은 하백의 나라와 해모수와 유화가 만난 압록수까지는 거리가 아주 멀다는 것을 의미하고 있다. 유화의 세 자매가 어떻게 황하에서 압록수까지 왔는지는 알 길이 없다. 해모수가 하백에게 구혼을 갈 때에도 오룡거를 타고서야 갈수 있었다(如有龍車,可到河伯之國)고 한다. 유화 세 자매는 부여 사람이 아닌 멀리 황하유역에 사는 이방인이다.

해모수도 부여사람이 아니기는 마찬가지 상황이다. "이억 만 팔천二億 萬 八千258 리나 떨어진 천계에서 내려온 이방인이다. 환웅처럼 100명의 무리를

---

256) 《中國舞蹈史話》常任俠 著. 上海文艺出版社. 1983年 10月. p.6.
257) 《韓國文化史大系》〈風俗・藝術史〉高大民族文化硏究所. 1970年 2月 28日. p.280.
258) 《동국이상국집(東國李相國集)》제3권. 이규보(李奎報) 지음.

1. 술과 예술의 탈종교화　　　　인간을 위한 술, 인간을 위한 예술　－ 155

거느리고 내려왔다. 그가 하백의 딸들에게 권한 술도 부여의 술이 아니라 하늘에서 가지고 내려 온(원래 거주지에서)술일 가능성을 배제할 수 없다. 물론 하백이 자신의 용궁에서 해모수에게 권한 술은 황하유역에서 빚어진 술이었을 것이다.

고구려의 술이라는 곡아주曲阿酒도 석연치 않은 점이 보인다. 동해신東海神이 중국에 온 고구려 여인에게 가지고 온 술을 권하면서 예로 대하려고 했으나 응하지 않자 노한 나머지 술동이를 뒤엎어 곡아호曲阿湖에 흘러들게 했다는 이야기이다.259 "치주致酒"는 술을 준다는 뜻이다. 고구려 여인이 가지고 간 술이 아니라 동해신이 가지고 온 술이다. 이 사건이 발생한 곡아曲阿는 남경南京 동쪽의 강소성 단양현江蘇省 丹陽縣이다. 강소성에서 동해라면 현재의 동중국해이다. 더 말할 것도 없이 중국 강소성의 명주이다.

이제 남은 것은 계명주鷄鳴酒뿐이다. 이 술이《양서梁書》에 나오는 고구려 사람들이 "술을 잘 빚는다.(善藏釀)"는 기록을 입증해 주었으면 하고 기대해본다. 계명주의 특징은 "여름날 황혼 무렵에 빚어 새벽닭이 울 즈음이면 마시게 된다."는 속성주(일일주一日酒)라는 점에 있을 것이다. 고구려인들이 속성주를 빚어 마신 데에는 그럴만한 이유가 있을 것이다. 필자는 역시 약탈경제와 연관이 있다고 간주한다. 안정된 식량 확보가 안 된 불안한 상태에서는 있으면 먹고 없으면 굶는 생활습관에 인이 박힐 수밖에 없다. 곡물이 생기면 서둘러 술을 빚어 마시게 되는 것이다. 하룻밤 새에 익는 술은 주류라기보다는 식사의 일종인 음료의 수준이라고 해야 할 것이다. 빨리 익히기 위해 사용하는 엿기름으로 인해 알코올농도가 낮은 단술이다. 당나라의 미주米酒도 알코

---

259)《太平御覽》〈卷四十六〉江東諸山. 宋·李昉 等 著.「梁武輿駕東行記」曰:有覆船山. 酒罌山. 南次高驪山. 傳云: 昔高驪國女來. 東海神乘船致酒禮聘之. 女不肯. 海神撥船覆. 酒流入曲河. 故曲阿酒美也.

(사진 37) 단양고려산高驪山(左)과 곡아주曲阿酒
이 산에서 고려여인이 동해신東海神이 권하는 곡아주를 거절했다고 한다. 술에 대한 고구려인들의 거부심리를 반영하고 있는 사록史錄이다.

올 도수는 낮지만 가정집에서 빚을 때에는 보름 정도의 숙성을 거치고 20도에 육박하는 독한 술을 만들기에 충분히 음주 효과가 나타난다. 게다가 식량이 충분하여 도수가 낮더라도 음주량을 늘임으로서 취한 상태에 진입할 수 있다. 실제로 이백은 술 한 말을 마셨다고 한다. 고구려는 식량난 때문에 많이 마실 수도 없고 늘 마실 수도 없어 술과 예술의 맥이 이어지지 못하고 말았다.

    고대 한국의 고구려나 삼한 모두 남녀가 모여들어 밤낮 음주가무를 했다는 정사기록이 있음에도 불구하고 술과 문학, 예술의 연대가 이루어지지 않은 것은 무슨 원인일까? 그것은 앞에서 지적한 바 있는, 인적자원 고갈상태에서 술이 하층민들의 무의미한 유흥으로 탕진되고 말았기 때문이다. 고구려 시기의 술은 예술로 승화되지 못한 채 백성의 식량이 되고 말았다.

C. 당나라 시기와 한국 삼국 시기의 술과 예술

1) 당나라의 문학예술과 술 문화

중국역사에서 당나라는 비교적 안정된, 태평성대를 누린 시기였다. 춘 춘전국이나 위진남북조처럼 이데올로기, 종법宗法, 예법禮法을 통틀어 전복된 격변기는 아니었다. 그렇다고 하더라도 당대에 더욱 성행한 도교와 불교 그리고 서역풍胡風의 영향이 무속과 문학예술은 물론 술 문화에 미친 영향을 간과해서는 안 된다. 본 장의 담론 취지는 춘추전국과 위진남북조 그리고 송나라를 중심으로 예술의 탈무脫巫과정을 밝히는 것이지만, 그런 이유 때문에 이 절을 할애하여 당대의 종교와 문학예술, 술 문화에 대해 짚고 넘어가지 않을 수 없게 된 것이다. 송나라의 예술은 다음 절節에서 집중적으로 담론하기로 하겠다.

어느 사회를 막론하고 경제는 문화의 성장을 담보하는 토양이다. 경제가 발전하면 문화진흥의 가능성도 그만큼 확대된다. 게다가 당나라 때에는, 서역 문화까지 밀물처럼 쓸어들었다.

> 당나라는 수나라 말엽의 폐허 위에서 건립되었다. 수나라 말엽, 당나라 초기에 전란과 재해로 인해 인구가 대폭 감소되었다. 수나라 전성기에 정착민이 900만 호를 초과하였으나 당초(唐初) 貞觀 연간에는 겨우 300만 호밖에 되지 않았다. 전란은 황하지역에서 주로 발생하였기에 하남과 하북의 피해가 가장 엄중했다······ 그러나 근 100년간의 회복과 발전을 거쳐 당현종 개원, 천보 연간에 이르러서는 정착민이 900만 호를

회복했을 뿐만 아니라 경제상에서도 번영의 국면이 나타났다.[260]

당나라는 건국(618년)하여 천보(742~756년)연간에 이르기까지 138년을 경과했다. 이백여 년간은 당나라 사회경제의 회복과 발전, 번영의 과정이었다.[261]

당나라의 건립(무덕원년, 서기 618년)으로부터 당현종 개원(713~741년), 천보(742~755년)연간에 이르는 137년 동안의 경제복구와 초보적인 발전은 전례 없는 번영의 국면을 형성하였다.[262]

당대 경제발전은 비단 북방에만 국한된 현상이 아니었다. 남방의 경제도 북방민의 남천과 농경기술의 전파로 인해 신속한 발전을 거듭하며 북방을 앞질러 나갔다. 후기로 갈수록 장강유역의 경제발전은 가속화 되었고 당말의 전란戰亂 시기까지 지속되었다.

북방인구의 대량 남천과 함께 장강, 회화 이남의 경제도 비약적으로 발전하기 시작했다.[263]

안사지란(755년)으로 인해 황하남북은 전쟁터가 되었다. 백성들이 뿔뿔

---

260) 《唐代区域经济研究》翁俊雄 著, 首都师范大学出版社, 2991年 12月, p.1. 唐朝是在隋末废墟上建立起来的, 在隋末, 唐初的战乱和灾荒中, 人口大为减少. 隋朝鼎盛时期民户超过900万, 而唐初贞观年间只有300万户. 由于战乱主要是在黄河流域进行的, 因而, 河南, 河北遭到破坏最为严重…… 经济近百年的恢复和发展, 至唐玄宗开元, 天宝年间不仅民户恢复到900万户, 在经济上也出现了繁荣局面.
261) 동상서. p.6. 唐朝由建立(618年)至天宝(742~756年)年间, 经历了138年. 在这百余年中, 唐朝的社会经济经历了回复, 发展, 繁荣的过程.
262) 동상서. p.19. 自唐朝建立(武德元年, 公元618年)至唐玄宗开元(713~741年), 天宝(742~755年)年间137年的恢复和初步发展, 出现了空前繁盛的局面.
263) 동상서. p.3. 随着北方人口的大量南移, 江淮以南的经济也逢勃发展起来.

이 흩어져 인구분포를 개변시켰으며 대량의 북방인구가 남쪽으로 이동하였다. 그로 인해 북방경제는 침체상태에 빠지고 장강 이남의 경제는 전례 없이 발전했다. 안사지란이 비록 개원, 천보연간의 경제번영의 형세를 악화시키긴 했지만, 20~30년간의 부진을 겪게 했지만 대력(大曆) 중기부터는 재생하기 시작했다. 덕종 즉위로부터 선종 재위의 80년간 당나라의 경제는 전기의 기초 상에서 계속 발전했다. 당 후기 경제의 총체적 수준은 당 초기에 비해 크게 성장했다. 장강유역은 더욱 그러했다. 당말의 전란을 만나서야 비로서 발전이 종결되었다.264

경제의 발전은 당나라의 문화, 특히는 문화예술의 성장에 결정적인 인소로 작요했다. 그중에서도 특기할 것은 균전제均田制의 실시에 따른 종교인들에 대한 토지 분여와265 토지매매로 가능해진 지주장원경제의 발전이다. 이는 당나라의 국가종교인 도교가 도사道師들의 안정된 경제내원의 담보로 종교발전에 더욱 힘쓸 수 있도록 해주었다. 지주장원경제의 성행은 예술에 종사하는 상층귀족과 지식인들이 생활고에서 벗어나 전심전력으로 문학에 종사할 수 있는 경제적 기초를 다져주는 데 기여했다. 안사지란顔私芝蘭이후 균전제의 와해로 인한 토지소유제의 가속화와 지주장원경제는 신속하게 발전했다.266 이 시대에 살았던 이백은 대재력가의 아들이며 두보는 지주였던

---

264) 동상서. pp.121~122. 安史之乱(755年)使黄河南北成为战区, 百姓流亡, 改变了人口分布状况. 北方人口大量南移. 因而, 北方经济停滞不前, 长江以南社会经济空前发展. 人口大量流动的结果, 还加速了土地所有权的转变. 随着均田制的瓦解, 地主田庄迅速发展起来. 与此相适应…… 安史之乱虽然使开元, 天宝年间出现的繁荣, 昌盛局面逆转, 出现了二三十年的经济调敝, 但是至大历中期开始复苏. 自德宗即位至宣宗在位的80年中, 唐代经济在唐前期的基础上继续向前发展. 唐后期经济的总体水平大大超过唐前期, 尤其是长江流域更是如此. 直到唐末的战乱, 才终止了这一发展过程.
265) 《唐六典卷三》「开元初年田令」凡道士给田三十亩女冠二十亩僧尼亦如之.(무릇 도사〔道師〕에게는 30무, 여관에게는 20무의 밭을 지급한다. 비구승과 비구니에게도 역시 이와 같다.)
266) 《唐代区域经济研究》翁俊雄 著. 首都师范大学出版社. 2991年 12月. p.121.

²⁶⁷ 사실만 봐도 경제조건이 문학예술에 미치는 영향을 가히 짐작할 수 있다. 그리고 경제발전은 더 말할 것도 없이 양주업의 발전과 음주대중화에 가능성을 열어준다.

당대는 송시기에 비해 비록 양조기술이나 규모 면에서 뒤지기는 하지만 당시의 술 소비량을 충분히 충족시킬 만큼 생산량이 확보되었던 것으로 추정된다. 궁중의 제사와 황실용 술을 공급하는 관영양주장官營釀酒場과 민간인 소비용 술을 공급하는 민영양주장 그리고 가내 양주업은 3대 양조산업의 축을 이루고 술을 생산해냈다.²⁶⁸ 당나라 때 주류 주종은 황주와 미주이다. 모두 쌀로 빚은 술이다. 미주 한 근을 빚는데 쌀 한 근이 필요하다. 5000만 명이나 되는(900만호를 세대별 식구를 6명으로 추산할 때)당시의 인구 중 음주자를 10분의 1로 계산하더라도 500만 명이나 된다. 일인당 1년 음주량을 1근으로 잡아도 술을 빚는데 소비되는 양곡은 무려 500만 근이다. 그런데 당시의 술은 현재의 막걸리와 비슷하여 알코올 도수가 낮기에 마시는 량도 그만큼 늘어날 수밖에 없다. 두보의 시「음중팔선가飮中八仙歌」에 보면 이백은 술 한 말을 마셨고 초수는 다섯 말을 마셨다고 한다.²⁶⁹ 당나라 때의 한 말斗은 대략 지금의 5. 94리터에 해당한다.²⁷⁰ 초수가 술 다섯 말을 마셨다고 하니 28.70리터 즉 혼자서 한 번에 60근을 마신 셈이다. 이는 60근의 양식을 소비한 것과 같다. 그렇다면 양주곡釀酒穀은 상술한 예측보다 훨씬 많은 양이 필요했을 것이 틀림없다. 웬만한 국가 경제력의 기초가 없이는 불가능한 일이라 하겠다. 수당隋唐 시기 양곡 생산

---

267) 《李白与杜甫》郭沫若 人民文学出版社 1972年. p.269. 杜甫的生活, 本质上, 是一个地主生活. (두보의 생활은 본질상 지주의 생활이었다.)
268) 「唐代釀酒業初探」作者：王賽时.《中国史研究》1995年第01期.
269) 〈음중팔선가(飮中八仙歌)〉杜甫. 汝陽三斗始朝天. (여양왕 李璡은 서말을 마셔야 조정에 나가고) 李白一斗詩百篇, (이백은 술 한 말을 마시면 시 백 편을 지었네.) 焦遂五斗方卓然. 高談雄辯驚四筵 (초수는 다섯 말을 마셔야 비로소 탁월해져 고담준론으로 좌중을 놀라게 했다네.)
270) 《中國度量衡史》吳承洛 著, 上海书店出版. 1984年 5月.「商务印书馆1937年版复印版」

량이 1305.83억 근이었다고 하니[271] 술을 빚을 양곡여유가 넉넉했음을 알 수 있다.

이와 같은 기록은 당시 백성들이 먹을 식량이 충족했음을 입증해준다. 먹는 문제를 해결하여 배가 부르고 술이라는 정신 식량까지 충분하게 확보되면 바로 그 지점에서 예술은 시작되는 것이다.

춘추전국과 위진남북조를 거치며 두 차례나 심대한 타격을 입은 무속은 종교적인 권위를 실추한 채 민간으로 숨어들어 살길을 도모했다. 그러나 당대에 들어와서는 도교와 불교의 본격적인 세력 확장으로 그 입지가 더욱 좁아졌다. 개별적인 활동을 하는 무속으로서는 이론, 수령 그리고 강대한 조직까지 갖춘 양대 종교의 강력한 도전에 대항하기에는 무리일 수밖에 없었다. 그 앞에서 무속이 살아남는 길은 도교와 불교의 밑으로 들어가는, 이른바 "습합"의 길 하나뿐이었다. 문인을 비롯한 당대 지식인들에게까지 외면당한 무속은 원시적인 민간신앙으로 잔존하는데 만족해야만 했다.

그와 동시에 무속의 고유 권한에 속했던 제의祭儀 주관 권리도 도교와 불교에로 이양되었다. 선대제왕先代帝王의 제관祭官은 무당이 아니라 주장관州長官이 담당했다.[272] 우사제雨師祭, 풍사제風師祭, 오악제五嶽祭, 봉선제 封禪祭 등 당대 국가의 중요한 제사는 도교와 불교의 색채가 날이 갈수록 짙어졌다. 악묘岳廟 관리자는 정9품관리가 맡았고[273] 악묘제사는 도사道士가 주관했다. 심지어 봉선제와 같은 최고등급의 국가예의도 도교화되었다.[274]

더구나 대서특필할 것은 이 시기의 제의가 도교화되면서 이른바 "예술

---

271) 「传统农业时代乡村粮食安全水平估测」作者: 卜风贤. 《中国农史》2007年 第4期. p.26. 표 3.
272) 《大唐开元礼》卷50. 〈有司享先代帝王〉其祭官以当州长官充. 巫, 以次通取.
273) 《隋唐国家祭祀与宗教》雷闻 著. 三联书店. 2009年 5月. p.141.
274) 동상서. p.141.

(사진 38) 양주양주釀酒 화상전畵像磚(사천신도四川新都 출토)
양조업의 발전은 식량을 해결하고 남은 여유곡의 확보가 전제이다.

의 근원"이라는 무속의 연행이 사라졌다는 사실이다. 그와 같은 현상은 당대의 우례雩礼(기우제〔祈雨祭〕)에서도 잘 나타나고 있다.

> 우례(雩禮)는 상고시대의 무속의식에서 기원하였다. 성대한 가무는 그중의 핵심적인 내용이다. 이 점은, 양무제시대의 기우제를 보면 그 유습이 많이 남아있음을 알 수 있다. 예를 들면 128명의 무동(舞童)이 현복(袨服)을 입고 일산을 들고 "운한"노래를 부른다. 중앙집권의 통일된 당나라에 이르러서는 우례의 핵심은 이미 황제와 호천상제 즉 선왕 태종 사이의 개인적인 소통으로 변했다. 제의가 고조에 이르면 황제는 호천상제 즉 태종의 신위 앞에 꿇어앉아 축문을 읽는다.······ 비록 의식이 진행되는 중간에 문무(文舞)와 무무(武舞)가 연행되지만 이는 근근이 중간의 장식에 불과하다. 오로지 황제 한 사람만이 전반 제의의 중심이다. 원시적인 무속의 의식은 하나도 남지 않았다.[275]

---

275) 동상서, p.302. 雩礼起源于上古的巫术仪式, 盛大的歌舞是其中的核心环节, 这一点, 在梁武帝时的雩礼还有许多遗存, 如以舞童128人袨服执翳, 歌"云汉"之时。到了唐代这样一个中央集权的统一帝国, 雩礼的核心已演变成为皇帝个人与昊天上帝及先王太宗的交流, 仪

당나라 때의 기우제의 핵심은 무속제의에서 황제 중심으로 전이되고 전통적인 무속의 연행도 사라졌음을 알 수 있다. 이는 예술이 무속의 전통적인 그늘에서 탈피하는 또 하나의 중요한 계기를 마련해 주었다. 술 또한 무속의 천년 질곡에서 벗어나 도교의 직할 범위에 배속되게 되었다.

당대는 도교 발전의 전성기였다. 각 지방마다 도관道觀과 도교신자들이 넘쳐났다. 전국의 도관 총수가 5,700여 개나 되고 도사道士는 28,000~29,000명이나 되었다. 게다가 당나라 조정에서는 도관에 대량의 토지를 하사함으로서 도교의 발전에 경제적 지반을 공고화시켰다.[276] 뿐만 아니라 도관에서는 소와 말을 기르고 술과 고기장사를 했으며[277] 고리대까지 놓았다.

도교는 귀도鬼道(혹은 귀무도巫鬼道)와 신선도神仙道로 분류되는데 무속과의 습합이 용이했다. 원래 조기 원시도교는 무속 미신의 색채가 짙었다. 그래서 사서에 귀도鬼道라고 나온다. 은상시대의 귀신숭배인 귀도는 부수符水(부적을 태운 물을 마신다.)로 병을 치료하는 도술道術이며 신선도는 선단仙丹을 복용하여 장생불로를 추구하는 도술이다. 신선도는 왕공귀족과 사회 상류층들이 신봉하는 종교였다.[278] 당 경운景云 2년(711년) 1월 18일 금산金仙공주와 옥진玉眞공주가 정식으로 태청관太淸觀의 주사主史인 종현崇玄도사를 스승으로 모시고 도교신자가 되었다.[279] 이를 기폭제로 현종玄宗시대에는 도교숭배가 최고조에 이르

式的高潮則是皇帝在昊天上帝即太宗的神坐前跪讀祝文…… 雖然在儀式的進行中, 也有文舞, 武舞的表演, 但這僅是中間的點綴而已, 只有皇帝才是整個儀式的焦點, 而原始之巫風已蕩然無存了.
276)《道教与唐代社会》王永平 著. 北京首都師范大学出版社. 2002年 12月. pp.179, 187, 198.
277)《道藏》〈第六册〉北京文物出版社. 1998年. p.986. 沽酒买肉, 坐贾贩卖, 牧牛养马.
278)《抱朴子內篇校釋》北京中华书局. 第2版. 1985年. pp.2~3.
279)「最終的屈服—关于开元天宝时期的道教」作者: 葛兆光. (清华大学思想文化硏究所)《唐代宗教信仰与社会》〈北京大学盛唐研究丛书〉上海辞书出版社. 2003年 8月. p.13.

렀다.[280] 도교신자는 황실로부터 백성에 이르기까지 광범했지만 그중에서도 지식계층인 사대부들이 많았다. 당대 저명한 문인이며 "술 한 말을 마셔야 시를 지었다"는 이백은 도록道籙까지[281] 전수받은 도사方士였으며 "술 단지를 그러안고 살다가 죽은" 두보도 구선방도求仙訪道의 지독한 도교 숭배자였다. 이백이 평생 동안 전국의 명산대천을 방랑한 이유가 연단에 필요한 약초를 캐기 위해서였다고 주장하는 학자들도 있지만[282] 필자의 견해는 이와는 좀 다르다. 이백이 타향에서 주로 머문 곳은 술집이었으며 만난 사람들은 문객들과 미녀들이었다. 명주의 산지産地와 술맛을 따라 전국을 떠돌며 술집에서 술을 마시고 시를 지었고 여자의 미색을 찬미했다. 이백은 이미 신선이었으며 스스로도 신선이라고 자칭했다. 이백을 신선으로 만든 것은 연단보다는 술이었다고 해야 할 것이다. 그는 술이 취했을 때 가장 정신이 또렷했으며 취하지 않으면 가장 정신이 흐리멍덩했다.[283]

도교가 이처럼 당대의 내로라하는 지식층의 환대를 받은 원인은 동시대 종교인 유교와 불교의 한계를 극복한 도교의 장점 때문이었다.

> 전통유교는 인간의 사회성을 과도하게 강조하며 사상과 행동을 반 강제, 반 자각의 틀 속에 가두고 그들로 하여금 사회규범에 복종하고 개인의 욕망을 극복하여 실질상에서 인간의 자유와 개성을 억압했다. 인간의 자연성을 억누르고 심리상의 억압과 더불어 상상력의 쇠퇴를 초래했다.

---

280) 「五岳眞君祠与唐代國家祭祀」作者: 雷闻. (北京大学中国古代史硏究中心)唐代宗教信仰与社会》《北京大学盛唐硏究丛书》上海辞书出版社. 2003年 8月. p.65.
281) 무릇 입도자(入道者)라면 반드시 받아야 하는 도교의 부록(符籙)을 말한다.
282) 《李白与杜甫》郭沫若 人民文学出版社 1972年. p.144. 他游遍了当时大半个中国的名山, 至少有一个是为了采药求仙. (이백이 중국의 방방곡곡의 명산을 두루 유람한 목적은 적어도 신선이 되기 위한, 약초를 캐러는 이유도 있었을 것이다.)
283) 동상서. p.148. 当他醉了的时候, 是他最清醒的时候; 当他没有醉的时候, 是他最糊涂的时候.

외래 불교는 인간의 자연 본성과 쾌락의 욕구를 과잉 부정함으로서 인생을 고통으로 보고 자연 인생의 상실로 영원히 정의를 내린다. 이는 물론 현실적인 고통과는 부합되지만 현실에서 누릴 수 있는 더욱 많은 생활의 쾌락에 대한 욕망과는 배치된다.[284]

그러나 도교는 이들 종교와는 달리 금욕도 없고 사회적 질서의 구속도 없을 뿐만 아니라 장생불로하며 세속의 환락과 쾌락을 마음껏 누릴 수 있는 종교이기에 자유를 원하는 문인들과 지식인들의 추종이 늘어날 수밖에 없었다.

자고이래로 술과 여자는 자연과 더불어 인간의 정신을 흥분시키고 환상과 낭만 그리고 아름다움의 세계로 인도하는 역할을 담당해왔다. 환상과 낭만, 아름다움의 세계에는 예술의 금광맥이 매장되어 있는데, 그곳에서 누군가가 자신을 채굴하기를 기다린다. 이백과 두보는 술과 여자, 자연을 통해 이 광맥을 발견하고 금을 캐낸 광부에 불과할 따름이다. 송나라의 대시인이며 정치가인 왕안석이 이백의 시에서 10구句 중 9구句는 여자와 술[285]이라고 말할 정도이다. 당시 문인사대부들의 연회에서 술과 여자는 항상 함께 했다. 사대부가에서 가기家妓를 두는 풍습이 당대에 유행했다. 중요한 손님을 초대할 때에는 가기들이 나와서 술을 따르고 가무를 했을 뿐만 아니라 손님에게 선물

---

284) 《想象力的世界-道敎与唐代文学》葛兆光 著, 現代出版社, 1990年 2月, p.38. 传统的儒学过分强调了人的社会性, 把人们的思想与行动拘控在半强制半自觉的框框里, 要求他们整个儿地服从社会规范, 克制个人欲念, 实际上取消了人的自由与个性, 贬抑了人的自然性, 既造成了人们心理上的压抑, 也造成了人们想象力的衰退；外来的佛教则过分地否定了人的自然本性欲享受欲念, 把人生视为痛苦, 而把永恒定义为自然人生的消失, 这固然投合了在现实中痛苦不堪的人的心里, 却不吻合更多的在现实还想寻找生活乐趣者的念头.
285) 《扪诗新语》卷8.

하기도 했다.286 당 몽계孟棨의 필기소설《대사시大事試》에는 이사공李司空287이 술상에서 취흥이 도도한 김에 미녀 기생을 류우석劉寓錫(772년~842년. 당대 시인)에게 선물했다는 대목이 보인다. 두목杜牧(803년~852년)도 이사도徒李司의 집에 초대되어 갔다가 세상에 널리 알려진 기생 자운紫雲의 미색에 반하여 선물로 달라고 요구한다. 두목은 26세에 진사進士에 급제하여 명성을 날린 당나라의 대시인이다. 양주에서 10년 동안 허리 가늘고 날씬한 기생들을 찾아 기방을 전전하며 주색에 빠져 방탕한 생활을 하였던 탕아이기도 하다. 그의 문장과 시재詩才는 당대의 어느 문인에 비해도 뒤지지 않았다. 그에게 술과 여자는 단순한 육체의 만족을 위한 물질적 향유이기 전에 정신의 만족을 위한 예술이었

(사진 39) 시인 두목杜牧(左) 시인과 기생
이백, 백거이白居易, 유우석劉寓錫, 두목 등 당대唐代의 시인들은 모두 술과 기생과의 관계가 돈후敦厚했다.

---

286)《酒文化与艺术精神》王守国, 卫绍生 著. 河南大学出版社. 2006年 6月 1日. p.36.
287) 당,송 때 황제를 보좌하는 관직. 태위(太尉), 사도(司徒), 사공(司空)을 삼공(三公)이라 한다.

1. 술과 예술의 탈종교화   인간을 위한 술, 인간을 위한 예술   —   167

다. 그것은, 술과 여자는 낭만과 아름다움을 불러오는 신비한 존재이기 때문이다. 술과 기생에 관련된 담론은 다음 절에서 더 상세하게 언급하기로 하고 여기서 접는다.

인간은 현실 속에서 이중삼중의 구속에 얽매어 있다. 그것은 인간이 몸담고 있는 현실공간이 여러 가지 요소에 의해 오염되어 있기 때문이다. 신의 간섭과 종교적인 억압에 질서의 규제와 노동의 번거로움까지 추가된다. 게다가 육체는 감각의 한계로 인해 공간과 시간의 구속에 갇혀버린다. 인간의 본능과 자유는 이데올로기 규제와 육체적인 한계 앞에서 억압될 수밖에 없다. 현실에서 억압된 자아를 자유의 공간으로 풀어줄 수 있는 방법은 오로지 하나 상상뿐이다. 그런데 이 상상은 술에 의해서만 더욱 활성화되고 고양된다. 모든 사회성이 휘발하고 진실한 자아만이 남는다. 상상은 다름 아닌 자유이다. 술은 가장 황홀한 상상의 정점이다. 언어화 되고 색채화 되고 음성화 된 예술은 바로 그 자유의 공간에 숨어있다.

당대 시인들이 음주 후 시를 짓는 작법도 이런 연유에서 비롯된 것이다. 현실의 녹 쓴 자물쇠가 채워진 철문을 열고 시적 상상의 공간으로 진입하려면 술이라는, 특제된 키가 있어야 한다. 시인의 창작 욕구는 술의 장쾌한 물결을 타고 현실과 자유의 경계를 차단한 관습의 장벽을 붕괴시키며 예술의 공간으로 비상한다. 알코올은 시혼의 고삐를 현실과 육체의 말뚝에서 풀어주고 시공을 초월하는 속도를 부여하는 것이다.

> 그것은 술은 분만 촉진제이며 중요한 물질 촉매이기 때문이다.…… 서양의 주신정신(酒神精神)은 광취(狂醉), 열정, 향락, 반항, 자유의 추구와 생명과 자아의 본능을 표현하는 것으로 집약된다. 그중에서도 핵심적인 정신은 심신을 편안하게 하고 자유를 추구하는 것이다. 이러한 정신은

우리나라 시가의 예술정신과 동일한 것이다. 우리나라 고전시가의 예술정신은 기본적으로 심령의 자유를 지향하는 일종의 표현예술이다. 그것은 주요하게 일종의 속세를 초월하는 낭만적인 자유를 지향하는 주신정신이다.…… 인간이 현실생활 속에서 여러 가지 제약, 특히는 사람들의 사상과 행동을 속박하는 봉건예교 밑에서는 자유를 논할 여지가 없다. 오로지 꿈과 취중에서만 속박에서 탈피하여 상상의 날개를 달고 자유를 향해 비상할 수 있다.[288]

이백의《월하독주月下獨酌(달 아래 홀로 술을 마시네)》에는 다음과 같은 구절이 있다. "擧杯邀明月(잔을 들어 밝은 달을 불러오고) 對影成三人(그림자를 마주하니 셋이 친구 되었네)" 현실 속에서는 달을 불러올 수도 없고 설령 내려온다 해도 두 행성의 충돌로 분쇄될 것이다. 충돌이 없다 해도 직경이 약 3,476킬로미터(2,160마일)나 되는 행성과 인간이 대작對酌할 수도 없다. 대작할 수 있다 하더라도 달과 그림자가 술을 마실 수는 없다. 그러나 이 모든 것은 상상 속에서는 가능하다. 왜냐하면 술에 의해 이성의 판단력이 배제되었기 때문이다. 이성은 항상 감성을 법칙, 원칙, 상식의 합리적 구조 속에 억류하고 외부와의 소통을 통제해 왔다. 술은 이러한 이성의 독선적 광기를 진압하고 감성을 구원하는 구세주의 역할을 수행했다. 예술은 바로 이성이 추방된 감성왕국의 자유시민이다.

"술은 시흥과 창작 영감을 자극한다. 당대의 수많은 시편들은 주연이나 친구와의 술상, 또는 고독 속에서 홀로 술을 마실 때 창작되었다." 뿐만 아니라 "술은 시인의 창작 의욕과 영감을 격발시킨다."[289] 시인의 상상력은 취중에 각별히 풍부해진다. 평소에 생각할 수 없었던 기발한 생각이나 단어들 독특한 구상들은 모두 돌연히 떠오른다. "술은 이미 당시唐詩의 영혼으로 자리

---

288)「詩酒风流」作者: 葛景春,《河北大学学报》2002年 第2期 p.60.
289) 동상서. p.61.

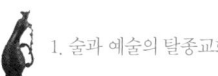

1. 술과 예술의 탈종교화   인간을 위한 술, 인간을 위한 예술   - 169

잡았다."290 꿈은 심신의 활동이 정지된 상태에서 몽롱한 상상을 지향했지만 술은 현실적인 삶 속에서 상상을 실현할 수 있다는 장점 때문에 예술의 모태가 되기에 충분했다.

> 한편 무속은 도교와 불교에 밀려 문학예술 영역에서 입지를 상실했을 뿐만 아니라 음악과 연극에서도 호풍(胡風)에 밀려 발붙일 땅을 잃었다. 주나라와 수나라 이래로 관현잡곡은 수백 곡에 달하지만 주로 서량악을 많이 사용한다. 고무(鼓舞)곡은 구자악을 많이 사용한다.291

잡곡은 북방의 속악을 가리킨다.「서량악」과「구자악」은 모두 서역음악이다. 당나라의 10부악十部樂 중에서 중요하다 할 수 있는 음악은 청악清樂과 서량악 그리고 구자악인데 이 중에서 청악 하나만이 전통음악일 뿐 나머지는 다 호악胡樂이다. 호풍은 음악뿐만 아니라 가무극에서도 예외는 아니다. 당대의 유명한 잡극 "「참군參軍」은 후조后趙,「대면大面」은 북제北齊,「답요낭踏搖娘」은 북주北周,「발두撥頭」는 서역西域에서 나왔다. 당나라의 고유한 가무극은 오로지 "번쾌배군난樊哙排君难" 뿐이다."292 무속이 끼어들 자리는 그 어디에도 보이지 않는다.

예술을 잉태하고 분만한 무속은 예술형식에서도 호풍에 밀려났지만 마지막 은신처인 가무극의 내용에서마저도 추방되고 있다. 가무극 "답요낭踏搖娘"내용을 요약하면 다음과 같다.

---

290) 동상서. p.62
291) 《旧唐书》〈音乐志〉管弦杂曲将数百曲, 多用西凉乐, 鼓舞曲多用龟兹乐.
292) 《中国戏剧史》徐慕云 撰. 上海古籍出版社. 2001年 2月. p.26. 歌舞剧, "参军"出自后赵, "大面"出自北齐, "踏摇娘"出自北周, "拨头"出自西域. 唐所自有者, 仅"樊哙排君难"剧.

소(蘇)씨 성을 가진 사람이 있었다. 벼슬을 한 적이 없지만 스스로 중랑(中郎)이라 자칭했다. 사람들은 그에게 "소중랑"이라는 별명을 달아주었다. 그는 얼굴이 못 생기고 술을 좋아했다. 술만 마시면 아내를 때렸다. 그의 아내는 얼굴이 예쁘장할 뿐만 아니라 노래도 잘 불렀다. 몸을 흔들며 걸으면서 노래를 불러 이웃들에게 억울함을 하소연한다.293

그 어느 대목에도 무속과 관련된 내용은 찾아 볼 수 없다. 적나라한 현실생활을 소재로 다루고 있다. 서역의 이야기를 다룬 가무극 "대면大面"의 내용도 같은 경우이다. "아들이 아버지를 잡아먹은 호랑이를 죽여 원수를 갚는다."는 이야기이다.294 옛날에는 인구가 희소하여 호랑이가 많았으며 맹수에게 잡혀 먹히는 사람들도 많았다.

이와 같이 당대에 이르러 무속은 예술의 공간에서 철저히 배격당하면서 이제는 예술의 무대에서 퇴장할 일만 남게 되었다. 무속이 퇴각한 보루를 전격 접수하며 술은 본격적으로 예술의 강유력한 동반자로 부상하기 시작했다.

2) 신라의 술과 예술 그리고 무속

종교 변천 과정에서 보면 신라의 역사를 법흥왕295을 분수령으로 원시무속신앙을 공동체의 신념으로 하는 전기와 불교를 국가통치이념으로 삼는

---

293) 《中国古代戏剧名著》裵仁君 首都师范大学出版社, 2009年 5月 5日. p.4. 是说有个姓苏的人, 本没有做过什么官, 却自称是中郎, 人们就送他一个外号——"苏中郎"。他长得很丑, 又爱喝酒, 喝醉了就打自己的妻子。他的妻子很漂亮, 又善于唱歌, 就摇动着身子, 边走边唱, 向邻居诉苦.
294) 동상서. p.3. 从前有个人, 他的父亲被老虎咬死了, 他便上山寻找父亲的尸首, 并杀死老虎, 为父亲报了仇.
295) 법흥왕(法興王, 재위 514년~540년)신라의 제23대 왕. 율령을 반포하고 군사제도를 정비했으며 불교를 공인하여 신라가 중앙집권적 국가체제를 갖추도록 하였다.

(사진 40) 길쌈하는 조선시대의 여성들
신라가 농경보다는 직조織造를 권장한 것은 포의布衣 착용의 대중화가 이 시기(서기 32년)에 와서야 비로소 정착되기 시작했음을 의미한다. 그 이전에는 민간에서는 천연원시 의료衣料(짐승 가죽)를 사용했을 것으로 짐작케 하는 기록이다.

후기로 분류할 수 있다. 그러나 경제적 측면에서는 "자료의 부족"[296] 때문에 이 두 시기를 명확하게 구분하는 데 무리가 따른다. 국가체제의 확립과 중앙집권제의 시행을 바탕으로 국가적인 통일 관리에 진입한 후기 경제발전은 추측이 가능하지만 전기의 상황은 베일에 가려 오리무중에 빠져 있다.

다행히도 신라 초기(유리 니사금〔儒理尼師今〕 9년(서기 32년)의 노동요「회소곡」이 전해져 신라 전기의 경제 상황을 그나마 엿볼 수 있다. 여기서 6부六部는 여섯 개의 촌락村落이고 두 그룹으로 나뉜 길쌈경쟁은 집단 노동의 장면을 나타낸다. 한 달씩이나 지속되는 길쌈은 경쟁이기 전에 노동이다. 북한에서 잘하는 "사회주의 노동경쟁" 같은 것이다. 경쟁이 목적이 아니고 노동효율이 목적이다. 부락공동체에서 여자들이 하는 일은 집에서 아이를 기르고 길쌈을

---

296) 「신라의 '水陸兼種' 농업에 대한 고찰」 김기흥, 《韓國史硏究》 제94호, 1996년. 9월,

하는 등 가사분담이다. 남자들은 농사를 짓거나 수렵을 한다. 이런 노동들이 신라 전기에는 집단적으로 행해졌음을 알 수 있다. 모이소, 모이소(회소, 회소) 하는 가사에서도 이와 같은 주장에 설득력이 부여된다. 무리 사회를 벗어나 부락(씨족)공동체로 진입했음을 의미한다.

    신라에서 성씨가 사용된 것은 이 시기라고 하지만 진흥왕순수비, 진지왕3년의 무슬모작비, 경주 신성비의 비문기록에 따르면 적어도 6세기 이전까지는 성씨가 없었을 것이다. 성씨가 없다는 것은 국가 통치 권력이 미치는 말단조직이 부락(촌락)공동체임을 의미한다. 수세收稅, 부역, 군역軍役 등 행정권이 촌락으로 이양될 수밖에 없는 구조이다. 부락은 성원들의 공동참여와 집단 생산에 의한 소득을 평균분배하며 공동으로 공출한다. 이러한 소농경제와 가족 단위의 수지收支수단이 폐쇄된 경제 구조 속에서는 강력한 중앙집권체제의 수립이 불가능할 뿐만 아니라 통일된 사회이념의 수립에도 제동이 걸릴 수밖에 없다. 결국 부락마다 독자적인 원시 민간신앙 즉 무속을 가지고 이를 씨족의 정신적 통합의 유대로 삼을 수밖에 없다. 이것은 신라가 건국 초 1세기 무렵에 성을 사용한 고구려에 비해 국가 권력체계의 확립이 늦어진 원인 중의 하나이기도 하다.

    부락연맹성원들의 집단 노동과 생산물의 평균 분배 그리고 원시무속 신앙, 이러한 원시적인 경제구조는 적어도 법흥왕대까지는 줄곧 이어져 왔을 것으로 간주된다. 향가 한 편 남지 않은 사실만 보더라도 이 시기가 주변국들에 비해 얼마나 정치, 경제, 문화적으로 낙후했던가를 어렵지 않게 알 수 있다. 학계에서 신라의 "대표적인 문학"이라고 극찬하는 향가도 통일신라 때에나 와서야 나타나지만[297] "羅代 國文學인 鄕歌文學은 麗初에 이르러 겨우

---

297) 통일신라 이전에 창작된 향가는 「혜성가」, 「서동요」, 「풍요」 세 편뿐이다. 그마저 혜성가(594년)를 제외하고 나머지 향가는 모두 통일신라 시기에 근접하여 창작된 것들이다.

均如大師의 鄕歌十一首를 남겨놓고는 자취가 거의 끊어지고" 말았다.[298]

그런데 필자는 신라 향가를 엄격한 의미에서 시문학이라 할 수 없다고 생각한다. 향가는 무가巫歌이자 불가佛歌이며 종교 포교가布敎歌이다. 일단 향가를 지은 작자들의 신분이 이와 같은 주장에 명분을 실어준다. 작자 대부분이 스님과 화랑[299]이다. 굴원은 초사를 썼지만 무당도 스님도 아닌 엄연한 문인이었다. 그런데 진흥왕 대에 나타난 화랑은 무당과 연관이 있다. 화랑의 우두머리는 "얼굴을 분장하여 아름답게 꾸미는" 데 이것은 무당이 제의에서 사용하는 가면(탈)의 변종(연장)이라 할 수 있다. 그런 연유로 화랑인 처용을 무당이라 하는 것이다.

그러면 구체적인 작품을 들어 향가가 시문학이 아니고 무가이고 불가(포교가)임을 입증해보도록 하자.

딛배 바회 ㄱㅎ
자ᄇ 온손 암쇼 노히 시고
나홀 안디 붓ㅎ 리샤ᄃ
곶홀 것가 받ᄌ 보리이다

자줏빛 바위 끝에
잡으온 암소 놓게 하시고
나를 아니 부끄러워하시면
꽃을 꺾어 받자오리다.

---
298) 《韓國史》〈中世篇〉李丙燾 著. 乙酉文化史. 1962年 1월 15日. p.713. 《三國遺事》에는 14수.
299) 「도솔가」의 저자 월명사는 스님이면서 화랑(국선)이기도 하다.

(사진 41) 헌화가(上)와 처용 조각상(下)
헌화가에서 수로부인은 무당을, 철쭉꽃은 신을, 노인은 술을 상징한다. 처용가에서 처용의 아내는 의인화된 술이다.

(양주동 해독)

헌화가獻花歌는 신라 성덕왕(702년~737년)시대의 견우노옹牽牛老翁의 작품이다. 많은 학자들이 이 작품을 해석하고 있다. 장르 분류에서부터 민요, 연가, 서정시 등 주장이 엇갈리고 있다. 인간적 욕망을 표현한 사랑가, 소박한 구애求愛의 노래, 신화적인 요소를 내포한 노래, 무가巫歌 등 내용의 해석에서도 혼선을 빚고 있다. 이들의 공통점은 설득력의 결핍이다.

강릉 태수 부임길에 오른 순정공純貞公은 길가에 핀 철쭉꽃을 꺾어달라는 아내(수로부인)의 간청을 만족시켜주지 못한다. 남편은 물론이고 수행한 종자들 중에도 나서는 사람이 아무도 없다. 이는 꽃이 피어난 벼랑의 공간은 인간의 힘으로는 도저히 도달할 수 없는 세계임을 강하게 암시한다. 인간이 범접할 수 없는 공간은 곧 신의 공간이다. 그러므로 철쭉꽃은 신을 상징한다. 신은 무당과 인간이 그토록 숭배하는 대상이기에 꽃처럼 아름다운 것이다. 불교에서도 연꽃은 부처를 상징한다.

오를 수 없는, 높고 험난한 벼랑은 인간과 신의 사이를 가로 막은 천계이다. 그러나 인간이 오르지 못하는 벼랑을 오르는 건 실명한 노인이다. 여기서 더욱 놀라운 사실은 노인은 인간이 아니라 인격화된 술酒이라는 점이다. 늙은 이는 무속의 역사만큼 오래된 술의 역사를 말해준다. 꽃을 따려는 즉 신의 강림을 주관하는 수로부인은 무녀巫女이다. 무녀는 인간의 힘으로서는 만날 수 없는 신의 강림을 위해 제주祭酒를 사용한다. 술의 향기는 하늘로 날아올라가 신을 유혹한다. 술은 신이 가장 선호하는 음식이다.

여기서 소는 무당의 굿상에 차리는 제물祭物이다. 중국에서는 상나라 때부터 무당의 제사에 소를 잡아 제물로 바쳤다는 기록이 있다. 무당은 바로 이 술과 제물을 이용하여 청신請神한다. 술은 제단에서 떠나 하늘로 날아오르고 제물은 남아서 신의 도래를 기다린다. 이른바 수로부인과 노인의 사랑은 이 성적인 갈구가 아니라 무당과 술의 깊은 인연을 말해준다. 노인이 소를 몰고 다니는 것도 술과 고기, 즉 안주의 뗄래야 뗄 수 없는 관계를 암시한다. 노인의 공개 구애는 동석한 남편의 분노를 사기에 충분한 행위가 아닐 수 없다. 그러나 어떤 비난이나 제지를 당하지 않은 것은 그들의 관계는 무당과 술이라는 특별한 사이이기 때문에 가능할 수 있었던 것이다.

필자의 이 해석에 설득력이 있다면 「헌화가」는 틀림없는 무가巫歌이다. 처용무를 비롯한 모든 가면극은 주술적인 무속성격을 띤다. 그것은 가면이 무속에서 기원하는 것과 연관이 있다. "處容說話의 發生 緣起는 辟邪進慶의 사상 에서 緣由"[300]된 것이다.

> 處容說話는 麗代에 僧 一然이 記錄한 것으로, 그 플롯에서 중국의 鐘馗說話나 불교설화 등의 영향을 볼 수 있으나, 그 基層에는 여전히 新羅 이전부터 傳乘되어 온 呪術=宗教的 土着信仰이 核心을 이루고 있음을 볼 수 있다.[301]

> 처용무가 이토록 오랜 기간에 걸쳐 계속 연희될 수 있었던 것은 바로 이 춤이 본질적으로 축귀(逐鬼)에다 근저를 두고 있기 때문이다.[302]

> 처용은 중국의 신역(神疫)을 쫓아내는 신인 종규(鐘馗)의 영향도 받았을 듯하다.…… 훨씬 상고(上古)까지 원급하여 그때 민간이 귀신을 믿고 그것을 무서워하며 악귀의 입문(入門)을 방지하는 힘 있는 신으로서

---

300) 《韓國民俗考》宋錫夏 著. 日新社. 檀紀 4293年 3月 30日. p.283.
301) 《韓國文化史大系》〈風俗·藝術史〉高大 民族文化研究所. 1970年 2月 28日. p.912.
302) 《한국무용사》송수남 지음. 금광미디어. 2008년 11월 28일. p.57.

민간이 숭신(崇神)하는 민속적 신인 듯하다.303

처용이 화랑이며 무당이라는 주장에는 이의가 없을 것이다. 그러나 필자는 한 걸음 더 나아가 처용의 아내는 술이 의인화된 것이라는 주장을 펴려고 한다. 무당인 처용이 사용한 술(제주)이 역신을 잘못 불러들인 것이다. 이는 처용이 아내의 불륜을 용서하는 데서도 알 수 있다. 무당은 술이 신을 불러들이지 못했거나 귀신을 불러들이는 실수를 범해도 다음으로 미루고 잘못을 눈감아준다. 귀신(역신)도 무당과 신처럼 똑같이 무당의 소통범위 내에 속한다. 무속의 보수성은 술과 문학은 물론 예술 전반을 자신의 종신 하녀로 묶어두고 제한된 울타리 안에서만 활동을 허용했다. 결과 신라 1000년의 예술은 무속의 늙고 지독한 광기에 시들어버리고 말았던 것이다. 이러한 상황은 조선시대 말기까지 줄곧 이어져 내려왔다. 향가는 신라토착무속의 주술적인 무가일 뿐만 아니라 불교를 포교하는 불가(佛歌)이기도 하다.

> 신라가 당으로부터 받아들인 것은 유교문화보다 주로 불교문화였다.304
>
> 신라의 "향가문학은 인도의 찬란한 불교문학적 사장(詞章)과 사상을 차용(借用)하여 이루어진 한국적 풍토에 제약을 당하면서 피어난 형태이다."305

「도솔가(兜率歌)」는 미륵보살의 신통력에 대한 포교를 위해 창작된 대표적인 불가(佛歌)이다.

---

303) 《조선연극사》김재철 지음. 東文選. 서연호. 朝鮮語文學會. 1933년 5월 18일 발행. pp.74~75
304) 《韓國文化史大系》〈風俗·藝術史〉高大 民族文化硏究所. 1970년 2월 28일. p.902.
305) 《韓國歌謠의 硏究》김동욱 지음. 1961년 p.70.

> 今日此矣散花唱良 금일차의산화창량
> 巴寶白乎隱花良汝隱 파보백호은화량여은
> 直等隱心音矣命叱使以惡只 직등은심음의명질사이악지
> 彌勒座主陪立羅良 미륵좌주배립나량
>
> 오늘 이에 散花 블어
> ᄉᆡᆨ 쓸본 고자 너는
> 고ᄃᆞᆫ ᄆᆞᅀᆞ미 命ㅅ 브리ᄋᆞ디
> 彌勒座主 뫼셔롸

(사진 42) 도솔가
무속과 불교가 절충된 이중성을 띠고 있다는 것이 특징이다.

오늘 이에 散花 블어	용루에서 부른 오늘의 산화 노래
ᄉᆡᆨ쓸본 고자 너는	한 송이 꽃인 듯 푸른 구름 위로 띄워 보내네.
고ᄃᆞᆫ ᄆᆞᅀᆞ미 命ㅅ 브리ᄋᆞ디	깊고 중하고 바른 마음(은중직심) 다하여
彌勒座主 뫼셔롸	멀리서 오실 도솔대천가(미륵불) 맞이하시라.

이 향가에서 가장 뚜렷한 특징은 무속과 불교가 절충된 이중성이라는 점이다.

1) 장소: 제의가 행해지고 있는 곳은 사찰이 아닌 왕궁이다. 「도솔가」가 지어진 경덕왕 19년(760년)은 이미 신라 전국 방방곡곡에 사찰들이 무수한 시기이다. 뿐만 아니라 왕궁 안에도 별도의 사찰이 있었다. 세조는 궁궐에 사찰을 건립하고 승려를 초대해 설법을 들은 호불의 군주[306]였다고 한다. 조원전 朝元殿은 임금이 신년하례를 받고 외국사신을 접견하던, 신라 왕실의 권위를 상징하는 건물이다. 왕의 대외 외교집무실에 불상을 모셔 들이고 불교 제례

---

306) 《조선왕릉 잠들지 못하는 역사 1》이우상 지음. 다할미디어. 2009년 6월 15. p.134.

를 지냈다는 사실에 유의할 필요가 있다. 무속의 제단이라면 장소의 구애를 받지 않고 어디에라도 차릴 수 있다. 단과 제물 그리고 위패만 모시면 되기 때문이다.

2) 제단: 궐내에 제단을 베풀었다면 그 제물의 내용물이 궁금해질 수밖에 없다. 불교 제례의식에서 사용되는 제물은 술 대신 차 공양을 하고 고기 대신 과일, 떡, 나물 등을 부처님께 진상한다. 소고기와 돼지고기 그리고 제주를 사용하는 무속과는 상반된다. 불교 제례의식을 위해 마련된 제단에서 굿을 할 수 있고 무속제의를 위해 꾸며진 제단에서 불교 제례의식의 진행이 가능하다면 이 두 종교의 절충이라는 전제가 없이는 불가능하다. 실제로 월명사 스님이 범패는 모르고 향가만 안다고 했을 때 왕은 둘 중 어느 것이라도 좋다고 한다. 이는 궐내에 무속과 불교의 두 가지 제의를 행할 수 있는, 이중성을 띤 제단이 마련되었음을 의미한다.

3) 작가: 월명사는 스님이면서 동시에 화랑이다. 여기서 화랑은 스님을 의미할 뿐만 아니라 「처용무」와 「헌화가」에서 볼 수 있듯이 무당을 암시하기도 한다. 당연히 향가는 불가佛歌와 무가巫歌의 의미를 포함하고 있다.

4) 가사: 산화散花는 꽃을 뿌려 부처님께 공양하는 불교 의식이다. 여기에 미래불인 미륵까지 등장한다. 두말할 것도 없이 불교 포교가布敎歌이다. 그럼에도 불구하고 가사의 전체 맥락은 주술적인 요소가 강하며 벽사진경의 무당의 기원문을 연상시킨다.

「도솔가」에서 보이는 이러한 이중성은 불교와 무속의 습합과 연관이 있다. 도교와의 상호 영향도 무시할 수 없다. 서기 551년(진흥왕 2년)에 처음으로 시작된 팔관회는 고려 초에 와서는 "점차 불교 색채를 떠나 도교의 색채를 띤 국가행사가 되었다."[307] 당나라 때에는 도교가 불교보다 더 성행했다. 당태종 정관11년(637년)에 조칙을 내려 도사들을 승려들의 앞자리에 앉혔고[308] 측천무후 때인 천수2년(691년)에도 승려들보다 도사를 상석에 앉힐[309] 정도로 도교의 종교적인 권위는 막강했다. 당나라에서 성행한 도교의 영향이 신라에 미치지 않았을 이유가 없다. 도교의 뿌리는 무속에 있다고 할 만큼 무속과 인연이 깊을 뿐만 아니라 무속이 권위를 잃고 민간신앙으로 추락한 다음에도 그 성분을 흡수하여 자신의 것으로 포용했다. 불교 역시 민간에 깊숙이 뿌리를 박고 있는 무속의 영양분을 흡수하여 자신의 체내에 받아들였다.

그나마 신라의 문학에 향가라도 남을 수 있었던 것은 화랑의 술 때문이었다고 해야 할 것이다. 무속과 도교의 힘을 빌어서 가능했던, 음주에 의한 풍류가 불교의 금주를 극복하고 향가로 승화된 것이다.

신라의 문학 하면 당연히 최치원을 꼽는다. 그러나 최치원은 엄밀한 의미에서 신라 시인이라기보다는 당나라의 시인이라고 하는 것이 더 설득력이 있을 것으로 생각한다. 12살(868년)에 입당하여 공부하고 벼슬까지 하며 17년 동안이나 당나라에서 살았던 사람이다. 세계관과 인생관이 형성되는 시기를 당나라에서 생활했다는 것은 그의 문장이나 사상, 사고방식은 물론이고 생활, 문화영역에 이르기까지 철저히 당나라에 동화되었을 것이 틀림없다. 그의 시는 당시唐詩의 범주에 속하며 당나라 문학의 연장이다.

그럼에도 불구하고 최치원의 시에는 당나라의 다른 시인들에 비해 상대

---

307) 《한국연극사》이두현 지음. 學硏社. 2009년 7월 20일. p.99.
308) 《중국불교사》미찌하다 료오슈 지음. 계환 옮김. 우리출판사. 2003년 3월 26일. p.178.
309) 동상서. p.179.

1. 술과 예술의 탈종교화　　　　　　　　인간을 위한 술, 인간을 위한 예술 － 181

(사진 43) 최치원(右)와 계원필경桂苑筆耕(左)
도교의 영향으로 문인들과 기생들의 왕래가 전 시기의 그 어느 때보다도 자유롭고 남녀 성생활이 개방된 시대에 술은 물론이고 여자까지 금기시한 최치원의 지독한 금욕주의는 당대의 대시인들에 비해 작품의 격이 떨어질 수밖에 없는 것은 너무나 당연한 일이다.

적으로 낭만과 호방함 시적 상상력과 자유분방한 정신세계가 결여된 느낌을 주고 있다. 한마디로 시구는 아름다운데 시혼詩魂이 부재한다. 그가 당의 시단에서 이름만 알렸을 뿐 대성大成은 하지 못한 원인이기도 하다.

필자는 최치원의 시가 고봉에 오르지 못한 원인이 당시에 혼을 불어 넣어 주었던 술과 여자에 대한 거부감 때문이라고 간주한다. 최치원의 시에는 술과 여자에 관한 시어들을 거의 찾아볼 수 없다. 술과 여자에 관련된 얼마 안 되는 시편들에서도 모두 시인과는 상관없이 타자와 연계되어 있다. 시인과 술이 직접 연관된 작품은 「강남으로 가는 진사 오만을 전송하며(送吳進士巒歸江南)」라는 시 한 수뿐이다.310) 나머지는 "술과 낭군"311), "주막과 손님"312) 등의 경우처럼 시인과 술의 인연은 단절되어 있다.

---

310) 詩酒何時得再逢(언제 다시 시와 술을 마실 날이 올까)
311) 「和張進士喬村居病中見寄(교촌에 사는 장진사의 병중 시에 화답)」强勸夫郎疎酒盃. (어찌하여 낭군에게 술을 마시지 못하게 하나.)
312) 「詠曉(새벽)」주막집 푸른 깃발 어슴푸레 보이고.

이와 같은 현상은 여자와 관련된 시어에서도 동일하게 나타난다. "임 그리는 아낙"[313]은 다른 남자의 아내이고 "푸른 눈썹을 그린 미인"은 "단청 그린"[314] 부잣집 여인이다. "어여쁜 강남의 여자"는 "음탕한 춘정"[315]에 빠진 색녀色女이다. 최치원의 시에서 술과 여인에 대한 거부감은 지독할 정도이다. 도사를 만나고도 그가 여자여서 기쁜 것이 아니라 신선이어서 기뻐한다.[316] 시 "강남녀"에서는 여자에 대한 거부심리가 극한에 치닫고 있다.

江南女 (강남의 여인)

江南蕩風俗 강남 땅은 풍속이 음탕하여(부정)
養女嬌且憐 딸을 길러 아리땁고 예뻐라
性冶恥針線 놀아나는 성품은 바느질을 싫어하고(부정)
粧成調管絃 단장 마치고 관현을 희롱하네(부정)
所學非雅音 고상한 곡조 배우지 않았기에(부정)
多被春心牽 그 소리 대개 춘정에 이끌리네(부정)
自謂芳華色 스스로 꽃답고 아름다운 그 얼굴
長占豓陽年 언제나 청춘일 줄 생각하네(부정)
却笑?舍女 아침내내 베틀에서 북을 놀리는(긍정. 노동녀)
終朝弄機? 이웃집 딸을 도리어 비웃나니(부정)
機?縱勞身 비록 베를 짜느라 몸을 괴롭혀도
羅衣不到汝 마침내 비단옷은 너에게 안 간다고[317](부정)

---

313) 「詠曉(새벽)」 임 그리는 아낙이 자는 깊은 밤의/비단 창도 점점 밝아지네.
314) 「詠曉(새벽)」 단청 화려한 집에는/푸른 눈썹 그린 미인이 있고
315) 「江南女(강남의 여인)」 多被春心牽. (그 소리 대개 춘정에 이끌리네.)
316) 「留別女道士(여 도사를 유별하다)」 數年深喜識麻姑. (마고 신선 알게 되어 기뻤다네.)
317) 〈동문선 제4권〉

총 12행에서 11행이 아름다운 여성에 대한 부정적 표현이다. 비단옷을 입고 예쁘게 단장하고 춘정이 흘러넘치는 음악을 연주하는 여성―그것은 당대의 시인들이 이구동성으로 찬양한 미녀상美女象이다. 술과 여성이 없다면 그들의 시도 없다. 여성은 자연이 창조한 아름다움의 일부이다. 그런데 최치원은 술을 넘어 여성의 아름다움마저 거부하고 있는 것이다.

주향酒香이 시행의 혈관 속을 도도하게 굽이치던 당나라의 시단에서 유독 최치원만 주색을 기피했던 원인은 무엇일까? 그 해답은 그의 시편들과 함께 당시唐詩의 기록 속에 남아 있다. 서술의 편리를 위해 몇 가지로 귀납하여 살펴보려 한다.

1) 경제적인 궁핍이다. 6두품인 부친과 스님인 형이 사는 집은 가난하여[318] 그에게 학비를 조달할만한 능력이 모자랐다. 그리하여 장안에서 유학할 때에도 그는 항상 굶주림에 시달려야만 했다.[319] 빈공과賓貢科에 급제한 후에는 낙양洛陽 등지를 떠돌며 서류 대필로 생계를 유지했다. 20세에 율수 현위 縣尉(현승〔縣丞〕아래 벼슬)벼슬을 얻었으나 박학굉사과博學宏詞科 응시 준비를 위해 사직한다. 200~300석의 국록을 버리고 2년간 극심한 기아에 허덕이다 못해 공부를 포기한다. 회남절도사 고변高騈에게 애걸하여 그의 식객이 되어 6년간 종사관으로 근무하면서 겨우 굶주림을 면한다. 그러나 882년 고변이 파직되고 885년 귀국할 때까지 또다시 혹독한 배고픔을 겪어야만 했다. 입에 풀칠하기에도 어려운 열악한 경제 상황에서 술을 사서 마신다는 것은 엄두도 내지

---

318)「途中作(도중에서 지음)」不是不知歸去好/只緣歸去又家貧(돌아감이 좋은 줄 모르는 게 아니지만/돌아간다 한들 또 집이 가난한 것을)
319)「題芋江驛亭(우강역 정자에서 시를 짓다)」每憶長安舊苦辛. (장안에서 고생하던 일 생각할 때면)

못할 일이 아닐 수 없다. 당나라 때 술값은 1리터升에 30전이었다.[320] 한 말斗에 300전이다. 정원 2년(786년)에 150전으로 내렸지만 식량난이 극심했던 9세기 말(최치원이 당나라에 체류했던 시기)에는 다시 올랐을 것으로 간주된다. 왜냐하면 868년에 한 말斗에 200백전이던 미가米價가 882년에는 3만 전으로 급등했기 때문이다. 쌀 한 말 가격과 술 한 말 가격은 언제나 비슷하다. 그러하다면 식량 살 돈도 없는 최치원이 무슨 돈으로 술을 사 마셨겠는가.

2) 성격의 소심함이다. 이방인인 그는 실수를 범하지 않으려고 전전긍긍했다. 그리하여 세상의 시비에 외면하고 귀를 막고 살았다. 술은 실수를 불러올 수도 있기에 금물이었다.

3) 뜻을 이루지 못한 좌절[321]의 원인을 자신의 무능에서 찾으려 하지 않고 사회의 탓으로 돌리려 했다. 자신을 알아주지 않는 세상[322]을 원망하고 저주하고 담을 쌓았다. 배고픈 그는 술에 취해 여자와 어울려 흥청거리는 세상이 역겨웠다.[323] 술이요, 여자요 하는 돈 있는 부자들의 향락은 그와는 아무 상관도 없었다. 그것은 부유한 집에서 태어난 당나라의 시인들에게나 있을 법한 일이었다. 술과 여자에 대한 거부감이 더욱 심해진 원인일 것이다.

4) 병약한 신체와도 관련이 있다. 이국 타향에서의 향수, 뜻을 이루지 못한 좌절감은 고독과 외로움으로 이어졌지만 술과 여자가 없이 오로지 가냘픈 몸뚱이 하나로만 버텨내야만 했다. 스트레스와 우울증이 심했을 것이 뻔하다. 우울증은 질병을 불러온다. 게다가 장기간 계속되는 굶주림은 영양실조를 초래하여 건강을 훼손할 수밖에 없다.

---

320) 「唐代的酒价是多少?」 张晖 著,《文史知识》 2011年 06期.
321) 박학굉사과(博學宏詞科)에 응시하려고 했지만 실패한다.
322) 「秋夜雨中 (가을의 밤비)」 世路少知音. (세상엔 날 알아주는 이 없고)
323) 「寓興 (흥에 겨워)」 世路嗜甘醴. (세상 사람들은 달콤한 술만 즐기는데)

(사진 44) 당대의 과거제도
빈공과는 주로 도당渡唐유학생들을 위해 설치된, 수준이 낮은 시험과목이었다.

한마디로 그에게는 재산도, 벼슬도, 학력도 건강도 없었다. 타인에게 어필할 만한 자본이라고는 정직과 결백 하나뿐이었다. 그것은 유교사상과도 부합되는 것이었다.

최치원의 시를 포함하여 신라 문학이 찬란한 꽃을 피우는데 실패했던 원인을 꼽으라면 그것은 자신만의 문자가 없었기 때문이라고 필자는 단언하고 싶다. 한문은 중국의 문자이기에 중국인들처럼 능수능란하게 다루기가 어렵다. 820년~906년 사이에 빈공과賓貢科에 급제한 도당渡唐 유학생이 58명이었다고 한다. 그만큼 쉬웠다는 뜻이다. 빈공과는 중국 국내 학생들과는 별도로 설치한 과인데 "主로 外國人에게 주는 特典이다."[324] 오늘날로 말하면 외국유학생을 대상으로 국어의 기본 사용법을 가르치는 "어학당"과 유사한 학

---

324)《韓國文化史大系》〈종교 철학사〉高大 民族文化硏究所. 1970년 12월 31일. p.374.

과일 것이다. 그러니 이들이 중국어를 유창하게 한다거나 한문 문장력이 뛰어나기를 기대하기는 애초부터 어려운 것이다. 최치원이 현위에 부임한지 일 년만에 사직한 것도 그런 한계에 직면한, 부득이한 상황에서 내린 결정은 아니었을까 짐작이 된다. 지식의 한계를 느낀 나머지 박학굉사과博學宏詞科응시 공부를 했을 것이다. 도당유학생들의 수준이 이러했으니 국내 학자들의 한문 수준이 어떠했으리라는 것은 불 보듯 뻔하다. 신라에서 문자를 사용한 것이 시초가 5~6세기[325]이며 6세기[326] 무렵에 이르러서야 좀 긴 문장을 구사할 수준에 도달했다고 하니 최치원의 생존시대라고 해도 한문 구사 능력이 어느 정도였으리라는 것은 가히 짐작할 만하다.

어려운 한문을 대체할 목적으로 출시된 것이 향찰이지만 그 역시 한문에 능통한 식자가 아니고서는 어렵기는 매일반인 문자이다. 한문을 넘어 국문으로 해석해야 하는 만큼 그 어려움이 가배될 가능성도 없지 않다. 다른 나라의 문자로 민족의 정서를 완벽하게 표현한다는 것도 어불성설이고 한문을 말과 글이 다른 향찰로 문학작품을 저술한다는 것도 마찬가지로 힘에 부치는 작업일 수밖에 없다. 한문과 향찰의 사이에서 신라의 문학은 시들어버리고 말았던 것이다.

한편 신라의 향악鄕樂은 수당시대에 수입된 것이었다.

> 隨唐時代에 中國에서는 西域 諸國으로부터 相當히 多數의 樂人(俳優 舞踊家를 兼함)의 歸化를 보았다. 當時 朝廷에서는 놀라운 優待를 하며 賜姓을

---

325) 5~6세기의 신라 무덤에서 한 두 글자 내외의 글이 새겨진 관식(冠飾), 청동합(靑銅盒), 동탁(銅鐸) 등 금속제품과 토기 등이 발굴됨.
326) 6세기에 들어와서야 신라에서는 영일(迎日) 냉수리비(冷水里碑), 진흥왕순수비(眞興王巡狩碑), 남산신성비(南山新城碑) 등 긴 문장을 돌에 새긴 비석을 남김.

하는 一方 宮廷에 梨園을 두고 豪華의 極致를 나타내었다. 이러던 藝風이 當時의 新羅에 傳播안될리 없이 收入된 것이 前記 崔致遠이 描寫한 鄕樂五戱라고 보겠다.[327]

당악唐樂은 더 말할 것도 없이 신라시기에 중국으로부터 수입된 외래 문화이다.

당악이란 말은 남북국시대 신라 조정에 소개되었던 唐나라의 음악 문화를 뜻하는 용어로 사용되었다.[328]

신라음악이 무속의 연행에서 어느 정도 탈피할 수 있었던 것은 중국음악에서 전수된 서역화 때문이었다.

신라의 양조와 술에 대한 기록은 전무하다. 달랑 중국 당나라 시인 이상은李商隱의 시 한 단락이 전부이다.[329] 술의 명칭, 양조 방법, 특징 같은 정보를 알 수가 없는, 정체불명의 술이다. 신라의 술을 신라의 시인이 마시고 시를 짓지 않고 당나라 시인이 마시고 시를 지었다는 사실이 아쉽다. 신라 문인들은 술도 마시지 않았고 시도 짓지 않았다.

---

327) 《韓國民俗考》宋錫夏 著. 日新社. 단기 4293년 3월 30일. p.204.
328) 「高麗 唐樂의 音樂史學的 照明」作者: 宋芳松. 《역사민속학》제9호. 한국역사민속학회. 1999년 11월 30일. p.681.
329) 「公子」李商隱 著. 一盞新罗酒. 凌晨恐易消. (한 잔 신라주의 기운이 새벽바람에 쉽게 사라질까 두렵구나.)

3) 백제의 술과 예술 그리고 무속

옛 백제 고토인 전라도와 충청도는 하천과 평야가 발달하여 예로부터 논농사에 적합한 지형이다. 전라도의 나주, 김제, 호남평야와 충청도의 논산, 예당, 강경평야는 지금도 전국에서 으뜸가는 곡창지대이다.

> 토양이 비옥하고 평탄하여 오곡과 벼를 재배하기에 알맞다.[330]

> 다루왕 6년(33) 2월 영을 내려 나라의 남쪽 주군(州郡)에 벼농사를 시작하게 하였다.[331]

백제에서 벼농사를 기간으로 하는 농업생산 활동이 기원 1세기 때부터 시작되었음을 알 수 있다. 필자는 앞에서 농경사회는 무속의 활약을 촉진하고 무속의 활약은 제주(祭酒)와 원시예술의 발전을 도모한다고 지적했다. 그러한 가설이 사실이라면 농업이 발달한 백제에서도 당연히 무속과 술 그리고 예술이 발전해야만 설득력을 가지는 것이다. 그러나 뒤에서 자세히 언급하겠지만 백제의 경우는 이와는 전혀 다른 양상을 보이고 있다. 무속과 예술의 진흥을 확인할 수 없다.

> 백제 무속의 역사는 거의 없다시피 하여, 마지막 왕의 마지막 해에 무당이 거북의 예언을 해독한 기록이 하나 있을 뿐이다.[332]

백제의 무속과 관련된 기록은 《삼국사기 〈백제본기〉》에 나오는 시조(始

---

330) 《三國志》〈魏志〉(弁辰條) 土地肥美, 宜種五穀及稻.
331) 《삼국사기》권23. 〈백제본기〉 多婁王六年二月下令, 國南州郡 始作稻田
332) 《조선무속고》이능화 지음. 역주자 서영대. 창비 2010년 4월 20일 p.91.

1. 술과 예술의 탈종교화   인간을 위한 술, 인간을 위한 예술 — 189

祖 온조왕溫祚王과 마지막 왕인 의자왕義慈王 때의 단 두 건뿐이다. 고구려나 신라 에 비해 백제의 무속이 성하지 않았음을 알 수 있다. 이와 같은 특이한 현상은 필자가 제기한 다른 한 가지 조건, 즉 무속은 산악지대일수록 더 성행한다는 입론을 대입하지 않고는 설명할 수 없다.

우선 백제의 고대가요에서 나타나는 문학과 무속과의 관계를 살펴보도록 하자.

《고려사·악지》에는 「정읍사」, 「선운산가」, 「지리산가」, 「방등산가」, 「무등산가」 등 다섯 편의 가요가 기록되어 있지만 내용까지 전해지는 작품은 「정읍사」 한 수뿐이다.

    달하 노피곰 도다샤(달님이시여, 높이 높이 돋으시어)
    어긔야 머리곰 비취오시라(멀리멀리 비춰 주소서)
    어긔야 어강됴리(어기야 어강드리)
    아으 다롱디리(아으 다롱디리)
    져재 녀러신고요(장터에 가 계십니까)
    어긔야 즌 데를 드데욜셰라(진 데를 밟을까 두렵습니다)
    어긔야 어강됴리(어기야 어강드리)
    어느이다 노코시라(어느 곳에나 놓으십시오)
    어긔야 내 가논 데 졈그랄셰라(우리 임 가시는데 저물까 두렵습니다)
    어긔야 어강됴리(어기야 어강드리)
    아으 다롱디리(아으 다롱디리)
    —「정읍사井邑詞」

행상 나간 남편의 무사귀환을 비는 아내의 노래이다. 필자는 독자들이 벌써 백제가요의 변별적인 특징을 간파했을 것으로 믿는다. 다름 아닌 가요

(사진 45) 정읍사#문詞
가사 내용에 무속이나 불교의 영향이 배제되어 있어 눈길을 끈다.

의 내용 속에 고구려와 신라의 가요와는 달리 무속의 주술성과 불교 색채가 전혀 보이지 않는다는 점이다. 오로지 당시 사람들의 일상을 소재로 한 현실 가요이다. 백제가 농경사회임에도 불구하고 문학작품에서마저 무속과 불교의 영향이 배제된 데에는 그럴만한 이유가 충분히 존재한다.

앞에서도 잠시 언급했듯이 무속의 성쇠盛衰는 자연지리적인 환경과 연관이 깊다. 산간지대일수록 무속이 성행한다. 춘추전국시기 평원지대인 중원보다는 산간지대인 초나라에서 무속이 각별히 성행했던 것과 같은 이치이다. 산이 많으면 사회공동체는 지형적 단절로 인해 소집단으로 분산될 수밖에 없다. 공동체의 분산은 자연의 광기와 위협에 대한 공동대처능력의 약화를 초래한다. 수적인 열세에 처한 소집단의 처지를 개선하려면 제3의 힘 즉 무속의 영험을 빌지 않을 수 없게 되는 것이다. 하지만 평야 지대의 농경민들은 지형적 단절이 철회되어 집단 간의 원활한 소통과 연대를 바탕으로 자연의 막강한 권력에 맞서 공동 대응할 수 있다.

　게다가 동양에서 불교와 도교는 모두 산을 중심으로 종교적 지반을 확보했다. 사찰은 대체로 명산대천에 짓고 도사들은 깊은 산속에서 신선의 도를 닦는다. 그러나 백제에는 고구려나 신라와는 달리 도교와 도사 같은 건 아예 존재조차 하지 않았다.

> 스님과 절, 탑은 매우 많으나 도사(道士)는 없다.[333]

　그 원인은 평야가 많은 백제 땅에는 도사들이 신선이 될 만한 명산대천이 드물기 때문이다.

　불교 역시 같은 경우라고 할 수 있겠다. 백제에 불교가 전래된 시기는 침류왕枕流王 1년(서기 384년) 9월이다. 인도 스님 마라난타摩羅難陀가 중국 동진東晉을 거쳐 바다를 건너 백제에 들어와 불교를 전파했다고 한다. 그 뒤로 불교와 관련된 중국과의 왕래 기록은 단 두 차례[334]에 그친다. 이는 백제에 중국으로부터 불교문화가 적극적으로 유입되지 않았음을 의미한다. 그것은 주변국들에 비해 백제가 지형상 불교가 발을 붙일 만한 조건이 구비되지 않은 것과 관련된다고 단언할 수 있다. 당시의 이러한 종교적 특성이 백제가요에 그대로 반영된 것이다. 여담이지만 전라도 사람들의 개방적인 성격과 경상도 사람들의 보수적인 성격도 지형적인 차이의 자연 환경과 연관이 있을 것으로 추측된다. 삼국 중에서 어느 나라보다 일찍 무속과 종교를 벗어날 수 있었던

---

333) 《주서(周書)》권49. 이역전(異域傳) 僧尼寺塔甚多而無道士.
334) 성왕 19년(541년) 왕이 사신을 양나라에 파견하여 열반경과 공장(工匠)과 화사(畵師) 등을 청하여 왔고 현광(玄光)스님은 중국 남조(南朝)인 진(陳)에서 남악(南岳) 혜사(慧思, 514~577) 스님으로부터 『법화경』의 안락행(安樂行)을 은밀히 수행 정진하여 법화삼매를 증득하였다.

백제 예술, 참된 예술로 승화될 가능성이 기대되었지만 불행하게도 무속과 종교의 천국이었던 신라와 그가 끌어들인 당나라 연합군의 공격으로 그 흔적조차 없이 자취를 감춰버리고 말았다.

백제예술은 음악에서도 무속의 영향으로부터 자유로웠다. "백제악은 주로 중국 남조악南朝樂인 청악계淸樂系의 영향을 받았고 당시 유행하던 서역계의 음악을 사용하지 않앟"335)기에 수隨의 구부기에 속하지 못했다. 서역 계통의 음악에는 인도에서 전래된 불교음악이 대부분을 차지한다. 중국전통음악인 청악만 사용하고 서역악을 사용하지 않았다는 것은 마라난타의 불교전래 후 백제는 중국 음악을 수입하지 않았음을 의미한다. 수, 당과의 문화교류는 없었던 걸로 이해할 수밖에 없다. 대신 백제국은 바다 건너 일본과의 왕래가 빈번했다. 하지만 일본에서조차 백제가무의 전파 흔적은 미미하다.

> 백제는 지리적으로도 그러하거니와 모든 문화에 있어서 일본과 가장 왕래가 빈번했을 까닭으로 일본무용사에서 우리 춤의 면모를 찾을 수 없음은 유감스러운 일이며 연구되어저야 할 과제로 생각된다.336)

한마디로 일본에 전할 만한 백제만의 새로운 음악이 없었다고 해야 할 것이다.

백제에는 술 기록이 전무하다. 문학예술도 술과 인연이 없을 뿐만 아니라 술을 좋아했던 문인 한 사람 역사 속에 배출시키지 못했다. 다만 일본 고사기에 백제의 술에 관한 짧막한 기록 한토막이 전해지고 있을 따름이다. 어찌

---
335) 《中國舞蹈史》何志浩 著. 臺北. 1959年. p.189.
336) 《한국 무용사》송수남 지음. 금광미디어. 2008년 11월 28일. p.41.

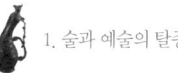
1. 술과 예술의 탈종교화

하여 삼국의 술은 죄다 남의 나라 기록에서만 보이며 타국인들만 마셨을까.

이름을 니호(仁番) 혹은 수수코리 등으로 부르는, 술 빚을 줄 아는 사람이 (천왕을-필자) 알현하러 바다를 건너왔다. 그리하여 수수코리는 어주를 빚어 천왕에게 진상했다. 이에 천왕은 바친 술을 마시고 노래를 불렀다.[337]

수수코리가 빚은 술에
나는 완전히 취했네
재앙을 물리치는 술
웃음을 자아내게 하는 술에
나는 완전히 취했네.

이 자료에만 근거하여 일본의 술이 백제나 신라인에 의해 시작되었다고 생각하면 오판誤判이다. 일본에는 이미 국내에서 자체로 빚은 술이 있었다. 《금가보琴歌譜》에 기록된 「주낙가酒樂歌」[338]와 「주좌가酒座歌」와 같이 술자리에서 불리는 주가酒歌들을 보아도 알 수 있다. 일본에서는 막누룩을 사용하지 않고 흩임누룩을 사용하기에 일본의 술 빚기는 귀화인에 의해 전해진 것이 아니고 일본 독자적인 것이며, 수수보리의 전설을 인정할 수 없다고 반론을 제기하는 학자들도 있다.(일본의 술 문화 학자 坂口謹一郎)

아무튼 백제에 술이 있었든 없었든, 삼국을 포함하여 한반도 안에서 자국의 술을 마시고 취한 문인이거나 술이 등장하는 문학작품은 거의 존재하지 않는다는 사실은 인정하지 않을 수 없다. 술을 아무리 잘 빚는다 한들 마시는

---

337) 《古事記》知釀酒人, 名仁番, 亦名須須許理等, 參渡來也. 故, 是須須許理, 釀大御酒獻於是, 天皇宇羅宜是所獻之大御酒而, 御歌曰:

338) 이 가곡에서 스쿠나미카미(須久那美迦微)는 술을 관장하는 신으로 등장하고 있다.

사람이 없다면 그 술이 문학이나 예술의 발전을 위해 무슨 소용이 있겠는가. 신라나 백제의 양조전문가들이 도일, 귀화했던 원인 중에는 국내의 술 저소비와 술 문화에 대한 강력한 거부반응 때문에 새로운 시장을 찾아 떠날 수밖에 없었던 것인지도 모를 일이다. 삼국시대 전 기간에 걸쳐 외면당한 술은 불교국가인 고려시대까지 이어지며 예술의 발전에 제동을 걸었다. 통일신라의 무속과 불교의 전통이 독판치는 고려시대에 억압 당한 술 문화와 예술의 비참함이 어느 정도였는가를 중국과 한국의 연극을 중심으로 다음 절에서 상세하게 논하려 한다.

2. 연극예술과 술 그리고 무속

A. 연극의 발전과 인위적 환경의 관계

1) 송대宋代 공연문화의 인위적 환경

중국역사에서 송대宋代연극은 천년 무속의 견고한 껍질을 벗어던지고 진정한 예술로 변신하는 전환점이었다. 물론 이 분수령에서 공연문화의 흐름을 바꿔놓은 공로는 술의 역할에 돌려야 할 것이다. "북송 말기는 북방 잡극이 진정한 의미에서의 연극으로 전환하던 시기"[339]였다. 3부로 구성된 송대 잡극雜劇의 "제 2부는 정잡극正雜劇으로 연극의 기본 스토리이다."[340]

송대 이전의 연극과 이후의 연극은 속屬 무속과 탈 무속이라는 차이적

---

339) 《坊墙倒塌以后―宋代城市生活长卷》李春常 著. 湖南出版社. 1985年 3月. 到了北宋晚期, 北方杂剧正在向真正的戏剧转型. p.183.
340) 《세계연극사》장한기 지음. 엠애드. 2000년 4월 25일. p.329.

(사진 46) 백희도. 산동기남한묘벽화山東沂南漢墓畵壁(上) 송대잡기雜技. 온현북송묘전조溫縣北宋墓磚雕(中). 잡극雜劇전조. 산서직산금묘출토雜劇磚雕. 山西稷山金墓出土(下)
송대 잡극은 가무, 골계滑稽, 잡기雜技 등 오락성이 주를 이루던 송대 이전 백희百戱의 단점을 극복하고 대화와 고사성故事性을 강화함으로서 연극의 기틀을 구축하는데 기여했다.

인 특성에서 구분되어진다. 무권巫權의 붕괴는 신과 독대했던 제의祭儀 주관자(무당)를 교체하고 연행자(배우)의 시선을 신에게서 인간에게로 환원시켰다. 무당의 연행은 주로 새와 같은 동물의 행동을 모방한 등천登天이 목적이지만 배우의 연기는 인간의 생활을 모방하기 시작했다. 다수로 확대된 연기자들에 의해 단신 무당의 독백(응답이 없는 신과의 대화는 사실상 독백)을 초월하여 대화가 탄생되었다. 역시 신 하나로부터 다수로 늘어난 관객(부재의 신과는 달리 현실적 존재)과 배우는 공동한 관심사를 놓고 정신적, 물리적인 교감이 가능해졌다. 신이 즐기던 술은 관객에게로 전이하며 향유의 주체가 전이되었다.

연극에서의 이 모든 혁신은 사실 송 이전에 벌써 도달한 것들이었다. 송대 연극은 가무, 골계滑稽, 잡기雜技 등 오락성이 주를 이루던 송대 이전 백희百戱의 오락성341)을 극복하고 스토리와 대화를 강화함으로서 감상성鑑賞性을 유발했다. 모방성과 오락성의 형식적 합치가 연극이라는 일부 학자들의 주장은 오로지 무속의 제의를 연극으로 격상시키기 위한 지독한 음모에 불과할 따름이다. 감상은 기분만 즐겁게 하는 오락성과는 다르다. 미학적이고 윤리적이며 가치적인 판단을 수반한다. 예술로서의 연극의 감상성은 스토리에 의해 제공된다. 송대 연극이 송대 이전의 연극과 또 다른 특징은 다름 아닌 이 스토리의 비 주술적인 고사성故事性이다. 이 시기의 연극 내용들은 현실적인 소재를 다룬 것이 대부분이다. 이에 대해서는 다음 절에서 논하기로 하고 우선 송대 연극이 획기적인 발전을 할 수 있었던 사회적인 환경에 대해 화제의 초점을 맞춰보도록 하자.

---

341) 송대 초기의 산악(散樂. 백희百戱라고도 한다.)도 여전히 오락성이 강했다. 가무는 물론이고 무술(巫術), 유술(柔術), 마술(魔術)까지 연희되었다. 《中國古代音乐史稿》作者 杨荫浏. 人民音乐出版社. 1981年 2月 1日. p.333.

무대와 객석의 교감이야말로 연극을 이루는 가장 중요한 조건이다.[342]

무속 제의에서 무당의 연희는 등천登天의 좌절과 신의 부재와 침묵으로 인해 영적인 교감에 그치지만 연극에서 연기자와 관객은 물리적인 교감을 진행한다. 관객을 극중 세계에로 끌어들이는 것이 무엇보다 중요하다. 그러자면 관객을 집결 또는 유인할 수 있는 환경부터 마련되어야 한다. 관객이 연극을 관람할 수 있는 여가시간의 확보와 집결 장소 그리고 감상의 극치를 경험할 수 있는 술과 여자가 있어야 한다.

서한의 인구 당 평균 경지면적은 43무이다. 지금의 약 30무에 해당된다. 북송의 매인 당 평균 경지면적은 17.8무이다. 지금의 약 16무에 해당한다. 송대의 평균 경지면적이 한대에 비해 절반이나 감소했음을 알 수 있다. 비록 양송 시기에 정경세작을 권장했지만 노동시간은 단축되었다.…… 총적으로 볼 때 어느 정도 여가시간을 가진 중하층 시민들의 수가 늘어났다.[343]

송대의 인구당 경지면적의 감소는 상업과 수공업의 발달로 인한 농촌 인구의 도시에로의 집중화로 빚어진 현상이다. 농촌 인구의 대거 이동은 송대의 도시화를 촉진했다. "송효종(宋孝宗) 시기에 14만 호였던 도시민이 송영종(宋寧宗) 시기에는 40만 호에 달했다."[344]

---

342) 《연극의 세계-연극이란 무엇인가-》김성희 지음. 태학사. 2006년 3월 10일. p.19.
343) 《坊墙倒塌以后—宋代城市生活长卷》李春常 著. 湖南出版社. 1985年 3月. 西汉. 平均每个农业劳动力耕地43亩. 折成今亩约30亩. 北宋每个劳力耕地17.8亩. 折成今亩约16亩. 可见. 宋代劳力平均耕种面积比汉代减少将近一半. 尽管两宋时期强调精耕细作. 但减少一定的劳动时间有了可能…… 从总体看. 拥有一定闲暇的中下层市民毕竟多了起来.
344) 《宋代工商业经济与政府干预研究》李晓 著. 中国青年出版. 2000年 10月. p.87. 宋孝宗时户口是14万. 到宋宁宗时达到了40万.

송대 도시인구 증가의 경로는 도시인구 자체증식 외에도 하나의 뚜렷한 시대적 특징은 농촌인구의 도시에로의 대량 진출이다.345

송인종宋仁宗 시기에 와서는 향촌사람들의 변경汴京으로의 천이遷移와 거주가 엄중한 사회문제로 부상했다. 경서京西, 섬서陝西, 하북河北, 하동河東, 회남淮南 등 사면팔방에서 농민들이 물밀듯이 변경汴京으로 모여들었다.346

인구 증가와 집중은 연극의 상시 공연을 위한 관객 확보의 필수 조건이다. 이들은 도시에서 경제활동을 하여 남긴 이윤으로 대중예술을 관람하는 유력한 소비자군단을 형성했다. 도시에는 시민들의 여가생활을 위한 각종 문화공간들이 우후죽순처럼 일떠섰다. 와자瓦子(와사(瓦舍)라고도 함), 구란勾欄, 술집酒家, 찻집茶坊은 모두 시민들을 위한 문화공간들이었다. 그중에서도 특히 와사와 구란은 전문적으로 연극공연을 위한 대중극장이다. 일종의 종합성 상업오락중심이다. 와사 안에는 술집酒樓과 음식점까지 구비되었으며 심지어는 약방藥房과 도박장까지 갖춰놓고 있었다.347

북송의 동경東京에는 와사가 9곳348이나 되었으며 남송 임안臨按에는 23곳349이나 되었다. 송원宋元시기 상업성 극장인 구란勾欄에서는 돈을 내고 연극을 관람했다. 이는 배우들의 직업화와 상설무대에서 상시공연을 가능하게 하는 경제적 기반을 제공하는 중요한 요소이다. 상설무대의 출연은 연극의 대중화의 길을 연 획기적인 사건이다.

---

345) 동상서. 宋代城市人口增加的途径. 除了城市自身的人口增值之外, 一个十分显著的时代特征就是农村人口大量涌入城市. p.90.
346) 동상서. p.90.
347) 《坊墙倒塌以后―宋代城市生活长卷》李春棠 著. 湖南出版社. 1985年 3月. p.172.
348) 《东京梦华录》
349) 《武林旧事》

(사진 47) 송대의 구란勾欄과 와사瓦舍
구란에는 공연뿐만 아니라 술집, 찻집, 약방까지 갖추어져 있다.

구란의 무대는 협소하다. 보통 3~4명의 예인들이 활동할 만한 공간이다. 심지어는 한 사람이 노래할 만큼 작은 무대도 있다. 그러나 이러한 작은 무대의 등장은 예술상에서의 하나의 중대한 돌파라고 할 수 있다. 이는 문화 예술 공연이 다시는 궁정, 사찰, 권문세가의 울안에만 갇혀 있지 않고 대중들의 품으로 돌아올 수 있게 한 징표였다.[350]

송대의 연극은 유료 공연과 도시민의 집중화에 의해 배우의 직업화와 관객의 확보라는 두 마리의 토끼를 단번에 잡을 수 있었다. 배우의 생계 문제가 해결되지 않고는, 고정된 관객의 확보가 없이는 연극의 발전은 공담에 불과하다. 여기에 시민들의 경제적인 여유와 여가시간이 추가되어야 할 것이

---

350) 《坊墻倒塌以后－宋代城市生活长卷》李春常 著, 湖南出版社. 1985年 3月. p.172. 勾栏的舞台是狭小的, 一般只供三五个艺人活动, 甚至只供一个人演唱, 但是, 这种小舞台的出现, 是艺术上的一个重大突破, 它标志着文化艺术的演出不在囿禁于宫廷, 寺院, 豪门府第. 艺术, 开始拥抱社会大众.

다. 극장瓦舍은 사람들의 유동이 가장 많은 도시의 번화가에 자리 잡았으며 앞에는 광장이 있고 교통이 사통팔달했다. 송대의 고급 주점들은 모두 2~3층 구조로 된 호화로운 고층건물들[351]이어서 사람들의 시선을 유혹하고도 남았다. 그 안에는 향기로운 술과 아름다운 기생이 기다리고 있었다. 번화가에 사람들이 많이 모이는 원인은 그곳에 술집과 다방, 요식업체를 비롯한 문화오락시설들이 즐비하기 때문이다. 와자 안에 술집과 음식점을 겸한 것은 연극 관객을 끌어들이기 위한 일종의 상술이라고 할 수 있다.

통속예술은 와사와 구란뿐만 아니라 술집과 찻집도 또 다른 중요한 공연장소로 이용했다. 술집과 극장이 연대하는 것은 예술이 유흥에서 태어났으며 본질적으로 인간의 감성과 희로애락을 반영하기 때문이다. 술은 인간의 기분과 정서를 고양시키는 효과를 가지고 있다. 자유로운 정신세계에서만 느낄 수 있는 낭만과 몽환, 환락과 즐거움을 향유할 수 있도록 도와준다. 번화가에 고급 주점들이 들어섰다면 "골목과 빈민가에는 서민들이 찾는 싸구려주점들과 기생들이 잠자리를 같이 하는 하류 술집들이 도처에 널려 있었다."[352] 북송 동경의 대형 고급주점은 72개이고 일반주점까지 합치면 술집이 도합 만여 개에 육박했다.[353]

"송대의 술과 차는 그야말로 양식과 소금과도 같은 것으로서 음식문화 중의 양대 기둥이 되었다."[354] 북송희녕神宗熙寧 연간에 동경성내東京城內의 술집에서 술을 빚는데 사용하는 양곡이 80만 석石이고 궁궐의 양조장에서 술을 빚는데 드는 양곡이 8만 석石이다.[355]

---

351) 동상서. p.19.《宋代东京研究》周宝珠 著. 河南大学出版社 1998年 4月. p.286.
352)《坊墙倒塌以后-宋代城市生活长卷》李春常 著. 湖南出版社. 1985年 3月. pp.40~41
353) 동상서. p.289.
354)《坊墙倒塌以后-宋代城市生活长卷》李春常 著. 湖南出版社. 1985年 3月. p.21.
355)《宋会要稿》食货二〇.

인종(仁宗)에서 신종(神宗)에 이르는 시기에 동경 곡원(曲院. 누룩을 만드는 곳)에서 생산한 누룩이 매년 200만 근 좌우였다. 당시의 누룩 한 근으로는 보통 20~60근의 술을 빚었다. 만일 중간 정도의 술 생산량 비율로 계산한다면 200만 근의 누룩으로 8000만 근의 술을 빚을 수 있다. 동경 인구가 가장 많았을 때 150만 명이었으니 평균 매인 당 50여 근이 된다.[356]

실로 어마어마한 숫자가 아닐 수 없다. 그야말로 술 왕국이라 불러도 손색이 없을 듯싶다. 송나라 사람들이 이토록 술을 즐겼던 이유는 그들의 다채로운 문화생활과 연관이 있다. 술과 차[357]는 송나라 사람들의 여가 생활에 더욱 흥을 북돋우어 주었고 인생의 쾌락을 누리게 했다. 흥과 낙에 예술이 빠질 수 없다. 여기에 미녀(기생)까지 추가하면 그 흥과 멋은 최고조에 이르는 것이다.

은전이 적거나 술을 적게 마실 술손님들은 보통 일층 대로변의 대청에 자리를 잡는다. 돈이 있거나 술을 즐기는 사람들은 위층으로 올라갔다. 그 명칭도 멋진 이른바 "등산"이다. 두 번째, 세 번째 봉우리까지 오를 수 있다. 위층으로 올라온 주객들은 갑갑하게 술만 마시려 하지 않는다. 항상 술시중을 들 아가씨를 불러 취흥을 돋운다. 직원은 아가씨 명패를 보여주고 손님이 지명하기를 기다리는데 이름하여 "점화패(点花牌)"라고 한다. 어떤 주점에서는 아예 아가씨들을 손님 앞에 줄 세워 놓고 마음대로 선택하도록 한다. 대형 술집들에서는 일반적으로 아가씨들이

---

356) 《坊墙倒塌以后-宋代城市生活长卷》李春棠 著. 湖南出版社. 1985年 3月. p.21.
357) 동상서. p.25. 송대에 이르러 음다문화는 당대에 비해 더욱 보급되었다. 차 생산지도 당대보다 2, 3배 늘어났고 다세(茶稅)도 20~30배 증가했다. 당대 중, 후기에는 매년 다세가 40만 관(貫)에 미치지 못했으나 북송휘종(徽宗)정화(正和)6년에 다세는 무려 1000만 관에 달했다.

술시중만 든다. 그중에서 몸값이 높은 아가씨들은 기악과 노래에 상당한 조예가 깊다. 그녀들이 있는 한 웃음소리와 노랫소리가 넘쳐나 주객들의 주흥은 한껏 부풀어 오른다. 술상이 파한 뒤 여흥이 도도한 손님들은 기녀를 따라 영항유곡(永巷幽曲)으로 갈 수 있다.358

기녀들이 술집에서 돈을 버는 방법은 볼만하다. 손님이 문 안에 들어서면 즉시 누군가 대령하여 차를 따른다. 한 잔의 팁만 해도 몇 천 전이다. 일컬어 "점화차"라고 한다. 위층으로 올라간 다음에는 술 한 잔을 마시는데 또 몇 천 전을 줘야 한다. 일컬어 "지주"라고 한다. 그런 다음에야 요리와 과일 등 안주를 주문하고 술판을 벌리고 기생더러 술시중을 들게 한다.359

사람들이 막대한 유흥비용을 지불하면서까지 술과 미녀를 찾아 술집으로 구름처럼 몰려드는 이유는 정신적인 자유와 유흥을 즐기기 위해서이다. 그런데 예술은 바로 그 흥에서부터 발단된다. 흥이 나면 저절로 어깨가 덩실거리고 콧노래를 흥얼거리게 된다. 예술이 탄생하는 지점이다. 그러나 이러한 흥을 맛보려면 흥을 유발할 수 있는 공간이 마련되고 술과 여자가 있어야 한다. 흥을 불러일으키는 문화공간의 창출은 곧 예술 공간의 창출로 이어진다. 북송의 대시인 소동파蘇東波는 술집의 기생들과 늘 어울렸다. 황가에 있을 때 동파는 술집에 갈 적마다 "기생들이 너도나도 종이를 들고 시를 지어달라

---

358) 동상서, p.20. 銀钱不够的, 或者买就比较少的酒客, 一般就坐与楼下庭院, 这些去处成为 "门床马道". 有钱的, 嗜酒的上楼去, 美其名曰"登山", 可登一山, 二山, 三山. 上山的大多 不肯喝闷酒, 往往召唤陪酒女郎助兴. 服务人员先把女郎名牌送来, 桃花人面, 任君挑选, 在 大酒店中, 陪酒女郎一般只陪酒. 其中一些档次高的, 颇有些弹唱技艺. 有她们在, 笑语中串 着绵绵歌声, 酒客们的酒醒大增. 酒后余兴仍浓厚, 可以跟随妓女去那些永巷幽曲.

359) 동상서. p.252. 嫖客们上高级妓馆, 开销十分可观. 一进门, 立即有人提瓶献茶, 一杯茶也要 几千钱, 谓之"点花茶". 上楼后, 饮一杯酒, 又是几千钱, 谓之"支酒". 然后, 点菜肴果品, 开 宴叫妓女来陪酒.

(사진 48) 청명상하도(국부). 시민들로 인산인해를 이룬 북송 수도 동경(개봉)의 모습 인구집중은 도시화를 촉진하고 연극의 극장무대화와 배우의 직업화를 가능하게 했다.

고 졸라대면 그 간청을 거절하지 못하고 써주곤 했다."360

이렇듯 문학은 물론이고 연극을 포함한 모든 예술은 언제나 술과 미녀와 함께 있었다.

송대 연극의 눈부신 발전은 연극의 생존공간을 확보하는 것이 무엇보다 우선 순위였다. 관객의 확보가 없이는 공연 장소의 고정, 즉 극장화와 배우의 직업화란 상상도 할 수 없는 것이었다. 고정된 관객의 확보는 도시에로의 인구집중과 정착생활이 선행되어야 한다. 정착생활은 일자리가 마련된 기반위에서만 가능하며 일자리는 다시 경제수입원의 구실을 한다. 인구집중, 정착, 일자리, 경제수입원의 조건이 충족될 때 예술은 비로소 왕성한 생명력을 과시하기 시작하는 것이다.

오늘날 대학들이 집중된 인구 밀집지역인 대학로와 신촌, 등지에 문화오락시설과 요식업 극장가들이 유달리 발달한 것도 상술한 조건에서 비롯된 문화현상이다. 미군주둔지는 물론이고 일제시대에도 일본군이 주둔한 지역이면 어김없이 성산업과 요식업, 유흥업소들이 즐비했다.

"철도가 놓이면서 기차역 인근에도 집창촌이 들어서기 시작했다.…… 일본인 거류민단과 철도부설에 동원된 수백, 수천 명의 인부들이 몰리면서 이들을 상대"361로 개설된 것이다.

이는 모두 인구집중과 일자리를 통해 도시민의 경제수입원이 보장되었기 때문에 가능한 것이었다.

---

360) 《清波杂志》东波在黄冈, 每用官妓侑觞, 群姬持纸乞歌词, 不违其意而予之.
361) 《유곽의 역사》홍성철 지음. 페이퍼로드. 2007년 8월 30일. pp.70~71.

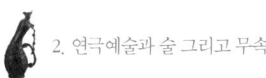

기생은 오늘날의 도덕적 기준을 떠나서 우선 당대의 예인들이었다. 가무에 능하고 기악에도 조예가 깊을 뿐만 아니라 풍월에도 일가견이 있었다. 이들은 무속인들과는 달리 귀신과 신을 떠나 인간의 정감과 희로애락을 노래하는 예인들이었다.

　　송대의 연극은 술과 미녀로 사람들을 불러 모으는 이러한 환경 속에서 생존을 도모하고 발전할 수 있었다. 술이 없었다면 송대 연극의 발전은 단연코 불가능했을 것이다. 무당의 제의에서 신만이 향유할 수 있던 술祭酒이 인간의 희로애락과 함께 술로 재탄생하면서 이뤄낸 장거가 다름 아닌 송대의 연극이다. 술은 인간을 자유로운 환상과 낭만이 넘치는 예술의 세계에로 인도해주는 중요한 역할을 담당한 것이다. 예술창작자에게는 영감과 상상의 자유를, 감상자에게는 낭만과 흥분을 안겨주는 마술사와 같은 존재이다. 예술을 무속의 억압에서 구원해준 구세주라는 명예를 술에게 부여하는 것은 조금도 과분하지 않다고 생각한다.

2) 고려 말, 조선시대의 공연문화와 인위적 환경

　　특정 문화는 특정 환경의 소산이다. 여기서 환경이라 함은 인위적인 것 즉 사회적, 경제적, 이데올로기적인 환경을 지칭한다. 송대의 공연, 유흥문화가 찬란했던 이유는 개방된 사회, 발달된 경제, 탈 종교적인 이데올로기라는 비옥한 토양이 제공되었기 때문이다. 반면 한국의 공연문화가 고려 말과 조선시대 전반을 통해 침체와 부진의 수렁에서 헤어 나오지 못한 원인은 폐쇄된(보수적인) 사회, 낙후한 경제, 종교예속적인 이데올로기라는 척박한 토양에 뿌리를 내렸기 때문이다.

　　고려시대는 일단 인구집중과 도시화 진척이 완만했다. 경제 분야에서는 발전 속도가 느리고 정치, 사회적으로는 보수적이고 종교적이었다.

고려 수도 개경의 인구가 10만 명이라고 한다.[362] 강단 사학계의 주장도 이와 일치한다. 그러나 일부 재야사학자들은 「삼봉집」, 「지봉유설」, 「양촌집」, 「송경지」들에 수록된 기록을 근거로 이러한 논증을 펴는 학자들을 친일학자로 매도하는 한편 10만~30만 호라는 얼토당토않은 주장을 들고 나온다. 이와 같은 궤변은 전혀 설득력이 결여된 억지에 불과하다. 10만 호면 세대 당 5명으로 추산해도 인구가 50만 명이다. 30만 호면 150만 명이다. 여기에 수도의 특징인 유동인구까지 합치면 60만 내지 160만 명이다. 현재 북한의 개성시 인구가 31-35만이다. 그중 시내에 사는 인구가 10만 명밖에 안 된다.

수원시 인구가 60만 명이다. 고려 개경 인구와 비슷하다. 건물의 높이를 평균 5층으로 잡을 때 단층주택이었을 개경은 수원보다 5배의 부지면적이 더 필요하다. 수원시는 철도, 지하철, 버스, 택시, 자가용으로 도시교통을 해소한다. 그러나 소와 말, 수레 말고는 보행 수단밖에 없었던 고려시대에 수원시보다 5배나 더 넓은 도시교통을 어떻게 해소했겠는가. 지금처럼 전화도 인터넷도 없이 도보가 아니면 말이나 나귀를 타고 다녔을 당시에 이처럼 거대한 대도시의 행정관리가 도저히 불가능했을 것이다. 당나라에서는 도로교통과 말 산업이 발달하였지만 고려는 교통이 피폐한 데다 몽고인들이 보내준 적은 숫자의 조랑말과 나귀가 이동수단의 전부였다.

> 고려는 산이 많고 도로가 험하여 수레가 운반하기가 불리하다.……
> 가벼운 짐은 등에 지고 다닌다.…… 그래서 물건을 싣는 데는 말을 사용한다.[363]

---

362) 《한국사》 이병도 著. 을유문화사, 1977년. p.563.
363) 《고려도경》제16권. 雜載.

50~60만 명이나 되는 대도시의 주민들을 먹여 살리려고 해도 물류 운반이 난제로 떠오른다. 곡물, 야채, 과일, 해산물들을 공급하자면 위성도시 건설과 교통과 운수도구의 발달이 전제되어야 한다. 국가 세곡稅穀도 육로교통의 미발달로 수상운수(조운로漕運路))에 의거364한 고려에서 이러한 대규모의 물류운반시스템이 정비되지 않았을 것은 불을 보듯 뻔하다. 운반만 보장된다 해서 일이 끝난 것도 아니다. 이들이 묵을 숙박업과 요식업 계통도 구비되어야 한다.

　　뿐만 아니라 고려시대는 농업이 경제의 중추였다. 농민들이 땅을 버리고 수십 만 명씩 대도시에 모여 농사를 지을 수도 없는 노릇이다. 그렇다고 수공업이나 상업과 같은 다른 생계수단도 없었던 고려였다. 사실 필자는 모든 조건이 미비한 상황에서 10만 호는 어불성설이고 10만 명도 너무 부풀려진 숫자라고 간주한다. 인구의 대량 집중과 도시화, 농민의 도시직업으로의 전이에 실패했다고 말할 수밖에 없다. 그리하여 수도 개경에는 당연히 술집과 음식점, 극장, 문화오락시설들이 즐비한 송대의 동경이나 임안 같은 번화함은 기대할 수 없게 된 것이다. 이는 고려의 연극 발전에 거대한 장해물이 될 수밖에 없었다.

> 으리으리한 城壁 속에 壯麗한 王宮, 官衙, 寺院이 서고 아름다운 服裝을 한 王公貴人들이 모여들고, 막대한 재물들이 搬入되나 여기에는 店鋪도 없고 오락장도 없었다. 寺院의 쇠북소리와 讀經소리는 들렸지만 즐거운 웃음소리는 들리지 않았다.…… 여기에는 市民의 興겨운 분위기가 없었다. 이곳은 전적으로 政治都市요, 官人都市였다.…… 市民을 위한 固定된 오락장―劇場 같은 것은 없는 대신 國家 名節과 各種 佛敎行事가

---

364)《한국 전통문화의 허울을 벗기다》장혜영 지음. 어문학사. 2010년 5월 25일. p.231.

行하여졌다.365

　개경은 개방된 시민의 공간이 아니라 그야말로 종교도시였다. 무속과 불교가 왕궁에서부터 산간벽촌에 이르기까지 어디에서나 판을 쳤다. 극장과 점포 오락장은 물론이고 웃음 소리조차 들리지 않는 무덤같은 도시였다. 이른바 개경의 번화가인, 십자가와 남대문가 양 옆에 가게들이 있지만 민천사, 보제사, 봉은사 등과 같은 큰 절들이 더 많았다. 지전, 마전, 유시, 마포가게도 있지만 국영 상설시장은 시민들의 생필품을 사고 파는 공간이 아니라 관부에서 필요로 하는 물품을 조달하고 주로 관부나 지배층, 사원과 연결된 상인들이 상업 활동을 진행했다. 시전상인들의 판매(거래가 아닌) 대상은 중앙지배

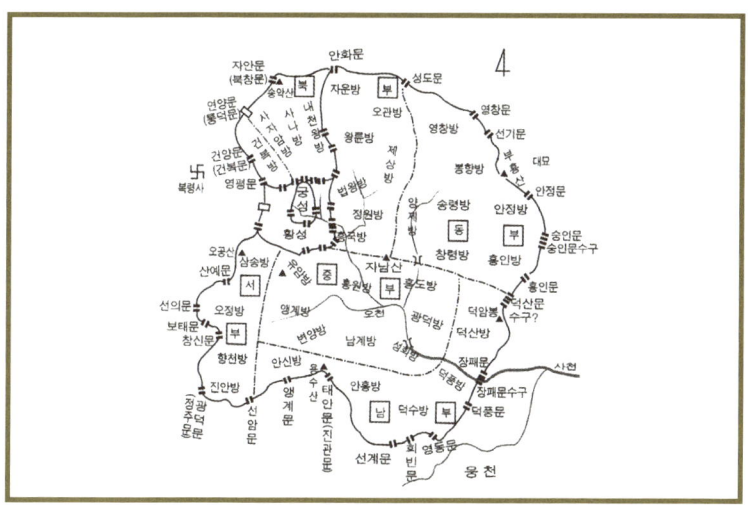

(사진 49) 고려 도읍지 개경 지도

---

365) 《韓國文化史大系》〈風俗 藝術史〉高大 民族文化硏究所. 1970년 2월 28일. p.925.《한국 연극사》이두현 지음. 學硏史. 2009년 7월 20일. p.98.

층. 사원 등으로 시민들은 시장 소비자가 아니었다. 시민들이 시장을 이용하지 않았다는 것은 그들의 생업은 여전히 농업생산이며 자급자족의 소농이어서 상품교환도 필요 없고 교환할 여분의 산품도 없었음을 설명한다. 원래 도시의 시장은 수공업, 예인 등과 같은 비 농업 종사자들이 스스로가 사용할 소비품이 아닌 생산품으로 필요한 식량과 농산품 그리고 기타 생필품을 교환하는 장소이다. 그런데 그들 자체가 소농이니 시장이 무슨 필요가 있었겠는가. 단지 농사를 하지 않는 왕공귀족들이나 그것이 필요했을 것이다. 이리하여 시장과 상인들은 그들이 필요한 상품을 조달하는 중개자 역할만 했을 뿐이었다. 상업이 발달하지 않아 인구 유동도 적기 때문에 그에 해당하는 숙박업, 요식업, 유흥업, 문화오락시설이 발달할 리가 없다.

조선시대에 와서도 사정은 별로 나아지지 않았다. 서울(한성부)의 인구는 통계기록이 시작된 1428년(세종 10년)에 10만 3,328명이었고 1593년(선조 26년)에는 3만 8,931명으로 줄어 들었다. 1657년(효종 8년)에는 다시 8만 572명으로 늘어났다. 구한말인 1902년(19만 7,214명)까지 20만 명 좌우에서 맴돌았을 뿐 한 번도 초월한 적이 없었다. 이와 같은 통계수치는 경제와 상업기반이 낙후했던 조선의 상황과 어울리는 것이다. 조선시대 전반을 통하여 인구집중이 이루어지지 않았으며 도시화의 진척이 침체 상태에 빠져 있었음을 암시한다.

> 나는 유럽이나 미국, 일본, 중국, 어디를 가나 조선은 민속학적으로 별 볼일없는 나라라는 말을 누차 들어왔다. 실제로 언뜻 보아선, 심지어 수도에 이르기까지, 조선의 도시 만큼 비참하고 처량하고 가난해 보이는 도시는 없는 것 같다.[366]

---

366) 《조선기행》 샤를바라/샤이에 롱 지음. 성귀수 옮김. 눈빛. 2001년 7월 30일. p.81.

자급자족의 소농경제로 생계를 유지할 뿐 상업의 발달에는 관심이 없었다. 상업은 여전히 고려시대의 시장기능과 다를 바 없이 관청에 물품을 조달하는 시전市廛일 뿐이었다. "시전은 관청의 허가를 받아 장사를 하는 대신 관에 필수품을 공급하는 상점이다."367 1791년(정조15년) 사상인私商人들이 등장368해서야 진정한 서민시장이 활성화된 것이다. 이때는 이미 20세기의 언덕을 넘는 근대의 시기였다.

도시의 인구집중과 상업화의 실패가 초래하는 악영향은 비단 여기에서 그치는 것이 아니다. 인구집중과 시민들의 경제수입원의 확보 그리고 여가시간의 선행이 없으면 극장과 무대설치도 어렵게 된다. 극장과 무대는 연극의 상설공연을 위해 반드시 필요한 시설물이다.

송원宋元연극이 무대에서 공연된 것과 달리 고려 말, 조선시대의 연극에는 무대장치가 없었다. "연출 장소가 일정하지 않고 대개는 마을"369에서 공연되었다. "서선, 중선, 남선 3대별三代別로 구분되는 가면극의 공통점은 야외극野外劇"370이라는 점이다. "동래東萊에서는 오광대가면극을 논바닥에서 공연하며 수영水營에서는 너른 마당에서 공연"371한다. 사찰에서 팔관회와 연등회를 열 때 채붕綵棚을 설치하고 가무백희歌舞百戲를 공연하지만 이는 "오색 비단 장막을 늘인 다락"372으로서 야외 간이무대에 불과하며 그나마도 일 년에 한두 차례가 전부였다. 조선시대의 산대희山臺劇는 구한말까지도 무대가 없었

---

367) 《시장으로 보는 우리문화 이야기》정승모 지음. 웅진닷컴. 2000년 4월 25일. p.54.
368) 동상서. p.55.
369) 《한국연극사》이두현 지음. 學硏社. 2009년 7월 20일. p.369.
370) 《韓國民俗考》宋錫夏 著. 日新社. 단기 4293년 3월 30일 p.23.
371) 동상서. p.212.
372) 《한국연극사》이두현 지음. 學硏社. 2009년 7월 20일. p.102.

2. 연극예술과 술 그리고 무속   인간을 위한 술, 인간을 위한 예술 — 211

〈사진 50〉 아극돈阿克敦의 봉사도奉使圖의 예산대曳山臺(上) 산서왕보촌이랑묘무대
山西王報村二郞廟무대(左) 고대무대(右)
중국 사신을 영접하기 위한 산대는 모두 무대 설치가 없이 야외에서 연행되지만 중국은 송대에 무대가 등장한다.

다.[373] 중국 사신들을 영접하느라 산대극을 공연할 때에도 "산기슭에 붕棚을 설設"[374]하고 연희했다.

송석하宋錫夏는 한국 가면극에 무대가 없는 원인을 "노래를 주主로 하고 연기가 없을 뿐만 아니라 배경도 필요 없기 때문"[375]이라고 지적했다. 그러나 고정된 극장과 무대를 가지지 못한 원인으로 반드시 수입원이 없는 연극인의 생계의 어려움을 추가해야 될 것이다. 고정된 장소에서의 상설공연은 배우들의 경제수입과 의식주문제가 선행해야 되기 때문이다.

조선시대 백성들은 "생활에 쪼들려 구복지계口腹之計에만 급박하고 정서생활情緖生活에는 도통 관심이 없음으로[376] 배우들은 한곳에서 공연하여 먹고 살 수가 없었다. 배우들은 집은 아현동에 있지만 전국을 떠돌며 지방순회공연을 할 수밖에 없었다. 말이 좋아 순회공연이지 사실상 유리걸식이었고 매춘이었다.

송대 연극배우들은 도시의 고정된 장소에서의 상설공연을 통해 획득한 정상적인 경제수입으로 의식주 문제를 해결함으로서 연극에 전념할 수 있었다. 새로운 연극을 개발하고 연습을 하고 하루에도 몇 차례의 공연을 반복할 수 있기에 많은 수입을 올릴 수 있었다. 고정된 관객의 확보를 통해 그들과 공감대와 연대감을 형성할 수 있었다. 물론 관객의 고정화는 똑같은 연극의 반복 공연에 한계를 강요한다. 그러므로 부단히 새로운 연극을 개발해야 한다.

---

373) 《韓國民俗考》宋錫夏 著. 日新社. 단기 4293년 3월 30일 p.160. 舞臺는 十餘年 前까지는 없었다. p.173. 山臺劇이 舞臺를 必要로 하게 된 것은 最近 十餘年 前부터이며 그 무대라는 것도 보잘 것이 없다.
374) 《朝鮮演劇史》金在喆 著. 民學叢書 3. 국립중앙도서관. p.63. 《韓國民俗考》宋錫夏 著. 日新社. 단기 4293년 3월 30일 p.291. 그 特別한 지역은 山麓인 大地이고 그곳에다가 棚을 設하여 綵幕을 에워싼 것이 表面으로 나온 것이 아닌가 한다.
375) 《韓國民俗考》宋錫夏 著. 日新社. 단기 4293년 3월 30일 p.153.
376) 동상서. p.392.

관중의 인기를 잃지 않기 위해서는 연습도 게을리 해서는 안 된다. 이는 연극의 직업화와 발전에 중요한 작용을 일으킨다.

그러나 순회공연은 부정적인 측면이 허다하다. 일단 이동에 할당하는 시간이 너무 많다. 연습과 새로운 연극의 개발에 영향을 미친다. 같은 연극을 끝없이 반복할 수밖에 없다. 관객도 일회성이어서 공감대를 형성하기가 어렵다. 배우와 관중이 하나가 될 때에만 소기의 목적에 도달할 수 있는 것이 연극이라고 할 때 재미를 유도하기 위한 잡기나 골계 따위의 연희는 자격미달일 수밖에 없다. 게다가 가난한 시골사람들은 곡식 외에는 내밀 돈조차 없다. 그나마 있어야 내고 없으면 밥이나 한 끼 얻어먹고 마을에서 숙박하는 것으로 만족하지 않으면 안 된다. 공연수입으로는 입에 풀칠하기도 어려워지자 생존을 위해 짜낸 궁여지책이 매춘이다.

> 祠堂은 表面은 假面劇, 人形劇, 俗謠, 舞踊, 曲藝를 하나 그 裏面은 머슴 階級을 상대로 賣春(男子는 鷄姦)을 하는 團體로 그 根源은 相當히 오래된 것 같다.[377]

사당패뿐만 아니라 광대廣大도 매춘을 한다.[378] 도시민은 농경민과는 달리 개인의 능력과 기술에 의존해 살아간다. 자급자족의 농경민은 타자와의 관계에서 배타적이고 폐쇄적이며 보수적이다. 결국 한국의 대중연극은 인구집중과 상업의 토대가 박약한 도시에서 쫓겨났을 뿐만 아니라 농경민의 보수적 소유의 벽마저도 넘지 못한 채 개인의 기술을 물질로 교환하는 데 실패한 것이다.

---

377) 동상서. p.281.
378) 동상서. p.282.

廣大는 집시團처럼, 어제는 東으로 來日은 西로 流浪하며 劇을 演出하게 되었다. 어제는 富者집 마당에서 來日은 市場 한구석에서, 모레는 酒幕에서, 이렇게 轉轉流浪하여 가며 演劇을 하였다.[379]

집도 없이 월수月收빚까지 얻어 써야[380]하는 광대와 사당패는 매음을 하지 않고는 도저히 살아갈 방법이 없었던 것이다. 얼마 전까지도 예인들을 "딴따라"라고 비하한 것은 이들이 "여진, 거란족의 후예"[381]라는 천한 신분 때문이기도 하겠지만 그보다는 이들의 매음賣淫이 사람들에게 거부감을 주었기 때문이 아닌가 생각한다. 이와 같은 상황은 고려시대도 아닌 조선 시대 중, 후반의 일이다. 송대와는 비교도 안 되는 훨씬 뒷날의 일이다. 그럼에도 불구하고 상황은 송대보다도 낙후한 것이다.

고려 말, 조선 시기에 연극예술이 발전하지 못한 이유 중에는 술 문화가 대중화되지 못한 것과도 연관이 있다. 술이 없는 사회는 흥과 즐거움이 없으며 그 자리에는 가난과 굶주림이 군림한다.

「고려도경」의 기록에 따르면 고려 시기에도 술은 있었다. 그러나 "서민들은 양온서良醞署에서 빚은 술을 구하기 어려워서 맛이 박薄하고 빛깔이 짙은 술을 마셨다." "병든 아이들이 배가 고파 나무뿌리를 씹고 머리털을 잘라 쉬고 썩은 술지게미를 바꿔 먹고"[382] 입에 풀칠하기도 어려운 세상에 언제 서민들이 배포 유하게 술을 마실 경황이 있었겠는가. "술지게미가 쉬고 썩었다"는 표현은 양조장에서 술을 빚은 지가 아주 오래되었다는 의미도 암시하고

---

379) 《朝鮮演劇史》金在喆 著. 民學叢書 3. 국립중앙도서관. p.64.
380) 동상서. p.65.
381) 《韓國文化史大系》〈風俗 藝術史〉高大民族文化研究所. 1970년 2월 28일. p.943.
382) 윤소종(尹紹宗)의 시 「제동문언(祭東門媼)」

2. 연극예술과 술 그리고 무속   인간을 위한 술, 인간을 위한 예술 － 215

있다. 양곡 조달이 어렵거나 술 구매자가 적었음을 뜻한다. 그만큼 양주산업이 불황에 빠졌음을 예측할 수 있다.

사찰들에서 돈벌이 수단으로 술을 빚어 팔기도 했지만 송대宋代의 개경이나 임안처럼 술집들이 즐비한 풍경은 없었다. 일부 학자들은 성종成宗대[383]와 숙종肅宗대[384]에 주점이 개설되었다고 주장하지만 유명무실할 뿐 활성화되지는 못했던 것으로 간주된다. 상업망이 형성되지 않은, 자급자족의 소농경제사회에서 화폐의 효용은 제 기능을 발휘할 수 없기 마련이고 그것은 발전된 상업의 토양에서만 성행할 수 있는 주점의 수명을 단명하게 할 수밖에 없기 때문이다. 한마디로 고려 시기에는 술을 빚어 판매하거나 가정집 자체양조는 있었으나 술집은 없었다고 하는 게 정확한 표현일 줄로 안다. 윤관尹瓘과 오연총吳延寵도 집에서 빚은 가양주家釀酒를 마셨다. 몽골인의 소주가 들어와 음용 보편화된 시기는 고려 후기인 서기 1314~1345년경이다.

유달리 식양난이 극심했던 조선시대는 왕조500년 동안 금주령이 시행되지 않은 적이 별로 없었다. 술이 식량난의 화근거리라는 거부감 때문인지 조선전기는 물론 중반까지도 술집에 관련된 기록이 거의 전무하다. 문헌 중에 "술집에 관한 정보가 없다는 것은 술을 마실 수 있는 상업적 공간이 실제로 없었거나 그런 공간이 극히 드물었기 때문일 것이다." [385] 진정한 의미에서의 술집이 등장한 것은 18세기도 다 저물어가고 바야흐로 19세기 근대의 문

---

383) 《韓國食品社會史》李盛雨 著. 敎文社. 1995년 1월 20일. p.218. 고려 成宗은 개성에다 처음으로 酒店을 여러 곳 두었는데 그 酒店에 成禮 樂賓(악빈) 延齡(연령) 靈液(영액) 玉漿(옥장) 喜賓(희빈) 등 雅趣(아취)있는 이름을 붙이고 있다.
384) 《고려사》 〈식화지〉 기록에 의하면 1097년(숙종 2)에 유문전(有文錢)을 주조해서 관리들에게 나누어 주는 한편 공설주점(公設酒店)을 경영하여 주화가 보급되도록 힘썼다고 한다.
385) 《조선의 뒷골목 풍경》 강명관 지음. 푸른역사. 2004년 9월 15일. p.127.

턱에 한 발을 들여 놓은 1790년경이다.386 술 문화와 그것을 발판으로 공연예술이 눈부신 발전을 한 송대에 비하면 너무 늦은 시기이다. 이전에는 술집은 거의 없고 술을 빚어 판매하는 곳만 있었다. 조선왕조실록에 나오는 "회음會飮"이라는 기록은 상업성 요식업이 아니라 벼슬아치들끼리의 회식會食이고 받침술집은 술을 파는 가게이다. 영조 때에 잠시 주점이 생겨났지만 3개월도 못가 엄격한 금주령으로 자취를 감추고 말았다. 1792년 전에는 술안주도 김치와 자반이 전부였다고 하니 그런 안주에 흥이 나도록 술을 마실 수가 없었을 것이다. (술안주에 대해서는 제4장에서 송대의 술집을 예를 들어 자세히 소개하려 한다.) 연암 박지원은「열하일기」에서 "이른바 술집이란 것은 모두 항아리 입 같은 창에 새끼줄로 만든 문도리가 있다. 길 왼편의 작은 각문角門에 새끼줄 발을 드리우고, 쳇바퀴로 등롱을 만든 것은 틀림없는 술집이다."라고 묘사하고 있다.「열하일기」는 박지원이 1780년 (정조4년)에 지은 일기체 작품이다. 청나라는 그만두고『동경몽화록東京夢華錄』(1147년 완성)에 묘사된 633년 전의 송나라의 주점387과 비교해도 부끄러울 정도로 초라하다.

그래도 조선 후기에 도처에 술집과 주막이 생기면서부터 문학예술은 미소하나마 약진을 보여준다. 고려 말, 조선시대의 문학에 대해서는 제3장에서 구체적으로 담론하기로 하고 여기서는 이만 접는다.

고려시대와 조선시대 모두 기생이 있었다고 하지만 송나라 때의 기생과는 본질적으로 다르다. (고려시대에는 아예 관련 기록조차 없다.) 조선시대를 떠들썩하게 했다는 유감동兪甘同의 간통사건과 어을우동於乙于同의 경우를 보면 알 수

386《정조실록》30권,. 14년(1790 경술 / 청 건륭(乾隆) 55년) 4월 26일(병자)【태백산사고본】근래 도성 안에 큰 술집이 골목에 차고 작은 술집이 처마를 잇대어 온 나라가 미친 듯이 오로지 술 마시는 것만 일삼고 있습니다.
387 고급주점에는 조화(造花)나 색실로 입구를 장식한다. 밤이면 찬란한 등불 아래 기녀들이 지나다녀 마치 선경(仙境)에 온 듯하다.

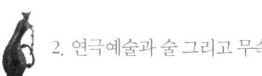

(사진 51) 어울우동於乙宇同
그녀는 유감동과 마찬가지로 기생이 아니라 태강수泰江守의 아내 즉 유부녀였다.

있다. 사족士族 검한성檢漢城 유귀수兪龜壽의 딸인 감동은 평강현감平康縣監 최중기崔仲基의 아내였으며388 어울우동은 태강수泰江守의 아내였다.389 역시 실록에 수록된 사람들로 이귀산李貴山의 아내는 유부녀이고 이석철李錫哲, 변중량卞仲良, 유은지柳殷之 등은 친족간통죄이다. 이들의 공통점은 유부녀라는 점과 가족 내의 간통이라는 점이다. 이 외에 승지 조극치曹克治가 회음會飮에서 음행淫行한 기녀는 술집 기생이 아니라 관비이다.

> (조선시대의)기생은 구실을 드는 여자다. 구실이란 관청에 몸을 바치고 거기서 밥을 먹는 것으로 곧 나라에 바치는 역을 말한다. 기생은 관아의 명부(妓籍)에 올라 있었으며, 읍성 가까이에 살림집을 두고 관아로 매일 구실을 다녔다.390

기생이 관아에 다닌 것은 남자들이 군역을 지듯이 신역을 지는 것이다. 유부녀와 관기, 그것이 간통이든 구실살이든 공통한 목적은 성관계이다. 이에 비해 송대의 기생은 주점에서 손님들의 술시중을 들고 매음을 함으로서 그 목적이 상업적인 거래이며 돈벌이에 있다. 손님들의 입장에서 보면 기생은 성노리개이기 이전에 공공장소에서 술과 더불어 홍을 돋워주는 정신적 유홍대상이다. 주홍이 도도하면 성관계로까지 이어질 수도 있다.

한국에서 성이 상업적 매매를 목적으로 시작된 것은 "1876년 강화도 조약 이후"391부터이다. "화폐경제가 발달하지 못한" 조선에 일본 화폐가 유통

---

388) 《세종실록》 37권, 9년(1427 정미/명 선덕(宣德) 2년) 8월 17일(임신) 【태백산사고본】 외 다수.
389) 《성종실록》 119권, 11년(1480 경자/명 성화(成化) 16년) 7월 9일(정해) 【태백산사고본】 외 다수.
390) 《조선시대생활사》(하) 안길정 지음. 사계절출판사. 2007년 7월 5일. p.80.
391) 《유곽의 역사》홍성철 지음. 페이퍼로드. 2007년 8월 30일. p.18.

되면서 일인조차지租借地에는 "여러 명의 성매매 여성들이 집단 거주하는 유곽遊廓이 유입된" 것이다. 1902년 7월 한국에서 처음으로 되는 상업성 성매매 장소인 "집창촌이 우에노 야스타로上野安太郞가 부산 부평정 1정목에 요리를 팔며 성매매를 하는 특별 요릿집 안락정安樂亭을 설립했다."[392] 그러나 엄밀하게 말해 집창촌(유곽)은 상업성 성매매공간인 건 확실하지만 여전히 시민들이 쉽게 접근할 수 있는, 대중문화생활공간인 술집은 아니었다. 주흥과 유흥보다는 음행의 공간이었다.

문화공간의 크기는 예술발전의 규모를 한정 짓는다. 고려와 조선시대에 주점가가 형성되지 못했다는 것은 시민이 여가 생활을 할 수 있는 대중적인 문화공간이 제공되지 않았음을 의미한다. 문화공간의 대중화가 아닌 개인화는 위진남북조의 문학에서처럼 시인의 개인적인 성공은 가능하지만 연극과 같은, 대중의 참여와 연대가 필요한 대중예술의 발전은 도모할 수 없다. 고려시대가 "술 없이는 시를 쓰지 못하는" 이규보와 같은 성공한 문인은 배출하면서도 공연예술 분야에서는 여전히 침체와 부진을 면치 못한 원인이 바로 여기에 있다. 이와 같은 상황은 조선시대에 와서도 달라진 것이 없다. 개인의 재능에 의존하는 문학을 제외한 대중예술은 여전히 관중 속에 뿌리를 내리지 못하고 무속이라는 낡은 외의를 걸치고 침체의 늪에서 허우적거렸다.

B. 연극의 내용과 탈종교화

1) 송대宋代 연극의 탈종교화

송대의 잡극은 가무와 잡기雜技의 독점시대에 종지부를 찍고 스토리와

---

392) 동상서. p.31.

대화, 연기를 기본으로 한 독립적인 공연예술장르로 분화한 전환기였다. 송대의 연극을 다시 북송과 남송 잡극으로 세분화한다. 북송 잡극의 특징은 연극적인 요소가 가무와 잡기 사이에 삽입된 짤막한 스토리라는 점이다. 북송 시기의 연극대본은 280개의 제목만 전해질 뿐[393] 그 내용은 문헌에 수록되어 있지 않아 구체적인 전모를 파악할 수는 없다. 제목만 남고 내용이 전하지 않는 이유는 송대 연극 극본이 사대부 문인이 아닌 평민 또는 예인들에 의해 집단 창작되었기 때문이라 간주된다.

> 송대의 잡극은 극본창작에 문인의 참여를 유도하지 못했던 듯싶다.……
> 문인의 참여가 없기 전까지는 서민 스스로가 창작했을 것이다.[394]

실제로 송원남희末元南戲와 조기원잡극早期元雜劇의 극본 작자들도 재인才人이라 불리던 가난한 서생書生들이나 민간예인들이었다. 이들은 서회書會나 와사瓦舍 또는 구란勾欄에서 극본을 쓰는 것으로 생계를 도모했다. 송대 "잡극 극본이 천 개나 되는데 그 내용이 모두 속되고 천박하여 읽어볼 만한 것이 10분의 3밖에 안 되었다"[395]는 기록에서도 작자들의 신분이 서민이었음을 알 수 있다. 이들의 작품은 속되고 천박하다는 이유로 권력층인 사대부 문인들의 외면과 경멸에 의해 역사 속에서 사라지게 된 것이다. 원대元代에 이르러서야 몽골족의 통치에 불만을 품은 사대부 문인들이 벼슬을 버리고 예술 분야에 대거 집결하여 극본 창작에 뛰어들면서 민간극본들도 수용되었다.

---

393) 《武林旧事》周密 著.〈官本雜劇段數〉
394) 《中國古代音樂史稿》上册. 作者: 楊蔭浏. 人民音樂出版社. 1981年 2月 p.357. 宋代的《雜劇》, 似乎还沒有能吸引文人參加协作…… 在未有文人參加之前, 勞動人民自己集體創造……
395) 《顧曲雜言》(明) 明沈德符(1578년~1642년)撰.〈雜劇劇本〉今教坊「雜劇」約有千本, 然率多俚浅. 其可閱者十之三耳.

북송 시기의 잡극은 현실생활을 소재로 한, 하층민들의 연극이 성행했음에도 불구하고 여전히 무속적이고 종교적인 색채가 짙었다. 궁중은 물론이고 와사나 구란에서 공연되는 민간잡극에서도 예외는 아니었다.

　　북송 시기에도 "대소전장괴뢰大小全場傀儡"에서 "포라抱鑼" "경귀硬鬼" "무판舞判" "헐장歇漲"은 공연할 때 한 사람이 탈을 쓰며396 추석의 구나驅儺 때에도 가면을 사용한다.397 《무림구사武林舊事》의 "려정육요驢精六么" "종규 鐘馗" "이랑신변二郎神變"398과 《남촌철경록南村輟耕錄》의 "마명왕馬明王" "오귀청금五鬼聽琴" "변이랑變二郎" "착취귀錯取鬼" 399 등 잡극에서도 가면을 사용한다.

　　그러나 이 내용들은 수많은 잡극 중 일부일 따름이다. 가면은 대부분 나희儺戲나 무극舞劇에서 신이나 귀신의 등장에만 사용될 뿐이다. 많은 연극들은 현실생활을 소재로 하고 있다.

　　북송 때 매년 칠월칠석이 되면 극장勾欄의 악사들이 《목련이 모친을 구하다目連救母》라는 연극을 공연했다400고 한다. 15일까지 무려 7~8일간이나 지속되는 공연이었다. 불교와 무속의 색채가 짙은 내용이다.401

---

396)《東京夢華錄》卷之七. [宋] 孟元老. 〈駕登寶津樓諸軍呈百戲〉
397) 동상서. 〈除夕〉
398)《武林舊事》〈關本雜劇段數〉
399)《南村輟耕錄》
400)《東京夢華錄》〈中元節〉孟元老. 勾肆樂人, 自過七夕, 便搬《目連救母》雜劇, 直至十五日止.
401) 욕심이 많은 목련의 모친 청제靑提부인은 죽어서 지옥에 간다. 효자 목련은 어머니를 구하기 위해 출가 수행하여 신통력을 얻는다. 지옥으로 들어가 고통을 겪는 어머니를 보게 된다. 그녀가 음식을 먹으려 하면 불덩이로 변해 먹을 수가 없었다. 구하려고 해도 생전의 업장 때문에 도저히 아귀도餓鬼道를 벗어날 수 없었다. 목련은 마땅한 계책이 떠오르지 않았다. 안타까운 나머지 부처에게 도움을 빈다. 부처는 목련더러 7월 15일 맹란분회盂蘭盆會(Ullambana)를 열어 10방 스님들의 신통력을 빌려 어머니를 배부르게 대접하라고 가르쳐준다. 부처님이 가르쳐준 대로 하여 어머니를 배불리 먹이고 인간 세상으로 돌

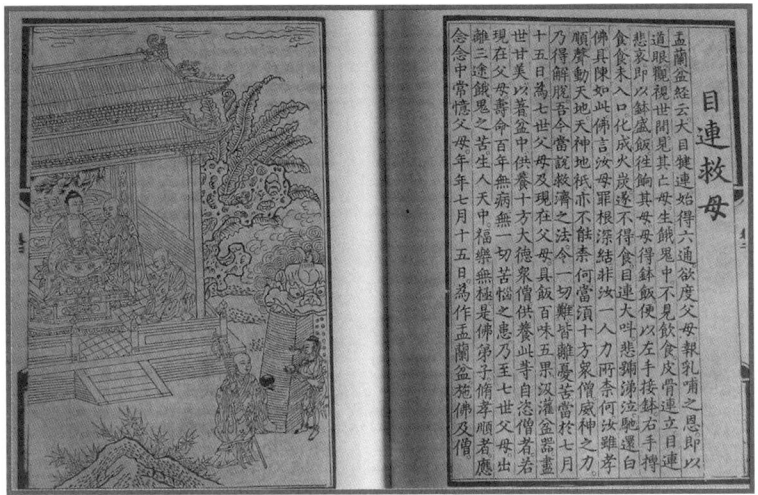

(사진 52) 목련이 모친을 구하다 目連救母
아직은 불교와 무속의 색채가 짙은 연극이었지만 시간이 흐를수록 이야기성이 강화되었다.

그러나 《동경몽화록》의 이 기록에 대해 이의를 제기하는 사람들도 있다. 그들은 《목련이 모친을 구하다》도 다른 "송금宋金 시기의 잡극과 마찬가지로 이야기가 간단하고 공연시간이 짧기에 7일간 연속 공연할 내용이 없다"[402]고 주장한다. 한 걸음 더 나아가 7~8일간 지속되는 중원절의 《목련이 모친을 구하다》라는 연극은 연일 공연이 아니라 같은 내용의 반복 공연이라고 간주하는 학자들도 있다.[403]

그러나 현실적으로 하나의 단막극을 7~8일간 연일 반복 공연한다는 주장은 설득력이 부족하다. 관객들이 여러 날 연속 동일한 연극을 관람할 수도

아오게 했으나 개로 변한다. 목련은 또다시 7박 7일 동안 경을 외워 어머니가 개의 몸을 벗고 천당으로 가게 한다.
402) 《北宋〈目连救母〉杂剧的表演形态刍议》作者: 曹广涛, 《韶关学院学报》 2008年 07期.
403) 《戏曲艺术》 2007年 第04期, 《〈东京梦华录〉"中元节"条两种版本一字之差的思考——兼议北宋目连戏之形态特征》作者: 陈翘.

없고 매년 보는 극을 수차례씩 관객을 교체해야 하는 부담을 감수하며 관람객이 모여들 이유도 없을 것이다. 필자는《목련이 모친을 구하다》는 그냥 연례행사를 대표하는 상징적인 간판일 뿐 실제로는 7~8일간 이 잡극을 중심으로 하여 다른 연극도 함께 공연했을 거라고 간주한다.

> 극장(와사와 구란)에서는 여러 가지 공연들을 매일 진행했다. 공연 종목으로는 소창, 표창, 잡극, 괴뢰, 잡수기, 구장척농, 강사, 소설, 산악, 무선, 소아상박, 도도만패, 영극, 농충의, 제관조, 상미, 합생, 설원화, 잡반, 설삼분, 설오대사, 규과자 등등이다. 와사와 구란은 우수한 잡극과 각종 기예가 모이는 곳이었다.[404]

와자瓦子 안의 여러 구란에는 평일에도 한가한 사람들이 빈둥거렸다. 항상 천여 명의 사람들이 모여 잡극이나 각종 예술종목 공연들을 관람했다.…… 일상적인 공연 외에도 큰 명절과 경축행사 때마다 공연이 있었다.[405] 이러한 현상은 "비가 오나 바람이 부나 춥거나 덥거나 할 것 없이 극장마다 관람객들이 연극을 보러 모여들었다. 날마다 이러했다."[406] 북송에는 이러한 와사가 8곳(큰 와사에는 13개소의 구란이 설치되었다)이나 되었고 남송 때는 무려 25곳[407]이나 되었다. 극장들에서 매일 같은 연극을 끝없이 공연할 수는 없었을 것이다. 수많은 연극 중에는 종교적인 내용도 있고 현실생활을 소재로 한

---

404) 《中國戲曲發展史》廖奔, 刘彦君 著. 山西教育出版社. 2000年 10月. p.202. 瓦舍勾欄里聚集了各類实行的表演技艺, 每日进行演出, 其品类有小唱, 嘌唱, 杂剧, 傀儡, 杂手伎, 球杖踢弄, 讲史, 小说, 散乐, 舞旋, 小儿相扑, 掉刀蛮牌, 影戏, 弄虫蚁, 诸官调, 商迷, 合生, 说诨话, 杂班, 说三分, 说五代史, 叫果子等等. 瓦舍勾欄成为杂剧和各种技艺的荟萃之地.
405) 동상서. p.205.
406) 《東京夢華錄》「卷五」〈京瓦伎艺〉[宋] 孟元老 撰. 不以风雨寒暑, 诸棚看人, 日日如是.
407) 동상서.

내용도 있었다. 종교적인 내용의 연극은 주로 궁정이나 국가적인 행사에서 많이 공연되었고 실생활내용을 다룬 연극들은 민간에서 주로 공연되었다. 북송 잡극의 280개 종목 중에는 "당시의 생활을 반영한 고사故事와 연애자유를 선양한 작품도 있었다. 사랑을 저버린 남자의 양심을 비난하는 작품과 사회 부조리 현상을 폭로한 작품도 있다."408 주희朱熹를 비롯한 문인들은 남녀애정의 자유를 표현한 연극을 "음희陰戱"라고 매도했다.409 하지만 이러한 내용의 연극들은 거의가 당시 서민들의 생활상을 그린 작품들로서 무속과 종교의 영향에서 벗어난 것들이었다고 간주된다. 민중의 현실적인 삶을 연극에 담지 않고는 관객의 흥미와 공감대를 얻기 어려울 것이고 관객의 호응과 관심을 잃으면 수입이 보장된 교방 예인들과는 달리 오로지 공연 수입 하나에만 매달려 사는 민간 예인들은 생계문제를 해결할 수 없게 되기 때문이다. 북송 수도 변경汴京 와사의 민간 출신 배우들이 공연을 고정 직업으로 삼고 살아갈 수 있었던 비결은 다름 아닌 연극공연의 상업화 혜택 때문이었다. 상업화의 법칙은 관객의 수요가 내용을 결정하는 것이다. 그들은 살아남기 위해서는 전통적인 연극 즉 종교와 무속을 내용으로 한 연극만을 고집할 수 없었다. 천박하고 저질적이라는 지탄을 무릅쓰고서라도 어쩔 수 없이 세속적인 현실을 연극의 내용에 담을 수밖에 없었다.

가곡과 무용의 사이에 간신히 끼워 있던 북송의 연극 요소가 남송에 이르러서는 독립적인 연극 장르로 정착된 이유 중에는 "보통시민들의 취미와

---

408) 《中国古代音乐史稿》上册. 作者: 杨荫浏. 人民音乐出版社. 1981年 2月 p.349. 有反映当时生活的:有提倡恋爱自由的作品, 有揭露负心男子的作品, 有讽刺社會上某些不合理行为的作品……
409) 《人民日报》1962年 3月 26日. 〈访书见闻录〉「宋陈淳的禁戏书」作者: 路工. 所谓"淫戏"就是演主张爱情自主的故事.

정취, 감상에 어울리는 스토리를 추구"410했기 때문이다.

남송의 연극 「왕환과 하련련王煥与賀恰恰」의 내용 경개는 다음과 같다.

다재다능하고 문무까지 겸비한 젊은 공자 왕환은 낙양의 기생 하련련과 사랑에 빠진다. 두 연인은 백년해로를 다짐한다. 그러나 반년 후 돈이 바닥 난 왕환은 기생어미한테 쫓겨난다. 바로 그때 돈이 있고 권세 있는 무사武士 고막高邈이 낙양에 나타난다. 기생어미는 하련련을 그에게 시집보낸다. 하련련은 온갖 방법을 다 동원하여 편지를 왕환에게 전한다. 거지로 변장한 왕환은 고막이 외출한 틈을 타 련련을 만난다. 련련은 작별할 때 그에게 노자를 주며 변강으로 가서 공을 세우라고 당부한다. 훗날 전장에서 공을 세운 왕환은 서량절도사西凉節度使가 되고 제멋대로 공금을 횡령한 고막은 죄를 짓는다. 련련은 고막을 심문하는 관리에게 "저는 왕환의 아내예요. 고막과 살기 싫어요." 하고 당당하게 말한다. 이리하여 두 사람은 다시 사랑하게 된다.

종교적 색채나 무속적인 내용이 전혀 없는, 자유연애를 선양한 현실극이다. 700년도 넘는 옛날의 작품이지만 불과 200여 년의 역사밖에 안 되는 "춘향전"411에 비해 조금도 손색이 없다.

다음은 「조정녀채이랑趙貞女蔡二郎」이라는 남극南劇 극본 내용이다.

채백개蔡伯喈는 과거시험 보러 상경한다. 장원에 급제한 후 부화방탕한 생활에 빠져 오랫동안 부모와 아내를 버려둔 채 고향으로 돌아가지 않는다.

---

410) 「北宋杂剧与南宋杂剧是不同的杂剧形式」作者: 胡明伟. 这种追求故事情节的欣赏趣味恰好是普通市民的欣赏情趣
411) 「춘향전」 만화본의 연대가 1754년(영조 30년)이라고 하지만 확인된 건 아무것도 없다.

그의 아내 조오량趙五娘은 흉년세월에도 혼자서 집안 살림을 꾸리고 시부모를 모신다. 시부모가 세상을 뜨고 나서야 장례를 지내고 남편을 찾아 서울로 올라간다. 그러나 채백개는 아내를 모른척할 뿐만 아니라 말을 놓아 그녀를 짓밟게 한다. 이에 진노한 하늘이 벼락을 쳐서 그를 죽여 버린다.

「최호육요崔護六幺」라는 극의 내용은 다음과 같다.

어느 봄날, 교외로 산책을 나간 최호는 길가의 한 집에 들러 물을 마신다. 그 자리에서 우연히 한 소녀를 만나게 되고, 두 사람은 한눈에 서로에게 반한다. 소녀와 갈라진 후에도 두 청춘남녀는 서로를 사모한다. 최호는 다음 해 봄에 다시 그 집으로 간다. 그러나 그 집 문에는 자물쇠가 잠겨있을 뿐 소녀는 보이지 않는다. 그리하여 그는 문에다 "사람은 어디 갔는지 보이지 않고 복숭아꽃만 여전히 봄바람에 웃고 있네"[412]라는 시 한 수를 지어 붙여놓는다. 아래에 자신의 이름까지 적어 놓는다. 며칠이 지난 후 그는 다시 소녀의 집으로 간다. 그런데 느닷없이 방안에서 울음소리가 들려 나온다. 문을 두드리자 안에서 한 노인이 나온다. 노인은 그에게 '자네가 최호인가?'라고 묻는다. 최호는 그렇다고 대답한다. 그러자 노인은 자기 딸이 최호 때문에 죽었다며 자초지종을 말한다. 딸애가 작년 봄 이후로 정신이 흐리마리해지고 밥도 먹지 않았다는 것이다. 그래서 며칠 전에 딸을 데리고 밖에 나갔다 오다가 문에 붙어있는 시를 발견한 것이다. 소녀는 그 시를 읽어보고는 울던 끝에 마침내 죽었다고 한다. 최호는 노인을 따라 집 안으로 들어가 소녀의 시신을 부

---

412) 「題都城南庄」(崔护(唐) 去年今日此门中 人面桃花相映红 人面不知何处去 桃花依旧笑春风 (일년전 오늘 이 집에는/처녀와 복사꽃 한결같이 예뻤건만/가인佳人은 어디 갔는지 보이지 않고/복숭아꽃만 여전히 봄바람에 웃고 있네.)

(사진 53) 최호崔護와 소녀의 첫 상봉(上)과 대문에 시를 남기는 최호(下)
이 연극은 당나라 시인 최호崔護와 연인 강낭絳娘의 실제 연애담을 소재로 하고 있다

둥켜안고 운다. 바로 그때 소녀가 눈을 뜨고 살아난다. 두 연인은 다시 사랑한다.

모두 남녀 간의 현실적인 애정을 그린 작품들이다. 어디에도 무속이나 종교의 흔적은 찾아볼 수 없다. 이는 남희南戲가 고사성故事性의 강화와 배우 숫자의 증가(4명에서 8명으로) 그리고 연기자 분공의 섬세함에서 성숙되었을 뿐만 아니라 이미 상당한 정도로 종교와 무속의 영향에서 벗어나 진정한 연극으로 변신하고 있음을 설명한다.

> 연극은 종교적 제의에서 출발하면서도 그 종교로부터 독립하였을 때 비로소 하나의 예술로 완성되는 것이다.[413]

한국에 진정한 연극이 존재하지 않는다[414]고 함은 바로 이 예술과 무속의 분화가 이루어지지 않았기 때문이다. 수많은 학자들이 달라붙어 아무리 안간힘을 써서 굿을 연극으로 둔갑시키려고 해도 그것은 굿일 뿐 연극이 될 수는 없다. 굿은 굿이고 연극예술이 아니다. 그것은 제의이다.[415] 굿에서 무자巫者의 가무는 오락이 아니라 의식儀式이며 가무이기 전에 청신淸神과 등천登天을 위한 수단이다. 무당의 모방 목적은 인간의 희로애락이 아닌, 신을 만나기 위한, 천계天界에로의 이동(새의 비상飛翔 동작 또는 사다리 등)이다. 오락은 자신의 행위로 자신이 즐긴다. 굿의 가무는 자신의 행위로 타자(신)를 즐겁게 한다.

송원宋元과 동시대인 고려시대는 물론이고 조선시대 말까지도 한국에는

---

413) 《한국연극사》이두현 지음. 學硏社. 2009년 7월 20일. p.16.
414) 《韓國民俗考》宋錫夏 著. 日新社. 단기 4293년 3월 30일. p.266. 韓國에는 演劇이 없다는 것은 世間에서 흔히 말하는 바로 事實 韓國에는 연극이 없었다.
415) 《한국연극》7월호.「오구」「점아 점아 콩점아」

연극은 없었다. 원대元代에 이르면 연극 내용이 더욱 탈종교화, 탈무속화하며 현실과 밀착하여 인간의 희로애락을 핍진하게 표현하지만 고려나 조선시대의 가면희와는 비교가 안 될 만큼 발전하여 담론을 송대宋代로 한정하고 원잡극元雜劇에 대한 담론은 생략할 수밖에 없었다.

물론 송원잡극에도 무속이나 종교의 영향이 많이 남아 있음을 인정하지 않으면 안 된다. 그와 같은 증거는 송원연극의 탈假面의 사용에서도 잘 나타난다.

> 송원 잡극 중에 탈은 대다수가 신마귀괴(神魔鬼怪)와 번관(燔官)일류의 각색이며 극중 악무 부분에도 세속 인물들의 탈이 나오고 있다.……
> 원잡극 '십이과(十二科)' 중에는 '신두귀면(神頭鬼面)' 일과가 있으며 극중에 귀신, 동물 유형의 각색은 대다수가 가두나 혹은 가면을 쓴다.
> …… 송대 탈은 궁정나의와 악무, 희극에 사용된 것 외에도……416

잡극에 탈이 사용된 건 사실이지만 주로 나희儺戱처럼 음악과 무용을 중심으로 하는 가무극에서 사용되었으며 잡극에서는 신, 귀신, 괴물, 동물 등의 각색에서만 제한적으로 사용되었음을 알 수 있다. 그것은 추상적인 음악과 무용은 물론이고 신이나 귀신 또는 동물은 표정연기가 어렵다는 이유 때문에 사용했을 것으로 추측된다. 중요한 것은 탈이 현실 소재를 다루는 연극에서는 배제되고 있다는 사실이다. 송원시대에 이르러 탈은 점차 분장과 화장으로 바뀌어간다.

그러면 이즈음에서 연극의 내용과 술은 어떠한 관계가 있을까, 궁금증

---
416) 《중국탈의 역사》顧朴光 著. 홍희 옮김. 東文選. pp.371~372.

이 유발되지 않을 수 없다.

　송대 극장인 와사와 구란에 술집, 음식점과 같은 부대시설이 갖추어져 있다는 것은 앞에서 이미 언급하였다. 그런데《무림구사武林舊事》에 보면 잡극의 공연 절차에 "잔盞"이라는 글자가 보인다. 하나의 공연이 끝나는 막간마다 제1잔第一盞, 제2잔第二盞 등으로 열거되어 있다. 당시 연극 공연을 할 때 배우가 무대로 나와 관객을 향해 술잔을 들어 건배하는 것으로 한 막이 끝났음을 알린 것이다. 이와 같은 절차는 처음에는 황제나 귀족들이 흥미진진하게 극을 관람하다가 막간이 되면 술을 마시도록 배려한데서 시작된 것으로 간주된다. 궁중가무백희가 민간의 대중 속으로 진출하면서 생겨난 와사에도 그 전통이 이어져 술집이 설치되고 관객들이 막간 시간이면 술을 마시며 극을 관람했던 것이다. 적으면 여섯 잔(6막극)이고 많은 것은 20잔[417]이나 된다.

　술잔이 얼마나 큰지는 알 수 없지만 어찌되었던 술을 스무 잔 정도 마셨으면 거나하게 되었을 것이다. 막간마다 한잔씩 마셨다고 가정할 때 그렇지 두 잔씩만 마셔도 엄청난 양이 아닐 수 없다. 알코올의 작용으로 흥분된 관객들은 배우나 주인공과 하나가 되어 울고 웃으며 끈끈한 공감대를 형성하게 된다. 한 편의 연극이 짧다는 것을 감안할 때 관객의 흥분이 빠른 템포로 열광적인 상태에 이르는데 술보다 더 효과적인 자극제는 없을 것이다. 극장 측과 배우들의 입장에서 이는 술과 안주를 팔아 수입을 올리는 경제적 효과로 이어질 것이고 관객을 놓고 볼 때 음주의 즐거움과 예술 감상을 동시에 할 수 있는 문화오락시간을 가질 수 있어 좋은 것이다. 연극은 감상 대상이자 술안주라고나 할까.

---

417)《武林旧事》[宋] 四水潛夫(周密)輯.

2. 연극예술과 술 그리고 무속　　인간을 위한 술, 인간을 위한 예술　－　231

2) 여말麗末, 조선 시기 연극과 종교와의 밀월 관계

한국 연극사에 대해 지금 학계에서는 한국에는 연극이 없었다는 견해와 무속제의가 곧 연극이라는 주장이 첨예하게 대치하고 있다.[418] 연극이 없었다고 주장하는 학자들은 한국 연극에 연기와 무대가 없으며 무속제의에서 독립, 분화되지 않았다는 근거를 제시하는 반면 연극이 존재했다고 주장하는 학자들은 무속 굿의 유희적인 면과 모방성[419]을 명분으로 내세운다.

필자는 전자의 견해에 동의한다. 무속제의(굿)의 연희는 여전히 가무와 골계滑稽가 위주이고 연기도 없으며[420] 구복求福, 치병治病, 축귀逐鬼 등 벽사진경辟邪進慶의 무속적인 내용들과 불교적인 내용들로 충만하기 때문이다. 사회와 인생 그리고 애정을 묘사한 스토리들이 배제 또는 홀시되고 있다.

> 近代의 韓國演劇은 約 二百年來 오페라式인 노래를 주로 한 것이었으며 中國劇과 같이 背景이 必要없으며 또 演技도 없었다. 劇場이나 특별한 舞臺를 갖지 않았다.[421]

가면, 가무, 무연기无演技 등의 특징들은 한국 연극이 여말[422]이나 조선 전기는 말할 것도 없고 근대에 이르러서도 예술형식이나 내용 모두 무속의 영향권에서 벗어나지 못하고 있음을 말해주고 있다. 산대극을 산대무극 山臺

---

418) 김열규, 이상일, 채희완은 한국가면극을 놀이로 정의하고 조동일, 서연호, 김장옥은 가면극이 연극이라는 입장을 제시하고 있다.
419) 《굿, 그 황홀한 연극-민족예술의 지평을 넘어서》이상일 지음. 江川. 1991년 7월 20일. pp.92~93.
420) 가면희(假面戲)는 탈을 쓰고 하는 연희(演戲)이다. 가면이 얼굴을 가리면 표정 연기가 불가능하다. 표정연기는 연극의 가장 중요한 연희 방식 중의 하나이다.
421) 《韓國民俗考》宋錫夏 著. 日新社. 단기 4293년 3월 30일. p.153.
422) 산대극(山臺劇)은 고려 말에 대두한 조선의 대표적인 가면극이다. 《朝鮮演劇史》金在喆 著. 서연호. 東文選. 朝鮮語文學會 1933년 5월 18일 발행. p.95.

(사진 54) 당 구나唐 驅儺

한국의 나례는 고려 시기의(1040년)후한後漢의 나의儺儀를 궁중에서 그대로 모방하다가 여말麗末에는 산대잡극이라 불렀는데 무속의 행사이다. 그마저 조선시대에 와서는 "재미가 없다."는 중국사신의 말 한마디에 해산되어 민간으로 쫓겨났다. 고려중, 후기부터 산대잡극이 연극성이 강화되었다고 하나 여전히 오락성이 강한, 무악舞樂형태와 무속성巫俗性에서 탈피하지 못하였다. 다시 말해 연극으로 진화하지 못했다.

舞劇이라고도 하고 탈춤이라고도 한다. 이혜구는 가면극을 기악과 동등한 계열의 춤이라고 주장한다.

한국 연극을 대표하는 산대극이 무속적이고 종교적이라 함은 그 근원이 중국 한대의 나례(儺禮)에 있다는 사실은 주지하는 바이다. 산대극에 등장하는 많은 무인(巫人)들이 이를 입증한다. 조선시대에 와서는 "중국 사신을 위로하기 위한"423 공연단으로만 간신히 맥을 이어오던 나례는 중국 사신들의 냉대 속에 마침내는 폐지되면서 예인들은 일자리를 잃고 살길을 찾아 민간으로 스며들었다. 산대극이 불교화된 원인은 고려시대의 불교 영향과 조선조 초기의 숭유억불정책으로 사원이 줄어들어 절을 잃고 갈 곳을 잃은 승려들이 무속에인들과 합쳐 산대극의 주력이 되면서 더욱 강화되었다. 산대극에 등장하는 절대 다수의 인물들이 승려나 불교와 연관이 있다(연잎)는 사실만으로도 수긍이 가는 추측이다. 조선의 유교는 억불, 미신, 예악(禮樂)을 명분으로 불교와 무속을 민간으로 축출했지만 불교와 무속은 서민과 연대하여 산대극을 공생의 공간으로 활용한 것이다.

유교적 통념의 패러다임 속에서 서민의 억압된 욕망을 해소할 수 있는 공간은 그나마 놀이뿐이다. 이를테면 산대극의 중심내용을 이루는 노래와 춤, 싸움, 육담, 농담, 난봉, 오입의 장면들이 이를 입증해주고 있다. 이들은 모두 일종의 놀이지만 경계의 제한성에 도발하고 타파하는 기능을 놓고 있다. 놀이는 행위에 가치판단(是非)을 수반하지 않으며 감성적 에너지만 소비하고 이성적 에너지를 동원하지 않는다는 변별성 때문에 연극의 하위개념이 된다. 무속과 종교의 영향에서 분리하지 못한 연극도 마찬가지로 작품에 미리 내

---

423) 《韓國民俗考》宋錫夏 著. 日新社. 단기 4293년 3월 30일. p 58. 山臺劇은 外國使臣(主로 中國의 使臣)의 來朝時에 途中에서 그 旅情을 慰勞하는데 필요한 까닭으로 그대로 두고 儺禮都監에 隸屬하게 하였다.

장된 종교적 가치의 배타성으로 말미암아 제3의 가치개입을 거부한다. 놀이의 감성적 쾌락과 하위연극의 영적靈的공감을 배제하면 이 둘의 공통점은 관객의 수중으로부터 가치판단의 권리를 회수한다는 점이다. 필자의 이와 같은 주장은 산대극이 놀이인가 연극인가 하는 학계의 해묵은 쟁론을 종식시킬 유효한 시금석이 될 수 있음에도 불구하고 어느 학자도 인식하지 못했다는 사실이 유감스러울 뿐이다.

산대극에서 나타나는 무속의 영향에 대해서 먼저 살펴보자.

산대극은 벽사진경의 무무巫舞인 처용무와 마찬가지로 탈을 쓰고 연희하는 가면극이다. 산대극 연희에서는 28개나 되는 가면을 사용한다. 가면이 무당 제의와 관련이 있다는 사실은 이미 앞에서 언급했기에 접고 제의祭儀를 벗어나 인간의 희로애락을 표현하는 연극에서도 여전히 가면을 사용하게 된 원인에 대해 필자의 천견을 피력해보려고 한다.

1) 신이나 귀신, 동물은 표정연기가 어렵기 때문이다. 신과 귀신은 모두 실제로 존재하지 않기 때문에 모방이 어려울 뿐만 아니라 표정 변화의 연기는 더욱 불가능하다. 신령함과 흉측함은 가면을 통해 고정하여도 효과가 저락되지 않는다. 산대극에서 8개의 먹중탈과 노장, 취발이 탈은 죄다 귀신 형상을 한 나무탈이다.

2) 고대에는 물론 조선시대까지도 배우는 신분이 천박했다. 자신보다 우월한 신, 양반 등 귀족들을 대신할 수 없었다. 이는 권위에 대한 모독이고 무례한 불경不敬행위일 수밖에 없었다.

3) 무엇보다 중요한 이유는 중세시기에 무대조명기술이 낙후했었다는 사실을 지적하지 않으면 안 된다. 밤에 연기할 때면 관객은 어두운 조명 때문에 배우의 표정 연기를 감상할 수 없다. 더구나 극장의 무대가 아닌 야외공연

(사진 55) 중국의 상주商周시기 무당 금金가면(성도금사촌유적출토成都金沙村遺址出土. 左上)과 한국의 가면극
산대극은 무무巫舞인 처용무처럼 탈을 쓰고 연희하는 가면극이다. 가면은 무당 제의와 연관이 있다.

일 경우는 문제가 더욱 심각하다. 대낮의 강한 직사광선이나 저녁이나 흐린 날 공연의 어두움은 표정 연기의 감상에 장해가 된다. 뿐만 아니라 여름에는 폭염과 땀으로 연기가 어렵고 겨울에는 추위와 강풍으로 입이 얼어서 표정연기가 어렵다. 야외의 야간 공연에서는 조명을 밝혀야 하지만 바람 때문에 등불을 밝히기가 쉽지만은 않았을 것이다. 논바닥이나 들에서 불을 피워 놓고 연희하는 산대극이나 오광대극은 모두 이러한 열악한 공연 환경 때문에 표정연기가 어려웠을 뿐만 아니라 설령 연기가 되었다 하더라도 관중에게 전달되는 데에도 어려움이 따른다. 중국에서는 이미 BC 3세기 말에 밀촉蜜燭을 만들어 조명에 사용했다.[424] 《세설신어世說新語》, 이상은李商隱의 당시, 《태평광기

---

424) 《西京雜記》券四. 作者 : (汉) 刘歆. 南越王獻高帝石蜜五斛蜜燭二百枚. (남월왕이 한고조에게 석밀 5곡과 밀랍초 200백 개를 진상했다.)

太平广記「동양야괴록東陽夜怪彔」》의 기록을 보면 당나라 때에도 사용했음을 알 수 있다. 그러나 모두 밀랍으로 만든 초였다. 송나라 때에 와서야 지금처럼 납조蠟條(청량목青椰木, 백형수白荊樹라고도 한다.)로 만든 초를 사용하기 시작했다. 이는 납촉보다 조명이 훨씬 밝고 초가 녹아서 흘러내리거나 심지의 불똥을 자주 잘라줘야 하는 사용상의 불편함도 적었다. 바람이 불지 않는 극장 안의 무대에서 조명으로 사용하기에 적절했다.

한국에서도 고려시대부터 "납을 붉게 물들여 거친 베에 발라" 만든 '홍대초'라는 초를 사용했다고 한다. 그러나 조명보다는 "'길흉사'에 많이 사용"했다. 이런 밀랍초는 조선시대까지 사용했던 것으로 보인다. 문종실록에도 밀촉기록이 나타난다. 그러나 이마저도 일반 서민가정에서 조명으로 사용하기에는 너무 귀한 물건이었다. 종실 귀척들이 비단으로 밀촉을 바꿀 정도였으니 말이다.[425] 설령 밀촉 조명이 일반 가정에 보편화되었다 하더라도 산대극에서는 사용하지 못했을 것으로 간주된다. 생계 때문에 전국을 유리걸식하며 매음까지 해야 하는 집단이 초를 살 돈이 어디 있으랴. 산다 해도 바람 부는 야외에서는 조명으로 사용하기 어려울 것이다.

이러한 상황의 대안으로 떠오른 것이 확대되고 고정된 표정 즉 가면의 사용이다. 송대에는 극장의 고정 무대에서 공연함으로 등불 조명도 최대한 가능한데다 상업성 공연으로 올린 수익으로 질이 좋은 초까지 구입하여 조명에 도입할 수 있었음으로 가면이 없이도 표정 연기가 가능하게 되었다.

4) 분장과 화장기술이 낙후하고 배우 숫자가 적었기 때문이다. 송대 연

---

425)《문종실록》권제4, 39장 뒤쪽, 문종 즉위 10월 30일(경자년) 司諫院右司諫大夫崔恒等上疏曰:⋯⋯且宗室貴戚之家 使其僕隷 賣布帛貿密燭者 絡繹山郡⋯⋯(사간원 우사간대부 최항 등이 상소하기를:⋯⋯또 종실 귀척의 집에서 노복을 시켜 비단으로 밀촉을 바꾸는 자가 산군에 끊이지 않으니⋯⋯)

(사진 56) 인형구리 등잔人形銅燈 (戰國. 左上) 정월 15일 밤 등불놀이(唐. 蘇味道. 右) 조선시대 밀초(음성기록역사관 소장)
조선시대 밀초(황밀) 밀랍으로 만든 조명용구이다. 납밀蠟蜜, 납촉蠟燭, 황랍초, 황초, 황촉黃燭이라고도 한다.

    극도 처음에는 배우가 4~5명뿐이었다. 이들이 번갈아가면서 출연해야만 했다. 그러자면 분장 시간이 많이 들 수밖에 없다. 화장품이나 분장기술 모두 낙후하여 화장하는 시간이 더 걸릴 수밖에 없다. 그러나 이 문제는 남송시대에 들어와 배우가 배로 늘어나며 분장 시간이 훨씬 줄어들면서 해결되었다. 그러나 야외에서 공연하는 한국 산대극은 분장 공간도 마땅치 않았을 뿐만 아니라 광선이나 땀 그리고 비바람에 쉽게 지워질 수 있기 때문에 간단하게 가면을 뒤집어쓰는 것이 가장 편리했다.
    5) 배우가 관객을 향해 얼굴을 공개하는 목적은 알려진 얼굴의 인기로 관객을 모으고 수익을 올리려는 것이다. 그러나 조선시대 배우들은 대개 일회적인 순회공연을 하여 얼굴이 덜 알려져 공개하면 역작용을 불러올 수도 있었다.

한국의 전통 연극이 조선시대 말까지도 가면을 벗지 못한 것은 무속의 영향에서 벗어나지 못한 원인도 있겠지만 상술한 부차적인 원인도 있다고 생각한다.

> 김재철은 자신의 연구에서 "산대극에서 처음의 고사 장면과 미얄할미의 死後망인을 위한 무당의 넋두리를 통해 가면극이 삼국시대의 巫覡의 행사에서 출발" 하였음을 밝히고 있다.[426]

> 산대극에 있는 노래의 曲調가 巫堂노래 비슷한 것이 많으며 더구나 제12과장의 노래는 曲調가 純全히 巫堂노래 그대로이며 歌詞도 類似가 많으니 가면극이 당초에 무당에서 시작한 것을 모든 假面劇을 集成한 산대극이 그대로 引繼한 듯하다.[427]

산대극에는 무속인들이 많이 등장한다. 신할아비, 미얄할미, 소무小巫, 화랭이 등이다. 도끼와 그 누이도 무가와 무무巫舞는 물론이고 진오기굿의 넋두리를 무당과 조금도 다를 바 없이 한다.[428]

소무가 무녀가 아니라 "젊은 여자인 소매小梅의 오기誤記"[429]이거나 "소매각시 즉 술집여자를 지칭한다."[430]고 주장하는 학자들도 있다. 하지만 소무가 소매이든 술집여자이든 산대극이 무속에 그 근원을 두고 있다는 주장이

---

426) 《朝鮮演劇史》金在喆 著. 朝鮮語文學史. 1933년. pp.48~50.
427) 동상서. p.58. 넋이야 넋이로다 노양신선의 초넋이야/넋을랑 넋반에 담고 신의 신체는 관에 모셔……
428) 《양주별산대》제8과장「신할아비와 미얄할미」이가망 저가망 조라란 전물이오라 어린 망제를 물함박 샘물에 거룩히 놀구 가시오 여기 공간 사랑에 오신 손님 자 뉘도 없고 탈도 없구 그저 태평무사하게 놀구 가시오 자- 굿이나 하고 갑시다 떵기, 떵기 떵더궁……
429) 《강릉단오제 실측조사보고서》《관노가면극》전경욱 지음. 문화재관리국. 1994년. pp.364~365.
430) 《李朝時代 敍事詩》(下) 林熒澤 著. 창작과 비평사. 1992년. p.303.

달라지는 건 하나도 없다. 사실상 소무는 등장하여 오입 외에는 무속과 관련된 내용이 별로 없다.

극중 등장인물들이 대부분 승려들인 것은 불교의 영향 때문이다. 상좌, 먹중, 옴중, 노장, 완보, 소무 등 거의 전부가 승려들이다. 연잎은 불교에서 진리의 상징인 연꽃을 상기시킨다.

이는 산대극의 근거지가 사찰이며 예인들 속에는 사원정비책의 피해를 입고 사찰에서 물러난 승려들이 대거 포진하고 있음을 암시한다. 세속에 발을 들여 놓은 이들 승려들에게 불법계율 같은 건 더 이상 아무런 의미도 없었다. 이른바 파계승이다. 술을 마시고 오입질을 하고 못하는 짓이 없다. 소무와 승려의 성 결합은 동병상련의 무불巫拂타협을 상징하며 무녀와 속인의 성 결합은 무속과 세속의 타협을 보여주고 있다. 그 길만이 쫓겨난 무속인들과 승려들이 살아남을 유일한 도경이었다. 그러나 무속은 한시도 지난날의 영광을 잊지 않고 재기의 기회만을 노린다. 소무와 포도부장의 오입장면이 그것을 입증한다. 극에서 파계승에 대한 비난은 그 예봉이 승려가 아닌, 계율을 어긴 행위를 겨누고 있다. 이는 민중이 유교보다는 불교를 더 믿고 있음을 역설한다. 그것은 불교가 자신을 포용하고 내치지 않기 때문이다. 양반에 대한 조롱이야말로 진정한 증오심의 발로라고 할 수 있다. 그것은 곧바로 유교에 대한 저항이기 때문이다. 불교가 억불정책에 맞아 중상을 입은 것처럼 무속 역시 유교에 의해 미신이라는 낙인을 찍히고 버림받았기 때문이다. 양반의 착취와 억압을 받은 민중만이 그들의 구원자였다.

산대극에는 술과 관련된 대사가 몇 곳 나온다. 그런데 공통점이 하나 있다. 그것은 술을 술집이 아닌 자택에서 마셨다는 것이다. 취발이는 "아침 해장술 석잔", "술 서너 잔"⁴³¹을 마시고 쇠뚝이는 "아래 위 뜰을 돌아다니며 석 잔쯤"⁴³²마신다. 자택에서 마시는 술 세잔 이것은 두 말할 것도 없이 반주飯酒이다. 조선시대에는 유난히 금주령이 잦아 허용된 약주만 밥상에서 마셨다.

이능화는 조선시대에 주식점酒食店이 발달하지 못한 원인에 대해 다음과 같이 설명한다.

> 고려 肅宗 9년(1104)에 酒食店을 열어 화폐의 유통을 꾀하였으나 실패하고 조선시대에 접어들어도 역시 화폐가 쓰이지 않으니 여행자는 양식을 갖고 다녀야 할 지경이었다.⁴³³

화폐가 쓰이지 않았다는 것은 상업이 성행하지 않았음을 의미한다. 유달리 상업이 발달했던 송나라와 대조되는 상황이다. 조선시대 말기의 주가酒家들인 헌주가獻酒家, 병주가甁酒家, 소주가燒酒家는 술을 빚어 판매만 할뿐 음주공간은 제공되지 않았다. 산대극에서도 완보의 대화 속에 "양조장 술독"⁴³⁴이라는 말이 나온다. 술을 마시는 술집보다는 술을 빚어 파는 양조장이 많았음을 암시한다. 조선시대 말, 구한시기에 등장한 주막 역시 극장 등 문화생활 중심인 도심공간이 아닌 시골 길이나 저잣거리에 위치해 연극예술의 발전에 조금도 도움이 될 수 없었다. "10리만큼씩 5리만큼씩 보이는 길가의 외딴 주막집"(이주홍李周洪: 1906년~1987년)은 문화중심지와는 아무런 관계도 없었다. 도시의 중심가에 본격적으로 주식가酒食街가 형성되기 시작한 건 한말이었다.

---

431) 《양주별산대놀이》대본. 제6과장 2경.
432) 《양주별산대놀이》대본. 제7과장 1~2경.
433) 《朝鮮解語花史》이능화 저. 이재곤 역. 동문선. 1992년 10월.
434) 《양주별산대놀이》대본. 제5과장 2경. (이 양조장 술독에 빠져 죽을 놈아.)

지금의 종로 일대의 피맛골 주위에는 선술집, 국밥집, 색주가 등 술집과 음식점들이 들어서기 시작했다. 목로술집, 내외술집, 색주가, 모주가 등은 모두 이 시기에 생겨난 신생사물이었다. 이렇듯 도시 중심가에 주식가酒食街가 들어섬과 동시에 한국 연극은 전대미문의 발전을 하게 된다.

중국의 경우는 말할 것도 없고, 고려시대의 이규보李奎報나 조선시대의 정몽주鄭夢周, 성삼문成三問 등 당대에 명성이 쟁쟁했던 한국의 대문호들도 예외 없이 모두 주도酒徒들이었다. 정몽주는 선죽교善竹橋에서 횡사하던 날에도 술에 만취되어 있었다. 죽어서도 차마 술을 잊지 못해 성종成宗 때의 학자 손순효孫舜孝의 꿈에 나타나 술을 청해 마셨다는 기록까지 전해지고 있다. 술과 문학예술의 밀접한 관계를 말해주는 고사古事이다.

결론적으로 술 문화의 수반이 없는 문화공간은 흥과 낭만, 자유정신이 고갈되고 멋과 자유가 추방된 예술은 종교의 도구는 될 수 있을지언정 진정한 예술로 부흥할 수는 없다.

(사진 57) 삼강주막(경북 예천 풍양면)과 색주가(월간경제풍월 2001년 2월호. 下右.)

길가의 외딴 곳에 설치된 초라한 주막이 도심으로 들어와 목로술집, 내외술집, 색주가, 모주가 등으로 자리 잡고 송나라처럼 주식가酒食街를 형성하기 시작한 것은 한말의 일이었다.

제3장

교통과 술 그리고 예술

고대의 교통은 지배자의 통치를 위한 정치적 목적과 영토 완정과 확장을 위한 군사적 목적에 그 시원을 두고 있다. 국가를 다스리고 전쟁을 수행하기 위해 국가는 육로와 수로를 개척하고 수레와 배를 제조했다. 그러나 역사의 발전과 함께 교통의 역할은 정치와 전쟁의 지배권에서 탈피하여 경제, 문화영역으로 그 영향력을 서서히 확대하기 시작했다. 교통의 발달은 국가의 도시화를 촉진하고 상업을 번성시키는 필수 전제조건으로 화려하게 부상했다.

> 교통발전의 수준은 인류사회 문명발전의 정도를 상징한다.[435]

> 비록 고대 중국의 교통이 정치 교통과 군사 교통을 위주로 한 특색이 아주 농후하지만, 그럼에도 불구하고 교통이 사회생활 속에서 차지하는 중요한 위치와 소통 역할에 대해 홀시해서는 안 된다. 사회생활 전반에 걸쳐 영향력을 행사한다. 교통상황과 교통사업의 발전 수준은 사회문화의 기본 내용이며 국정과 민정의 기본 내용이다. 교통은 또한 사회조직과 사회구조 사회경제형태 내지는 인구 분포와 유동 문화 구획의 형성 등에 중요한 영향을 미친다. 교통 조건을 기초로 한 내왕과 교류는 사회 정신 풍격에서의 하나의 중요한 문화 측면이기도 하다.[436]

교통은 비단 사회생활과 경제, 문화영역에서만 영향력을 행사하는 것이

---

435) 《交通与古代社会》王子今 著. 陕西人民出版社. 1993년 9월. p.3. 交通发展的轨迹, 标志着人类社会文明的进程.
436) 동상서, p.6. 尽管中国古代交通以政治交通, 军事交通为主的特色十分突出, 仍然不应当忽视交通在社会生活中的重要地位以及交通对于社会生活的全面影响. 交通的状况, 交通事业的发展水平, 是社会文化的基本内容, 是国情与民情的基本内容. 交通又对社会组织, 社会结构, 社会经济形态乃至人口分布于流动, 文化区划的形成等等产生重要的影响. 以交通条件为基础的交往意识, 也是体现社会精神风貌的一个重要的文化层面.

아니라 심지어는 사회공동체의 형성에까지 깊숙이 관여한다. 고대의 부족, 부족연맹, 민족의 형성은 장기간의 역사적 과정 속에서 상호 간의 소통과 교류 및 내왕을 통해서만 가능하기 때문이다. 인류의 문화적 교류와 사회적 내왕에서 결정적인 기여를 하는 것은 두말 할 것도 없이 교통이다. 교통 발전의 차이는 그에 귀결된 사회 집단의 문화적 차이를 규정한다.

그러나 이 분야는 본 장의 담론주제가 아님으로 아쉬운 대로 담론을 접고 본격적으로 교통과 예술 그리고 술의 관계에 대해 논술하려고 한다.

1. 행로문화와 문학

A. 당송시대의 교통과 행로行路문학

1) 길 문화와 문화 소통

당송 문학의 눈부신 성과는 발달한 교통을 저변에 깔고 있다. 문학의 발전은 무엇보다 먼저 창작자 간의 교류와 견문 그리고 작품의 소비이다. 교통은 이 조건을 충족시켜주는 유일한 첩경이다.

당송 시기에는 도시화의 가속화로 도시생활 공간이 확대되었다. 개인과 개인의 소통과 물류 유통 공간도 잇따라 광역화되었다. 소통 공간을 줄이기 위한 유일한 방법은 도로 개발이다. 사통팔달한 도로망을 구축하고 곳곳마다 시장과 극장, 주점거리를 형성하여 시민들의 교류를 원활하게 했다. 뿐만 아니라 도시와 농촌의 거리도 도로 구축을 통해 좁혔다. 혈연을 근간으로 한 지역사회는 붕괴되고 생산방식을 근간으로 한 직업사회가 대두하며 자연적인 인간관계 대신 인위적인 인간관계가 사회구조의 근본 시스템으로 등장했다.

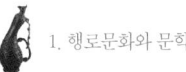

문화교류, 상업유통은 그 대표적인 사례에 속한다. 거대한 도시의 운영, 전 방위적인 문화 전파, 경제유통 등등 이 모든 사회변화는 교통의 발달을 전제로 할 때에만 가능한 것이다. 물론 문학의 발전 역시 예외가 될 수는 없다. 교통의 발달이 전제되지 않은, 가족을 단위로 하는 소농경제 중심의 폐쇄된 사회에서는 상상도 할 수 없다.

> 고대 중국 사회는 오랫동안 자급자족의 자연경제가 절대적인 지배 지위를 점했다. 기본적인 사회경제기초로서의 농업은 몇 천 년 동안 줄곧 개체영농방식이었다. 항상 가족과 농호가 한 개의 생산단위였을 뿐만 아니라 동시에 자기폐쇄적인 소비단위이기도 했다. 생산에서부터 소비에 이르기까지 왕복순환식의 간단한 반복에 불과했다. 죄다 하나의 협소한 폐쇄적인 공간에서 진행되었다.[437]

소농경제사회의 전형적인 경제구조이다. 이러한 폐쇄적인 생산과 단절된 소비구조는 당대唐代에도 농촌경제의 기본구조였다. 이와 같은 현상은 류종원柳宗元(송종제모귀강릉서〔送從第謀歸江陵序〕), 백거이白居易 등 당나라 시인들의 작품에서도 나타나고 있다. 백거이는 「주진촌朱陳村」이라는 자신의 시에서 폐쇄적인 시골마을을 다음과 같이 묘사하고 있다.

> 재물이 있어도 장사를 하지 않고……
> 머리가 희도록 밖으로 나가지 않네……
> 한 마을에 오직 두 성씨가 살아

---

437) 동상서. p.47. 中国古代, 自给自足的自然经济长期占据绝对的支配地位. 作为基本社会经济基础的农业, 几千年来都是以个体方式经营, 往往一家一户就独成一个生产单位, 同时也是一个自我封闭的消费单位. 从生产到消费的周而复始得的简单的循环, 都是在一个狭小的封闭圈内进行.

대대로 서로 혼인을 한다네
친척은 서로서로 모여서 살고
살아서는 멀리 이별하는 일 없고
시집가고 장가가는 것도 이웃에서 고르네
죽어서도 먼 곳에 장사하지 않아

주진촌은 현성에서 백 여리나 상거한 산간벽촌이다. 도로도 뚫리지 않았을 터이고, 도시와도 거리가 멀어, 그곳에서 태어나 그곳에서 살다가 그곳에서 죽는다. 문명사회와 떨어진 오지의 문화적 후진성은 21세기인 현재에도 동남아 등 국가들에서 나타나는 현상이다. 결코 당대唐代에만 존재했던 특이한 사회현상이라고는 할 수 없다.

도로와 상업의 발달에 힘입은 당대唐代의 도시들은 이미 이러한 수구적인 폐쇄성에서 벗어나 개화를 향해 힘차게 도약하기 시작했다. 송대에 이르러서는 발달한 교통을 바탕으로 도시화와 상업화가 가속화되며 생산과 소비구조에 일대 변화를 가져왔다.

당송 시대의 길 문화는 "푸른 하늘처럼" 시원하게 뻗은 "큰 길"[438] 위에 설치된 관사館舍와 객사를 거점으로 하여 발흥하였다. 우역郵驛에서 발전한 관사는 주로 사신이나 부赴, 퇴임退任관리 또는 역관驛館과 같은 귀빈들의 숙박처소이고 객사는 개인이 경영하는 일반 여관이다. "당송 시기에는 개인이 경영하는 객사가 국가에서 경영하는 관사보다 훨씬 번창했다."[439] "부서府西삼백리에 객사(후관〔候館〕)가 고기비늘처럼 즐비하다"[440]고 묘사한 한유韓愈의 시구

---

438) 李白(701년 762년)「行路難(二)」大道如靑天.
439) 《中國古代交通》趙云旗 著. 新華出版社. 1993年12月. p.112.
440) 「酬裴十七功曹巡府西驛途中見寄」韓愈(768년~824년). 府西三百里, 候館同魚鱗.

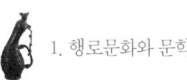

1. 행로문화와 문학   교통과 술 그리고 예술 ― 249

(사진 58) 당송시대의 객사

「상산조행商山早行」(당唐. 온정균溫庭均 左.)의 鷄聲茅店月(닭 울음소리에 객사의 달이 밝고)나 「안서로 가는 원이를 배웅하며送元二使安西」(당唐. 왕유王維 下)客舍靑靑柳色新(객사의 버들가지 푸른 물들었네) 그리고 「풍교에서 밤을 지새며楓橋夜泊」(송宋. 장계張繼.)시에는 모두 숙박과 음주가 제공되는 객사가 등장한다.

에서도 당시 상황을 짐작할 수 있다. 일 년 사시절 영업을 계속했고 심지어 설날에도 휴식하지 않고 행인들에게 숙박과 식사를 제공했다.441

당나라 시인들의 시에는 객사와 관련된 내용이 아주 많다. 어림잡아 열거해 보아도 잠삼岑參(715년~770년)의 「한단객사의 노래邯鄲客舍歌」, 유장경劉長卿(709?년~785년)의 「객사客舍」, 전후錢珝(?~?)의 「객사를 생각하다客舍寓怀」, 황보염皇甫冉(714년~767년)의 「제고운객사題高云客舍」, 두목杜牧(803년~853년)의 「이른 가을 객사에서早秋客舍」, 왕창령王昌齡(700?년~755년)의 「객사 일화집何九於客舍集」 등등이다.

> 客有住桂陽　길손들이 묵는 곳은 계양인데
> 亦如巢林鳥　산새들의 보금자리 같구려
> 豐觴且終宴　항아리의 술을 권하며 잔치를 베푸네
> (객사 일화집〔何九於客舍集〕)

계양桂陽은 호남성 동남부의 자그마한 현이다. 당말唐末까지도 호남성은 교통이 불편한, 편벽한 고장이었다. 그런데도 객사가 있을 뿐만 아니라 숙박 조건도 "새의 보금자리 같아" 여느 지방에 비해 손색이 없다. 게다가 향기로운 술까지 빚어 놓고 길손들을 유혹한다. 당의 행로문화가 이미 양자강 이남의 깊숙한 곳까지 확대되었음을 암시한다.

송나라 때에 와서는 행로문화가 수로교통의 발달과 더불어 더욱 높은 수준으로 격상되었다. 객사 관련 송시도 반정潘檉(1131년-1209년)의 「객사客舍」, 조단우晁端友(1029년-1075년)의 「제주 서문 밖 여관에 숙박하다宿濟州西門外旅館」, 유

---

441 高適(707년~765년)「除夜作(섣달 그믐날 밤에)」旅館寒燈獨不眠(객사의 차가운 등불 아래 홀로 잠 못 이루니······)

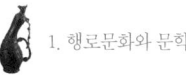

1. 행로문화와 문학

극장劉克莊(1187년~1269년)의 「새벽길早行」442, 주밀周密(1232년~1298년)의 「밤에 정박하다夜泊」443, 범성대范成大(1126년~1193년)의 「청원의 객사清遠店」, 양만리楊萬里(1127년~1206년)의 「길 옆 여관道旁店」 등 다수이다. 깊은 시골의 길옆에도 객사가 두 세집444이나 된다. 게다가 여관에는 우아한 푸른 자기꽃병에 백일홍까지 꽂혀 있어 분위기마저 화사하다.

急雨鳴空壁 빈방 벽에서는 소나기 지나가는 소리 들리고
輕寒上薄幀 오싹한 한기는 얇은 휘장으로 스며드네 (반정―객사)

壁里青灯乍有无 벽의 푸른 등불은 가물거리네……
臥听疲馬嚙殘芻 누워서 여읜 말이 남은 꼴을 씹는 소리를 듣네
(조단우―제주 서문 밖 여관에 숙박하다)

객사는 창문에 커튼도 치고 별도로 우마牛馬관리시설까지 갖춘 여관임을 알 수 있다. 당송 시기 행로객들의 이동수단은 주로 말과 배였다. 남송 대에 이르러서는 말보다 배가 주요 교통수단이었음을 시를 통해 알 수 있다. 당대에는 산간지대에까지 도로가 개통되어 수레가 다녔을 뿐만 아니라445 배로는 하루 천리까지 이동446할 수 있었다.

객사는 길 문화의 주체인 행인들의 이동을 편리하게 함으로써 행로 예

---

442) 「새벽길早行」유극장劉克莊. 店姬明灯送 여관의 노파는 밝은 등불을 보내니……
443) 「밤에 정박하다夜泊」知近人家宿(근처 마을에 객사가 있음을 안다네……)
444) 「길옆 여관道旁店」양만리楊萬里. 路旁野店两三家(길옆 시골여관 두세 집)
445) 「서산의 은자를 찾았으나 만나지 못했다尋西山隱者不遇」구위丘爲. 絶頂一茅茨, 直上三十里.…… 若非巾傑車…… (산마루에 초가집 한 채 있어/곧바로 내처 삼십 리를 올라갔네…… 허름한 수레 타고 놀러가지 않았다면……)
446) 「아침에 백제성을 떠나다早發白濟城」이백李白(701년~761년)千里江陵一日還……輕舟已過萬重山 (천리 길 강릉을 하루 만에 돌아왔네…… 가벼운 배는 어느덧 만 개의 산을 지나왔구나.)

술의 발전을 추진하는 데 기여했다. 길 위에는 여러 가지 신분의 행인들로 붐볐고 이들은 객사와 도로를 중심으로 행로문화를 발전시켰다. 이른바 길 위에는 사신, 부임 또는 퇴임관리, 과거시험 보러 가는 유생, 문인, 예인藝人, 상인, 여행객, 재해민, 이민, 걸인, 도둑 등 가양각색의 신분을 가진 사람들로 넘쳐나 다양한 행로문화를 창조해나갔다. 대규모 이민은 교통의 발달에 긍정적인 영향을 미쳤지만 유생, 문인, 예인들은 행로문화의 형성에 영향을 미쳤다. 이들 유민 중의 예인과 술사術士들은 길에서 방랑하며 자신들의 기예技藝로 생계를 유지했고 행로예술의 발전에 기여했다.

> 유민 중의 예인과 술사들은 대다수가 매우 높은 전문기술과 해박한 지식, 풍부한 경험을 소유함으로서 사람들의 환영을 받는다. 유랑 예인은 한대(漢代) 이후부터 점차 많아지기 시작했다. 그 일부는 원래 궁정의 악사거나 가무기녀였다. 정치동란과 노쇠 등 원인으로 강호에 흘러 들어 예술을 팔아 생계를 이어갔다. 그밖에도 일부 유랑 예인들은 길들인 짐승놀이나 마술 또는 서화(書畵) 등의 특기를 밑천으로 사해(세상)를 떠돌며 생계를 도모했다.[447]

문자예술은 창작자와 소비자가 직접 대면하지 않는다. 상인 또는 우편(우역[郵驛])을 통해 발신정보(작품)만 정보수신자(독자)의 수중에 전달되면 문화소비가 성사된다. 그러나 공연 예술은 공연자와 소비자가 직접 대면해야만 소통이 가능하다. 결국 도로와 객사가 그 물리적 공간을 제공해 줌으로써 예

---

447)《漫漫長路行-中国行路文化》马洪路 著, 济南出版社 2004年 6月, pp.82~83. 游民中的艺人和术士, 有许多人具有很高的专业技术和较深的知识, 较广的阅历, 受到人们的欢迎. 流浪艺人, 汉代以后渐多, 有一些原是宫廷中的乐师和歌舞伎. 因政治动乱和年老色衰等缘故而流落江湖, 以卖艺为生. 另外, 有些流浪艺人则在驯兽, 幻术, 书画等方面有某种特长, 四海流荡以生计.

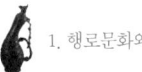

(사진 59) 공손대낭검무도公孫大娘舞劍圖
당대에 명성이 자자하던 예인 공손대낭도 행로문화의 주역이었다.

술문화의 발전에 공헌한 것이다.

당대의 시성 두보는 예인들의 행로공연을 직접 관람한 적이 있다. 그는 6살 때 언성鄆城에서 당시 명성이 자자하던 공손대낭公孫大娘의 특기인 초인적인 멋진 검기무舞劍器를 구경했다. 그로부터 50년 후인 767년에 시인은 노주夔州에서 공손대낭의 제자인 임영리십이낭臨潁李十二娘의 공연을 보고 그 유명한 "공손대낭의 제자가 검기무 추는 것을 보고觀公孫大娘弟子舞劍器行"라는 시를 지어 후세에 전한다.

이렇듯 당시의 예인들은 도로를 따라 전국 방방곡곡을 누비며 인가나 사람들이 모이는 곳이면 어디서든지 공연을 했다. 그들이 한 번 공연을 하면 소문이 떠들썩하고(動四方) 구경꾼들이 구름처럼 모여들었다.(觀者如山) 이들의 공연이 성황을 이룰 수 있었던 것은 더 말할 것도 없이 사통팔달한 교통망과 어디에나 객사가 운영되고 있었기 때문이다. 공연단체의 신속한 수레 이동과 숙식 해결의 편리함이 전제되지 않았다면 전혀 불가능했을 것이다. 830여리 노정인 양경도兩京道(장안-낙양)는 앞 수레가 고장 나면 뒤의 수레 수 천 대가 동시에 멈췄다고 하니 교통이 얼마나 붐볐던가를 짐작케 한다. 연도에 설치된 관사와 객사는 물론이고 사찰에도 객방이 운영되어 여행객들에게 숙식을 제공했다.[448] 술과 음식이 풍족하고 객사마다 손님들로 만원을 이루었으며 말을 먹이는 일꾼까지 있었다. 멀어서 수 십리에 하나씩 있는데 역려驛驢라고 부른다.[449] 뿐만 아니라 당대의 주요 도로주변의 경관은 더없이 수려해 문인, 묵객墨客들의 주흥과 예술창작에 영감을 불어넣었다.

이른바 당시지로唐詩之路는 경로 전부가 자연경관이 빼어난 곳이다. 풍경

---

448) 《唐代交通圖考》中央研究院歷史語言研究所. 中華民國七十四年五月出版(1985年) p.5.
449) 《通典》〈卷七〉

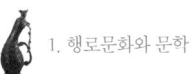

1. 행로문화와 문학   교통과 술 그리고 예술 - 255

과 문학은 어느 시대를 막론하고 끈끈한 유대관계를 유지해 왔다. 왕국유王國維는 중국 시의 특징을 의경意景이 결합한 것이라고 규정했다.

  草色靑靑柳色荒 풀빛 파릇파릇 버들 빛깔 노랗고
  柳花歷亂李花香 복사꽃 흐드러지고 오얏꽃 향기롭다
  東風不爲吹愁去 봄바람은 시름 덜지 못하고
  春日偏能惹恨長 봄날은 도리어 설움을 더하네
  (춘사[春思] 一가지[賈至])

이른 봄 풍경과 벼슬에서 강등된 나그네의 우울한 내면심리가 결합된 작품이다. 화사한 봄 풍경은 나그네의 시름과 대조되며 슬픔을 강화시키고 있다. 당송시에서 풍경은 의意와 정情과 함께 삼원일체를 이루는 시의 골격 역할을 함으로 홀시할 수 없는 중요한 요소이다.

2) 당시지로唐詩之路와 과거

당송 시대의 길 문화에서 과거科擧길은 행로시의 휘황한 시대를 여는데 중대한 기여를 했다. 당시 행로문화가 가장 번창했던 "장안長安, 변주汴州, 양형襄荊, 태원太原 등 역로驛路는 모두 유명한 당시지로唐詩之路이자 문학지로文學之路이다. 이 노선들은 여행자들로 붐볐을 뿐만 아니라 빼어난 관광 명소들이 집중된 곳이기도 하다. 이들 도로는 당대의 수많은 시인들의 행로시의 산실이기도하다." [450] 길 위에서 꽃핀 행로문학을 이끌어 간 주체가 바로 과거 길에 나섰거나 급제하여 부임 또는 퇴임하는 선비와 관리들이었다. 천리 방랑 길에서 객수客愁와 행역行役에 지친 그들이 할 수 있는 것은 시를 짓고 술을 마

---

450) 《唐代交通与文学》李德辉 著. 湖南人民出版社. 2003年 3月. p.44

시는 일 뿐이었다.

> 남북조 시기에 나타난 과거시험제도는 수나라 때부터 실시되다가 당나라 때에 와서 고정되었다.[451]

> 수문제(隋文帝) 개황 7년(587년)에 처음 실시된 이후, 청광서(淸光緒) 31년(1905년)에 중단될 때까지 1318년 동안 시행되었던 과거(科擧)제도는 중국 봉건사회의 정치와 경제 및 사회생활 전반에 커다란 영향을 미친, 매우 중요한 제도였다.[452]

당대唐代의 과거는 상거常擧와 제거制擧로 분류된다. 상거는 연중 일회 진행하는데 세거歲擧라고 한다. 제거는 황제가 정해진 시기가 따로 없이 임시로 모집하는 과거시험이다. 상거에는 수재秀才, 명경明經, 진사進士, 명법明法, 명서明書, 명산明算 등 육과六科가 있다.

> 세거에 참가하는 응시생은 대체로 두 개의 경로를 통해 모집된다. 하나는 황실국자감에 소속된 6학(六學)재학생 중에서 선발하고 다른 하나는 지방 주, 현 장관들이 자택에서 독학한 선비들을 추천한다. 전자의 경우는 '생도(生徒)'라 하고 후자의 경우는 '향공(鄕貢)'이라 부른다. 시험장에 모인 다음에는 통칭하여 '공생(貢生)'이라고 한다.[453]

이처럼 과거응시생은 전국 각지에서 모여들었다. 당나라 때에 장원급제

---

451) 《唐代科擧制度硏究》吾宗国 著. 辽宁大学出版社.. 1992年 12月. p.1.
452) 《중국의 문화지리를 읽는다》후자오량 지음. 김태성 옮김. 휴머니스트. 2005년 5월 30일. p.243.
453) 〈贵州教育学院学报(社会科学)〉 《第22卷》 第3期. 2006年 6月. 「唐代科擧制度面面观」 作者: 黄薇.

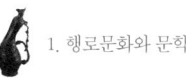
1. 행로문화와 문학

한 사람은 139명이고 송나라 때는 118명이다. 아래에 도표로 정리해 보았다.

【도표 3 당송 시기 각 성 장원 분포】

省	하북	산동	하남	산서	섬서	감숙	강소	절강	안휘	강서	호북	호남	사천	복건	광동	광서
당	15	8	22	6	6	3	6		1	2	1	3	5		1	2
송	1	10	19	2	2		10	24	5	12	4		6	20	1	

흑룡강성, 내몽고, 요녕, 영하회족자치구를 제외하고는(이들 성에서도 당송 시기가 아닌 다른 시기에는 장원을 배출했다.) 전국 각 성에 고루 분포되어 있다. 중국 최남단인 복건, 광서 등의 성들에서도 장원을 배출시켰다. 장원은 과거시험에 급제한 사람들 중의 수석이다. 당나라 때에는 해마다 진사에 합격한 자가 20~30명이었고 송나라 때에는 해마다 200~300명, 많을 때에는 500~600명이나 되었다. 남, 북송을 합쳐 320년 간 118차례의 시험에서 2만여 명이 진사에 합격되었다. 해마다 과거시험 응시자가 무려 40만 명에 달했다고 한다. 여기에 종자從者와 말 그리고 수레까지 더하면 100여만 명의 인파와 말, 수레들이 길 위에 넘쳐났을 것이 틀림없다. 게다가 과거 시험에 급제하여 지방관에 발령되어 임지任地에 부임하거나 임기를 마치고 퇴임하는 관리들까지 합치면 그 수를 헤아릴 수 없다.

당唐 전기前期에 6품 이하 관원의 임기는 4년이고 5품 이상 관원의 임기는 3년이었다. 당 후기에는 조정의 삼성관三省官과 대성관台省官의 임기는 3년, 주측사州刺史의 임기는 5년, 기타 관원의 임기는 4년에서 5년까지 부동한 기한으로 제정되었다. 하지만 실제상의 취임기간은 이보다 훨씬 짧았다. 임기가 길면 1~2년이고 짧으면 3~5개월밖에 안 되었다.

다시 말해 관리들은 1년에도 몇 차례씩 임지를 옮기기 위해 길을 걸어야

(사진 60) 관방도觀榜圖(타이베이 고궁 박물원 소장. 上.)과 과거관방 擧子觀榜(명明 구영仇英. 下.)
과거시험 합격자 발표날 방문榜文에서 자신의 이름을 확인하려고 모여든 응시생들

만 했던 것이다. 송나라 때에도 관리의 임기가 3년이지만 실제 사정은 다르지 않았다. 길 위의 사람들은 이들 뿐이 아니었다. 여기에 유민流民, 여행자, 상인, 걸인까지 추가하면 그야말로 당송 대의 길 위에는 행인들로 인산인해를 이루었음을 어렵지 않게 짐작할 수 있다.

광활한 중국 대지의 방방곡곡 그 어디에서나 출세의 꿈을 품은 젊은 유생들이 과거에 응시하기 위해 물밀듯이 서울로 향한 길을 오르내렸다. 당나라는 전국 각지를 통하는, "세 대의 수레가 동시에 다닐 수 있는 길(로路)이 무려 5만 리나" 되었다고 한다.[454] 금나라에 밀려 남쪽으로 천도한 남송 역시 수로와 운하를 대대적으로 개발하여 수상교통망 확보에 매진했다. 송시宋詩에 배가 많이 등장하는 것도 수상교통의 발달과 관계가 있다.

매년 장안으로 과거보러 오는 응시생들이 대략 1천 6백 명 좌우가 되었다. 한유는 응시생과 노비까지 합치면 5~7천명 된다고 주장했다.[455] 당대만 해도 총 263차례의 과거시험이 시행되었고, 이름이 확실한 장원이 143명에 달한다.[456] 맹호연처럼 시험에 낙방하여 과거 길을 여러 차례 반복한 사람들도 많았다. 과거에 급제하였다 하더라도 지방관에 임명되어 부임 또는 퇴임으로 길 위의 삶을 살아야 하는 시간도 많았다.

송나라 때에 와서는 과거제도가 더욱 정비되고 완성되었다. 북송 시기에는 미봉, 등록, 쇄원, 별두시 등 새로운 제도를 제정하여 시험관의 비리와 청탁, 뇌물수수의 폐단을 방지하는 데 힘썼다. 수험자의 이름과 문벌을 가리

---

454) 《한국 전통문화의 허울을 벗기다》장혜영 지음. 어문학사. 2010년 5월 25일. p.220.
455) 《唐代科舉与文学》傅璇琮 著. 陕西人民出版社. 1986年 10月 p.49. 每年集合于长安的举子, 大约有一千六百人左右. 而韩愈的估计则更多, 他说当时长安的人口达百万, 前来考试的读书人连同其仆人, 占长安人口的百分之一. 按照韩愈的说法, 应试者就有五七千人.
456) 《중국의 문화지리를 읽는다》후자오량 지음. 김태성 옮김. 휴머니스트. 2005년 5월 30일. p.245.

는 호명과 등록원의 전담자가 답안지를 통일 필사하는 심사 방법을 채택함으로서 시험관의 채점 개입을 차단했다. 시험관이 응시자와 인척관계가 있을 경우 별도의 시험 장소를 택하거나 문을 닫아걸고 시험을 치는 별두시와 쇄원제도가 시행됨으로서 추천과 인맥을 통한 권세가 자제들의 부정적인 급제를 막고 가문과는 관계없이 한미한 출신의 실력 있는 서민들이 출세할 수 있는 길을 열어주었다. 이리하여 송대에는 당대보다 지방에서 더욱 많은 응시생들이 과거 길에 오르게 되었다.

바로 이들이 여행 도중에 창작한 시를 행려시라고 한다.

終南陰嶺秀　종남산 북쪽 고개는 수려하고
積雪浮雲端　쌓인 눈은 뜬 구름자락에 있네
林表明霽色　숲 속 밖은 비 갠 후라 밝은 빛인데
城中增暮寒　성 안은 저물녘 추위가 더하다
(조영(祖詠) : 종남산의 잔설을 바라보며(終南望餘雪))

조영이 하남성 낙양에서부터 장안으로 과거 보러 갔을 때 지은 시이다. 올 때마다 이곳에 사는 시인 왕유王維와 만나 친분을 나누었다고 한다.

행음시인과 행려시는 중국역사의 여러 시기를 거치며 길에서 여행을 하던 시인들이 연도에서 창작한 작품이다. 행려시는 문학발전에서 중요한 위치를 차지할 뿐만 아니라 행려문화에서도 특수한 의의를 가진다.[457] 당대의 유명한 시인 왕유王維, 왕창령王昌齡, 이기李頎, 상건常建, 고적高适, 최호崔顥 등은 모두 과거 길을 걸었다. 급제하여서는 지방 관리로 부임되어 또다시 길을 걸으

---

457)《漫漫长路行－中国行路文化》马洪路 著. 济南出版社 2004年 6月. pp.67~68. 行吟诗人和行旅诗, 是指中国历史上各个时期在路上旅行的诗人及他们沿途所作的诗, 这些行旅诗在文学发展史上占有重要的地位, 再兴路文化中也具有特殊的意义.

며 많은 문학작품들을 후세에 남겼다. 맹호연은 불혹의 나이가 될 때까지도 진사를 보러 과거 길을 걸어 다녔다. 그러나 결국 낙방하자 여생을 술과 방랑으로 끝마쳤다.

"당대 시인들의 여행생활 자체가 문학예술의 무궁무진한 보물고이다. 그중 일부 시인들의 생애는 파란곡절과 신비함 그리고 한없는 매력으로 충만해있다. 낙빈왕駱賓王, 왕발王勃, 진자앙陳子昂, 장구령張九齡, 왕지환王之渙, 맹호연孟浩然, 왕창령王昌齡, 고적高适, 왕유王維, 이백李白, 두보杜甫, 유장청劉長淸, 잠삼潛蔘, 원결元結, 위응물韋應物, 유우석劉禹錫, 유종원柳宗元, 이하李賀……"[458] 등 당나라 때에는 과거와 여행으로 길 위에서 방랑한 시인들이 부지기수이다.

행로문화와 행려시는 도로시설물에 기록을 남기는 특이한 시풍을 형성했다. 즉 건물 벽이나 객사, 술집, 정자, 기루妓樓, 비석 등 길가의 시설물에 시를 남기는 문풍이다.

江漢深無極   양자강과 한수는 길고 넓어 끝이 없고
梁岷不可攀   양산과 민산은 잡고 올라갈 수 없어라.
山川雲霧裏   산천은 자욱한 구름 안개 속에 있어
遊子幾何還   떠도는 사람들은 어느 때 돌라 오렴
(왕발[王勃]: 보안현 건음에서 벽에 짓다[普安建陰題壁])

당나라 때에는 번창한 길 문화에 의해 흥기한 제벽시題壁詩가 하나의 운치 있는 문학 행위로 인정되어 유행했다. 많은 시인들이 여행 중에 목격했거

---

458) 동상서, p.69. 唐代诗人的旅行生活本身就是文学艺术挖掘不尽的宝藏, 而其中一些诗人的旅行生涯更充满了曲折和神奇, 富有无穷的魅力. 骆宾王, 王勃, 陈子昂, 张九龄, 王之涣, 孟浩然, 李顾, 王昌龄, 高适, 王维, 李白, 杜甫, 刘长清, 岑叁, 元结, 韦应物, 刘禹锡, 柳宗元, 李贺……

나 들렀던 길가의 시설물들에 시를 지어 남겼다. 백거이白居易만 보더라도 초당草堂(香爐峰下新卜山居草堂初成偶題東壁), 나룻배(風雨中尋李十一因題船上), 여관(官舍閑題), 묘廟(題四皓廟), 역참(藍橋驛見元九詩), 누각(題潯陽樓, 題岳陽樓), 폐가(訪陶公旧宅), 정자(征秋稅畢題郡南亭), 노송(題流溝寺古松), 병풍(題海圖屛風), 바위(題峽中石上), 암벽(題岐王旧山池石壁), 술집(金陵酒肆留別)등 길을 가다가 발길이 닿는 곳마다 시흔詩痕을 남겼다. 그 밖에도 이백(題隨州紫 陽先生壁), 두보(題鄭十八著作虔故居), 잠삼(醉提匡城州少府廳壁), 장위張謂(題長安主人壁), 원진元稹(和樂天仇家酒, 襃城驛), 장적張籍(題韋郎中新亭), 장호張祜(題金陵渡), 옹도雍陶(宿嘉陵驛), 윤박尹璞(題楊收相公宅), 두목 杜牧(題烏江亭), 허혼許渾(題蘇州虎丘寺僧院), 이상은(題漢祖廟), 우총牛叢(題朝陽岩), 온정균溫庭筠(題望苑驛), 두순학杜荀鶴(秋宿臨江驛), 장필張泌(題華嚴寺木塔), 장계張繼(游灵岩), 왕계우王季友(宿東溪李十五山亭), 사공서(司空曙)(題江陵臨沙驛樓) 등 수많은 시인들도 여행 중에 만난 역, 나루터, 탑, 암벽 등 길위의 시설물에 제벽시를 남겼다. 도로와 수로는 자연뿐만 아니라 길 위의 모든 문화재들을 행로자들과 연결해주는 중개자 역할을 수행한다. 길이 뚫림으로 하여 시인과 사물이 쉽게 만날 수 있고 인간과 사물의 정서적 교감의 공간을 확장할 수 있고 사물이 시적상관물로 이미지화 될 수 있는 것이다.

송대에 진입하며 길 문화의 중추를 이루는 사물들의 시화詩化는 더욱 박차를 가하게 된다.

> 행로인들이 연도에 제기(題記)하는 습속은 송대에 와서 더욱 성행하였다. 유명한 시인 거의 모두가 여행길에 제벽시(題壁詩)를 남겼다.459

---

459) 동상서. p.42. 行路人沿途題记的习俗在宋代更为盛行. 几乎每一个著名文人在旅途中都有题记的情况.

소식(蘇軾, 1036년~1101년)의 「서림 벽에 쓰다(題西林壁)」는 시인이 송신종원풍7년(宋神宗元丰七年)(1084년) 4월에 여산(廬山)의 서림사(西林寺, 강서성 여산 꼭대기에 있는 절)를 여행하고 지은 제벽시이다. 중국에서는 기유시(紀游詩)라고 한다.

横看成岭側成峰　횡으로 보면 고개이고 옆으로 보면 봉우리이니
遠近高低各不同　원근의 높낮이가 하나도 같지 않네
不識廬山眞面目　여산의 진면목을 알 수 없음은
只緣身在此山中　다만 이 산중에 있기 때문이네[460]

이밖에도 구준寇準(書河上亭壁1~3), 임승林升(題臨安邸一), 황정견黃庭堅(書摩崖碑後, 題竹石牧牛), 이청조李淸照(題八咏樓), 왕안석王安石(題西太一宮壁), 왕질王質(東流道中) 등 수많은 시인들이 여행 중에 길가의 시설물들에 시를 남겼다. 정자, 사찰, 비석 등은 배, 수레, 말, 객사, 주점 등 길 위의 시설물들과 마찬가지로 길을 통해서만 만날 수 있는 시적 상관물들이다. 이러한 사물들은 자연경관과 더불어 시인의 시선을 유혹할 뿐만 아니라 정서를 자극하여 시상과 시어들을 떠올려 주고 감정이입의 대상이 되기도 한다.

길은 뜻 있는 자를 성공과 출세에로 인도해주고 실패한 자를 귀향과 은둔이라는 휴식처로 안내해준다. 친구를 만나게 하고 우정을 돈독하게 하는 교량 역할을 한다. 이별과 상봉, 슬픔과 행복의 무대가 되기도 한다. 행고行苦와 행역行役에도 불구하고 시인에게는 영감을 선물하고 창작품을 소비자의 손에 배급한다. 뿐만 아니라 방랑 예인들에게는 공연 무대를 제공하고 삶의 현장이 되어준다.

한마디로 고대사회에서 길은 문화가 전파되는 통로이다.

---

460) 《송시선》 (선역) 기대완 지음. 도서출판 보고사. 2009년 7월 20일. p.300.

B. 고려, 조선 시기 교통과 행로문학

1) 삼국, 고려 시기 교통과 행로문학

한국은 삼국 시기부터 한말에 이르기까지 줄곧 교통상황이 열악했다. 도로는 운송보다는 군사와 공문서 전달 역할을 담당했다.

> 우리나라는 山이 많고 들이 적어서 수레가 다니기 불편하여 온 나라의 상가들은 거개가 말 등에 貨物을 싣고 다닌다.[461]

김창수 역시 역점驛店은 산업도로로서의 기능보다는 군사 행정적 기능을 수행했으며 운수수단으로는 육로교통이 아닌 물길(조운漕運)을 더 선호했음을 지적하고 있다.[462] 그럼에도 불구하고 국내 학자들의 연구 결과를 보면 마치 한국의 교통·역사가 중국 당송 대에 비해 결코 손색이 없을 만큼 발달과정을 거쳐 온 것처럼 과대포장하고 있는 실정이다. 실제로 삼국 시기 교통상황 연구의 텍스트로 삼을 수 있는 문헌자료는 『삼국사기』의 짤막한 기록 한 줄[463]과 『삼국사기』와 『삼국유사』에 기록된 8개의 역명驛名[464]이 전부이다.

『삼국사기』에는 신라의 도로 사정을 짐작할 수 있는 기록이 남아 있다.

> 왕이 유신과 인문, 양도 등 아홉 장군을 시켜 수레 2천 여량에 쌀 4천석과 벼 2만 2천 여석을 싣고 평양으로 보냈다. 18일에는 풍수촌에서 유숙

---

461) 《擇里志》卜居總論. 生理條. 李重煥 (1690년~1752년) 1751년(영조 27년)
462) 《교통과 운수》『한국사 10』金昌洙 著. 국사편찬위원회. 1981년.
463) 始置四方郵驛 命所司修理官道 (비로소 우역을 설치하고 담당 관사로 하여금 관도를 수리하도록 명하였다.)《삼국사기》권3. 신라본기3. 炤智王 9년 3월.
464) 건문역(乾門驛), 곤문역(坤門驛), 감문역(坎門驛), 양문역(良門驛), 태문역(兌門驛), 굴혈역(屈歇驛), 욕돌역(褥突驛), 경도역(京都驛).

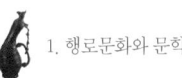

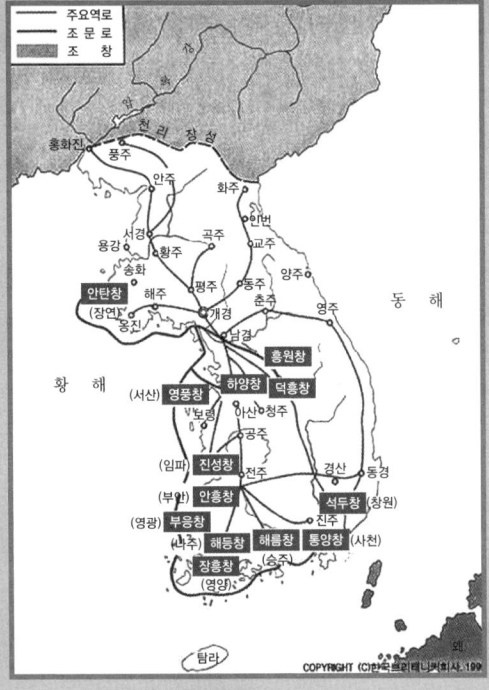

(사진 61) 고대역참驛站(중국 복건성. 上) 고려의 주요 역로(中) 조선시대 역참(左下) 청나라 우역郵驛 (右下)

복건성의 역참 건물은 송나라 때 설치했다가 원나라 때에 지금의 위치로 옮기고 명나라 때(1381년) 중건한 것이다. 조선시대의 역참과 비교해 보라.

했다. 눈길이 미끄럽고 험하여 수레가 통행할 수 없으므로 군량을 소와 말 등에 싣고 갔다. 23일에는 칠중하를 건너 름양에 도착했다. 귀당제감 성천과 군사 술천 등은 이현에서 적병을 격살했다. 2월 1일 유신 등은 장새에 이르렀다. 이곳에서 평양까지의 거리는 3만 6천보였으므로 우선 보기감 열기 등 15명을 당나라 진영에 보내어 도착을 알리게 했다.[465]

출발 날짜는 알 수 없고 이동 날짜가 확인되는 건 정월 18일부터이다. 18일에 추풍령에서 머무른 것으로 되어 있다. 18일이 수레로 이동한 날짜라는 주장[466]도 있지만 어불성설이다. 18일은 추풍촌에 도착한 날짜이다.[467] 도로가 잘 정비되었다면 하루 50리 씩 18일이면 900리를 이동할 수 있다. 경주에서 출발해도 서울까지는 충분히 도착했을 시간이다. 한대漢代에 저술된《구장산술九章算術》에는 무거운 짐수레는 하루에 50리를 가고 빈 수레는 하루에 70리를 이동한다.[468]고 적혀있다. 송대宋代 우역郵驛제도에서 일반 공문서는 보행으로 전달步遞하는데 하루에 200리를 이동[469]했다고 한다. 역마를 사용할 경우에는 교통 사정이 열악했던 조선시대에도 일일 3식息(일식은 30리) 즉 90리를 이동하는 것을 원칙으로 했다. 빠르면 역마 타고 하루에 300리까지도 달렸다[470]고 한다.

---

465) 王命庾信與仁, 問良圖等九將軍, 以車二千餘兩, 載米四千石, 租二萬二千餘石, 赴平壤, 十八日, 宿風樹村, 冰滑道險, 車不得行, 並載以牛馬, 二十三日, 渡七重河至蒜壤, 貴幢弟監星川軍師述川等遇賊兵於梨峴, 擊殺之, 二月一日, 庾信等至獐塞, 距平壤三萬六千步, 先遣步騎監裂起等十五人, 赴唐營.《삼국사기》卷 第6, 文武王 上. 2年.
466) 「三國 및 統一新羅時代의 交通體系를 통해 본 交通建築에 관한 硏究」金鐘憲, 朱南哲. 『대한건축학회논문집』1991년 1. 대지기획. 1999년 1월 30일. p.156.
467)《삼국사기》국역편. 교역자: 李丙燾. 을유문화사. 1948년 6월 20일. p.92. "十八일에 風樹村에서 머무르게 되었는데……"
468)《九章算术》卷六〈均输〉重车日行五十里, 空车日行七十里.
469)《中国古代邮驿史》人民邮电出版社 1999년12月. p.14. 普通文书人步递, 日行200里.
470) 「流民歌」魚無迹 駏騎日馳三百里(역마 타고 하루에 삼백 리를 달리지만《조선시대 한시 읽기》1권. 원주용. 한국학술정보. 2010년 10월 8일. p.287.

1. 행로문화와 문학

도보로 걸은 시간이 18일부터 2월 1일까지 모두 보름이다. 보름 동안이나 수레가 다닐 수 없어 소와 말의 등에 짐을 싣고 이동한 것이다. 짐승의 등에 짐을 싣고 다니는 길은 구태여 잘 정비된 도로가 아니라도 가능하다. 청장고원의 그 험난한 천길 벼랑길로도 장사꾼들은 나귀등에 짐을 싣고 다녔다.

칠중하(임진강)를 건넌 날이 23일이다. 장새(황해도 수안)에 도착한 날은 2월 1일이다. 도합 열흘이 걸렸다. 그런데 파주시 적성면에서 황해도 수안까지 직선거리가 70km이니까 160-170리 길이다. 하루에 50리를 이동하면 3~4일 일정이고 30리 속도로 이동한다 해도 일주일이면 충분하다. 200리도 안 되는 단거리를 10일 동안이나 이동했다는 것은 도로교통상황이 열악했음을 단적으로 입증해준다.

학자들은 고려시대에 우역로가 발달하고 역은 무려 525개나 설치되었다고 주장한다. 고려의 행정구역수가 584개이니 거의 구역마다 역을 설치했다는 말이 된다. 당현종 시기 전국의 우역이 1639개인데 그중 수역水驛이 260개이고 육역陸驛이 1297개[471]였다고 한다. 고려의 영토면적을 기껏 높이 잡아야 16만km나 될까? 그러나 당나라의 영토면적은 무려 1,600만km나 된다. 고려보다 영토가 백배나 큰 당나라의 역참 수가 1297개뿐이다. 고려의 525개 역참의 100배면 52,500이라는 어마어마한 숫자가 나온다.

《송사宋史》의 기록에 의하면 고려의 인구는 210만 명밖에 안 된다. 당나라의 인구에 대해서는 학자들마다 견해가 다르지만 대략 6300만에서 1억 4천만 명 좌우이다.[472] 역시 50배도 상회한다. 넓은 국토와 많은 인구를 가진 당

---

471) 《中國古代邮驿史》人民邮电出版社. 1999年12月, p.233. 在唐玄宗时期, 全国大约有1639个驿, 其中水驿260个, 陆驿1297个…….
472) 《中國人口史》p.179. 赵文林, 谢淑君의 견해: 당현종천보13년唐玄宗天宝十三年(754年)에 6,300여만 명. 《中國歷史地理概論》(下冊) p.54. 王育民의 견해: 당조천보연간唐朝天宝年间에 8,050만 명. 《中國人口发展史》p.151. 일본학자 日野开三郎의 견해: 당나라 인구 고

나라도 1297개 역을 설치했을 뿐이다.

고려는 역로를 대중소로 분리했는데 대역로에는 역원이 40인이고 중역로에는 10인이라고 한다. 평균 20명이라고 해도 525역에 도합 10,500명의 역원이 필요하다. 참고로 성당盛唐 역원 수는 2만여 명이고 역부役夫는 17,000명이었다.[473]

문제는 역을 많이 설치할수록 국가재정 부담이 커진다는 사실이다. 역의 경제를 운영할 토지를 세를 걷어 지급해야 되기 때문이다. 예를 들면 대역로大驛路에 공수전公須田 60결과 지전紙田 5결, 장전長田 2결을 지급[474]하는 것과 같은 제도이다. 평균 30결이라 할 때 대중소 역로에 지급되는 토지 면적은 도합 15750만 결이나 된다. 이와 같은 숫자는 경작지가 적은 고려조정으로서는 감당하기 힘든 재정 부담이 아닐 수 없다. 이러한 현상은 고려 말 조준의 제 2차 전제개혁 상소문에서도 실제로 나타나고 있다.

> 6도 관찰사가 보고한 경작지는 50만 결이 채 안 됩니다. 공상의 몫으로 우창에 10만 결, 사고에 3만 결을 소속시켰고, 녹봉지급을 위해 10만 결을 조하창에 소속시켰습니다. 선비를 우대하지 않으면 안 되는 까닭에 경기의 토지 10만 결을 나누어 주었습니다. 그리고 남은 토지가 17만 결뿐입니다. 6도의 군사, 진, 원, 역, 사의 토지와 향리, 사객, 늠급, 아록의 쓰임에도 부족하여, 군수에게 지출할 토지가 없습니다. 지금 6도 관찰사가 보고한 간전의 수는 50만 결도 되지 않습니다. 그러나 공상은 풍족하지 않으면 안 된다는 이유로 10만 결은 우창에 소속시키고 3만 결은 사고에 소속시켰으며, 녹봉이 후하지 않아서는 안 되는 까닭에

봉기에 2,000만 호, 1억 4천만 명.

[473] 《中国古代邮驿史》人民邮电出版社. 1999年12月. p.233. 盛唐时从事驿传的员役约两万多人, 其中驿夫约有17000多人.
[474] 《高麗史》권82. 兵志2, 站驛.

경기의 토지 10만 결을 절급하였습니다. 나머지는 다만 17만 결뿐입니다. 무릇 6도의 군사, 진, 원, 역, 사의 토지와 향리, 사객, 늠급, 아록의 쓰임에도 오히려 부족한데 군수에 지출할 토지가 없습니다.[475]

역에 지급하는 토지 면적이 나머지 17만 결의 10분의 1이나 된다.

실제로 고려시대의 역참 수는 525개보다 훨씬 적었을 것으로 생각한다. 고려에서는 가죽공문서를 급우急郵할 경우 하루 여섯 역 또는 다섯 역을 가도록 규정해 놓았다.[476] 고려시대와 조선시대의 역과 역 사이의 거리는 30리가 기준이라고 한다. 당나라에서도 30리마다 역 하나가 설치되어 있다.[477] 그런데 역과 역 사이의 거리는 30리가 고정불변인 것은 아니다. 지형에 따라 거리가 변할 수 있다. 지세가 험하면 간격이 30리를 초과할 수도 있다는 뜻이다.[478] 고려시대 급우가 여섯 역을 간다할 때 역 사이의 거리가 30리이니 하루에 180리 밖에 못 간다. 이는 급우가 아니라 보행전달이나 다름없는 속도이다. 한반도는 산이 많아 대체로 지형이 험난한 편이다. 역 사이의 거리가 평균 60리라고 할 때 여섯 역이면 360리이다. 역시 별로 빠른 급우는 아니라 할지라도 먼저 경우보다는 나은 편이다. 중국에서도 급우는 일행一行 400리를 달렸고 사서敕書는 하루 500리를 달렸다. 청나라 때의 우역郵驛의 효율은 이보다 훨씬 제고되어 군 기밀 공문일 경우 일주야에 600리 혹은 800리까지 달렸다[479]고 한다.

고려시대에 급우임에도 불구하고 30리 거리의 역을 여섯 개 지날 수 있

---

475) 동상서. 118권 列傳 31.
476) 동상서. 권 82. 兵志2. 站驛. 津驛皮角傳送自二月至七月三急六驛二急五驛一急四驛八月至正月三急五驛二急四驛一急三驛.
477) 《大唐六典》卷五. 凡三十里以驿.
478) 동상서. 若地勢險阻, 及依水草, 不必三十里.
479) 《中国古代邮驿史》人民邮电出版社. 1999年12月. p.14.

었던 것은 도로 사정이 얼마나 여의치 않았던 가를 짐작하게 한다. 만일 하루에 60리 정도 달렸다면 여섯 역을 가면 300리이다. 서울에서 부산까지의 거리가 900리라고 하면 역참 수가 18개 정도가 될 것이다. 부산에서 의주까지 합쳐도 30여개면 충분하다. 고려시대 우역의 기능은 운송수단보다는 공문 전달, 사신 접대, 공무출장관리들의 숙식 제공에 제한되어 있었다. 서울—부산 간 도로는 일본 사신들이, 서울—의주 간 도로는 중국 사신들이 드나드는 사행로使行路이기에 그나마 역참이 많이 설치되었을 것이다. 그 외의 간선로들에는 이보다 훨씬 적은 역참들이 설치, 운영되었을 것으로 간주된다.

사실 우역은 운수가 목적이 아니기에 도로의 광폭화나 개수改修가 없이도 사람이나 말이 통과할 수만 있으면 우역의 역할을 충분히 감당할 수 있다. 신라나 고려시대에 운송수단을 목적으로 한 발달된 도로교통이 부재함에도 역로체제가 가동된 것은 바로 이러한 이유 때문이다. 역로는 관청공무전달이라는 주요 우역郵役 외에도 사신 접대, 관리들의 이동 중 휴식과 숙박 장소로도 제공되었다.

> 이를 보면 官吏들의 왕래에 있어 휴식을 취하거나 숙박하는데 郵驛이 사용되고 있음을 알 수 있다.…… 이상의 사실들을 종합해 보면 王의 巡幸, 史臣들의 往來, 官吏나 功臣들의 이동에 있어서 郵驛이 사용되었음을 알 수 있다.[480]

그런데 고려시대 역로문화와 중국 당송시대의 역로문화는 역관 이용의 신분제한과 개방 그리고 식사 제공 면에서 현격한 차이를 보이고 있다. 고려 역관은 그 사용권한이 철저히 사신과 출장관리들에게 한정된 반면 중국에서

---

480) 「三國時代의 郵驛과 교통로」劉善浩. p.318. 〈논문집〉第26集. 現代商社. 1987년 12월 31일.

(사진 62) 송대의 시골 객점客店(송宋 반차도盤車圖견본絹本중의 일부)
시골 객점에서도 음주가 제공되고 있다.

는 관방에서 관리하는 관역館驛과 사영업인 역사驛舍가 분리되어 관역은 사신과 관리들이 사용하고 "객사客舍는 평민들이 사용"[481]하도록 설치했다. 개인이 경영하는 사舍는 관館이 되었다가 당대에는 점店이 되고 송대부터 우역郵驛을 포鋪라고 하여 명청시대까지 이어졌다. 상인이나 여행자들을 비롯한 일반 평민들이 숙식을 해결할 수 있는 이러한 포는 "매 십리 혹은 15리나 25리마다 설치"[482]되어 오고가는 행인들에게 편리를 제공했다. 객점客店에서는 숙식 제공과 함께 술까지 빚어 팔아 행인들의 발길을 잡아끌었다. 원대元代 잡극雜劇에는 술 열 항아리를 빚어 놓고 손님이 들어오기를 기다리는 여관 종업원의 대사가 나온다. 조금 뒤에 단旦이라는 손님이 투숙하려하자 첫 번째 방이 깨

---

481) 《中國古代行旅生活》王子今 著. 商務印書館國際有限公司. 1996年 7月. pp.82~83.
482) 《元史》兵志4. 每十里或十五里, 二十五里, 則設一鋪.

끗하다며 소개한다.[483]

객사에서는 취사도구만 제공하고 손님이 스스로 밥을 지어 먹는 여관도 있다. 《수호전》에는 이규李逵가 밥 지으러 부엌으로 나갔다가 여관 종업원이 불을 늦게 지폈다고 주먹으로 때려 코피를 흘리게 하는 장면이 나온다. 당대에는 "좁은 도로에도 줄 지어 늘어선 객사들이 술과 안주를 푸짐하게 준비해 놓고 손님들을 기다렸다."[484] 당나라 때는 상업이 발달하여 도로마다 수많은 객점들이 술과 음식으로 길손을 유혹했다.[485] 당대唐代의 이러한 "개인여관업의 흥성"[486]은 여행객들에게 행로의 편리를 제공했을 뿐만 아니라 문학예술을 포함한 길 문화를 번창시키는데도 거대한 기여를 했다.

물론 고려시대의 역로들에서도 식사가 제공되었다. 그러나 그것은 사신이나 출장 관리들에게만 한정된 서비스였다. 식사만 제공될 뿐 음주는 아예 금지되었다. 사신들이 왕래할 때에도 아침저녁으로 국밥만 제공되었다.[487] 서민들이 객사를 이용한다는 건 꿈에도 상상할 수 없는 일이었다. 그리하여 길 위에는 가끔씩 오가는 사신 일행이나 출장 관리들, 공문서를 나르는 역리들 그리고 군인들과 스님들만 어쩌다 오갈 뿐 언제나 텅 비어 있었다. 문인과 상인은 물론, 여행객의 인적마저 사라져 버린 적막한 공간, 그곳이 바로 삼국

---

483) 〈包待制智勘后庭花〉第三折.[元] 鄭廷玉 著. (净扮店小二上. 詩云)酒店门前七尺布, 过来过往寻主顾. 昨日做了十瓮酒, 倒有九缸似头醋. 自家是汴梁城中狮子店小二哥的便是. 开着这一座店, 南来北往, 经商旅客, 都在俺这店中安下. 今日天晚, 看门前有甚么人来。(旦上, 云)正走间被巡城卒冲散了俺母亲, 不知所在。天色晚了, 我去这店里寻一个宵宿处。(做见店小二科, 云) 哥哥, 我来投宿。(小二云)小娘子, 头间房儿干净。(旦云)你与我一个灯咱。(小二云)我与你点上这灯。(做看科, 背云)好个女子也。天又晚了, 人又静了, 他又独自一个, 我要他做个浑家, 岂不是好？(回云)小大姐, 这里也无人, 我和你做一对夫妻如何？
484) 《通典》卷七. 夾路列店肆, 待客酒饌豐溢.
485) 《中国古代邮驿史》人民邮电出版社. 1999年 12月. p.232. 唐代商业繁华, 道路冲要地区, 有很多私人客店. 其酒食以待行人.
486) 《中国古代驿站与邮传》臧嵘 著. 商务印书馆. 1997年 9月. p.118.
487) 《高麗史》권113. 列傳26. 安祐.

시대와 고려시대의 도로의 모습이었다.

이러한 상황은 삼국과 고려시대의 문학작품들에서도 잘 드러난다.

삼국시대 전반을 거쳐 거의 유일한 문인인 최치원의 시에서는 행려의 흔적을 찾아 볼 수 있어 그나마 다행히다.

  東飄西轉路岐塵 정처 없이 떠도는 갈래갈래 먼짓길
  獨策羸驂幾苦辛 여윈 말 채찍질하며 홀로 헤맨 지 얼마던가
  (途中作 길 위에서)

  相逢信宿又分離 서로 만나 이틀간 머물고 또 다시 이별이라
  愁見岐中更有岐 갈림길에서 근심스레 만났다가 갈림길에서 헤어지네
  (留別西京金少尹峻서경에서 소윤 김준과 이별하다)

정처 없는 방랑과 지친 말 그리고 만남과 이별……이 모든 시적 상황들은 길 위에서 벌어지고 있다. 방랑은 만남으로 안내하고 다시 이별을 재촉한다. 그 기쁨과 슬픔의 감정은 그대로 시 속에 녹아들어간다. 행역의 객수와 객고가 없었다면 탄생할 수 없는 시이다.

  旅館窮秋雨 객사에는 가을비 그치고
  (郵亭秋夜우정의 가을밤)

길 위에서 나그네를 기다리는 곳은 단 하나 객사이다. 홀로 타향의 객사에서 외로움을 달래야 하는 나그네의 설움은 가슴을 울리는 시어들을 잉태해낸다.

그러나 아쉬운 것은 최치원의 이 행려시들은 당나라에서 객지 생활을

할 때 지은 것이라는 사실이다. 신라에 귀국한 후에는 이런 감동적인 행려시들을 더는 창작하지 못했다. 그것은 신라의 폐쇄적인 교통문화 때문이었다.

고려시대에는 길 문화와 연관된 행려시가 거의 전무하다. 행려시는 둘째 치고 시문학 작품의 수량조차 얼마 되지 않는다.[488] 당송시기의 과거제도를 모방했음에도 작품 수량이 적은 것은 길 문화의 침체와 관련이 깊다.

山雨留行客　산비가 길손을 만류하는데
郵亭薄暮時　우정에 해 저물어가네[489]
(高兆基; 安城驛안성역)

花山客半月　화산의 나그네살이가 반달이나 되었는데
今日向他州　오늘은 딴 고을로 향하네[490]
(李集; 映湖樓留別)

客裡歲將窮　나그네 길에 해는 장차 지려하네
瘦馬鳴西日　파리한 말은 석양에 울고[491]
(李集; 한양 가는 길에서漢陽途中)

이 몇 수가 전부이다. 이집(1327년~1387년)의 행로시는 그의 불우한 인생과 관련이 깊다. 공민왕 18년(1362년)에 신돈辛旽을 비판한 일로 생명의 위험을 느껴 가족과 함께 경상도 영천永川 일대로 도피하여 숨어서 살 때 지은 피난 시

---

488) 《高麗漢詩硏究》이구의 지음. 아세아문화사. 2001년 5월 15일. p.21. 과거제도 실시와 학교 설립으로 많은 문인들이 배출되었을 것으로 생각하나, 현재 전하는 작품이 그다지 남아 있지 않은 것이 아쉬울 따름이다.
489) 동상서. p.164.
490) 《高麗後期 漢詩의 硏究》여운필 지음. 월인. 2004년 1월 27일.
491) 동상서. p.293.

이다. 그의 행로시는 그가 선택한 여행이 아니라 핍박에 의해 강요된 타의성이 강하다.

고려가요에서도 행로 내용은 찾을 길이 없다. 행로시가 이처럼 빈약한 것은 고려 시기의 도로의 황폐함이 행로를 향한 문인의 욕망을 억압했기 때문이다. 길을 잃은 문인은 문학을 잃고 문학을 잃은 시는 감동을 잃을 수밖에 없었다. 물리적인 이동의 수반 없이도 생리적인 한계를 초월하는 시각의 확대가 가능한 현대와는 달리 고대에는 신체의 이동을 통하지 않고는 세상과 만나고 소통하고 감성을 풍만하게 살찌울 수가 없었다. 풍부한 견문과 감정의 축적은 시인의 으뜸가는 재부이다. 길에서 이탈한 시인은 자신의 문학적 소양과 예술적 실력을 발휘할 수도 없고 감화력 있는 작품을 창작할 수도 없다.

상술한 견해에 공감한다면 삼국 문학과 고려의 문학은 교통의 황폐함 때문에 꽃을 피우지 못했다고 해도 과언은 아닐 것이다.

2) 조선시대 교통과 행로문학

조선시대는 한양을 중심으로 전국의 도로교통망을 10대 간선으로 재편하고 도성 안은 물론 지방도로에도 대중소의 등급을 분류하여 관리했다고 한다. 그러나 이 등급이 노폭이나 노면의 차등을 의미하지는 않는다는 사실에 주목할 필요가 있다. 도로의 존재가 중요한 것이 아니라 그 도로가 보행로인가 아니면 수레 통행로인가에 따라 길 문화의 발전에 결정적인 영향을 미치기 때문이다. 보행만 가능하고 수레의 통행이 불가능하다면 상업, 여행을 비롯한 행로문화의 발전에 불리할 수밖에 없다. 그런 원인 때문에 40개 역도와 535개 역을 설치했음에도 불구하고 조선시대 도로교통의 후진성을 인정하지 않을 수 없는 것이다. "외적의 침입을 방지하기 위해"[492] 도로수축을 방임했던, "경제적인 측면보다는 군사, 행정적인 측면에 더 관심을 두었던"[493] 1~2m의 좁은 노폭을 가진 보행로에서는 길 문화와 상업의 발전을 기대할 수 없었다.

조선시대 역참(驛站)인 옛 영화역으로 가던 길 (199m, 폭 1.5~2m)를 복원한다.[494]

(사진 63) 영화역도 화성성역의궤
華城城役儀軌
그림에 역참의 규모는 커 보이지만 노폭은 겨우 1.5~2m라고 하니 수레도 다닐 수 없다.

서울과 가까운 수원 지역의 역로 노폭이 1.5~2m였다고 하니 다른 지방은 그야말로 도로의 너비가 1m도 안 되는 오솔길로 다녔을 것이 틀림없다. 오로지 보행만 가능할 뿐 수레의 통행은 엄두도 낼 수 없다. 30리마다 역을 설치하여 숙박을 제공하였다곤 하지만 도로에서 떨어진 외딴 곳에 위치한데다 달랑 숙박만 제공하여 여행자가 식량을 등에 지고 다녀야 하는 형편에서는 길 문화가 도저히 발전할 수 없다. 조선후기에 이르러서는 농민들이 도로를 잠식하고 농작물을 재배할 정도로 관리마저 허술했다. 여북하면 연암 박지원이 "나라가 가난한 까닭은 수레가 다니지 못하기 때문"이라며 조선의 열악한 도로 사정을 개탄했겠는가.

---

492) 《영남대로 (한국의 옛길)》최영준 지음. 고려대학교민족문화연구원. 2004년 9월. 25일.
493) 《조선후기 함경도 상업연구》고승희 지음. 국학자료원. 2003년 5월. 29일
494) 「'느림의 미'로 거북시장 살린다.」『중앙일보』정영진 기자. 2011년 1월 5일.

도로교통이 황폐하면 이용자가 적고 행인이 줄어들면 산짐승과 강도의 출몰이 그만큼 잦아진다. 그런 위험 하나만도 감수하기 벅찬데 먹을 식량까지 등에 지고 다녀야 했다. 사대부 관리들은 식량을 말 잔등이나 시종이 지게에 지고 따른다고 하지만 서민들은 직접 등에 지고 다녀야할 뿐만 아니라 숙박할 곳도 없어 풍찬노숙해야 한다. 그야말로 여행이 아니라 공포와 고역의 길이다. 한가하게 자연을 감상하고 취흥이 도도하여 시를 지을 겨를이 없다. 그리하여 그 수가 얼마 안 되는 여행객들도 닥치는 대로 민가에 들러 걸식, 기숙하지 않으면 안 되었다.

> 下馬問人居　말에서 내려 "누구 없소?" 하고 물으니
> 婦女出門着　아녀자 문을 열고 나오네
> 坐客茅屋下　초가집 아래로 객을 맞아들이고는
> 爲客具飯餐　객을 위해 밥상을 차려주네
> ……
> 四顧絶無隣　사방을 둘러보아도 전혀 이웃이 없고
> 鷄犬依層巒　닭과 개만 험한 산 속에 살고 있지요
> 中林多猛虎　숲 속에는 사나운 호랑이가 많아[495]

시인이 27세 때 전라도에서 한양으로 올라오는 도중 쓴 시이다. 17세기 말 즉 1678년의 도로 상황이다. 전라도는 한반도에서 지형이 가장 평탄한데도 호랑이가 출몰하며 객사도 없어 과부의 집에서 구걸로 숙식을 해결하고 있다. 조선 후기의 김병연(1807년~1863년)은 방랑시인으로 그 명성이 자자하다. 김삿갓은 평생 동안 길 위에서 살았다. 그는 방랑 중 숙박은 객사가 아닌 농가

---

495)「山民」김창협金昌協.《조선시대 한시 읽기》3권. 원주용. 한국학술정보. 2010년 10월 8일. p.249.

나 절에서 해결하고 음식은 걸식으로 주린 배를 달랬다.

二十樹下三十客 시팔 놈이 서러운 나그네한테
四十家中五十食 망할 놈의 집구석이라 쉰밥을 주네.
人間豈有七十事 세상에 어찌 이런 일이 있단 말인가
不如歸家三十食 차라리 집에 돌아가 설익은 밥을 먹지
(쉰밥)

斜陽叩立兩柴扉 해질 무렵 이 집 저 집 사립문 두드리니
三被主人手却揮 주인들은 손을 내두르며 나그네를 쫓네
(風俗薄야박한 풍속)

過客夕飯乞 지나가던 나그네가 저녁밥을 구걸했더니
(元堂里원당마을)

　　쉰밥에 죽(무제〔無題〕)을 구걸해 먹으며 농가, 서당, 야외 등 닥치는 대로 유숙한다. 이는 객사, 주점 등 길 위의 문화가 발달하지 못했기 때문에 생기는 애로점들이다. 학자들이 조선중기에 이르러 주막과 객주가 등장한다고 주장함에도 불구하고 시인 김병연이 객고를 겪게 된 원인은 화폐의 보급이 원활하지 못해 숙박업이 활성화되지 못하였기 때문이다. 1678년(숙종4년)에 상평통보가 주조되고 17세기 말에는 전국적 범위에서 유통되었다곤 하지만 민간에서는 선말鮮末까지도 여전히 쌀米. 천布과 같은 원시적인 현물화폐가 통용되었기에 숙박과 음식업의 발달에 불리할 수밖에 없었다.

　　조선시대에 접어들어도 역시 화폐가 쓰이지 않으니 여행자는 양식을

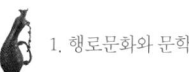
1. 행로문화와 문학

갖고 다녀야 할 지경이었다.[496]

한국에서 민간을 포함한 전국적 범위의 모든 업종에서 화폐가 유통된 것은 일제강점기부터였다. "1878년 부산에 지점을 낸 일본 제일은행은 일본 화폐를 조선에 유통시키다가 1902년에는 임의로 제일은행권을 발행"[497]했다. 화폐유통이 전국적으로 보급되고 나서야 숙박업은 물론 요식업과 서비스업, 성매매업소까지 포함하여 모든 유통업체들이 활발한 상거래를 시작할 수 있게 되었다.

도로의 후진성은 고스란히 조선시대문학작품에도 반영되고 있다. 아래에 여행 도중 객사에서 지은 시 몇 편을 소개한다.

把酒秋風卯外 가을바람 맞으며 술잔을 들고
着棋夕照邊 해질 무렵이 되어 바둑 두었네[498]

日入投孤店 해질 무렵 외로운 객사에 묵으니
山深不掩扉 산이 깊어 사립문도 닫지 않네
鷄鳴問前路 닭이 울어 갈 길을 묻는데
黃葉向人飛 누런 잎들이 사람을 향해 날아든다
(권필〔權韠〕; 길을 가다가〔途中〕)

旅館殘燈曉 여관에는 새벽 등불 가물가물,
孤城細雨秋 외로운 성에 가랑비 내리는 가을.

---

496) 《朝鮮解語花史》이능화 저. 이재곤 역. 동문선. 1992년 10월.
497) 《한국인의 돈》김열규 지음. 이숲. 2009년 7월 25일.
498) 《韓國古今漢詩選集》다운샘. 조남권 편역. 2010년 2월 20일. p.195. 윤형(尹洞). 「楊山客舍(양산객사)에서」

思君意不盡　그대 생각에 정은 끝이 없는데
千里大江流　천리에 큰 강은 흐른다.⁴⁹⁹

　객사가 등장하는 시편은 이처럼 희소하다. 객사가 적었거니와 여행자 또한 적었던 것 같다. 짚신을 신고 하루 종일 걸어도 객사와 길은 보이지 않고 앞길을 가로막는 건 산뿐이다.⁵⁰⁰ 어쩌다 행인의 앞에 길이 나타나도 그 우역 길도 험난하여 산길보다 낫지 않다.

三年草土命猶頑　삼년의 초토에도 목숨이 끊길기어
嶺外間關道路難　영외, 영남에서 험난한 길 헤맸노라
夜徹曉河征鐸動　밤을 샌 새벽강에 정탁이 진동하고
風饕虛館客衣寒　빈 집에 바람 치니 나그네 옷 차가웁네
驛程春早梅舍信　우역(郵驛)길 이른 봄에 매화가 피려하고⁵⁰¹

　영외, 영남을 막론하고 역로는 어디라 할 것 없이 똑같이 험난하다. 손님의 발길이 끊긴 지 오랜, 텅 빈 객사(허관〔虛館〕)는 찬바람만 불어든다. 외로운 타향에서 술 한 잔은 고사하고 먹을 것조차 없다. 행객이 없는 역로에 매화가 피어난들 그 누가 아름다움에 도취될 것이며 감정이 북받쳐 시를 읊조리겠는가. 인적이 드문 역로의 정적 속에서 말방울 소리(정택〔征鐸〕)만 유난히 높을 뿐이다. 부모상(초토〔草土〕)을 당하지 않았다면 아마 시인도 이렇게 적막하

---

499) 「寄君實(군실에게)」月山大君. p.55《허균이 가려 뽑은 조선시대의 한시 1》문헌과해석사. 1999년 1월 9일.
500) 「무제(無題)」김시습(金時習). 終日芒鞋信脚行, 一山行盡一山靑(온종일 짚신 신고 발길 닿는 대로 걸어가도, 한 산을 지나면 또 한 산이 푸르네.)
501) 「遠行(먼 길에서)」趙載浩《韓國古今漢詩選集》다운샘. 조남권 편역. 2010년 2월 20일. p.329.

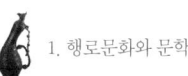

고 을씨년스러운 폐허에서 헤매지는 않았을 것이다.

寂寂生陽館　적적하고 쓸쓸한 생양관은
相思夜似秋　임 그리는 밤 가을 같구나[502]

조선시대의 대도회지인 서경(평양)과 가까운 거리에 있는 중화군中和郡의 역관驛館도 적막하고 쓸쓸하기는 여느 역관과 다를 바 없다. 인적이 뜸한 객관에서 만날 수 있는 사람은 오로지 기억 속의 임뿐이다. 길의 험난함과 숙박 시설의 낙후함은 사람들의 발길을 모두 마을과 집 안에 묶어 둔 것이다. 길이 험해 말은 파리하고[503] 지쳐 있고[504] 수레에는 시신을 싣고 간다.[505]

이른바 여행문학 운운하는 조선시대 가사문학에서도 행로문화의 흔적은 찾아보기 힘들다. "국내의 산수자연의 공간을 여행하고 지은 관유 가사"[506]를 일견하면 대략 세 가지의 특징으로 귀납된다. 첫째는 행로과정의 부재이다. 내용의 중심이 최종 목적지의 묘사에 집중되고 있다. 간혹 여정旅程 묘사를 다룬 작품들도 극히 적은 량의 정보만을 제공한다.

郭處士(곽처사) 李生員(이생원)이/ 徒步(도보) 相從(상종)ᄒᆞ니
行裝(행장)이 瀟灑(소쇄)ᄒᆞ야/ 三尺簫(삼척소) 一介(일개)로다
弱馬(약마)로 兼卜(겸복)ᄒᆞ고/ 殘동(잔동)으로 벗을 삼아

---

502) 「戲題生陽館(생양관에 낙필하다)」박제(朴悌).
503) 위와 같은 시. 驂載倦羸客 (파리한 말은 지친 나그네를 싣고서)
504) 「陰城途中(음성 가는 길에)」征驂羸盡一冬深 (깊은 겨울에 나그네 말이 지쳤는데)《허균이 가려 뽑은 조선시대의 한시 2》문헌과해석사. 1999년 1월 31일.
505) 「逢孝道(趙靜菴光祖)喪)」二首 박상(朴祥). (其一)牛車草草故鄕歸 (소수레를 타고 바쁘게 고향으로 돌아가네)
506) 《여행문학의 표현과 창작배경》정한기 지음. 月印. 2010년 2월 12일. p.140.

東大門(동대문) 내드라셔/ 關王廟(관왕묘) 지난 後(후)의
무너미 點心(점심)ᄒ고/ 비운돌 너머 드러
征夫(정부)를 만나 보면/ 前路(전로)를 仔細(자세) 무러
抱川鐵原(포천철원) 金化金城(김화금성)/ 次第(ᄎ제)로 지나도다
길 난지 엿샌 만의/ 淮陽(회양)싸 계유 드러
摩尼洞(마리동) 깁픈 골로/ 斷髮嶺(단발령) 올라 셔셔
金剛山(금강산) 眞面目(진면목)을/ 처엄으로 ᄇ라보니
心神(심신)이 灑落(쇄락)ᄒ고/ 眼目(안목)이 豁然(활연)ᄒ다507

동대문을 나서서 6일 동안 지속된 도보 여행길에서 벌어지는 사건은 단 두 번뿐이다. 무너미(도봉구 수유리)에서의 점심식사와 길손을 만나 길을 묻는 행위이다. 숙박한 객사도 없고 식사를 한 주막도 없다. 그 원인은 길 문화를 상징하는 숙박업과 요식업이 발달하지 않았기 때문임을 쉽게 알 수 있다. 동

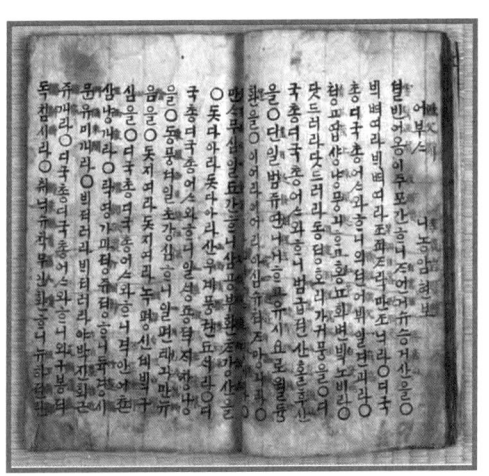

| (사진 64) 관동별곡關東別曲

---

507) 「금강별곡(金剛別曲)」 박순우(朴淳愚:1686년~1759년)

1. 행로문화와 문학   교통과 술 그리고 예술 － 283

대문에서 포천, 철원, 김화, 금성에 이르는 구간에 수레가 통행할 수 있는 도로망도 개통되지 않았다. 도로가 좁고 험난하기 때문에 "행장을 간편히 하고 돌길에 지팡이를 짚어"[508]가며 걸을 수밖에 없었다.

작자들 중에 승려들이 많은 비중을 차지한다[509]는 점도 길 문화와 연관이 있다고 해야 할 것이다. 승려들은 속세를 떠나 산중에서 수행하며 전국의 명산대천을 발로 걸어 다니는데 익숙할 뿐 도로와는 그다지 인연이 깊지 않기 때문이다. 이런 이유 때문에도 작자 미상의 가사들은 대체로 승려들의 작품일 가능성이 많다.

조선시대에 진정으로 여행문학이라 할 수 있는 작품은 연암 박지원의 《열하일기》와 김삿갓의 시문학이다. 그러나 박지원의《열하일기》에 나오는 행로문학의 무대는 한반도가 아니라 죄다 대륙에서 겪은 일들뿐이라면 김삿갓의 행로문학은 길의 부재로 인해 초래된 방황과 고독을 테마로 한 시편들이었다.

한말까지 줄곧 후진성에서 벗어나지 못했던 한국의 도로사정이 개선된 것은 일제강점기 때부터이다. 일제는 1904년에 발발한 러일전쟁의 군사적 수요 때문에 조선반도의 도로 개수공사에 본격 착수했다. 1907년 경주 진남포 도로공사를 시작으로 1911년까지 총 28개 노선을 건설했다. 이중에서 청진~경성, 해남~하동 등 7개 노선이 노폭이 3.9~4.5m이고 나머지는 모두 5.0에서 최대 7.2m에 달하는 1, 2급 도로(1급 도로 8개, 2급 도로 16개)를 개수했다.[510] 역참제가 폐지되고 신작로가 개통[511]되었다. 이어 1911년부터는 최초로 자동차가 운

---

508) 「관동별곡(關東別曲)」 정철(鄭澈). (1536년~1593년)
509) 「금강산유산록(金剛山遊山錄)」 작자 동봉스님. 「금강산가(金剛山歌)」 작자 미상. 승려일 가능성이 많음. 「금강산완경록(金剛山琓景錄)」 작자 미상. 승려일 가능성이 많음.
510) 《朝鮮土木業誌》朝鮮總督府. 1928년. pp.93~95.
511) 《한국의 전통 사회 운송기구》 최운식 지음. 이화여자대학교출판부. 2007년 2월 28일.

행되었다.[512] 자동차 통행은 수레와는 달리 자체중량 때문에 노폭이 넓어야 되거니와 노면도 견고해야 한다.

그러니까 한말까지 지방에는 보행로 외에는 수레나 자동차가 다닐 수 있는 도로가 거의 없었다고 단언할 수 있다. 한국문학이 일제강점기를 기점으로 비약적인 발전을 하기 시작한 것도 도로의 발달과 무관하지 않을 것이라 생각한다.

2. 술과 행로문학

A. 당송 시기의 술과 행로문학

1) 행로의 법도法道와 술

당송 문학이 길에서 꽃을 피웠다면 이 길 위에는 또한 타향의 객수客愁를 달래주는 술이 항상 있었다. 나그네의 설움, 고향과 벗에 대한 그리움, 행고의 외로움은 술이 선물하는 흐드러진 주흥을 타고 시적 정서를 극한까지 끌어올림과 동시에 시맥詩脈에 광혼狂魂을 불어넣어 깊은 울림을 빚어냈다. 길을 무대로 벌어지는 사건들, 떠남, 만남, 헤어짐은 중국 행로문화의 기본 골격을 이룬다. 여기서 술은 중추신경 역할을 수행했다.

중국인들에게는 집을 떠나 외출할 때에는 출행出行의 세 가지 법도가 있다. 송별연을 베푸는 전별餞別과 길 떠나는 사람에게 가족들이 기념품을 주는 증별贈別 그리고 멀리 대문 밖이나 성 밖, 정자까지 배웅하는 송별送別이 그것

---

p.101.
512) 《조선총독부의 교통정책과 도로건설》조병로 외 지음. 국학자료원. 2011년 4월 30일. p.50.

이다. "전별餞別은 전행餞行이라고도 한다. 주나라 때에 흥기한 일종의 출행出行 예속禮俗이다. 위로는 왕후장상, 아래로는 평민, 백성에 이르기까지 사람이 길을 떠날 때면 친구들이 모여서 연회를 베풀고 송별한다.……일반적으로 문인과 학자들은 시를 지어 기념으로 남기고 헤어진다." 513

길 문화의 일종인 전별례餞別禮는 전행주餞行酒라 하여 반드시 술과 안주를 차린다.《현대한어대사전》에는 전별餞別을 "술과 음식을 차려 송별하다"로 풀이하고 있다. 514

   金陵酒肆留別 금릉의 술집에서 작별하다

    風吹柳花滿店香 바람이 버들 꽃에 불어 주막엔 향기 넘치고
    吳姬壓酒勸客嘗 오나라의 미녀 술을 걸러 손님에게 맛보라 권하네
    金陵子第來相送 금릉의 사람들이 배웅하려 찾아왔네
    欲行不行各盡觴 떠나려 해도 떠나지 못하고 저마다 술잔만 비운다
    請君試問東流水 벗들이여, 동쪽으로 흐르는 장강에 물어보라
    別意與之誰短長 이별의 아쉬움과 어느 것이 길고 짧은가

이 시는 이백이 촉蜀땅에 온지 반년이란 세월이 흐른 개원開元(726년)에 양주揚州로 떠나기 전 친구들이 베푼 송별연에서 지은 작품이다. 금릉金陵은 중국 남방의 남경 혹은 강녕현江寧縣이다. 버들이 움트는 이른 3월이라 야외 송별연은 어려웠을 것이다. 술집(주사酒肆)에는 이백을 배웅하러 온 많은 사람들이 모여 전별주를 마시며 이별을 아쉬워하고 있다. 술은 넘쳐나고, 그 술은 미녀가 빚은 술이다. 술과 여자, 길을 떠나려는 나그네의 발걸음을 멈추게 할 만

---

513)《漫漫长路行—中国行路文化》马洪路 著. 济南出版社 2004年 6月. p.34.
514)《中華現代漢語大詞典》吉林文史出版社 2009年 1月. 饯别—饯行. 用酒食送行.

하다. 그런 아쉬움을 달래려고 시를 지어 화답한 것이다. 이렇게 작별을 고하고 여행길에 오르면 여로에서 또 시를 짓는다.

蘭陵米酒鬱金香　난릉의 맛 좋은 술 울금향 풍기고
玉碗盛來琥珀光　옥잔에 따르니 호박 빛일세
但使主人能醉客　주인 덕에 나그네 취할 수만 있다면
不知何處是他鄉　타향이 어딘지 알지 못하리
(이백: 길가는 나그네의 노래 客中行)

술의 명산지인 난릉 지방을 유랑하던 시절에 지은 시이다. 길과 방랑 그리고 주색酒色은 이백의 문학을 형성하는 3대 산맥이다. 이백의 시에서 이 세 가지 구성 요소를 배제하면 남는 것은 아무것도 없다. "술 한 말을 마셔야 백

(사진 65) 온정균溫庭筠 송인동유送人東游 (右) 술에 취한 이백(左)
길 위에서 벌어지는 이별의 슬픔은 한 동이의 술로도 달랠 길이 없다 그 아쉬움 때문에 배를 강에 대고 정자에서 시를 짓고 술을 마신다. 그렇게 술을 마시다 보면 이백처럼 늘 대취하기 마련이다.

편의 시를 짓고 장안 저잣거리 술집에서 잠을 자는"(두보: 음중팔선가飮中八仙歌) 이백이 방랑길의 어디에선들 술을 마시지 않았겠는가.

길 문화의 두 번째 법도인 증별贈別은 먼 길 떠나는 사람에게 집에 남은 친구나 친인들이 선물을 주는 행로예법行路禮法이다. 길 떠나는 사람이 남은 사람들에게 선물을 주기도 한다. 그러나 증별예贈別禮에는 아쉽게도 술이 생략되어 있다. 시를 지어 교환하는 문학적인 내용도 배제되어 있다. 전별례, 증별례, 송별례에서 술이 첨가되지 않은 증별례를 빼고 대신 견면례見面禮(만남)를 추가하는 것이 어떨까 생각한다. 당송시에는 행로 중에 지인이나 생소한 사람을 만나 함께 술을 마시며 지은 시가 적지 않기 때문이다. 뿐만 아니라 길 문화의 중심에는 이별보다 결코 비중이 뒤지지 않는 만남이 있다.

상봉시相逢詩에는 직접적인 만남과 그리움, 기억을 통한 정신적인 만남이 있다. 두보는 강남에서 우연히 이구년을 만나고(江南逢李龜年) 이익李益은 방랑 중에 외사촌 동생을 만난다(喜見外第又言別) 맹호연의 시 "옛 친구의 시골집을 방문하다過故人莊"에서는 친구를 만나 "채마밭을 마주하고 술을 마시며 누에치기와 길쌈을 이야기"하고 이백의 "산 속 은사와 대작하다山中與幽人對酌"에서는 도사와 만나 술을 마시고 취한다. 두보는 친구 위팔衛八을 만나 술을 들어 거푸 열 잔이나 마신다.(贈衛八處士) 이백과 두보, 이백과 맹호연도 길 위에서 만나 술을 마시고 우정을 나눴다. 그 만남을 그리워하며 시를 지어 기억을 불러내어 또 만난다.

   春日憶李白 봄날에 이백을 생각하며

   白也詩無敵 이백 당신의 시는 당할 이 없고
   飄然思不群 자유분방하고 탁월하다네

淸新庾開府　청신한 맛은 유신(庾信) 같고
俊逸鮑參軍　뛰어난 재능은 포조(鮑照) 같구려
渭北春天樹　위수 북쪽에는 봄날의 나무요
江東日暮雲　강동에는 해질녘 구름이라
何時一樽酒　언제면 함께 술을 마시며
重與細論文　다시 함께 시를 말하랴
(두보)

위의 시에서 알 수 있듯이 당대 시인들은 만나서 문장을 논하고 시를 지어 교환할 때에도 술은 없어서는 안 될 필수품이었다.

송별례送別禮는 떠나는 사람과의 이별이 아쉬워 대문 밖, 성 밖, 성에서 멀리 떨어진 정자까지 따라가며 이르는 곳마다 길가에 술상을 차려놓고 배웅하는 길 문화이다. 조선시대에도 중국의 영향을 받아 임지에 부임하러 떠나는 관리들을 성 밖에까지 나와 송별연을 베풀고 친구를 배웅했다는 기록이 많다. 이백의 저 유명한 시 "벗을 보내며"를 인용해보자.

送友人　벗을 보내며

靑山橫北郭　푸른 산은 북쪽 성곽을 에워싸고
白水遶東城　맑은 강물은 동쪽 성을 감돌아 흐른다
此地一爲別　여기서 한 번 헤어지면
孤蓬萬里征　외로이 떠돌며 만리를 가야겠지
浮雲遊子意　뜬구름은 나그네의 마음이고
落日故人情　지는 해는 친구의 심정이리
揮手自玆去　손 흔들며 이제 떠나가니
蕭蕭班馬鳴　말의 울음소리 더욱 애달프구나

길 위에서 벗을 만나 술을 마시는 기쁨과 끝끝내는 이별해야만 하는 슬픔은 행로문학의 내용을 구성하는 중요한 시적 골격을 이룬다. 길을 무대로 한 행로문학의 이러한 특징은 송시에서도 자주 보인다.

雨霖鈴　장대비 속에 우는 매미

寒蟬凄切　　　　가을 매미 울음소리 처절한데
對長亭晩　　　　길 떠나는 정자에 날은 저물고
驟雨初歇　　　　소나기 이제 막 멎었다네

都門帳飮無緖　　성문 밖에서 마시는 이별주에 마음은 울적하고
留戀處　　　　　사무치는 아쉬움에 머뭇거리는데
蘭舟催發　　　　배는 떠나자고 재촉하네

執手相看淚眼　　손을 잡고 눈물어린 얼굴을 서로 보며
竟無語凝噎　　　끝내 말을 못하고 목만 메이네

念去去千里煙波　천 리 밖 안개와 파도 속으로 간다고 생각하니
暮靄沈沈楚天闊　저녁 안개 짙은데 초나라 하늘 아득하구나

多情自古傷離別　예로부터 정이 많으면 이별을 서러워하였으니
更那堪　　　　　더구나 어찌 견디랴
冷落淸秋節　　　낙엽이 떨어지는 맑은 가을의 이별을
今宵酒醒何處?　오늘밤 마신 술은 어느 곳에서 깰까
楊柳岸　　　　　버드나무 휘늘어진 강가에
曉風殘月　　　　새벽바람이 불고 달이 이지러드누나
此去經年　　　　이제 떠나 해를 넘기면
應是良辰好景虛設　아마도 좋은 날과 아름다운 경치도 부질없을 테지
便縱有千種風情　비록 수없는 변화가 있을지라도

更與何人說　　　다시금 누구와 더불어 마음을 나눌까

　이 사詞는 북송 시기의 저명한 시인 유영柳永(생몰연대 불확실)의 작품이다. 천리 길을 떠나는 시인의 이별의 아쉬움이 잘 드러나고 있다. 떠나기 전날 친구와 함께 술을 취하도록 마시며 새벽달이 이지러질 때까지 날을 새웠음을 알 수 있다. 송별연은 "버드나무 휘늘어진 강가" 즉 성 밖 야외의 "정자"에서 벌어지고 있다. 그 정자 아래에는 시인이 타고 떠나야 할 배를 비끄러맨 나루터가 있다. 나룻배는 떠나자고 재촉하고 갈 길은 멀어 술이 아니고서는 이별의 아픔과 애달픔을 달랠 방법이 없는 것이다. 결국 시인이 할 수 있는 일은 이 모든 상황과 정서를 시를 지어 남기는 것뿐이다. 길을 떠나면서 겪게 되는 감정의 체험은 술을 통해 더욱 격렬해지며 고스란히 시 속에 녹아든다. 그야말로 술과 길 그리고 시가 일맥상통하는 상황이 아닐 수 없다. 길은 이별

(사진 66) 유영柳永 우림영雨霖鈴(장대비 속에 우는 매미)
유영의 이별 역시 예외 없이 길 위에서 벌어진다. 거기에는 술과 시가 있다.

의 슬픔을 부르고 술은 아쉬움을 달래고 시는 이 순간의 감정을 문자 속에 담는다.

쉽게 그리고 자주 집을 떠나 여행길에 오를 수 있다는 것은 땅길, 물길이 모두 열려 있고 그 길이 행로의 목적지와 이어졌기 때문이다. 사통팔달한 교통망이 전국 방방곡곡으로 연결되었기 때문이다. 떠남뿐만 아니라 귀환도 그만큼 쉬워진다. 길 위에서 만나는 사람들은 물론이고 배, 말, 달, 나무 등의 사물들도 정서 소통의 상관물로 부상하며 감정이입이 가능해진다.

그러나 길은 다른 한편으로는 잦은 떠남과 귀환으로 하여 이별의 아쉬움과 여로의 외로움 그리고 객수와 향수를 유발할 뿐만 아니라 동시에 만남의 기쁨과 희열을 선물하기도 한다. 그것은 나그네의 감정체험의 저변을 확대한다. 이렇게 누적된 정서적 체험과 주흥은 연대하여 시상을 잉태하는 자궁 역할을 한다.

객수와 고독의 빗발치는 협공을 무릅쓰면서까지 나그네가 고단한 역정을 강행할 수 있었던 이유는 언제나 길 위에서 기다려주는 객사와 술집의 덕분이었다. 그곳에서의 휴식과 음주를 통해 행객은 길에서 소진된 에너지를 재충전하고 타향살이의 아픔을 진통鎭痛할 수 있기 때문이다.

2) 당송시에서 보이는 술과 길 문화

행로문학의 특징은 길을 떠나는 시작부터 기나긴 여정을 거쳐 목적지에 도착할 때까지 시종 술과 시가 동행한다는 점이다. 최초의 단절을 해소한 길이 없었더라면 객주客酒는 없었을 것이며 객주가 없었다면 객수客愁를 달랠 수 없었을 것이며 객수가 없었더라면 객시客詩는 잉태되지 않았을 것이다. 이들은 하나의 동일한 시스템에 의해 작동되는 유기체와도 같다. 이러한 현상은 잠시 당송시의 내용에 슬쩍 시선을 던지기만 해도 금시 입증이 된다.

새로운 만남을 위한 나그네의 행로는 이별에서 시작된다. 이별의 슬픔과 만남의 유혹은 그 자체로 문학적 소재가 되어 시행에 감동을 불어 넣고 울림을 만들어낸다.

아래의 시는 송대 시인 유영柳永의 사詞「채련령采蓮令」전문이다.

> 희미한 달빛 엷은 구름, 서리 내린 새벽
> 서쪽 먼 길 떠나는 나그네 아쉬움에 마음이 아프네
> 미인은 손목을 잡고 갈림길까지 배웅하려고 붉은 대문을 열고 나오네
> 아리따운 얼굴 요염한 몸매 말없이 눈물만 흘리네
> 가슴이 찢어져 차마 고개를 돌릴 수 없는데 작은 배는 쏜살같이 물결 따라 흐르네
> 떠날 생각만 하다 보니 어찌 이별의 슬픔을 알았으랴
> 온갖 시름이 몰려드니 마음에 담아둘 뿐 누구와 더불어 하소연하리
> 문득 뒤를 돌아보니 성곽은 이미 보이지 않고
> 가을의 강변에 두 세 그루의 희미한 나무뿐이구나[515]

길은 나그네에게 새로운 만남에로 인도해줌으로서 이별의 슬픔을 달래준다. 만남과 이어진 노변풍경 역시 시재詩材로 격상되어 문학작품을 기름지게 한다.

> 차가운 구름이 음산한 날에 작은 배에 몸을 싣고 나루터를 떠나
> 수많은 계곡과 바위산을 지나 물길 따라 월나라로 간다네
> 물결은 잔잔하고 마침 순풍이 불어오는데 상인들과 여행자들이 주고받는 말소리 들려오고

---

515) 月华收, 云淡霜天曙, 西征客, 此时情苦翠娥执手,, 送临歧, 轧札开朱户. 千娇面, 盈盈伫立, 无言有泪, 断肠争忍回顾? 一叶兰舟, 便恁急桨凌波去, 贪行色, 岂知离绪, 万般方寸, 但饮恨, 脉脉同谁语? 更回首, 重城不见, 寒江天外, 隐隐两三烟树.

돛을 높이 올리자 배는 날개 편 새처럼 남포를 향해 질풍처럼 달리네
강기슭 양안에는 술집 깃발이 나부끼고
밥 짓는 연기 피어오르는 마을에는 서리 맞은 나무 몇 그루 보이네
해질 무렵 어부들은 뱃전을 두드리며 집으로 돌아 가는데
마르고 시든 연잎은 떨어지고 누렇게 시든 버들가지는 사이좋게 하느적거리네
삼삼오오 강변에서 빨래하는 수줍은 처녀들은
행객의 눈길을 피해 목청을 낮추어 재잘거리네[516]

이 사詞는 시인 유영이 초나라(지금의 절강성)를 여행할 때 여로에서 본 강변풍경을 시로 지은 것이다. 시문에 나오는 월계越溪[517]와 초풍樵風[518]은 모두 월나라와 관계되는 시어들이다. 계곡과 바위, 상인들과 여행자들, 강기슭의 술집들과 밥 짓는 연기 피어오르는 마을들, 어부들과 빨래하는 처녀들 그리고 시든 나무와 버들……죄다 길가에서 만날 수 있는 생생한 노변풍경들이다. 시인의 재기발랄한 붓끝에서 마치 한 편의 영화를 보는 듯이 생동하게 살아 숨 쉬고 있다.

長干行(二首) 장간의 노래

其一

---

516) [宋] 유영(柳永),「柳永,「夜半乐」冻云黯淡天气, 扁舟一叶, 乘兴离江渚, 度万壑千岩, 越溪深处. 怒涛渐息, 樵风乍起, 更闻商旅相呼. 片帆高举, 泛画鹢, 翩翩过南浦。望中酒旆闪闪, 簇烟村, 数行霜树. 残日下, 渔人鸣榔归去。败荷零落, 衰杨掩映。岸边两两三三, 浣纱游女, 避行客, 含羞笑相语. 到此因念, 绣阁轻抛, 浪萍难驻. 叹后约丁宁竟何据？惨离怀, 空恨岁晚归期阻. 凝泪眼, 杳杳神京路, 断鸿声远长无暮.
517) 초나라의 강이름 약야계(若耶溪)이다.
518) 《后汉书注引》〈会稽记〉郑弘砍柴, 以船运载于若耶溪上, 早往晚归, 求神都赐顺风, 果得如愿. 정홍(郑弘)은 땔나무를 하면 배에 실어 若耶溪강으로 운반해야 했기에 빨리 가고 늦게 돌아올 수 있게 순풍을 불게 해달라고 신에게 빌었더니 과연 소원을 이뤘다.

(사진 67) 최호崔顥 장간행長干行

길 위에서는 벗과 지인을 만나 친분을 돈독히 할 뿐만 아니라 생소한 사람과 만나 소중한 인연을 맺기도 한다.

君家何處住　당신 집은 어딘가요
妾住在橫塘　소첩은 황당에 살아요.
停船暫借問　배를 멈추고 한마디만 물을 게요
或恐是同鄕　혹시 한 고향 사람 아닌가요

其二
家臨九江水　우리 집은 구강 가에 있어
來去九江側　오나가나 구강 가라오
同是長干人　같은 장간에 살면서도
生小不相識　어려서는 서로 모르고 지냈구려
(최호〔崔顥〕: 704년~754년)

여행 도중에 우연히 만난 두 처녀총각의 대화를 시로 엮은 작품이다. 서로 생소한 두 남녀는 길(수로)에서 만나 대화를 나누고 인연을 맺는다. 시인은 그들의 인연이 어디까지 발전할 지에 대해서는 독자의 상상력에 맡기고 있다. 길 위에서 맺어지는 만남과 인연은 시인의 감정을 자극하고 시적 영감과 시상을 불러일으킨다.

하지만 이것만으로는 부족하다. 이별의 슬픔과 만남의 희열은 곧바로 술을 불러들이는 순간 비로소 문학으로 승화된다. 휘황찬란한 행로문화의 역사를 쓴 당송 대의 주인공들이 정든 고향과 부모처자를 떠나 행로의 객고와 객수를 버텨낼 수 있었던 것은 그 목적이 벼슬길이던 방랑이던 여행이던 막론하고 길 위에서 새로운 풍경과 사람을 만나 그곳에서 그들과 함께 술을 마시며 시를 지을 수 있다는 가능성 때문이었다.

장안으로 가는 길에서 말은 느릿느릿 걸어가고

길가의 높은 버드나무위에서 매미 우는 소리 요란하다
섬 밖으로 석양이 기울고 들판에는 가을바람이 부는데
사위를 둘러보니 하늘이 지평선에 드리웠다
사랑하는 애인은 그림자마저 사라지고
술과 여자를 즐기던 술친구들도 사라졌으니 작년 같지 못하구나[519]

이별할 때에도 술을 마시고(전별餞別) 이별한 다음 행로 중에도 사랑하는 사람과 벗을 그리워하며 술을 마신다. 떠돌이생활에서 누적되는 향수와 객고는 심신을 괴롭히지만 술로 달래고 시를 지어 아픔을 치유했다.

風雨 비바람

凄凉寶劍篇 처량하구나, 곽진의 보검편 같은 내 신세
羇泊欲窮年 유랑 길에 한 해가 또 저물어간다
黃葉仍風雨 낙엽은 비바람에 흩날리고
靑樓自管弦 기루(妓樓)에선 음악이 흘러나오네

新知遭薄俗 사람을 알수록 야박한 풍속 만나고
舊好隔良緣 오랜 벗 좋으나 인연은 멀어진다
心斷新豊酒 술 향기는 사람을 미치게 하는데
銷愁斗幾千 쌓인 시름 덜려면 몇 천 말의 술을 마셔야 할까

(이상은[李商隱]: 812년~858년)

이상은이 강동을 여행할 때 지은 시이다. 기羇는 말굴레를 말한다. 구속의 의미와 오랫동안 타향에 머무른다는 의미가 있다. 기백羇泊은 객지에서 떠

---

519) [宋] 유영(柳永), 「少年游」长安古道马迟迟, 高柳乱蝉嘶, 夕阳岛外, 秋风原上, 目断四天垂. 归云一去无踪迹, 何处是前期？狎兴生疏, 酒徒萧索, 不似去年时.

돌아다닌다는 뜻이다. 강동에서 보낸 세월이 많이 흘렀음을 알 수 있다. 가을 바람과 가을비는 시인의 떠돌이인생과 함께 하는 동반자인 동시에 슬픔의 대상이기도 하다. 오랜 타향살이로 깊은 시름에 빠진 이상은 이미 궁지에 빠지고 탈진하여 술이 아니고서는 도저히 고통에서 헤어날 길이 없었다. 객수가 얼마나 깊었으면 천 말의 술을 마셔도 쌓인 시름이 풀릴지 알 수 없겠는가.

客中行　여로의 노래

蘭陵美酒鬱金香　난릉의 울금향은 향기로워
玉碗盛來琥珀光　옥잔에 철철 따르니 호박 빛깔이네
但使主人能醉客　주인 덕분에 나그네 취할 수만 있다면
不知何處是他鄕　여기가 타향인줄 알지 못하리
(이백)

(사진 68) 이상은 풍우風雨(左) 이백 객중행客中行
술과 여자는 당송 대 문인들과 깊은 인연을 맺고 있었다.

이 작품은 산동山東으로 이주한 이백이 불혹의 나이에 산동 동부의 난릉 지방을 유랑할 때 지은 시이다. 이백이 타향의 설움을 이겨내고 유랑생활을 지속할 수 있었던 이유도 단 하나 술이다. 그에게는 고향이 따로 없었다. 술만 있으면 그가 머문 곳이 설령 타향이라 할지라도 고향이나 진배없었다. 술은 사람을 취하게 만들고 그리하여 시름을 잊게 할 뿐만 아니라 시어에 혼을 불어넣어 독자를 감동시킨다.

그런데 이 술에는 반드시 따라다니는 그림자 같은 존재가 있다. 다름 아닌 여자이다. 아내의 감시가 사라진 자유의 공간이 여자를 허락하고 아내를 작별한 그리움을 타향의 여자가 달래주는 것이다. 위에서 인용한 시「비바람風雨」에서도 이상은은 술집에서 기생을 불러 술을 마신다.

泊秦淮　진회에 배를 대고

煙籠寒水月籠沙　밤안개 차가운 강에 자욱하고 달빛은 모래톱을 비추는데
夜泊秦淮近酒家　밤에 진회에 배를 대니 술집이 가깝다
商女不知亡國恨　기녀는 망국의 설움 알지 못하니
隔江猶唱後庭花　강 너머에서 아직도 후정화를 부른다
(두목〔杜牧〕: 803년~853년)

두목이 강가에 배를 정박하고 내린 곳은 술집이다. 그곳에는 노래를 파는 기생이 기다리고 있다. 술은 객수를 달랠 수 있지만 여인에 대한 나그네의 뜨거운 정염情炎을 삭여버릴 수 없다. 오히려 그 불꽃을 더욱 세차게 타오르게 할 따름이다. 게다가 주흥은 아름다움을 더욱 극대화시킨다. 미에 대한 추구 그것은 곧 예술의 출발점이다.

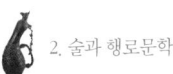

(사진 69) 시인과 술 그리고 여자
당송대에 시인과 술 그리고 여자는 그림자처럼 항상 함께 있었다. 이 시기에 창작된 불후의 명시들은 모두 그 속에서 잉태되었다.

江上吟 강 위에서 읊다

木蘭之枻沙棠舟 목란나무 상앗대를 걸친 사당나무배에
玉簫金管坐兩頭 옥퉁소, 황금피리 들고 양쪽에 앉아있네
美酒樽中置千斛 향기로운 술 천 말을 항아리에 가득 채워
載妓隨波任去留 기녀들 태워 물결 따라 오고간다
(이백)

유랑객들의 길 위에서의 생활이 이러하다면 집에 버리고 온 여자들도 길 가는 또 다른 나그네들과 연정을 나누기는 마찬가지이다. 이 역시 행로문화의 한 부분을 차지한다.

玉合体 옥합체

昨夜裙帶解 지난밤엔 치마끈을 풀어 놓더니
今朝蟢子飛 오늘은 기쁜 일이 생겼나
鉛華不可弃 꽃단장 잊지 말아야지
莫是藁砧歸 설마 먼 길 떠난 임이 돌아오는 건 아니겠지
(권덕여〔權德輿〕)

옥합체玉合体는 연정시艷情詩이다. 즉 사랑을 노래한 시이다. 군대제裙帶解는 술과 음식을 차려 놓고 포식했다는 의미가 있다. 희자蟢子는 희자喜子, 혹은 희주喜蛛라고도 하는데 갈거미이다. 갈거미가 옷에 달라붙으면 기쁜 일이 생긴다고 여겼다. 두 남녀가 술을 마시고 좋은 일, 즉 하룻밤의 운우지정을 나눈 이야기이다. 먼 길 떠난 지 오래된 남편을 기다리며 독수공방하던 여인이 길 가던 나그네와 눈이 맞아 이불 속에서 정사를 나눈다. 그러면서도 느닷없이 남편이 돌아올까 두려워 전전긍긍하고 있다.

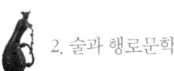

만약 술이 없었다면 길 위의 이 모든 정情문화는 창조되지 않았을 것이며 따라서 당송 대의 시문학도 존재하지 않았을 것이 틀림없다. 술의 참여하에 펼쳐진 당송 대의 화려한 길 문화는 문학예술의 발전에 실로 마멸할 수 없는 지대한 영향력을 행사했다. 술은 위대한 당송 문학의 생체生體 내에 제2의 생명—영혼을 불어넣은 마술사이다.

B. 고려, 조선시대의 술과 행로문화

1) 삼국, 고려시대의 술과 행로문화

삼국 시기의 문학작품인 「공무도하가公無渡河歌」[520]라는 가사 속에는 술이 등장한다. 그런데 술병을 손에 들고 강물에 뛰어들어 죽은 백수광부를 두고 학자들의 견해가 각양각색이다. 무부巫夫나 무속巫俗행위[521]로 풀이하는 학자도 있고 백수광부를 주신酒神으로, 아내 여옥을 악신樂神[522]으로 해석하는 학자들도 있다. 백수광부를 박수로, 여옥을 무당으로 보는 견해는 설득력이 있어 보이지만 그리스 신화에 나오는 주신과 악신으로 둔갑시키는 건 지나친 비약이라고 생각한다. 신의 특징은 창조와 자연현상에 대한 수의隨意적 사역의 영험함에서 나타난다. 예컨대 디오니소스는 포도를 재배하고 와인을 창조하며 수신水神은 파도를 일으키고 폭우를 내리게 할 수 있다. 디오니소스가 와인을 만든 목적은 어려움에 봉착한 사람들에게 근심과 걱정 대신 용기를 북

---

520) 「공무도하가(公無渡河歌)」公無渡河 公竟渡河 墮河而死 當奈公何 (님이여 물을 건너지 마오 임은 그예 물을 건네시니 물에 빠져 돌아가시니 임이여 이제는 어이할꼬)
521) 김학성.《시가문학사(상)》〈한국문화사대계〉v. 고대민족문화연구소. 1967년. pp.288~295
522) 정병욱《시가문학사(상)》〈한국문화사대계〉v. 고대민족문화연구소. 1967년. pp.770~782

돌아주기 위해서였다. 그러나 백수광부에게는 그러한 신적인 영험함이 결여되었을 뿐만 아니라 손에 술을 들고서도 근심과 걱정 속에서 죽어버린다.

「공무도하가」에는 비록 술이 등장하지만 그 술은 작자가 아닌 등장인물의 손에 들려 있다. 뿐만 아니라 행로 중에 있는 사람도 작자가 아니라 등장인물들이다. 곽리자고는 이 고장에서 나룻배를 저어 생계를 이어가는 상주민이다. 길을 가던 나그네가 술병을 들고 강물 속에 뛰어든 건 그 무슨 "황홀경에 든 박수가 강물에 뛰어들어 죽음을 이기고 새로운 권능을 확인하는 그러한 의식"[523] 이 아니라 도로의 단절 때문이었다. 강물은 그들의 진로를 단절시키는 자연적인 한계이다. 단절의 억압을 극복하기 위해, 백수광부는 죽음을 무릅쓰고서라도 결여를 해소하기 위해 강물에 뛰어든다. 그는 술을 마시지 않는다. 술을 마시지 않았으니 당연히 "황홀경에 빠져" 들 수도 없다.

백수광부가 술병을 들고 강물에 투신했음에도 죽는 순간까지 술을 마시지 않은 데는 그럴만한 이유가 있다. 애초부터 도하渡河가 목적이었다면 곽리자고의 배를 타면 되었을 것이다. 그러나 그는 바로 옆에 나룻배를 두고서도 강물에 들어간다. 한마디로 그에게는 뱃삯을 낼만한 노자가 없었던 것이다. 뱃사공 역시 길 가던 나그네가 물에 빠져죽는 걸 보면서도 배를 태워주지 않는다. 사공은 삯전을 받아야 생계를 유지할 수 있기 때문이다. 당시의 야박한 인심을 보여주는 작품이라 할 수 있다. 처지는 백수광부 쪽에서도 사공과 다를 바 없었다. 술이나 악기를 주고 배를 탈 수도 있었지만 그것은 무속 인이 먹고 살아가는, 목숨보다 귀중한 생계수단이었음으로 함부로 내놓을 수 없었다. 악기와 제주祭酒가 없으면 무인巫人은 달리 살아갈 방법이 없다. 술은 감정을 흥분시켜 시상과 영감을 불어 넣는 신경자극제가 아니라 그냥 단순한 생

---

523) 조동일《한국문학통사》1. 지식산업사. 1994년.

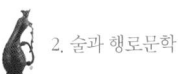

계수단일 따름이다.

최치원의 경우 술은 향유의 대상이기 전에 거부의 대상이었다. 앞에서 언급했듯이 술에 대한 그의 강력한 거부감은 째지게도 궁핍했던 시인의 타향살이와도 연관이 있다.

心垢非難洗　마음의 때는 물로 씻기 어려우니
澹泊與誰論　담박한 삶의 맛을 누구와 의논하랴
世路嗜甘醴　세상인심 향기로운 술만 즐기거니[524]

담박한 삶의 추구와 때 없이 깨끗한 마음은 향기로운 술에 대한 거부에 의해서만 가능해진다. 최치원에게 술은 곧 "때"이고 "물로도 씻을 수 없는" 더러움이다. 조용하고 차분하며 말 없는 삶, 그러한 삶에는 술이 끼어들 자리라곤 없다. 시인의 흥은 이백이나 두보와는 전혀 다른, 술이 배제된 흥이다. 그것은 감정의 외부로의 발현이 아니라 억제이고 인내이다. 그렇다면 "언제면 시와 술로 다시 만날 수 있을까"[525]하는 경우에도 시詩는 최치원과 이장관李長官의 공동관심사지만 술酒은 이장관 한 사람에게만 속함을 알 수 있다.

삼국시대 전반에 거쳐 문학의 궁핍을 초래한 술의 부재와 길의 결여는 고려 시기에 와서는 그런대로 종식되는 듯한 양상을 보이며 문학작품 속에 제법 술이 자주 등장하기 시작했다. 그중에서도 술 때문에 진사시험에도 꼴찌로 합격하고 술 없이는 시를 짓지 않았다는 이규보李奎報의 시가 단연 돋보

---

524) 「寓興(흥에 겨워)」최치원(崔致遠).
525) 「秋日再經盱眙縣李長官(가을날 우이현 이장관을 다시 지나며)」최치원(崔致遠). 詩酒何時得再逢.

인다.

남이야 우리를 미치광이라 하든 말든
천 잔 술을 어서 빨리 마셔나 보세
(취중에 붓을 달려 이청경(李淸卿)에게 주다)

이 안에는 수백 사람 들어갈 수 있고
또 삼천 섬의 술을 저장할 수 있다네
기름진 밭의 쌀로 좋은 술 빚었기에
며칠 만에 맡아보니 향내가 물씬물씬
하필 틀로 걸러 진국물을 짜낼 것이 뭔가
머리 위의 두건 벗어 내 손으로 거르지
한 번 마실 땐 문득 양껏 마시는데
야채나 고기로 안주를 하네
(복고가(腹鼓歌)로 친구가 혼자 술 마심을 조롱하다)

"천 잔의 술"과 "삼천 섬의 술"은 가히 그 명성이 중국에까지 전해질만하다. 그 호방한 주흥 때문에 그는 고려시대를 통틀어 으뜸가는 문장가로 이름을 날렸다. 그는 술이 없으면 시도 짓지 못했고 시가 없으면 술도 마시지 않았다. 술잔을 마주해야 시흥이 도도해졌다. 그러나 그도 술을 좋아했을 뿐 당송대의 시인들처럼 많이 마시지는 않았다. 대취하여 시를 지었다[526]고 하지만 마신다고 해야 "입내키는 대로 한 잔" 마셨을 뿐 "많이 마시는 건 아니었다."[527] 그도 어쩔 수 없는 한국혈통이라 천성적으로 술을 좋아하면서도 술에 대한 거부감은 여전했던 듯싶다. 그리하여 연소한 아들이 술을 마시는데 대

---

526) 「크게 취하여 붓 가는 대로 써서 동고자에게 보이다」이규보(李奎報).
527) 「술 한 잔에 한 구절 시를 지었네」이규보(李奎報).

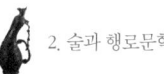

(사진 70) 이규보 李奎報

최치원과는 달리 애주가였다. 술이 없으면 시를 짓지 않았다고 한다. 하지만 그 역시 술을 거부하는 사회풍조에서는 자유롭지 못했다. 술 선호와 거부라는 이중적인 모습을 보인 것은 바로 그 때문이다. 그렇다 하더라도 술은 그의 이름을 천하에 떨치게 한 에너지임은 틀림없다.

해 못마땅하게 생각했다.

> 나이도 어린 네가 벌써 술을 마시다니
> 머지 않아 네 창자가 다 썩을 게 분명하다.
> 고주망태 네 아비를 닮을 일이 뭐 있느냐
> 평생토록 남들이 미치광이라 하는 것을.
>
> 제 몸을 망치는 건 모두가 술 탓인데
> 네 녀석도 좋아하니 이게 대체 뭔 일이냐.
> 어쩌다가 네 이름을 삼백이라 지었더니
> 삼백 잔을 마실까 봐 후회가 막심하다[528]

그런데 술이 등장하는 고려시대 문학작품들은 이규보를 포함하여 하나의 공통점이 있다. 음주행위와 길 문화와의 관계 단절이다. 이규보의 시에서도 음주행위는 길 문화와 단절된 채 집이라는 고정된 공간에 억압되어 있다.

> 문을 닫아걸어 찾아오는 사람 물리치고
> 술을 빚어선 아내와 마주 앉아 마시네
> 이끼 낀 오솔길엔 인적이 드물고……[529]

아내가 집에서 빚은 술을 내외가 단 둘이 폐쇄된 공간에서 마신다. 비단 시인 자신이 길 밖으로 나가지 않을 뿐만 아니라 길에서 들어오는 손님까지 문을 닫아걸어 경계한다. 사실 밖의 길에도 인적이 없기는 마찬가지이다. 한국문학의 길 공간은 항상 적막하고 인적이 끊겨 있다. 술 마시는 장소 또한 길

---

528) 「아들 삼백이 술을 마시기에」 이규보(李奎報).
529) 「어려움을 겪고서야 세상 물정을 알았다네」 이규보(李奎報).

과 단절된 폐쇄적인 공간이다. 음주공간에서 길이 사라진 상황은 고려문학 전반에 걸쳐 존재하는 병폐이다.

> 어진 이 어리석은 이 함께 누워 있고
> 차라리 날마다 술이나 마셔서[530]

음주장소가 폐쇄적인 가택이어서 길과는 단절되었지만 유흥이 넘치는 시편들이 창작되었다는 점은 다행스러운 일이 아닐 수 없다.

> 몸이 건강하니 술통을 향해 다투리라
> 그대여, 술을 더 치고 또 등불을 올려라
> 새벽 파루龍漏 칠 때까지 실컷 마셔 보리라[531]

음주장소는 사대부의 자택이고 시간은 정월대보름이다. 술 마시는 풍이 호방하고 주흥이 도도하다. 가끔 가다 이 유흥에 기생까지 가세하면서 고려 중후기의 문학이 전 시기에 비해 놀라운 발전을 하게 된 이유를 분명하게 밝혀주기도 한다.

> 놀던 사람들 가려다 말고 다시 술을 청하고
> 기생들도 다시 불러 들여 다시 풍악을 울리네[532]

술도 있고 기생도 있다. 당송대의 상황과 유사하게 근접하지만 그러나

---

530) 「雜興(잡흥)」 6. 최유청(崔惟淸). p.115. 賢愚同一沈, 何如且一飮.《高麗漢詩研究》이구의 지음. 아세아문화사. 2001년 5월 15일.
531) 동상서. 「上元會浩齋得漏字」 진화(陣澕). p.321. 身建且向尊前鬪, 君乎添酒復回燈, 轟飮直到傳曉漏.
532) 동상서. 진화(陣澕). p.225. 遊人欲散重呼酒, 倡妓相招更按笙.

길과는 여전히 동떨어져 있다. "술은 석양의 다락에서 다했구나, 떠도는 삶 언제나 끝나려나"[533] 걱정하면서 바람과 먼지만 자욱한 길 위에서 지은 시는 극히 드물다. 행로시가 이토록 적은 원인은 더 말하지 않아도 지팡이를 짚지 않으면 안 되는, "서리 내린 돌길"[534]뿐인 도로의 험난함이 빚어내는 행역의 고통 때문일 것이다. 행로 중에 여염집이 아닌 객사나 주점에 들러 기생과 어울려 음주가무하며 시를 지을 때 그것이 바로 행로문학이다. 길이 단절된 폐쇄적인 공간에서의 술 문화는 고려가요에서도 여실하게 드러난다.

　　술지븨 수를 사라 가고신
　　그 짓 아비 내 손모글 주여이다
　　이 말 미 이 집밧 나명들명

　　다로러거디러 죠고맛간 싀구비 가 네 마리라 호리라
　　더러둥셩 다리러디러 다리러 디러 다로러거디러 다로러
　　긔 자리예 나도 자라 가리라
　　위 위 다로러거디러 다로러긔 잔티 덤ㅅ거츠니 업다

　　술 파는 집에 술을 사러 갔더니만
　　그 집 아비 내 손목을 쥐더이다
　　이 소문이 이 집 밖에 나며 들면
　　조그마한 술바가지야 네 말이라 하리라
　　그 잠자리에 나도 자러 가리라
　　그 잔 데 같이 난잡한 곳 없다

고려가요 중에서 드물게 술이 등장하는「쌍화점」이다. 그나마 "불륜과

---

533)　동상서.「映湖樓留別」p.291. 이집(李集). 酒盡夕陽樓, 行役何時了, 風塵滿馬頭.
534)　「發尙州(상주를 떠나며)」이규보(李奎報). 石棧霜猶重(돌길의 서리 아직 무겁고)

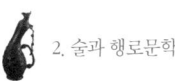

2. 술과 행로문학　　　　　　　　　　　교통과 술 그리고 예술 - 309

(사진 71) 쌍화점雙花店
이 가요의 관심사는 술이나 만두 구입이 아니라 남녀 간의
음사淫辭이다.

퇴폐적인 성 윤리, 남녀상열지사男女相悅之詞, 음사淫辭"535)라 하여 조선시대에는 배척당했다. 이 가요에서 여인이 술집을 찾은 목적은 술 구입이 아니다. 탕녀와 탕아의 불륜이다. 더구나 중요한 것은 이런 "퇴폐적인 성문화"는 충렬왕조에 고려사회에서 만연한 몽고풍이라는 점이다. 고려시대에는 술집에서 술을 마시기보다는 자택에서 빚은 술을 마시거나 술 파는 소매점에서 사다가 집에서 마시는 풍습이 있었음을 알 수 있다. 이는 고려 시기의 화폐유통 형식과 주점문화의 특징에 의해 초래된 음주문화이다.

또 肅宗은 개성에 좌우주점을 官設하고 각 州縣에 酒食店을 내어 宿食에 편리를 줌으로서 화폐유통의 이익을 깨닫게 하려고 애썼다. 고려에서는 곡물로써 물가의 기준을 삼고 있어서 불편하니 國初부터 물자교류에

---

535) 「쌍화점 노래 연구」 여중동 지음. 고려시대의 가요문학. 새문사. 1982년

화폐의 필요성을 느껴 成宗代에 鑄錢하여 그 유통을 꾀하기 위하여 酒店을 내기도 하였으나 잘 통용되지 않은 채 肅宗代에 海東通寶, 東國通寶 등의 화폐를 만들고 또 우리나라 地形을 본딴 銀甁을 만들어 화폐로 사용하게 하였던 것이다.

그러나 화폐의 유통은 불과 몇 해 가지 못하고 화폐가 國家倉庫에서 잠자게 되고 서민 등은 역시 술을 자기 집에서 빚어 마셨던 것이다.…… 거리에는 서민을 위하여 술을 小賣하는 집도 다시 생겼다는 것을 짐작할 수 있다.[536]

자택음주가 외식음주보다 주흥이나 기분이 고양되지 못하는 몇 가지 원인이 있다. 가내는 엄격한 위계와 서열로 경직화된 공간이다. 부모와 자식 간, 부부 간, 형제 간, 고부 간 등 넘을 수 없는 경계 속에서 가족성원 각자마다 자신의 지정된 권력 영역 속에서만 활동해야 한다. 지독할 만큼 유교적인 그 경계는 주흥으로도 넘을 수 없는 철통 공간이다. 수하사람은 어르신들 앞에서 취하도록 술을 마실 수 없고 어르신들은 어르신들대로 자신의 체면 유지를 위해 수하사람들 앞에서 취하도록 술을 마실 수 없다. 고려가 불교사회라고 해도 동방예의지국인 한국에서 부자간에 술을 공음共飮한다는 건 있을 수 없는 일이었다. 기껏해야 식사시간에 밥과 함께 몇 잔씩 반주飯酒형식으로 마실 뿐이다. 조선시대에는 반주를 약주라고도 불렀다. 고려시대는 물론 조선시대까지도 술 문화가 대중화되지 못한 까닭이 바로 여기에 있다.

    가다니, 비브른 도긔 설진 강수를 비조라
    조롱곳 누로기 믹와 잡ᄉ와니, 내 엇디 ᄒ리잇고
    가다가 불룩한 술독에 진한 술을 빚는구나

---

536) 《韓國食品社會史》李盛雨 지음. 敎文社. 1995년 1월 20일. p.218

조롱박꽃 누룩 냄새가 매워 발길을 붙잡으니 나는 어찌하리오[537]

「청산별곡」에서도 화자는 청산과 바다를 지향하며 속세의 길을 거부한다. 길도 끊어진 산 중에서 만난 여염집의 술 빚는 누룩향이 길손의 발길을 잡지만 마시기를 망설인다. 술에 대한 절제는 고려시대 전반을 통해 만연되었던 것 같다. 그 원인 중에는 잦은 자연재해로 인한 흉년 때문에 식량난이 극심하여 술을 빚을 양곡도 부족함으로 마음껏 마실만한 술도 없었기 때문이다.

흉년에 양식을 나눠 줄 이 그 누군가
백성들 다스림에 조그마한 혜택도 없으니
매양 술 권할 때마다 부끄럽기만 하다네[538]

슬프도다 유월에 심은 조 익으려면 멀었는데
아이들은 병들어 나무뿌리 씹고 있다
천장을 보고 누워 한숨만 쉬고 있는데
아낙은 머리털 잘라 술지게미와 바꿔온다
그나마 쉬어서 먹을 수가 없구나[539]

술지게미조차, 여성에게는 더없이 소중한 머리털을 잘라 바꿔먹을 정도였으니 고려 시기 식량난이 얼마나 혹독했던가를 실감케 한다. "금강산도 식후경"이라는 말도 있듯이 배가 고프면 모든 것이 귀찮고 흥이 나지 않는다. 게다가 술까지 없었으니 멋과 흥이 어디서 생기겠는가. 예술이 흥에서 기원

---

537)「청산별곡(青山別曲)」악장가사(樂章歌詞).
538)「유성공관에서 벽의 시에 차운하여(次柟城公館壁上韻)」유승단(兪升旦), 誰分儉歲梁, 酌民無小澤, 每愧勸鵝黃.
539)「동문 노파를 제사하며(祭東門媼)」윤소종(尹紹宗)《한국인의 밥상문화 1》이규태 지음. 신원문화사. 2000년 2월 26일. p.290.

했다고 할 때 가난과 절주節酒는 예술의 발전에 치명적인 걸림돌이 되었을 것이 틀림없다.

2) 조선시대의 한시와 기행문에서 보이는 술과 행로문화

고려시대는 물론이고 조선시대 말까지도 자택에서 술을 빚어 마시거나 사다가 마시는 음주풍속이 지속되었다. 환언하면 이는 고려와 조선시대 전반에 걸쳐 주류와 안주 그리고 음주공간을 동시에 제공하는 술집 또는 객주가 없었거나 극히 희소했음을 의미한다. 심지어 한말에 와서도 "술의 대부분은 자가용으로 빚어지고 있었다." 540 이는 길 문화의 상징인 음주공간 시설이 발달되지 않았음을 역설적으로 증명한다. 이능화李能和는 「조선해어화사朝鮮解語話史」에서 주막이 발달하지 못한 원인을 화폐가 유통되지 않은 경제 현상에서 찾고 있다. 주막이나 객사가 발달하지 않아 쌀과 여행필수품은 물론 술도 등에 지고 다니거나 사서 마셔야만 했다. 조선시대의 시에는 주막이라는 단어가 극히 드물다.

　　江橋酒幔晚風斜　강가 다리에 주막 깃발 저녁 바람에 날리고541

　　村店依山人跡稀　고을 주막 산에 붙어 있고 인적은 드물어542

　　孤店鳴雙杵　외딴 주막에 다듬잇돌 소리543

---

540)《韓國食品文化史》李盛雨 著. 敎文社. 1995년 1월 20일. p.284.
541)「西江漫興(서강의 흥취)」이달(李達, 1539년~1618년)
542)「山村(산촌)」임숙영(任叔英, 1576년~1623년)
543)「무行(새벽길)」임숙영(任叔英).

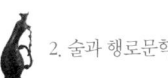

野店炊煙一抹橫　들 주점 밥 짓는 연기 한 가닥, 옆으로 퍼져간다544

笑問壚婆連日債　선술집 노파에게 연일 진 빚 웃으며 물으며545

이상하게 주점은 모두 도로 변이나 행인이 적은 "강가 다리", "들", "외딴" "산에 붙어" 있다. 정약용의 "선술집" 만은 주모(노파)도 있고 외상술도 팔아 그나마 술집 모양새를 대충 갖추고 있다. 여기 나오는 주막들은 모두 윤국형尹國馨이 문소만록聞韶漫錄에서 언급한, 안주도 없이 술과 장작만을 비치한 그런 간편한 주막임을 알 수 있다. 이런 주막도 그 숫자가 많지 않았던 것으로 추정된다.

주막이 흥성하지 못한 원인은 도로 사정이 열악하여 행인이 적음과 연관이 깊다. 여행자가 없으면 주막은 살아남기가 어렵기 때문이다. 조선 시기에 창작된 많은 시들을 일견하면 당시의 도로 형편이 얼마나 험악했던가를 짐작하게 한다. 길에는 풀이 우거져 있고546 길이 좁아 행인의 자취마저 끊겼는데547 마을마저 드물어 처량했다.548

磴道千回幷礀斜　돌 비탈길 천 구비, 산골 물 따라 비탈져
馬蹄磊落蹋崩沙　말발굽 더벅더벅 무너진 모래를 밟는다549

暖則泥融寒則氷　따뜻해지면 진흙길 되고 추워지면 얼음길 되니

---

544)「冒雪山行(설산을 무릅쓰고 가다)」권건(權健, 1458년~1501년)
545)「次韻上天眞寺12(상천진사를 차운하다12)」정약용(丁若鏞, 1762년~1836년)
546)「宿山村(산촌에 묵으며)」김시습(金時習, 1435년~1493년) 野逕草蔓蔓(들길에 풀이 덩굴져 있구나)
547)「抱川縣(포천현에서)」김시습. 逕小人蹤斷(길 좁아 사람 자취 끊어지고)
548)「道上(길에서)」송익필(宋翼弼, 1534년~1599년) 蕭條閭閻稀(마을마저 드물어 쓸쓸하구나.)
549)「咸從道中(함종으로 가는 길에)」김매순(金邁淳, 1776년~1840년)

| 氷滑易泥陷沒 | 얼음길에 미끄러지고 진흙길에 빠지는구나
| 虎豹在山龍在水 | 범과 표범은 산에 있고 용은 물에 있으니
| 行路之難不可說 | 길 가기 어려움은 말로 할 수 없구나[550]

빠지고 미끄러운 진흙길과 얼음길에서는 화려한 길 문화가 꽃을 피울 수가 없다. 게다가 도로 주변에는 황량함 때문에 금수들까지 우글거린다.

길의 부재 또는 험난함은 여기서 그치지 않고 행인과 수레의 통행이 끊어지는[551] 최악의 결과를 초래한다. 여행객과 수레가 끊어지면 주막도 사라지고 길 문화도 덩달아 시들어버린다. 길 문화가 흥성하자면 반드시 행인과 수

(사진 72) 100년 전 조선의 도로
사람들이 많이 다니는 마을길임에도 불구하고 사람의 손길이 닿지 않은 채 자연상태대로 방치되어 있다.

---

550) 「行路難(행로난)」 윤휴(尹鑴, 1617년~1680년)
551) 「閒吟(한음)」 강희맹(姜希孟, 1424년~1483년) 巷絕輪蹄却似閑(거리에는 수레와 말 끊어져 한가해 보인다)

레로 도로가 넘쳐나야 하고 행인과 수레가 넘쳐나려면 반드시 술집과 객사처럼 타향의 설움을 달랠 수 있는 향락 공간이 설치되어 있어야 한다.

그러나 이러한 위축된 음주공간과 억압된 음주환경 속에서도 다행스러운 것은 조선시대의 문학이 고려 시기에 비해 술이 차지하는 비중이 한 단계 진보했다는 사실이다. 김시습, 서거정을 필두로 한 많은 시인들이 술을 자신의 시편 속에 담고 시와 술, 시인과 술의 떼래야 뗄 수 없는 숙명적인 관계를 노래하고 있다.

    醉鄕日月亦佳哉   취하니 세월마저 좋은데
    依舊狂心傑且魁   언제나 미친 마음 높고도 크구나
    身世浮游微似稊   몸은 떠돌아 천함이 가라지풀 같으나
    ……
    一斗百篇兒戱耳   한 말 술에는 백 편의 시가 아이들 장난
    何人會得醉鄕恢   그 누가 취한 세상 넓은 줄 알기나 할까552

자신을 도연명과 완적에 비하며553 시와 술로 한가한 나날을 보내는554 김시습은 취흥의 세계에 깊숙이 빠져들어 시상의 나래를 한껏 펼치고 있다. 한 말의 술로 세상의 영욕을 비운 넓은 정신적 공간에서 백 편의 시를 짓는 시인은 중국의 대시인 이백을 답습하고 있다.

주흥이 도도한 서거정의 술시도 김시습 못지않게 호방하고 흥겹다.

---

552) 「醉鄕(취하여)」 김시습.
553) 「達朝不寐向曉偶作(날 새도록 자지 못하고 새벽에 우연히 짓다)」 김시습. 貧似陶彭澤(가난함도 도연명과 같고) 酣如阮步兵(술 취함은 술꾼 완적과 같음이여)
554) 「野鳥(들 새)」 김시습. 詩酒消閑日(시와 술로 한가한 날 보내며)

(사진 73) 술에 취한 도연명陶淵明(左) 시인 김시습(中)과 서거정
자신을 도연명에 비했다면 김시습도 항상 술에 취해 있었을 것이다. 그래서 그의 시재 詩才도 뛰어날 수 있었다.

   酒能忘我醉還添 술은 나를 잊게 하니 취하고 또 마신다[555]

   醉後長歌擊唾壺 취하여 노래 부르며 타호를 쳐 장단 맞춘다[556]

  이밖에도 조선시대의 여러 시인들도 술을 시 속에 담아내고 있다. 권상하權尙夏(1641년~1721년)의「시를 차운하여 이익지에게次韻寄李益之」, 박은朴誾 (1479년~1504년)의「사화와 택지를 맞아 같이 시를 짓다邀士華擇之同賦」, 변계량卞季良 (1369년~1430년)의「중려가 달밤에 술을 들고中慮月夜携酒」, 신흠申欽(1566년~1628년)의「시를 짓다2詠事2」, 백광훈白光勳(1537년~1582년)의「쌍계원에서雙溪園」, 윤휴尹鑴 (1617년~1680년)의「곽산 가는 길에郭山途中」와「시골 마을陋巷」등 그 수효가 비교 적 많다.
  그중에서도 이색과 신흠의 술시는 김시습과 서거정의 술시에 비해 손색

---

555)「少日(젊은 날)」서거정(徐居正, 1420년~1488년)
556)「七旬(칠순)」서거정.

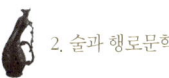

이 없다.

> 酒不可一日無　술은 하루도 없어서는 안 되고
> 詩不可一日輟　시는 하루도 쉬지 못할 것이라
> ……
> 人間詩酒功第一　사람에게는 시와 술의 공이 제일 크니[557]

이색의 경우에는 술과 시가 영육靈肉처럼 불가분의 관계에 놓여 있으며 시 속에 술이 녹아들고 술 속에 시가 묻혀있다는 사실이 중요하다. 그는 술과 시를 분리하여 사고하지 않는다. 술이 곧 시이고 시가 곧 술이다. 그리하여 그는 백발을 휘날리면서도 술을 마시고 꽃을 감상하며 시를 지었고[558] 시와 술을 걸고 내기[559]를 했다.

> 酌彼樽醪　저 술동이의 막걸리 실컷 마시고
> 惟醉無何　세상천지 모르게 취해나 보리라[560]

신흠의 경우 시는 술에 취하여 세상을 모를 때 써지는 것이다. 시는 술이 창조한 영험이다. 주흥의 황홀경을 경험하지 못한 시인은 좋은 시를 쓸 수 없다.

하지만 아쉬운 것은 술에 대한 조선시대 시인들의 열광에도 불구하고 그들의 창작을 당송대唐宋代만큼 높은 수준으로 끌어올리는 데까지는 역량이 미치지 못했다는 점이다. 그 원인은 음주공간의 위축과 음주환경의 억압 때

---

557) 「詩酒歌(시주가)」이색(李穡, 1328년~1396년)
558) 「狂吟(미친 듯이 읊조리다)」이색.
559) 「答東菴禪師(동암 선사에게)」
560) 「停雲4(정자의 구름)」신흠(申欽, 1566년~1628년)

문이라고 할 수 있다. 조선시대에도 여전히 행동의 제약을 받을 수밖에 없는 가택음주가 주를 이루고 있었다.

庭畔開樽春鳥語 뜰에서 술독 여니 새들도 노래하고[561]

喚婦催開甕 지어미 불러 술독 열기를 재촉하고[562]

山下家家蒭白酒 산 아래 집집마다 흰 술 빚고[563]

아내나 집안 부녀자들이 마당의 뜰에다 항아리를 장만해 놓고 술을 담가 마셨음을 알 수 있다. 집집마다 술을 빚는다는 말은 늘 식량난에 허덕였던 조선시대의 상황과는 잘 어울리지 않는 묘사인 듯싶다. 아마 식량 여유가 있는 양반가나 부자들이 술을 빚었을 것이다. 위에 열거한 시인들도 모두 사대부출신들이라 생활이 부유한 집안이다.

이렇게 집 안에서 빚은 가양주는 아내와 마주앉아 마셨다.[564] 유교봉건사상이 엄격했던 조선시대에 부모자식 간에 마주앉아 술을 마신다는 건 엄두도 내지 못할 일이기 때문이다. 부부 간에 대작한다는 것도 남존여비 사회에서는 서로 대등하게 마음을 터놓고 마실 수는 없었을 것이다. 유난히 금주령이 잦았던 조선시대에 사람들의 눈을 피해 집 안에서 약주라는 명목으로 술을 마셨으니 아내와 조용히 몇 잔 마시고는 술상을 물렸을 법도 하다.

집에서 담근 술이 아니면 밖에서 술을 사다가 마셨다. 술을 파는 주점은 있어도 안주와 음주공간을 제공하는 술집은 없었기 때문이다. 한말까지도 술

---

561) 「田園卽事(전원에서)」 정두경(鄭斗卿, 1597년~1673년)
562) 「燈下口占示鄭汝準(등불 아래서 읊어 정여준에게 보이다)」 오숙(吳䎘, 1592년~1634년)
563) 「喬洞(교동)」 이색.
564) 「夜雨雜詠(비 내리는 밤에 읊다)」 권필(權韠, 1569년~1612년) 對妻連倒兩三觥(아내와 마주 앉아 술잔을 기울이네)

2. 술과 행로문학

과 안주, 음주공간은 제공하지 않고 술만 파는 주점이 많았다. 이를테면 병술집(바침술집)같은 것인데 이곳에서는 병에 담은 술만 판매할 뿐 다른 음주 서비스는 제공하지 않았다.

  待得兒童沽白酒 아이가 술 사오기를 기다려565

  歸來沽酒靑樓飮 돌아와 술을 사서 청루에서 마시며566

  이외에도 술을 사서 마신다는 내용이 다른 많은 시들에서 보이고 있다. 더구나 주목할만한 점은 술 살 돈이 없다는 내용들이다. 술 살 돈이 없어서567 외상술568은 물론이고 옷과 책을 저당569 잡히기까지 하면서 술을 사 마신다. 문장을 짓는 사대부들의 생활 형편이 이렇듯 곤궁했으니 일반 서민들의 생활은 어떠했으랴. 금주령, 식량난에 돈까지 없고 딱히 내다 팔거나 저당잡힐만한 재물도 없었을 터이니 아예 술을 마실 엄두조차 내지 못했을 거라는 사실은 불 보듯 번연한 일이다.

  안주와 술 그리고 음주공간이 제공되는 주막이 나타난 것은 한말의 일이다. 그러나 아이러니하게도 이 시기의 시들에서는 술이 거의 자취를 감추고 있다. 이는 망국의 설움을 탄식하는 당대 지식인들의 지대한 울분과 절망이 향락에 대한 거부감으로 나타난, 당연한 결과라고 생각한다. 나라의 존망

---

565)「田家卽事1(농가에서)」김시습.
566)「楊花踏雲(버들꽃 구름을 밟고)」서거정.
567)「悶極(답답함이 심하여)」김시습. 恨無沽酒債(술 살 돈 없어 한스럽고)
568)「閑齋同中慮偶吟(한가한 서재에서 중려와 함께 우연히 읊다)」변중량(卞仲良, 1345년~1398년)賒酒更煎茶(외상으로 술을 사고 차까지 달인다)
569)「菊花(국화)」신위(申緯, 1769년~1845년)

을 우려하여 눈물을 흘리고(유인석; 1842년~1915년) 천지는 쓸쓸하여 만 줄기 눈물을 흘리기만(황현黃玹: 1855년~1910년) 했다. 한마디로 술을 마실 흥마저 깨져버린 것이다. 설령 술을 마셨다고 하더라도 울분과 분노만 치솟는 그런 시대였다.

사실은 한말 이전, 18세기(1700년)이후부터는 시에서 술이 거의 사라지고 있는 상황이다. 그것은 장장 53년간 재위(1724년 8월~1776년 3월)한 영조가 실시한 강력한 금주제도의 영향이 컸다고 봐야할 것이다. 국가 중대행사인 종묘제례에서마저 술사용을 금지했으니 일반인들의 음주는 당연히 철저히 금지되었다. 어쩔 수 없이 양반사대부들은 집에서 술을 빚어 약주라고 속여 남몰래 마실 수밖에 없었다. 안주를 곁들이면 음주가 되니 식사시간에 마시게 되었고 그것이 한민족의 특이한 음주문화, 반주飯酒의 시원이 된 것이다.

길이 생략된 술 문화, 길과 연대되지 않은 술 문화는 길 문화가 생산하는 온갖 문학적인 소재들을 상실할 수밖에 없다. 예를 들면 인간 정서의 가장 저

(사진 74) 황현黃玹(좌) 매천시집(1932년)
망국의 설움을 통탄하는 한말의 시에는 흥청망청한 취흥이 배제되어 있다. 눈물과 탄식 그리고 분노뿐이다.

변에 깊숙이 깔린 감성들, 만남의 즐거움, 이별의 슬픔, 타향의 설움, 고독과 외로움, 행역, 모든 생소한 것들에 대한 신비감과 환희…… 등등이다. 그대로 살아 숨 쉬는 문학소재들이다. 그리고 길의 험난함은 그 행로체험이 문화로 승화될 수 있는 정서적 느낌이나 객수보다는 육체적인 고단함과 피로를 초래한다는 데에 그 부정적 측면을 인정하지 않을 수 없다.

길 문화의 후진성, 그것은 5000년 동안 한국의 문학예술발전을 저해하는, 부정적인 작용을 놓았음을 밝혀두면서 이 장을 마무리 지으려고 한다.

제4장

술과 상업 그리고 예술

무속에서 부화한 예술은 무당의 지배에 자신을 복속시키는 것으로 그 대가를 지불해야만 했다. 그러나 중국의 경우 무속이 춘추전국시기에 이르러 인문주의의 굴기에 밀려 권위를 상실하게 되면서 예술은 주인을 잃게 되었다. 생사존망의 위기에 처한 예술은 새로운 활로를 찾을 수밖에 없었다. 예술은 결국 살아남기 위해 신을 버리고 인간을 선택해야만 했다. 그러나 신의 권위는 예술과 술의 생존을 보장해주었지만 인간에게는 그러한 능력이 없었다. 다시 말하면 예술과 인간 사이에 유대를 형상할 수 있는 수단이 결여되었다.

그 결여를 충족시켜준 것이 다름 아닌 상업이다. 상업은 경제적 내원이 단절됨으로서 고사 직전에 이른 예술을 상품화하여 자신을 영위할 수 있는 경제적 재원을 마련할 수 있도록 길을 터주었다. 상업의 원격지원아래 탄탄한 경제적 지반을 확보한 예술은 한 걸음 더 나아가 직업화까지 이룩할 수 있었다.

상업이 예술을 상품화하여 대중에게 인도했다면 무술巫術에서 신을 유혹하던 술은 예술을 위해 관객을 유혹하는 역할분담을 수행했다. 주점이나 유곽, 음식점과 같은 유흥가에 극장이나 공연장들이 공존하는 것은 모두 이런 이유 때문이다.

한국의 경우는 무속에 대한 예술의 부속성이 해소되지 않은 채 조선말까지 지속되었다. 그 원인은 무속의 권위가 줄곧 추락하지 않았고 상행위까지 부진한데 있다고 간주된다.

상업은 유통과 소유의 변경과 이동을 통해 경제행위를 진행한다. 고대 상업은 자동차, 기차, 선박, 비행기와 같은 이동수단을 이용하지 않고 사람(상인)이 직접 이동함으로서 상품교환을 실현하였다. 이동은 타향으로의 방랑이며 방랑은 객수와 고독이 그림자처럼 뒤따르기 마련이다. 나그네(상인)의 쓸쓸한 외로움과 향수를 달랠 수 있는 유일한 향락은 술과 여자이다. 길 위의 객사나 주점은 나그네의 지친 몸을 쉬울 수 있을 뿐만 아니라 술과 여자로 외로움과 객수를 달랠 수 있는 문화시설들이다.

본 장에서는 예술과 상업, 술과 상업의 상호 영향과 밀접한 관계에 대해 살펴보려고 한다.

1. 상업과 예술

A. 당대, 고려 시기의 상업과 도시발전 그리고 예술

1) 당대의 상업과 도시발전 그리고 예술

상업은 도시와 함께 발생했다. 도시는 중국어로 "청스城市"라고 한다. 성城은 성벽을 쌓고 사람들이 그 안에 거주한다는 뜻이다. "성은 도읍의 사방을 둘러막은 성벽을 말하며 시는 무역활동의 장소를 말한다."[570] 성시는 성곽 때문에 외계와 차단된 폐쇄적인 공간일 수밖에 없다. 성 안에는 농민과 소농경제 대신 정부관리, 사대부, 수공업자와 식당, 객점 등 서비스업체와 같은 비생산성 인구와 업종이 다수를 차지한다. 도성의 폐쇄로 인해 단절된 물류 유통은 도로수축과 상업에 의해 극복되어야 한다. 관리, 사대부들은 외부로부터 생활필수품과 식료품을 공급받아야 하며 성 안의 수공업자들은 자신들이 생산한 산품을 성 밖의 농민들에게 판매해야 한다. 이 기능을 수행하는 것이 바로 상업이다. 그래서 성시城市의 시市는 시장이라는 의미를 가지고 있다.

---

570)《中国古代的市场与贸易》丁长清 著. 商务印书馆古籍有限公司. 1997年 3月. p.27. 城指在都邑四周的围墙. 市是贸易活动的场所.

시市—즉 시장은 도시의 필요 구성 부분이다.[571]

도읍 안에 시, 사가 있음으로 인해 "사", "시", "읍" 혹은 "읍사"라고 했기 때문에 반경의 말에 끊임없이 나오는 것이다.…… 시사(市肆)는 사람들이 모여들어 물건을 팔고 사는 곳이다.[572]

"사肆"는 "가게. 저자. 시장"이라는 의미도 가지고 있다. 도시는 시장이 전제되지 않고는 효과적으로 운영될 수 없다. 한편 시장은 상업에 의존하지 않고는 존재할 수 없다.

| (사진 75) 제濟의 도읍지 임치臨淄(모형)
전국戰國 시기에 벌써 인구 7만 호에 면적 15㎢, 서한 때는 인구 10만 호에 면적 40㎢나 되는 명실상부한 대도시였다.

---

571) 《中国商业通史》第1卷. 吴慧主编. 中国财政经济出版社. 2004年 3月. p.102. 市——商业区是城市的必要组成部分.
572) 동상서. p.51. 因为都邑内有市. 肆. 所以"肆", "市", "邑"或"邑肆"之称不绝于盤庚之口 ……市肆是做买卖的人聚集之处.

중국의 상업 역사에서 시장이 일찍 발달한 것은 도시의 조기발달과 깊은 연관이 있다. 하나라 때부터 성곽을 둘러쌓은 도시들이 나타났다. 예를 들면 하읍夏邑, 안읍安邑, 양성陽城(등봉登封의 우왕禹王이 살던 곳), 양적陽翟(하남우주河南禹州. 우禹와 계啓의 도읍지), 침심斟尋(공현鞏縣 서남쪽의 태강太康. 예羿. 걸桀이 살던 곳), 추구帚邱, 침관斟灌 등은 촌락으로부터 도시로 발달한 최초의 성읍들이다. 상대商代에 이르러 도시들은 진일보 발전했다. 상나라의 도읍지인 은殷은 사방 10여 리의 면적에 아홉 개의 시장을 운영하는, 규모가 상당히 큰 도시였다. 시사市肆는 물건을 교환하는 장소이다.[573]

고문헌에 따르면 전국시대에 이르면 도시가 더욱 성장했음을 알 수 있다. "성시城市"라는 말이 전국시대에 나타났다는 사실만으로도 이 시기의 도시발전상을 짐작할 수 있다.

> 고대에는 천하가 수많은 제후국들로 나뉘었다. 설령 큰 도시라고 해도 성곽이 3백 장(丈)을 초과하지 않았고 인구가 많아야 3천 가(家)를 넘지 않았다.……지금은 사방이 천장이 되는 대도시와 호적이 만호를 초과하는 큰 읍들이 서로 대치하고 있다.[574]

《묵자墨子 잡수雜守》[575]와 《맹자孟子 공손축公孫丑》[576]《관자管子 심합審合》[577]에도 전국시대 도시의 크기에 대한 기록이 보인다. 전국시대 왕성기에

---

573) 《中国古代的市场与贸易》丁长清 著. 商务印书馆古籍有限公司. 1997년 3월. pp.27~28. 商代城市进一步发展, 商都殷规模颇大, 有方圆十来历的面积, 都邑里有九市, 市里设肆。市肆是货物交换的处所.
574) 《战国策·赵惠文王三十年》且古者四海之内, 分为万国. 城虽大, 不过三百丈者. 人虽众, 不过三千家者……今千丈之城, 万家之邑相望也.
575) 率万家而城方三里.
576) 三里之城, 七里之郭.
577) 万家之都.

1. 상업과 예술

는 임치臨淄의 인구가 7만 호나 되었다.578 7리의 도시는 성 둘레가 2,500m이다. 오늘날의 면적으로 환산하면 6.25㎢이다. 3리의 도시는 성 둘레가 1,074m이고 면적은 1.15㎢이다. 불과 몇 백 년 전 조선시대의 도읍지인 한양의 면적이 15㎢라고 하니 2천여 년 전의 전국시대(B.C 475년~221년)의 지방 읍성들이 얼마나 컸던가를 짐작할 수 있다. 제濟나라의 도읍지인 임치臨淄의 면적은 15㎢였고 노나라 도읍지 곡부曲阜의 면적은 12㎢였고 조趙나라 도읍지 한단邯鄲과 위魏나라 안읍安邑의 면적은 두 곳 다 17.4㎢였다. 하북河北 위현縣蔚의 대국代國 고성古城은 그 면적이 무려 34㎢에 달했다.

도시의 성장은 시장의 발달을 촉진하고 시장의 발달은 상업의 번영을 도모했다. 시장에는 각종 물건을 판매하는 점포들과 상가들이 즐비하게 늘어서 있었다. 금품가게, 구슬가게, 양식점, 피혁점, 비단 점포, 소금 점포, 약방, 신점鞋店은 물론 돼지, 양, 개고기, 물고기를 판매하는 가게에 이르기까지 실로 없는 것이 없었다. 음식업과 술집도 이전보다 더욱 번창했다. 음식점과 술집은 밤이 되면 문을 닫는 시장 안에 설치되었고 여관은 시장 밖에 설치했다.

서한시기에 성읍은 더욱 방대해져 도성 "장안은 둘레 60리에 인구 24만 6천 명으로 로마보다도 3배 이상 더 컸으며 임치도 면적 40㎢에 인구 10만 호의 대도시"579로 성장했다. "시장에는 물건이 풍부하고 질서 정연하게 배열되었으며 수레와 말들이 붐비고 사람들이 넘쳐나 발 디딜 틈조차 없었다."580

그러나 한대는 당송대에 비해 상업이 성황을 이루지는 못했다. 그와 같은 경제구조는 예술의 발전에도 영향을 미칠 수밖에 없다. 하지만 한대에도

---

578) 《中国商业通史》第1卷. 吴慧主编. 中国财政经济出版社. 2004年 3月. p.348.
579) 동상서. p.349.
580) 《中国古代的市场与贸易》丁长清 著. 商务印书馆古籍有限公司. 1997년 3월. pp.32~33.
市场上货物丰富, 排列整齐, 街市上车马拥塞, 人流如注, 没有回旋余地

330 - 술, 예술의 혼

예술의 발전을 촉진하는 공연문화를 나름대로 구비하고 있었다. 한위漢魏시대의 공연장은 주로 옥내屋內, 마당, 광장을 이용하였다.

> 사천성 북쪽 교외의 양자산1호 동한묘화상석에는 귀족의 집 안에서 연회를 열고 술을 마시며 극을 관람하는 장면이 보인다. 화면 중앙에 매달린 휘장이 드리운 걸 보아 실내공연임을 알 수 있다. 12명이 손에 땀을 쥐게 하는 백희를 공연하고 있다. 공연내용은 환 놀이, 칼춤, 원반 돌리기, 척도, 반고무, 관수무 등등인데 분위기가 뜨거우면서도 긴장감이 흐른다. 오른쪽에는 다섯 명의 악사가 앉아 음악 반주를 한다.581

정원공연은 공연장소를 집 안에서부터 마당으로 옮긴 형식이다. 일반적으로 주객은 집 안에서 연석을 베풀고 술을 마시고 예인들은 마당에서 공연한다. 산동성에서 출토된 한화상석에서 이런 화면을 자주 볼 수 있다. 정면에는 집이 그려져 있고 방 가운데에는 주인이 앉고 옆에는 빈객과 시종들이 배열되어 있다. 집 양쪽에는 두 개의 궐이 있고 집 앞의 마당에는 예인들이 가무백희를 공연하고 있다.582

이 두 경우는 옥내와 집 마당을 공연장으로 이용하고 있다. 상업시장을 공연장소로 이용하는 당송대의 백희공연은 한대의 광장공연에서 그 연원을 찾아볼 수 있을 것이다. 산동기남현북새촌山東沂南縣北賽村의 한대무덤의 대형

---

581)《中國古代劇場史》廖奔 著. 中州古籍出版社 1997년 5월. p.27. 当时(汉魏)的百戏表演主要是在三种场合举行：厅堂, 殿庭, 广场……四川成都北郊羊子山1号东汉墓画像石, 即展现了一个贵族家中的宴饮观剧场面. 画面中帐幔悬垂, 表示这是室内演出……有12人在表演骇目惊心的百戏, 内容包括跳丸, 跳剑, 旋盘, 掷倒, 盘鼓舞, 宽袖舞等等, 场面热烈, 情绪紧张, 右侧有5个乐人坐席伴奏.
582) 동상서. p.28. 殿庭式演出：表演场所由屋内迁移到屋外院子里, 一般是主客坐在堂屋之中宴饮, 伎人在庭院里表演. 山东出土的汉画像石里常见这样的画面：正面刻出一座堂屋, 屋里主人居中端坐, 旁边排列宾客侍从, 堂屋两旁有两座阙, 堂屋前面的庭院中, 有伎人在表演乐舞百戏.

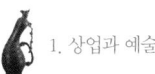

1. 상업과 예술   술과 상업 그리고 예술 － 331

(사진 76) 산동안구한묘벽화山東安邱漢墓壁畵. 백희도百戱圖
광장공연장면이다.

백희공연벽화에는 마술, 희차戱車(수레 위의 서커스)와 같은 광장공연장면이 묘사되어 있다. 한무제는 왕권의 위엄을 과시하기 위해 광장에서 대형 백희공연을 거행하기를 즐겼다. 예를 들면 원봉3년(기원전108)봄에 한 차례의 백희공연을 거행했는데 "3백 리 안의 사람들이 모두 구경하러 모여들었다"583)고 한다. 3백 리 안의 사람들이 공연을 관람하러 모여들었다면 실내에 수용하기에는 무리가 따를 수밖에 없었을 것이다. 두말할 것도 없이 공연장소는 광장이었을 것이다.

  수나라 때에도 옥외노천공연의 전통은 면면이 이어졌다. 수대隋代의 시인 설도형薛道衡(540년~609년)의 "화허급사선심극장전운시和許給事善心戱場轉韻詩"에는 다음과 같은 내용이 전한다.

---

583) 《漢書·漢武帝》

歌咏還相續	노랫소리는 아직도 그치지 않고
羌笛隴頭吟	서역피리 소리 변방에 울리네
胡舞龜玆曲	서역의 춤과 노래
假面飾金銀	금과 은으로 꾸민 가면
盛服搖珠玉	의포 단장에 구슬과 보석을 흔들며
宵深戱未闌	밤이 깊도록 공연은 끝나지 않네
……	
縱橫旣躍劍	칼춤은 종횡무진하고
揮霍復跳丸	공놀이는 재빠르게 반복하네
抑揚百獸舞	백수무는 가락이 높았다 낮았다
盤跚五禽戱	오금극은 비틀거리네
狻猊弄斑足	사자는 얼룩 발을 희롱하고
巨象垂長鼻	큰 코끼리는 긴 코를 드리웠네
靑羊跪復跳	양은 꿇었다 다시 뛰어 일어나고
白馬回旋騎	백마는 사람을 태우고 빙빙 돈다네.

공연장소가 광장일 뿐만 아니라 서역무용, 짐승무용, 가면무용, 회전 무용, 곡예, 마술 등 그 공연종목도 다양하다. 물론 이 시기에는 아직 예술 공연 장소가 시장이라는 특별한 곳에서 진행되지는 않았다. 예술이 상업의 발전으로 급성장한, 시장이라는 특정된 공간을 공연 장소로 이용하기 시작한 것은 도시가 급성장한 당대唐代부터이다.

당나라 도읍지 장안성 인구에 대한 연구는 학계의 공인된 숫자가 없다. 그 차이가 50만에서 180만까지 각이한 주장들이 혼재하고 있다. 중국학계의 연구 성과들을 귀납해보면 아래와 같다.

엄경왕嚴耕望: 170만-180만. 왕실 궁정인구, 정부관리, 금위군, 사찰과 도

관인구, 외국인, 일반시민, 유동인구 포함.584 정현문鄭顯文: 50만~60만. 장안현, 만년현을 합쳐 7만 5천 여 호. 45만 명. 황실, 관리, 궁녀, 금군 등 10여 만 명.585 세오 다쓰히코妹尾達彦(일日): 70만 명. 장안성 내 현 관할 인구 30여 만 명. 군인 10만 명 좌우. 종교인 2~3만 명. 황실 궁녀, 관리, 외국인 5만 여 명. 호적조사에서 탈락된 인구 10여 만 명586 공승생龔胜生: 80만 명. 현 관할 인구 7만 5천 여 호. 탈락인구 10-20만 명.587 등등……

《장안지長安志》의 기록에 근거하면 도시 중심부인 장안長安, 만년萬年 두 현이 8만 여 호라고 한다. 호당 인구를 6명으로 추산할 때 시내 인구만 50만 명에 육박함을 알 수 있다. 당대에는 장안 이외에도 상업이 발달한 대도시들이 많았다. 북방에는 낙양洛陽, 변주汴州(개봉開封), 제주齊州(제남濟南), 언주兗州, 청주青州(익도益都), 운주鄆州(운성鄆城), 서주徐州, 호주亳州, 패주貝州, 위주魏州, 정주定州, 진양晋陽, 운주云州 등이 있고 남방에는 악주鄂州, 양주揚州, 소주蘇州, 선주宣州, 홍주洪州 등 도시들이 있었다. 강릉만 해도 "천보 초엽에는 3만 호였고 만당晚唐시기에는 30만 호"588 즉 240만 명으로 증장했다. 도시발전 속도가 얼마나 빨랐던 가를 알게 해주는 자료이다. 장안의 동서 양시兩市는 상업성을 띤 상가들이 많았다. 대체로 식품류가 많았는데 육류시장, 어시장, 밀가루시장麩行, 음식점飮食店, 전병경단, 술집酒肆 등이다. 가게邸店는 도시의 도처에 설치되었고 외지 상인들이 묵을 수 있는 객사와 물건을 보관할 수 있는 창고를 구비함으로서 상업 활동의 활성화를 촉진했다.

---

584) 『唐长安人口数量估计』第二届唐代文化研讨会论文集. 台北台湾书生书局. 1995年.
585) 『唐代长安城人口百万说质疑』中国社会经济史研究. 1991年 (2)
586) 『唐长安城的人口数与城内人口分布』中国古都研究十二. 李全福驿. 山西人民出版社.
587) 『唐长安城的人口礼记二则』中国历史地理论丛 1991年 3.
588) 《中国商业通史》第1卷. 吴慧 主编. 中国财政经济出版社. 2004年 3月. p.55. 江陵天宝初. 江陵3万户, 晚唐时达30万户.

(사진 77) 당나라 도읍지 장안성長安城(上)과 장안 서시西市
장안성의 도시화는 시장의 발전을 촉진했다.

당대 초기에는 방시제坊市制를 실시하고 매매장소와 교역시간을 엄격하게 제한했다. 낙양은 고정된 장소에서의 상업 활동이 어려울 만큼 이미 고도로 발달해 있었다. 남, 북, 서 세 개의 시장 외에도 허다한 상업구역과 점포, 술집, 여관들이 들어섰고 수선방 안에 차고, 주점이 있었다.[589] 농업은 물론이고 물류와 자금의 유통을 보장하여 상행위를 가능하게 하는 수공업의 발전도 획기적이었다. 관부수공업은 물론 직조업, 양곡가공업, 차 생산, 제당업, 특산물가공업 등 가내수공업과 비단제조, 제지업, 양탄자업, 염색방, 양조업, 제당업 의류업 등 사영업私營業이 발달했다. 이렇듯 도시의 확장과 수공업 그리고 상업의 발달로 당중, 후기부터는 시장이 장소와 시간의 제한에서 벗어나 자유시장이 점차 확대되기 시작했다. 상업 활동이 보다 활발하게 전개되어 "개원천보開元天宝시기부터는 규정된 시장이 아닌 길거리에 점포나 상가들이 들어서기 시작"[590]했으며 드디어는 야시장까지 등장하기에 이른다. 양주의 야시장은 사치스럽고 방탕하며 가무와 오락이 넘쳐나 많은 상인들과 문객, 시인들을 유혹함으로서 양주를 노래하는 많은 시편들을 남겼다.[591]

상업과 시장의 발달은 예술발전의 첨경 역할을 수행했다. 당대 예술 공연 장소는 가장歌場, 변장變場, 희장戱場인데 주로 사찰에서 진행되었다. 가장과 변장은 물론이고 "희장의 공연장소도 사찰에 설치"[592]되었다. 그러나 "시장 공연장소"라는 뜻의 "희장"은 사찰뿐만 아니라 저잣거리에서도 공연되었다.

복양군에는 속생이라는 사람이 있었다. 그가 어디에서 왔는지 아는 사람

---

589) 동상서. p.43.
590) 동상서. p.81.
591) 동상서. p.84.
592) 동상서. p.35.

이 없었다. 신장은 7~8척이고 얼굴이 검고 뚱뚱했다. 긴 머리에 밑이 터진 잠방이마저 입지 않은 채 낡은 적삼 한 겹지로 무릎까지 가렸다. 사람들이 그에게 재물이나 의복을 주어도 가난한 사람들에게 주었다. 매번 4월 8일이 되면 시장의 모든 공연장소마다 속생이 있었다. 이 군에 사는 장효공이라는 사람이 그 말을 사실이라고 믿기 어려워 자신은 한 극장에서 한 속생과 마주하고는 노복을 시켜 다른 공연장소에 가서 보도록 했다. 노복은 돌아와 공연장소마다 속생이 있다고 말했다.[593]

장안성도 아닌 일개 군의 시장에 설치된 공연장소가 한 두 곳이 아니었음을 알 수 있다. 군의 시장에 극장이 여러 곳 있었다면 장안이나 대도회지에는 얼마나 있었을지 짐작이 간다. 속생은 연극 관람을 좋아 하는, 현대 의미로는 팬이었던 것 같다.

2) 삼국, 고려 시기 상업과 도시발전 그리고 예술

필자는 고대도시의 발전유형을 네 개의 단계로 분류할 수 있다고 생각한다.

1, 정치유형도시
2, 생산유형도시
3, 교환유형도시
4, 개방유형도시

---

593) 《太平广记》卷八十三〈续生〉僕阳郡有续生者, 莫知其来, 身长七十八尺, 肥黑剪发, 留二三寸, 不着裈裤破衫齐膝财帛, 转施贫穷, 每四月八日, 市场戏处, 皆有续生。郡人张孝恭不信, 自在戏场, 对一续生, 又遣奴子往诸处看验, 奴子来报, 场场悉有.

1. 상업과 예술

정치도시의 특징은 도시민의 주체가 생산과 연관이 없는 왕공, 귀족, 관리 및 이들을 시중드는 관노와 사노들로 구성되었다는 점이다. 이들 도시민의 생활용품은 전적으로 녹읍祿邑, 식읍食邑지의 물자공급에 의존한다. 따라서 공급만 있고 교환이나 시장은 존재하지 않는다.

생산도시의 특징은 수공업자가 도시민의 구성원 속에 새롭게 등장한다는 사실이다. 도시수공업자의 등장은 인구증장은 물론 생산과 소비계층의 탄생을 선고한다. 녹봉祿俸이 없는 이들은 자신들이 생산한 수공업산품을 생활용품과 교환하여 생계를 유지할 수밖에 없다. 순수소비자의 등장은 도시상업의 서막을 열고 시장官市의 탄생을 예고하는 전주곡이다. 물론 이 단계에서의 산품 교환은 아직은 물물교환 또는 곡폐穀幣나 포폐布幣와 같은 현물화폐(준 물물교환)수중에 머물러 있을 뿐만 아니라 교환 목적도 매매 쌍방이 다 사용가치에 역점을 두고 있지만 정치도시에서의 경제유통 상황보다는 한 걸음 더 진보했다고 말할 수 있다. 그러나 보관, 휴대, 소비 등 불편 때문에 현물화폐는 상업과 시장의 발전에 걸림돌이 될 수밖에 없었으며 그에 따라 경제유통의 활성화도 기대할 수 없었다.

이러한 폐단들은 교환도시 시대에 이르러서야 비로소 화폐의 도입으로 극복된다. 사용가치가 탈락하고 교환가치만 부각된 화폐는 교환의 목적도 사용가치의 획득에서 교환가치의 축적에로 전이된다. 화폐의 등장은 생산자와 소비자를 이어주고 판매자와 구매자를 이어주며 물자유통을 원활하게 함으로서 진정한 의미에서의 상업과 시장의 개막을 선포한다.

마지막으로 개방도시의 특징은 교역의 특정 장소로서의 시장의 구조에 대한 혁신에서 나타난다. 교역공간이 고정된 기존의 방시坊市와 교역시간이 한정된 기존의 정기定期시장제도를 도시의 임의의 장소와 임의의 시간에 교역을 할 수 있도록 개방함으로서 억압되었던 공간과 시간의 제한을 풀고 자

(사진 78) 부여 (백제수도 사비성이 있었던 곳)
백제시대의 궁정도시, 귀족관료도시의 흔적이 사라진 조선시대의 부여

유를 배당하는 것이다. 이에 따라 도시 전체는 24시간 동안 교환과 교역의 장소로 제공된다. 이는 상업사의 일대 혁명이라 할만한 사건이 아닐 수 없다. 중국의 경우 이 시기는 송나라 때이다.

그러면 한국의 고대 도시들의 경우는 어떠한가?

한마디로 한국의 고대 도시들은 조선시대 말기까지도 정치도시와 생산도시의 사이에 양다리를 걸친 채 제3, 제4단계에로의 전환을 완수하지 못했다고 할 수 있다. 삼국시대의 신라 도읍지 경주만 보더라도 이러한 사정을 금시 파악할 수 있다. 도시의 주민은 수공업자나 상인과 같은 일반 서민이 아닌 왕족, 귀족, 관리와 노비들로 구성된 "궁정도시宮廷都市, 관료귀족 도시官僚貴族都市"[594]였기 때문이다. 고구려의 평양, 백제의 사비성泗沘城도 같은 경우

---

594)《古代―高麗時代 都邑의 形成과 그 性格》作者: 河炫綱. p.6.

1. 상업과 예술　　　　　　　　　　　　　술과 상업 그리고 예술 － 339

이다.595 공상업工商業 종사자들은 "엄중한 법의 제약 아래 거주가 허용"596 되었다.

　　삼국의 도읍지들에서 "상업 활동은 눈에 띄지 않았다. 왜냐하면 왕실과 관료, 귀족, 등의 생활필수품은 국가에서 모두 지급하였으며 자유스러운 일반 시민계층은 존재하지 않았기 때문이다."597 시민의 대다수가 농민이기에 "고려시대까지의 지방 도시들을 엄격한 의미에서 '도시'라고 부르기에는 주저하지 않을 수 없다."598 농민은 농업생산에 종사하여 자급자족하는 사람들이다. 번거롭게 상업을 통해 생활필수품을 획득해야 할 필요가 없다. 게다가 농민은 경작지와 연결되어 있다. 농민의 주거지는 경작지와 멀어서는 안 된다. 도시민이 농민이라 할 때 도시의 구획 속에 경작지가 포함되거나 농민과 경작지가 분리되는 현상이 생길 수밖에 없다. 전자의 경우에는 도시면적의 팽창을 유발하고 후자의 경우에는 농업생산의 불편을 유발함으로 어느 쪽도 가능성이 결여될 수밖에 없다. 농민과 경작지로 인한 도시의 팽창은 교통이 불편한 고대도시로 하여금 정상적인 운영에 차질을 빚게 할 수밖에 없다.

　　정치도시(궁정도시)는 시민의 생필품 조달을 시장을 통한 교역이 아닌 녹읍과 식읍에서 공급되는 물자로 해결했다. 동, 서, 남 삼시三市체제를 운영한 신라의 "귀족도시"599 경주에서 녹읍, 식읍을 가진데다 수공업생산시설까지 소유한 "왕실과 고위 귀족들의 관시官市에 대한 의존도가 낮은 건"600 물론이고 녹읍과 문무관료전文武官僚田을 지급받는 급여제도 아래 중, 하위 관료들도

---

595) 동상서. p.6.
596) 동상서. p.6.
597) 동상서. p.9.
598) 동상서. p.9.
599) 《한국시장사》조병찬 지음. 동국대학교출판부. 2004년 9월 30일. p.26.
600) 《삼국과 통일신라의 유통체계 연구》김창석 지음. 일조각. 2004년 9월 25일. p.102.

관시에 대한 의존도가 하락되었을 것이 틀림없다. 국가의 어떠한 재정지급도 없는, 일반 서민들로 구성된 소비자계층이 등장하지 않는한, "일반 서민생활이 부정된 도시"[601]에서는 진정한 의미에서의 시장교역은 진행될 수 없다. 경주에 "초가집은 단 한 채도 없고"[602]기와집만 즐비했다니 왕실, 귀족, 관리들 외에 일반 서민들이 살고 있지 않았음을 입증해준다.

고대도시에서 일반 시민이라 함은 수공업과 상업의 종사자들을 가리킨다. 인구집중은 도시 형성의 첫 번째 조건임을 앞에서 이미 지적하였다. 왕공, 귀족, 관리 그리고 노비들만 가지고는 아직 본격적인 도시화를 이룰 수는 없다. 소비와 생산을 담당하는 일반 시민의 참여가 필수이다. 수공업종사자와 상인은 도시주민을 형성하는 중요한 두 갈래의 원천이다. 그러나 삼국의 도읍지들에는 수공업자들이 빠져 있다. 그런데도 경주의 호수가 178,936호戶[603]이고 인구가 90만 명[604]에 달한다고 주장한다. 정사도 아닌 일개 스님의 손에서 집필된 야사의 기록이 신빙성이 결여되었다곤 하지만 무턱대고 반대할 명분이 부족한 것도 사실이다. 수원시 인구가 1980년에는 31만 757명이었고 1990년에는 64만 4,968명이었다. 60만 인구를 위해 기차, 지하철, 시내버스와 같은 대중교통편과 택시, 자가용 등 발달한 교통수단이 가동되고 있다. 그런데 90만 인구가 되는 대도시의 경주는 시내 교통을 어떻게 해결했을까. 게다가 주민의 대다수가 농민이었다면 교외의 경작지로 출퇴근은 어떻게 했을까?

문제는 이뿐만이 아니다. 현대도시는 인구과밀화에 따른 주택문제를 해

---

601) 《古代—高麗時代 都邑의 形成과 그 性格》作者: 河炫綱. p.10.
602) 《三國遺事》卷第一. 又四節遊宅. 城中無一草屋.
603) 동상서. 卷第一. 紀異. 第一. 辰韓傳. 新羅全城之時, 京中十七萬八千九百三十六戶.
604) 《古代—高麗時代 都邑의 形成과 그 性格》作者: 河炫綱. p.6. 일호당 인구를 5인으로 본다면, 약 90만 명에 이르는 셈이다.

1. 상업과 예술

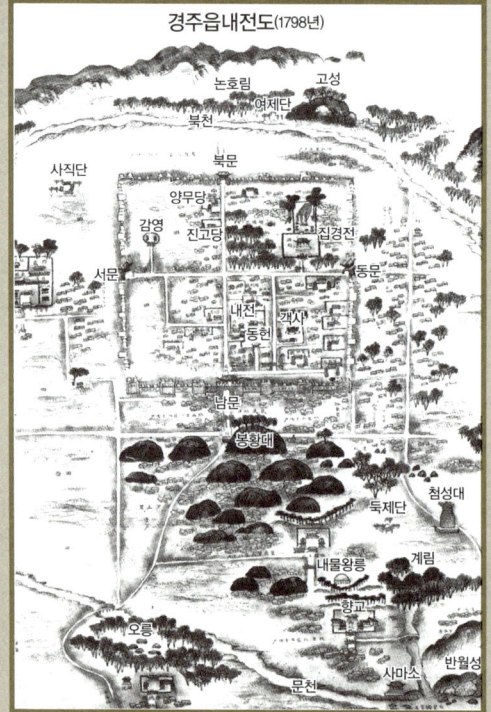

(사진 79) 조선시대의 경주시가지(左)와 1930년대 시장
신라 때의 영광은 자취를 감추고 세월의 흐름과 함께
도시가 발전할 대신 도리어 피폐해진 경주

결하기 위해 고층건물들을 숲처럼 일떠세운다. 건물의 평균 높이를 4~5층으로 낮게 잡아도 단층가옥뿐이던 경주시내의 면적은 지금보다 4~5배 확장될 수밖에 없을 것이다. 수원시의 60만 인구를 신라 수도 경주의 단층주택에 입주시킨다면 과연 그 부지면적이 얼마나 될까, 상상만 해도 어마어마하다. 이렇듯 광대한 도시의 교통문제는 또 어떻게 해결할 것인가. 필자는 178,936호가 아니라 178,936명이라고 해도 도시운영이 역부족일거라고 생각한다. 조선의 도읍지 서울은 태종 때에는 인구가 10만 명이었으며 1900년대까지 20만 명 선을 유지했다. 1945년 광복이 되고서야 90만 명으로 늘어났다. 그때는 이미 기차, 버스, 택시 등 교통수단이 발달한 시대였다.

생산유형도시에서 수공업자는 도시인구증장에 기여할 뿐만 아니라 두터운 소비자계층을 형성하여 상업의 발전에도 결정적인 기여를 한다. 녹봉이 없는 이들은 시장을 통해 생계용품과 생활필수품을 구입할 수밖에 없기 때문이다. 그럼에도 불구하고 왕도王都 경주에는 왕족과 귀족, 관리들의 천하일 뿐 "엄중한 법의 제약 아래" 극히 적은 수공업자들의 거주만 허용되었다. 시민의 행렬에 수공업자들이 참여해야 이들이 생산한 산품이 상호 거래되고 농민들에게 매출되며 농산품을 수공업자들이 구매할 수 있다. 그것이 곧 시장교역이고 상업이다.

그러나 삼국 수도의 상업과 귀족층의 생활필수품을 조달하는데 이용된 제한적인 관설시장은 교환수단이 물물교환과 현물화폐(준 물물교환)를 사용함으로서 한계를 드러낸다. 그러한 교환은 어디까지나 그 목적이 사용가치 획득에 있기 마련이다. 교환가치의 추구 즉 자본(화폐)의 축적이라는 상업의 기본시스템이 작동하기에는 아직도 멀었다고 해야 할 것이다.

교환을 중심으로 한 유통시스템이 작동하는 시기에 들어와서야 비로소 사용가치가 탈락하고 교환가치만 남은 진정한 화폐가 등장한다.

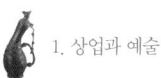
1. 상업과 예술

한국에서 화폐의 최초의 기록은 단군시대의 피폐皮幣605이다. 그러나 이 기록이 보이는《환단고기桓檀古記》는 1911년 계연수桂延壽(?-1920년)에 의해 집필되었으며 가장 오래된 판본은 이유립이 복원한 1979년 영인본(광오이 해사 발행)이다. 묘향산에서 수도를 하던, 한낱 도인道人에 불과한 계연수는 족보에도 이름이 없고606 이상룡의 막하에서 참획군정으로 독립운동을 했다지만 정작 이상룡과 관련된 기록 및 이상룡의 문집에는 그의 이름이 등장하지 않는 등 위서僞書논란의 저자답게 그 신분 또한 오리무중이다. 뿐만 아니라 현재 전수되고 있는 판본은 자료를 분실했다가 다시 기억을 되살려 복원한 것이어서 더구나 신빙성이 결여된다. 배달환웅이 나라를 세우고 도읍을 신시에 정했다고 하는데 필자가 보기에는 '신시神市'란 아직 인간세상이 아닌 신들의 세상이라고 간주된다. 전설 속의 왕도라 하겠다.

같은 맥락에서 단군 4세 오사구왕烏斯丘王 5년(기원전 2133년) 무자戊子년에 주조되었다는 구멍 뚫린 패전貝錢607 역시 설득력이 결여되었다고 봐야 할 것이다.

고려 시대에는 시장관련 문헌기록도 없을 뿐만 아니라 화폐유통에 대해서도 곡폐穀幣608와 전錢을 사용609하였다는 막연한 추측만 남아 있을 뿐이다.

피폐, 패전은 물론이고 고려시대에 통용된 곡폐穀幣, 포폐布幣 등 "물품화폐는 내구성에 문제가 있을 뿐만 아니라 부피가 크고 무거워서 유통수단으

---

605)《桓檀古記》〈三聖記全〉上篇. 以獸皮爲幣.
606) 대한민국의 계씨는 수안계씨 뿐인데, 수안계씨의 족보에는 계연수라는 이름이 없다. 인터넷 백과사전.
607) 동상서. 〈四世檀君〉烏斯丘條. 戊子5年鑄圓孔貝錢.
608)《朝鮮貨幣考》學藝社. 1940년. p.9.
609)《朝鮮社會經濟社》改造社. 1933년. p.169.

로는 불편"⁶¹⁰했다. 신라시대에 지전紙錢을 사용했다는 일부 학자들의 주장은 어불성설이다. 지전 사용 추측의 근거가 된 것은 『삼국유사』에 나오는 한 단락의 야사기록이다.

> 월명사가 죽은 누이동생을 위하여 재를 올리고 향가를 지어 제사를 지낼 때 갑자기 세찬 바람이 불어 지전들이 서쪽으로 사라졌다.⁶¹¹

이 기록을 명분으로 지전 사용을 명문화하려는 학문적 시도가 행해지고 있지만 그것은 말도 안 되는 궤변일 따름이다. 장례식에서 사용하는 지전은 지폐가 아니다. 그것은 그냥 지물紙物이다. 지금도 중국에서는 지전이라 하여 죽은 사람의 저승길에 노자로 쓰라고 장례식 때 종이(지전)를 소각하는 풍속이 남아 있다. 돈을 상징할 뿐 실제 지화紙貨는 아니다. 피폐나 곡폐를 소각할 수 없어 대신 지전을 소각했다고 보면 무리가 없을 것으로 생각한다.

여말의 적극적인 주화발행과 공설주점, 관館, 원院과 같은 숙박시설에서 화폐만 사용하도록 한 화폐유통의 권장과 조선 시기의 저화楮貨와 포화布貨의 병용정책에도 불구하고 "서민들이 현물화폐를 선호"⁶¹²할 뿐만 아니라 "현물화폐를 고집하는 보수적인 관료"⁶¹³들의 저항에 의해 조선 전기까지도 금속화폐金貨와 종이화폐紙貨유통정책이 실패한 데에는 그럴만한 이유가 존재한다. 화폐는 교환을 목적으로 휴대할 수 있는 가치상품이다. 교환은 장소적 측

---

610) 《한국의 시장상업사》新世界百貨店出版部. 柳漢燮 著. 1992년. p.43.
611) 《三國遺事》卷第5. 感通 第7. 月明師 兜率歌條, 明又嘗爲亡妹營齋作鄕歌祭之 忽有驚風吹 紙錢 飛擧向西而沒.
612) 《한국의 시장상업사》新世界百貨店出版部. 柳漢燮 著. 1992년. p.45.
613) 〈고려시대 상업사 연구의 현황〉도동열, 정용법. 《논문집》(제29집)2003년 12월 31일. p.623.

(사진 80) 정읍사井邑詞(우표)
길이 험난하여 행상은 왕복 하루 길을 다녀오는데 칠일이나 걸려 아내의 근심 걱정을 초래한다.

면에서 이동과 정착의 두 가지 형태를 가진다. 수공업이 발달한 상황에서 농산품과 도시수공업품의 교환은 이동을 전제로 한다. 그러나 고려시대처럼 자급자족의 자영농사회[614]에서는 이동의 수반 없이, 자체 생존 공간 내에서도 물물교환 (준물물교환)의 형태로 필요한 생필품을 획득할 수 있다. 한편 현물화폐의 유통은 교환 품목의 종류가 적을 때는 유통 가능성이 생긴다.

"「高麗史」를 비롯한 제반 사료에서 상업의 활동을 거의 찾아볼 수 없다"[615]는 사실은 생필품의 대부분을 수공업품이나 상품화된 농산품이 아닌 자급자족의 경제에 의해 해결했기 때문에 유발된 기이현상이다. 포폐나 곡폐는 부피도 크고 중량도 무거워 휴대하기 불편한데도 고려 도읍지 개경에서는

---

614) 동상서. 田村專之助는 고려사회에서 화폐가 유통에 들어가지 못한 이유를 고려의 경제가 자급자족의 성격이 강하다는 데서 찾고 있었다.
615) 동상서. p.613.

화폐로 사용되었다. 백제가요라고 전해지는 정읍사井邑詞에 보면 행상은 불과 왕복 하루 길인 정읍—전주시장616까지 다녀오는데 며칠이 걸린다. 험난한 산길에 물품은 그만두고 돈인 쌀만 지고 다니자고 해도 힘에 겨웠을 것이다. 장을 보는 사람들 거개가 부녀자들이었다고 하니 그 불편함은 이루 말할 수 없었을 것이다. "부녀자들이 생활필수품을 구입할 때에는 패곡稗穀이나 쌀을 이용하였다"617고 한다. 패稗는「패미稗米」(피쌀)로서 고려 때에는 주곡主穀618이었다. 구입할 수 있는 상품도, 팔 수 있는 상품도 쌀, 천 땔나무 등 의식주에 관련된 기본생필품 몇 가지뿐이었음을 알 수 있다.

    삼국 시기의 시장은 그 숫자가 얼마 되지 않았을 뿐만 아니라 폐쇄적이었다. 고려 시기에는 교역공간과 교역시간 모두 제한적인 "방시坊市가 개경은 물론 지방(경주, 평양)"619에까지 분포되어 있었다. 신라의 경주 역시 관료귀족들과 농민의 도시로서 "자유시민이 없는" 즉 공상업 종사자가 없는, 농민이 가져다 바치는 현물로 도시의 소비를 해결했기에 시장의 규모나 개방 그리고 교역시간의 자유 같은 것을 허락할 필요가 없었다. 한국사에서 폐쇄적인 시장의 규제가 풀리고 자유매매로 전환한 것은 그보다 훨씬 뒤인 정조 18년(1794년)620의 일이다.

---

616) 《양주동전집 10》양주동 지음. 동국대학교출판부. 1998년 11월 30일. p.226. 양주동은 "죠"은 전주(全州), "져재"는 시장, "녀"는 행(行)으로 풀이하고 있다.
617) 《한국의 시장상업사》新世界百貨店出版部. 柳漢燮 著. 1992년. p.46.
618) 〈「稗(패)」字와 피〉진태하(陳泰夏). 宋나라의 孫穆이 사신으로 고려에 직접 와서 기록한 「鷄林類事」에 "五穀皆有之, 粱最大無以粳米爲酒, …… 以稗米定物之價而貿易之, 其他皆視此爲價之高下."(오곡개유지, 양최대무출나이갱미위주, …… 이패미정물지가이무역지, 기타개시차위가지고하.)라고 한 바와 같이 고려 때는 오곡 중에서도「稗米」(핍쌀)로써 물건의 값을 정할 만큼「稗」(패) 곧 피가 主穀이었음을 알 수 있다.
619) 《한국시장사》조병찬 지음. 동국대학교출판부. 2004년 9월 30일. p.44.
620) 《朝鮮朝 後期의 工商構造의 變化》劉元東. 「南都榮華甲紀念史學論叢」太學社. 1984년. pp.452~453.

1. 상업과 예술   술과 상업 그리고 예술 － 347

수공업과 상업을 전제로 한 도시화가 형성되지 않은 사회에서는 진정한 대중예술의 발전을 기대할 수 없다. 예술의 발전은 서민의 경제 여건이 필수이기 때문이다.

> 어느 나라나 연극문화의 발전에는 그에 뒷침되는 서민의 경제적 여건이 필수적이다.[621]

이와 같은 현상은 비단 연극 예술에만 국한되는 것은 아니다. 예술 전반 영역에 영향을 미친다. 삼국 시기에는 신라에서만 일 년에 한 번밖에 연희되지 않는 연등회燃燈會를 거행했으며 고려 시기 역시 다분히 무속적이고 종교적이며 국가적인 행사들인 나례儺禮(일종의 가면희(假面戲). 대나(大儺)라 하여 섣달 그믐날 단 하루만 거행), 팔관회八關會(매년 음력 10월 15일은 개경에서, 11월 15일은 서경에서 진행), 연등회燃燈會(고려 태조 때에는 정월 대보름날 행함. 현종 때에 이월 보름날 행함)를 행했을 뿐 송나라 때처럼 상업성을 띤 민간예술단체나 대중 예술 공연은 거의 전무했다.

> 고려 초의 수도 개성에는 백성을 위한 고정된 오락장도 점포도 없고 사찰의 종소리와 독경소리만 들렸으므로 백성을 위한 흥겨운 분위기도 없었다.[622]

예술과 오락이 없는 도시 개경은 한마디로 무속과 불교가 판을 치는 종교도시였다. 연극을 비롯한 한국 전통 예술이 발전하지 못한 원인을 무속과 종교의 그늘에서 탈피하지 못했기 때문이라는, 필자의 주장이 명분을 얻는

---

621) 《韓國文化史大系 Ⅳ》風俗, 藝術史. 高大民族文化研究所出版部. 1970년 2월 28일. p.940.
622) 《한국연극사》이두현 저. 學研社. 2009년 7월 20일. p.98.

(사진 81) 고려 시기의 팔관회八關會(上)와 산대잡극山臺雜劇(청룡사 감 로탱. 1898년)

연등회와 팔관회마저도 연중행사로 일 년에 한 번밖에 거행하지 않았고 여말의 산대잡극은 도시화의 부진으로 상품화되지 못하였다.

대목이다.

산대잡극山臺雜劇이 도시로 진출한 것은 여말麗末[623]이다. 그러나 아직 상품화되어 시민들의 상업성적인 소비를 만족시킬만한 도시의 경제적 여건이 구비되지 않은 상태였다. 도시의 부유한 문화소비 계층이 형성되지 않은데다 현물화폐의 유통으로는 예술의 상업화가 실현될 수 없었기 때문이다. 예술은 오로지 혹세무민과 포교의 목적을 노린, 무속과 종교의 비호 아래에서만 제한적으로나마 잔명을 유지할 수밖에 없었다. 사찰이 공연의 무대가 된 사실과 가면극이 무속과 불교의 내용으로 충만한 사실이 이를 입증해준다.

B. 송대, 조선 시기 상업과 도시발전 그리고 예술

1) 송대의 상업과 도시 성장 및 예술

송대에 이르러 고대중국의 상업은 "상업혁명" 시대라고 불릴 만큼 눈부신 성장을 이룩했다. 앞에서도 지적했듯이 고대국가의 상업발전은 전적으로 도시인구성장에 기댈 수밖에 없었다. 그것은 시장을 통해 생필품을 구입하는 비 농경 인구인 시민들의 수요와 산품공급이 정비례하기 때문이다. 생산품의 수요와 공급은 인구의 집중에 의해 상시적이면서도 대량의 물류유통을 유발함으로서 사회경제적 상행위를 활성화시킨다. 시민의 급증은 소비의 확대를 자극할 수밖에 없다. 그런 이유 때문에 고대국가에서의 상업발전은 인구증장과 직결되는 것이다.

도시인구의 수효는 시장수요의 규모를 결정한다. 인구의 다소는 시장에

---

623)《韓國民俗考》宋錫夏 著. 日新社. 檀紀 4293年 3月 30日. p.291.

공급되는 물품의 부족함과 과잉에 직접적인 영향을 미친다.624

예를 들면 인구가 100만 명인(전당(前塘), 인화(仁和) 두 현의 인구가 18만여 호에 달함)남송의 도읍 "임안臨按의 하루 쌀 소비량이 3-4천 석"625이었다고 한다. 663년, 신라 김유신 등은 평양의 당나라군에게 군량을 운송할 때 "2,000량의 수레에 쌀 4,000석과 벼 2만 8,000석을 실었다"626고 한다. 수레 한 량에 1,200석 즉 1,200근을 실었음을 알 수 있다. 그렇다면 임안의 시민들에게 쌀만 공급하려 해도 매일 상인들이 340여 량의 수레를 동원해야 한다. 임안의 소비 양곡은 주로 소주蘇州, 호주湖州, 장주長州, 수주秀州 및 회남淮南, 광남广南에서 운하를 통해 반입되었다. 양곡뿐만 아니라 소금, 차, 과일, 채소, 고기, 물고기, 건재建材 등 식재료와 생활용품도 인구비례에 맞춰 공급되어야만 하기 때문에 상거래가 활발할 수밖에 없다. 북송 초엽 변경汴京의 인구는 백만 명이었으나 말엽에는 170만 명으로 늘어났다. 구성旧城(내성(里城), 궐성(闕城)) 둘레가 20리 150보步이고 신성新城(외성(外城), 나성(羅城))의 둘레는 48리 223보步였다. 두말할 것도 없이 170만 명의 소비량과 시장의 규모가 역시 늘어날 수밖에 없다. "매년 남방으로부터 동경으로 반입하는 양곡이 600여만 석에 달했다."627 방대한 도시인구를 먹여 살리려면 전국 각지에서 농산품을 집결하여 공급하지 않으면 안 된다.

도시의 소비를 충족시키기 위해 전국 각지를 대상으로 한 상거래는 도읍지뿐만 아니라 전국 각지의 도시들에서도 마찬가지 경우였다. 북송 시기에

---

624) 《中国商业通史》제2권. 吴慧 主编. 中国财政经济出版社. 2006년. 2월. p.488. 城市人口数量决定城市市场的需求量, 人口的多寡直接影响城市市场的盈缩.
625) 동상서. p.479.
626) 《삼국사기 제6권》〈신라본기〉제30대, 문무왕 2년.
627) 《坊墙倒塌以后—宋代城市生活长卷》李春棠 著. 1993년 3월. p.10.

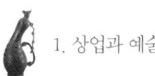
1. 상업과 예술   술과 상업 그리고 예술 ― 351

는 도성인 동경 이외에도 서경낙양하남부西京洛陽河南府, 북경대명부北京大名府, 남경응천부南京應天府 등 제2, 제3, 제4의 수도가 있었다. 이들 대도시를 포함하여 송대에는 인구 1만 이상 도시 3000개, 10만 이상의 도시가 무려 100개나 되었고 소규모 도시, 즉 진鎭 역시 1,882개나 된다. 이들 도시들은 사통팔달한 육로와 수로들로 연결망을 이루고 상업유통의 거점 작용을 충분히 감당했다. 송나라의 인구는 초엽에는 적었으나 말엽에는 1억 1천만 명으로 증가했다.

　　농경을 이탈한 도시주민들은 관직과 군직이 아니면 수공업과 같은 기술노동을 생계수단으로 삼을 수밖에 없다. "변경汴京에서 공상업에 종사하는 자는 1만 5천 호"[628]나 되었다.

(사진 82) 강위를 누비는 상선商船(청명상하도)
송대에는 사통팔달한 수로를 통해 수상운수가 원활하게 왕래했다.

---

628)《中國商業通史》第2卷. 吳慧 主編. 中國財政經濟出版社. 2006년. 2월. pp.470~471. 汴京 经营工商业, 服务业的总户约达1.5万户.

수공업 내부 분공의 세분화와 수공업생산의 발전은 필연적으로 농업인구의 수공업 업종으로의 전향을 유도해 내며 결국에는 수공업종사자들의 인구가 늘어날 수밖에 없다. 북송희녕연간(熙宁年間) 수공업 발전의 상황에 근거하면 당시 수공업종사자의 인구가 (관사〔官私〕수공업자) 80만 호에 미치지 못하는 게 아니라 도리어 백만 호를 초과하여 북송 신종원풍(神宗元丰) 초엽의 전국인구 총 숫자인 1000만 호의 5%~7%를 차지함을 추측할 수 있다. 환언하면 북송 시기 약 5%~7%가 농업 생산에서 이탈하여 독립적으로 수공업자의 길을 걷게 되었음을 의미 한다. 이 방대한 수공업자 집단은 거대한 수공업산품을 제공할 뿐만 아니라 광범한 소비시장(식량에서부터 기타생필품에 이르기까지)을 형성함으로서 상품교환의 발전을 대대적으로 촉진한다.[629]

도시의 성장은 수공업을 발전시키고 수공업과 농업의 분업은 농산품과 수공업제품의 교환을 자극하는 요소로 된다. 이는 인구증장과 수공업의 발전을 기초로 한 도시의 비약적인 도약이 없이는 절대로 불가능한 것이다. 상업은 결국 인구집중과 생산의 분공에서 발단된다.

송대에 들어와서는 고정된 교역장소와 교역시간의 제한을 타파하고 상행거래가 도시 전체에로 확장되어 도로변에 상가들이 들어서면서 상업은 가일층 시민의 일상생활 속으로 침투하였으며 보편적인 도시경제활동으로 자리매김했다. 고객이 시장을 찾아가는 것이 아니라 시장이 시민 곁으로 옮겨오는 이런 상행위는 송대 이전까지 운영되어온 특정 교역장소의 담장이 붕괴되면서부터 시작되었다. 게다가 야시장의 활성화는 시장 공간 확대에 그치지

---

629) 동상서. p.447. 手工业内部分工的扩大及手工业生产的发展必然引起农业人口向受工业部门的转移, 导致手工业从业人口增加. 据北宋熙宁年间手工业发展状况, 估计当时手工业人口(官私手工业者)不下80万户, 甚至超过百万户, 占北宋神宗元丰初年全国人口总户数1000万户的5%~7%. 换言之, 北宋时期约有5%~7%的人户脱离农业走上了独立发展手工业的道路. 这个庞大的手工业者队伍既能提供巨大的手工业商品量, 也形成广阔的消费市场(从粮食到其他生活资料), 大大刺激了商品交换的发展.

않고 시간을 무한대로 확장하면서 상업의 발달을 촉진했다.

> 송대(북송)도시시장은 전 시기에 비해 엄청난 변화가 발생했다. 도로변이나 골목에 상가들이 들어서는 시장형태는 교역시간을 대대적으로 연장하여 방시제(坊市制)를 상방제(廂坊制)로 개변시켰다. 방시제도의 기계적인 격식은 소실되고 시공의 한계를 돌파하고 활기가 넘치는 민간자유무역이 대신했다.[630]

도시의 거리뿐만 아니라 사찰, 도관道觀, 사회社會 등에서 열리는 정기 시장과 단오, 칠석, 중양절 등 명절에 열리는 계절시도 있다. 정시는 매달 여덟 차례, 매월 음력 초하루와 보름날과 3, 8일에 시장을 열어 사람들에게 교역장소를 제공한다.[631]

그런데 여기서 지적해야 할 것은 시장과 공연장소인 극장이 불가분의 연관성을 지니고 있다는 사실이다. 송대의 와사瓦肆는 극장일 뿐만 아니라 동시에 상업중심지이며 교역장소이기도 했다.

> 양송의 도시들에는 일종의 와사(瓦肆)라고 불리는 곳이 있는데 와자의 대형 고정 공연장소로 아주 번화하다. 도시의 상업중심으로 발전한 곳도 있다.…… 와자에서는 상거래가 매우 활발하게 진행된다.…… 와자의 각종 점포들에서는 밤낮으로 음식매매영업이 진행된다. 와자는 실상 오락과 상거래공간이다. 예술 공연은 손님들을 유혹할 뿐만 아니라

---

630) 《中国商业通史》第2卷. 吴慧 主编. 中国财政经济出版社 2006년. 2월. p.474. 宋代的城市贸易与前朝比较发生了很大变化. 确立了临街建店或夹街建店的市场布局, 大大延长了交易时间, 由坊市制改为厢坊制。坊市制下规整, 机械的市场格局消失了, 代之而起的是冲破时空限制而充满生机的民间自由贸易
631) 《東京夢华录》卷三. 每月八次, 每月朔望和三, 八日开市开放, 供百姓交易

도시에서 야시장이 가장 번화한 장소이다.632

《동경몽화록》에 보면 주점과 와사는 항상 동일한 장소에 위치하며 이곳에서 상업매매활동이 진행되는 과정이 아주 상세하게 기록되어 있다. 관련 글이 좀 길지만 시장과 주점, 극장 그리고 예술의 밀접한 관계를 보다 상세하게 설명하기 위해 전부를 인용한다.

> 동쪽으로 가서 거리 북쪽에는 번루점이 있다. 아래층에서는 매일 5경부터 일어나 교역을 벌인다. 옷가지들과 서화, 진기한 예술품, 서우뿔, 옥기들을 팔고 산다. 날이 밝으면 양머리, 돼지 허파, 붉고 흰 콩팥, 유방, 소처녑, 소곱창 그리고 메추라기와 토끼, 산비둘기 등 야생동물도 거래한다. 게와 참조개 따위의 수산물매매가 끝난 다음에야 비로소 여러 직종의 수공업자들이 시장에 나와 자질구레한 물건들을 매매한다. 점심식사가 끝난 후 여러 가지 음식들이 시장에 나온다. 종류가 아주 많다. 예를 들면 우유정제품, 대추떡, 팥소만두, 사탕, 꿀에 잰 과일 등이다. 저녁이면 거칠게 만든 머리장식품, 모자, 참빗, 수건, 진기한 노리개들과 일용용기 따위의 물품들이다. 다시 동쪽으로 더 가면 조롱박잎요리점이다. 거리의 남쪽은 상가극장이다. 근처의 북쪽 끝에는 중와이고 다음은 이와이다. 극장 중에는 크고 작은 구란이 50여개 소나 있다. 그중에서 중와자의 연화붕, 모란붕, 이와자의 야차붕, 상붕이 가장 큰데 수천 명을 수용할 수 있다. 정신현, 왕단자, 장칠성 등이 이곳에서 공연한 후 다른 예인들도 이곳에 오면 공연했다. 극장에는 또한 약장수, 점쟁이, 헌옷장수 그리고 음식과 전지작품, 소리꾼 등 각양각색의 사람들이 하루

---

632)《中国商业通史》第2卷. 吴慧 主编. 中国财政经济出版社 2006년. 2월. p.510. 两宋城市里有一种叫瓦肆, 瓦子的大型的固定的游艺场所, 十分热闹. 有的并且发展成为城市内的商业中心……瓦肆中, 商品交易十分活跃……瓦子里各种杂货铺席(摆摊), 饮食买卖昼夜营业. 瓦子实际上是娱乐也兼营商业, 游艺节目吸引顾客, 亦成为夜市最喧闹的地方.

종일 여기서 시간을 보내며 날이 어두워져도 알지 못한다.633

술집들에서는 술과 안주만 파는 것이 아니라 각종 생활소비품은 물론이고 야생동물과 사치품까지 거래되고 있다. 교역품목이 시장교역물건에 뒤지지 않는다. 극장 역시 공연을 하는 외에 약, 헌옷, 음식 등 물건들이 매매되고 저잣거리 못지않게 사람들로 붐빈다. 특별히 시장으로 가지 않아도 주점과 극장가에서도 필요한 생활용품들과 기호품들을 구입할 수 있다. 두 말할 것도 없이 술집거리와 극장가는 시장의 연장공간이다. 시장은 술집과 극장을 통해 손님들을 끌어들이고 술집과 극장은 시장에 모여든 사람들을 대상으로 장사를 하는 것이다. 볼거리와 먹거리 그리고 쇼핑은 현대사회에서도 변화가의 3대 요소이다. 시장과 극장은 주점과 음식점을 중심으로 교역공간과 공연공간을 배치할 때에만 흥성할 수 있다. 송대의 상업이 고도로 발달한 이유 중의 하나가 다름 아닌 이 삼자의 유기적인 결합이었다. 인구 중장과 수공업의 포석 위에 건립된 시장과 극장 그리고 주점은 물류집산과 인구집산을 탄력 있게 조율하는 기능을 가지고 있다.

뿐만 아니라 숙박업소(객점客店)들도 극장 주변에 분포되어 있다. 동경東京의 거리 서쪽은 보강문극장이고 동쪽의 연성 일대는 모두 객점이다.634 극장은 비단 시민들뿐만 아니라 도시를 경과하는 상인들과 같은 유동인구를 흡인

---

633) 《东京梦华录》[宋]孟元老 著. 卷二.「东角楼街巷」以东街北曰潘楼酒店, 其下每日自五更市合, 买卖衣物书画, 珍阮犀玉∶至平明, 羊头, 肚肺, 赤白腰子, 妮房, 肚胘, 鹑兔, 鸠鸽野味, 螃蟹哈蜊之类讫了, 方有诸手作人上市, 买卖零碎作料. 饭后饮食上市, 如酥密食, 枣䭅砌砂团子, 香糖果子, 密煎雕花之类. 向晚. 卖何类头面, 冠梳, 领抹, 珍玩, 动使之类. 东区则徐家瓠羹店" 街南桑家瓦子, 近北则中瓦, 次里瓦. 其中大小勾栏五十余座, 内中瓦子莲花棚, 牡丹棚. 里瓦子夜叉棚, 象棚最大. 可容数千人, 自丁先现, 王团子, 张七圣辈, 后来可有人于此作场. 瓦中多有货药, 卖卦, 喝故衣, 探搏饮食, 剃剪纸画, 令曲之类. 终日据此, 不觉抵暮.
634) 《东京梦华录》[宋]孟元老 著. 卷三.「幽兰居士」街西保康门瓦子. 东去沿城皆客店. 南方官员商贾兵级. 皆于此安泊.

하는 공간이기도 하다는 것을 알 수 있다. 도시의 인구구조에서 유동인구가 차지하는 비례는 적지만 소비량은 결코 시민에 비해 뒤지지 않는다. 현대 도시에서 유동인구를 흡인하여 도시경제를 활성화시키는 관광산업을 중시하는 것과도 무관하지 않다. 더구나 유동인구의 기둥 역할을 하는 상인에게는 대량 소비의 경제적 조건을 갖춘 계층이다. 이들을 도시에 흡인하려면 객점과 음식점은 물론이고 수공업의 발달과 산품교역의 장소 즉 시장이 전제되어야 할 뿐만 아니라 극장과 같은 오락장소도 구비되어 있어야 하기 때문이다. 송대에는 예술 공연 극장 즉 와자가 도처에 설치되어 시민들과 관광객들을 유혹했다.

> 와자(瓦子)는 와사(瓦舍), 와사(瓦肆), 와시(瓦市)라고도 하는데 일종의 종합성 을 띤 상업오락중심이다. 현대적인 유락장보다도 내용이 더욱 풍부했다. 일부 와사에는 주루(酒樓)와 음식점이 딸려 있을 뿐만 아니라 약, 점괘, 이발, 종이그림 및 도박 등 여러 가지 영업활동이 진행되기도 한다.[635]

술과 오락은 관광객의 지갑을 열게 하는 가장 좋은 상업성 행위이다. 이들은 도시에 들어와 돈을 벌뿐만 아니라 돈을 소비하기도 함으로서 금융유통과 물류유통을 원활하게 하는 역할을 수행한다. 와자를 와시라고도 부르는 걸 보면 극장이 시장복판에 있었음을 어렵지 않게 짐작할 수 있다. 와자의 중심은 구란句欄이다. 구란은 구사句肆 또는 붕棚, 유붕遊棚, 유붕游棚이라고도 하는데 시장에 고정된 공연장소이다. 하나의 와자에는 몇 개 또는 10여 개에 달

---

635)《坊墙倒塌以后—宋代城市生活长卷》李春棠 著. 1993年 3월. p.170. 瓦子, 又叫瓦舍, 瓦肆, 瓦市, 它是一种综合性的商业娱乐中心. 比现代的游乐场内容还要丰富. 某些瓦舍中有酒楼, 饮食店, 还有买药, 卜卦, 剃剪, 织画以及赌博等多种经营活动.

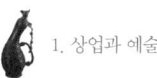

(사진 83) 송대의 노천공연무대(청명상하도)
시장바닥의 저잣거리 역시 노천무대로 사용되었다.

하는 구란이 부설되어 있다. 동경의 상가桑家와자, 중와자中瓦子에는 도합 50개 소의 구란이 설치되어 있었다. 임안臨按의 북와자北瓦子에도 13개 소의 구란이 있었다. 구란에는 작지만 공연무대가 설치되어 있었으며 하나의 구란에 보통 3~4명의 예인들이 활동했다.

구란뿐만 아니라 찻집과 술집도 통속 민간예술 공연의 중요한 장소가 되었다. 사람들은 차를 마시면서 청서聽書하고 술을 마시면서 노래와 극을 감상했다. 물론 시장바닥의 저잣거리 역시 노천무대로 사용되었다. 길가에는 상가들이 즐비하고 어디를 가나 주점과 찻집들이 늘어서서 손님들을 기다렸다. 그 거리들 중 임의의 어떤 곳에서도 노천공연이 벌어질 수 있었다.

당대에는 또한 민간으로 분산된 궁정예인들과 민간극단戱班의 유랑 공연이 성행했고 농촌출신 민간예인들의 노천戱場공연이 빈번했다. "노기路歧 공연은 거리 또는 마당에서 연희하는 공연"636이다. "이들 노기예인들은 대다수가 농촌이나 혹은 상업도시들을 전전하는 순회공연단"637들이다. 궁정이나 사찰과 같은 공연장소를 확보하지 못하여 거리로 밀려났기 때문이다. 《도성기승都城紀勝》에서는 아무 곳이나 공연장소로 이용하는 이들을 "시정市井"이라고 표현하고 있다. 시정은 사람이 많이 모이는 곳 즉 시가市街나 시장을 의미한다. "당시 노기예인의 숫자는 놀랄 만큼 많았다. 도시의 어디에나 공지空地가 있기만 하면 이들이 펼치는 공연을 구경할 수 있었다."638

---

636) 《武林旧事》卷六 〈瓦至勾栏〉 或有路歧, 不入勾栏, 只在要宽阔指出作场者, 谓之 '打野呵. 노기는 극장에 들어가지 않고 넓은 공간만 있으면 공연장소로 삼는데 '대야가' 라고 불린다.
637) 《中国戏曲发展史》第一卷. 廖奔, 刘彦君 著. 陕西教育出版社. 2000年 10月 1日. p.242. 这些路歧艺人, 大多是由农村或者其他商埠巡演而来
638) 동상서. p.242. 当时路歧艺人的数量也是相当惊人的. 在城市中几乎随处有一空地, 就可以看到他们的作场活动.

1. 상업과 예술

술과 상업 그리고 예술 - 359

이렇듯 시장은 상업교역, 음주, 예술 공연 등 이 모든 시설들을 자신의 품 안에 포용한 채 도시문화생활을 견인하는 기관차역할을 수행했던 것이다. 시장이 없었다면, 인구증장과 수공업의 발달 그리고 그 토양에서 성장한 시장과 시장의 도시전체에로의 확장이 없었다면 송대의 번영 창성한 문화생활은 꿈도 꾸지 못했을 것이다. 그러면 이즈음에서 조선시대의 도시 발전상황은 어떠했을지 궁금해진다.

2) 조선 시기 상업과 도시발전 그리고 예술

수공업을 전제로 한 상업은 도시화를 촉진시키고 도시는 인구집중에 의해 성장한다.

조선시대 도시화의 진척은 도읍지인 서울(한양, 한성부)의 인구증장상황을 일별해도 알 수 있다. 태종太宗(1367년~1422년)에서 인조仁祖(1595년~1649년),[639] 효종孝宗(1619년) 때까지 무려 200여 년 동안 인구가 10만 명 선에서 불변했다. 그러나 인조에서 현종顯宗(1641년~1674년)에 이르는 시기의 불과 20년 동안에 한성부의 인구가 10만이나 증가한 194,030명이었다. 1630년만 해도 30개밖에 안 되던 시전의 수가 18세기 말에는 120여 개로 증가[640]하고 1660년에서 1670년 사이 문외미전, 문외상전, 외어물전, 생선난전 등이 계속 설치[641]된 사실만으로도 인구 급증세를 실감할 수 있다.

이처럼 짧은 시기 내에 인구가 급증한 데에는 반드시 그럴만한 이유가 있을 것이다. 학계에서 주장하는 "농업과 수공업생산의 성장", "대동법의 시행", "금속화폐의 유통"도 이유의 하나이겠지만 필자는 이에 선행하는 원인

---

639) 인조 6년의 서울의 인구는 95,569명.
640) 《서울상업사연구》서울학연구소. 1998년 2월 25일. p.128.
641) 동상서. p.128.

제공은 무엇보다도 가뭄, 홍수, 풍해, 지진 등 각종 천재지변으로 피폐해진 농촌을 이탈한 유민들의 도시유입이라고 생각한다. "기근과 전염병의 발생은 17세기 후반에서 18세기 전반까지 십 수 년을 주기로 반복" 되어 농민들을 토지로부터 떠나도록 핍박했다. 물론 인조, 효종 때 부분적으로 유통된 동전의 사용도 토지에서 유리된 노동력을 도시로 흡인하여 상품화하는데 일조했음을 간과할 수는 없을 것이다.

그러나 인구급증에도 불구하고 서울의 도시 상업화가 미진했던 것은 다름 아닌 새롭게 도시구성원이 된, 전국 각지에서 몰려든 유민들의 경제, 문화적인 열등함 때문이라 단언하지 않을 수 없다. 이들은 기술과 자본을 소유했으나 농촌이 그들의 이상과 뜻을 펼치기에는 협소한 공간이기 때문에 재능을 발휘하기 위해 도시로 진출한 야심찬 인재들이 아니었다. 돈도 없고 기술도 없는, 맨 몸뚱어리 하나 뿐인, 단순 체력노동자들이었다. 그런가 하면 도시 역시 이들을 포용하고 소화할만한 일자리나 경제적 조건이 미비한 상황이었다. 이들은 창업은 둘째 치고 수공업에 종사할 조건마저도 갖추지 못한 사람들이었다.

비록 인구는 급증했지만 수공업의 발전은 여전히 둔화된 사실이 이를 입증해준다. 수공업은 오히려 시간이 흐를수록 더욱 위축되어갈 뿐이었다. 서울의 130개 종류의 경공장에서 일하는 장인들은 2841명[642]이었지만 날이 갈수록 점점 줄어들었다. 다행히랄까 1866년에 들어와 지방의 민간 사장인私匠人들이 겨우 1000명 정도 늘어나는데 그치고 말았다. 인구가 증가했음에도 수공업과 상업이 발전하지 못한 원인은 그들이 기술과 자본을 요하는 수공업과 상업에 종사할 능력이 없기 때문이었다. 상업에 투신해 보았자 약장수, 떡

---

642) 《경국대전》卷6. 工典. 工匠.

장수와 같이 "물건을 떼어다가 일반소비자에게 판매하던 영세 소상인"들이 대부분이었을 것으로 짐작된다. 왜냐하면 유민의 대다수가 빈궁하기 때문이다. 결국 그들이 할 수 있는 일이란 오로지 부두 하역작업과 같은 막노동뿐이었다. 실제로 그들은 온갖 잡역과 날품팔이로 하루하루를 연명해 나갔다.

> 방아 찧기, 술집에서 술 거르기, 초상난 집의 상복 짓기, 대사 치르는 집의 그릇 닦기, 굿하는 집의 떡 만들기, 시궁발치의 오줌치기, 얼음이 풀릴 때면 나물 캐기, 봄보리를 갈아 보리 놓기…… 이월 동풍에 가래질하기, 삼사월에 부침질하기, 일등전답의 무논 갈기, 이집 저집 돌아다니며 이엉 엮기, 궂은 날에는 멍석 맺기, 시장 가서 나무 베기, 곡식장수의 驛人서기…… 삯일 가기, 술밥 먹고 말에 짐 싣기, 닷 푼 받고 말편자 박기, 두 푼 받고 똥채 치기, 한 푼 받고 비매기, 식전이면 마당 쓸기, 이웃집의 물 긷기……643

이들 유민들로 구성된 도시민들 중에는 거지들도 다수가 있었다. 그들은 효경교, 광통교 밑에서 거주하면서 걸식으로 연명했다. 이러한 한잡지류 閑雜之類수가 10만이 넘었다고 하니 새로 도시구성원이 된 시민들은 도시화를 주도하는, 상업과 수공업에 종사할 능력도 없고 도시문화를 향유할 경제력도 없는, 먹고사는 데만 신경 쓰는 생계형인구임을 알 수 있다. 그들의 소비는 쌀, 천, 신과 같은 극히 기본적인 생계형산품들이었을 뿐 요식업, 술과 오락을 향유하는, 유흥형자유시민으로는 될 수 없었다. 그리하여 20년간 인구가 10만 명이 급증한 뒤로는 수공업과 공상업의 발달과 화려한 도시화의 번영을 누리지 못한 채로 20세기 초반(1900년)까지 장장 230년 동안이나 기나 긴 경제불황과 인구 불변의 침체기를 버텨내야만 했던 것이다.

---

643) 《흥부전》

(사진 84) 1900년 경인선 개통식(左) 1905년 경부선 개통식(右) 1912년 마산-진주시외버스

철도 부설은 물론이고 전국 최초의 마산-진주 간 시외버스도 마차로 하룻길이던 70여km를 4시간으로 단축함으로서 인구유동을 용이하게 하는 데 일조했다.

경성의 인구성장은 일제강점기의 도로개수[644]와 시외버스의 운행[645] 경인, 경부철도의 부설(1900년 전후)로 인구유동의 교통여건이 개선되고 1910년대의 근대적 공장공업의 발흥[646]과 1930년대의 대륙 병참기지화와 중화학공업의 건설, 가내 수공업적 형태의 공업[647]의 흥성을 기반으로 하여 수많은 지방인구를 흡수, 도시에 정착시킬 수 있었다.

> 1920년 한반도 내에 약 2,000여 개의 공장이 있었으나 1930년에는 약 4,200개, 1940년에는 7,100여 개로 늘어났고 종업원 수도 1920년 약 5만 5천 명이던 것이 1930년에 약 10만 명, 1940년에는 29만 4천 명에 이르렀다.[648]

이들 신생 도시민들은 모두 직장인, 봉급자들로 두터운 상업성 소비 계층을 형성하여 도시화를 촉진했다. 공장의 대대적인 흥기로 인해 수백 년간 침체 상태에 머물러있던 경성의 인구는 1925년에는 250,208명, 1935년에는

---

644) 1906년 치도국(治道局)을 신설하고 1907년부터 진남포(鎭南浦)−평양(平壤), 목포(木浦)−광주(光州), 군산(群山)−전주(全州), 대구(大邱)−경주(慶州) 간의 총연장 255.9km를 개수했다. 노폭 6~7m로 도로 양쪽에는 1m의 배수로를 파고 가로수를 심었다. 1908년에는 공주(公州)−소정리(少井里), 수원(水原)−이천(利川)−신마산(新馬山)−진주(晋州), 해주(海州)−용당포(龍堂浦), 신안주(新安州)−영변(寧邊), 신의주(新義州)−마전동(麻田洞), 황주(黃州)읍내−정거장 간 총 197.7km를 개수했다. 이후에는 도로 개수를 연차적으로 실시했다.
645) 1910년 초반에는 전국적으로 지금의 시외버스가 다투어 생겼다고 한다. 1912년에는 대구−경주−포항 간 버스가 다니기 시작했고 1913년에서 1914년 사이에 경성−장호원 간, 경성−춘천 간, 경기도 벽란도(碧瀾渡)−황해도 해주 간에도 자동차 영업이 개시되었다. 《일제강점기 도시사회상연구》 손정목 지음. 동광미디어. 2005년 6월 20일.
646) 1910년경에 조선의 직조공장수는 38개소였다.
647) 1922년의 조사에 따르면 당시 경성에서는 직물업, 재봉업 그리고 제지품 및 필(筆) 제조업 등과 같은, 공장공업보다 훨씬 많은 수의 가내 수공업이 분포되어 있었다.
648) 「일제하 조선공업의 지리적 파행성」《역사비평 (1997년 봄)》 역사문제연구소(역사비평사)2007년 12월 7일. p.232.

404,202명, 1936년에는 727,000명으로 급성장하다가 1942년에 이르러서는 드디어 100만 고지를 돌파하여 1114,004명으로 폭증하며 세계적인 대도시로 급부상하게 된다. 이와 같은 인구급성장은 모두 교통의 발달과 공장의 흥기 내지는 상업의 발달에 의해 가능할 수 있었다.

경성에는 상설시장과 신식시장(1914년 9월에 「시장규칙」제정, 공포) 그리고 중권시장(1920년 1월 개설)이 운영됨과 동시에 상점, 백화점을 비롯한 상가들이 도시 곳곳에 즐비하게 늘어서 있었다.

근대적 도시화의 이러한 흥행이 우리민족의 힘과 지혜로 이루어진 것이 아니라는 사실이 가슴 아플 따름이다.

수공업과 상업의 발달이 미진한 조선시대의 생계형 사회에서는 도시의 종합적인 상업과 문화오락의 공간이 형성될 수 없었다. 따라서 상업화된 유흥공간과의 연대 속에서만 상품화될 수 있는, 산대희나 가면극을 대표로 하는 공연예술 또한 자신의 생존 입지, 공연장소와 무대를 획득하는데 실패할 수밖에 없게 된다. 공연예술(산대 등)은 여말麗末에 이미 도시에로 진출했으나 상업문화중심지를 형성하지 못한 도시의 후진성 때문에 극장과 무대를 구하지 못한 채 이리저리 유랑하며 광장[649]이나 동네 마당, 지어는 논바닥[650]에서 노천공연을 해야만 하는 어려운 처지에 몰리게 되었다. 그마저도 지독한 유교사상 때문에 부녀자와 지식인층의 관람마저 금지[651]시켜 관객조차 줄어들

---

649) 《韓國民俗考》宋錫夏. 檀紀 4293年 3月 30日 p.171. 그날 밤 弘濟院 廣場에서 모닥불을 피어 華麗하게 山臺劇이 演行되는 것인데······《한국연극사》이두현 지음. 2009년 7월 20일. p.369. 연출 장소는 일정하지 않으나 대개는 마을의 광장을 이용한다.
650) 동상서. p.212. 野遊(산대극)는······ 東萊邑에서는 樂民洞논바닥에서 水營에서는 마당에서 각각 興行하여······ p.221. 場所는 普通 논바닥이나 廣場이며 불을 피우고 興行한다.
651) 동상서. p.242. 婦女觀劇의 禁止는 國初부터라고 하겠고 乃終에는 知識層에까지 미치어······

1. 상업과 예술   술과 상업 그리고 예술 − 365

었다. 한국 연극이 무대에 오른 것은 일제강점기인 1940, 50연대[652]부터였다고 한다.

    도시상업화의 부진으로 상업화에 실패한 한국 연극은 스스로 생계 방법을 강구하지 않으면 안 되었다. 그것은 바로 매춘이라는 특수한 생존 방식의 선택이었다. 도시에서 고정된 공연장소와 무대를 확보하지 못한 예인단체들은 "어제는 東으로 來日은 西로 流浪"하며 "어제는 富者집 마당에서, 來日은 市場 구석에서, 모레는 酒幕에서……演劇"[653]을 공연했지만 생계를 이어가기가 어려웠다. 화폐유통과 상업중심지인 도시에서 상품화 입지를 상실한 공연예술은 빈궁한 농촌에서 생존을 도모할 수밖에 없었다. 하지만 현물거래만 존재하는 그곳에서 예술을 상업화하여 삶을 영위할 물질적 수입을 획득할 가능성은 전혀 없었다. 월숫돈月收[654]을 빚을 내어 써야 하는 궁핍한 생활난에 쪼들려야만 했다. 유랑공연 수입으로는 도저히 생계를 유지할 수 없었기에 어쩔 수 없이 매춘을 하여 번 돈으로 하루하루를 연명할 수밖에 없었다. 사당패의 경우를 보면 이와 같은 사정을 금시 파악할 수 있다.

> 社堂은…… 萍草行旅를 하는 藝人으로 男社堂, 女社堂의 別이 有함. 表面은 假面劇, 人形劇, 俗謠, 舞踊, 曲藝를 하나 그 裏面은 머슴 階級을 相對로 賣春(男子는 鷄姦)을 하는 團體로 그 根源은 相當히 오랜 것 같다.[655]

> 사당패 中에도 女사당들은 曲藝 以外에 大槪 賣淫을 하며 그 醜態는 이루

---

652) 동상서. p.173. 山臺劇이 무대를 必要로 하게 된 것은 最近 十餘年 前부터이다.
653) 《朝鮮演劇史》金在喆 著. 국립중앙도서관. p.64.
654) 원금과 이자를 합한 금액을 다달이 갚아 나가기로 하고 빚을 얻어 쓰는 돈.
655) 《韓國民俗考》宋錫夏 著. 檀紀 4293年 3月 30日. p.281.

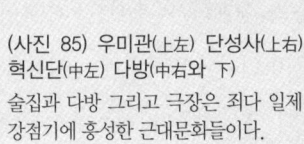

(사진 85) 우미관(上左) 단성사(上右)
혁신단(中左) 다방(中右와 下)
술집과 다방 그리고 극장은 죄다 일제 강점기에 흥성한 근대문화들이다.

말할 수 없으니 一例를 들어 보면 女사당이 舞踊할 때에도 觀衆 가운데서 누가 돈을 입에 물고 女사당을 부르면 女사당은 나가서 입으로 그 돈을 받으며 그 때에 接吻하게 되는 것이다. 數百名 觀衆앞에 公公然히 葉錢 한 푼짜리 接吻하는 것도 醜하거니와 그들은 거기서 그치지 아니하고 다시 賣淫까지 하게 되니 墮落한 劇團의 醜態가 너무나 甚하다.[656]

연희演戱와 함께 매춘을 겸행하는 극단은 사당뿐이 아니었다. 광대廣大 역시 마찬가지 경우이다. 사당이 공연보다 "매춘을 주로" 하였다면 광대는 "賣春도 하지만 比較的 規模를 크게 한 巧術을 主로 한 團體"[657]였다. 장터를 공연 장소로 삼아 연희되었던 놀이들도 상업성적 예술 공연이 아니라 제의나 무속성격을 강하게 띤, 정기적인 연례행사였다. 안동장安東場에서 연희되었던 〈하회별신굿놀이〉는 일종의 무속굿이다. "하회마을에서 억울하게 죽은 허도령의 넋을 달래기 위해"[658] 해마다 지낸 제사였다. 양주장楊洲場과 송파장松坡場에서 판을 벌였던 〈양주별산대놀이〉와 〈송파산대놀이〉 역시 내용과 형식 모두 무속적이고 종교적인 숨결이 강하다.

한국공연예술이 주점과 상가들이 집결된 유흥가에서 고정된 장소와 무대를 확보하고 상업화의 길에 들어선 것은 근대 일제강점기 때부터이다. 경성고등연예과(1912년 우미관으로 개칭), 황금관, 단성사, 조선극장 등 조선인전용 극장들과 일본의 유명한 천화天華나 천승天勝연예단, 가부끼단歌舞伎團이 공연했던 경성극장과 같은 일본인전용극장들이 연이어 번화가에 들어섰다. 영화 상영을 목적으로 한 극장들도 많았지만 혁신단, 신극좌, 신무대 등 극장전속

---

656) 《朝鮮演劇史》金在喆 著. 국립중앙도서관. p.65.
657) 《韓國民俗考》宋錫夏 著. 檀紀 4293年 3月 30日. p.282.
658) 《장터순례》이철호 지음. 유림. 1998년 6월 15일. p.313. 3년이나 5년 혹은 10년마다 한 번씩 음력 정초에서 대보름까지 행해 왔다.

극단을 운영하여 연극을 공연한 단성사나 일본 본토에서 극단을 초청하여 연극을 공연한 경성극장처럼 연극공연을 목적으로 창설된 극장들도 많았다. 조선 시대의 여성 관극금지觀劇禁止도 풀려 "1927년-28년 무렵에는 노부인, 여염집 부녀, 기생, 여학생들로 부인석은 거의 만원"659)이 되어 관객 수도 배로 늘어났다. 극장에서는 연극공연과 영화상영이 진행되고 거리에서는 유성기가 울리고 전차가 달렸다. 극장 주변에는 주점과 음식점들이 즐비하고 다방과 카페에서 은은한 차의 향기와 커피 향기로 손님들을 유혹했다. 이 모든 광경은 마치도 천 년 전, 상업이 발달한 송나라의 번화하던 동경 거리를 방불케 한다. 상업의 발달이 전제되지 않고는 꿈도 꿀 수 없는 모습이다.

2. 주점과 상행위 그리고 예술

A. 당송, 고려 시기 주점과 상업 그리고 예술

1) 당대의 주점과 상업 그리고 예술

당대에 주류업酒類業을 필두로 한 음식업종이 전례 없는 호황을 누릴 수 있었던 것은 시장의 확대와 상업의 발전이 큰 역할을 놓았다. 도시는 물론 지방에 이르기까지 술집과 주점이 넘쳐났고 주식업酒食業이 번창했다.

> 당대에 이르러 술집의 개설은 전례 없이 보편화되고 번성했다. 수도 장안에서부터 전국 각지에 이르기까지 크고 작은 각종 술집들이 우후

---

659) 《모던쏘이,京城을 거닐다》신명직 지음. 현실문화연구. 2004년 2월 2일. p.139.

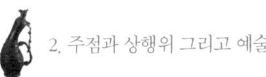

(사진 86) 당 장안서시복원도(모형)
동시는 남북의 길이가 1000여m이고 동서 노폭이 24m이다. 서시는 동서의 길이 327m, 남북의 길이 309m, 폭 16m의 도로가 뻗어있다. 시장 안에는 술집들이 집중되어 있다.

죽순처럼, 밤하늘의 별처럼 널리 분포되었다.660

장안의 "동, 서 두 시장은 술집들이 집중된 곳"661이었다. 장안 화청궁 華淸宮 밖의 진양문津陽門 주변에는 술집들이 즐비했다. 당나라 시인 정우鄭嵎의 「진양문시津陽門詩」에서는 술집에 대해 생동하게 묘사하고 있다.

津陽門北臨通逵 진양문 북쪽의 길은 사방으로 이어지고
雪風獵獵飄酒旗 눈보라에 주기가 펄럭이네
......

---

660) 《汉唐饮食文化》北京师范大学出版社. 1997年 10月. p.181. 到了唐代酒肆的开设空前普遍和繁盛. 从首都长安到全国各地, 从城市到乡村僻野, 各种大大小小的酒肆如雨后春笋, 星罗棋布.
661) 동상서. p.231. 东, 西两市是长安酒肆比较集中的地方.

酒家顧客催解裝 술집의 주객은 서둘러 여장을 풀고
案前羅列樽与卮 소반에 술 단지와 술잔을 차리네
……
白醪軟美甘如飴 향기로운 백료주는 엿가락처럼 달콤하고
開垆引滿相獻酬 항아리를 열고 술을 가득 따라 잔을 서로 주고받네

    도심뿐만 아니라 "무릇 장안으로 통하는 큰길에는 동서남북을 막론하고 도로 양쪽에는 어디에나 술집이 있었다. 비단 손님을 안으로 모셔들일뿐만 아니라 술집 밖에 나가서 팔기도 했다."662 높은 죽간竹竿에 매단 주기酒旗가 휘날리는 주점마다 주객과 주인 간에 일종의 상행위가 진행되었음을 알 수 있다. 거리나 시장을 산책하다가 친구를 만나면 자연스럽게 술집으로 발길을 옮긴다. 동시東市를 거닐다가 친구를 만나 술집에 가서 술을 마셨다는 기록663이나 한 도사가 유씨 성을 가진 장사꾼을 만나자마자 친해져 술집에 들어가 이야기를 나누며 술을 마시고 취했다는 기록664이나 모두 술집이 당시 사람들의 가장 애용하는 생활공간이었음을 의미한다. 우정은 물론 사업에 대한 의논이나 상거래도 대개는 술집에서 이루어졌을 것이 틀림없다.
    술집을 찾는 손님 중에는 상인들이 가장 많았다. 그들은 음주는 물론 가무와 기생을 즐길만한 재력을 갖춘 자들이었기 때문이다. 지금도 중국인들은 그때의 관습이 남아 상거래와 인맥관리를 포함한 모든 사회 경제적인 인간관계를 술상에서 해결한다. 술상은 인간관계에서 자그마한 이해관계를 극복하고 보다 큰 공통점에서 타협할 수 있는, 대범함과 아량을 보여줄 수 있는 가장

---

662) 《唐代饮食》王赛时 著, 齐鲁书社出版发行. 2003年 4月. p.273. 无论东西南北, 凡是通往京城长安的大道, 临近京城时, 道路两旁均会出现众多的酒家, 不但开门延客, 而且户外直售.
663) 《太平广记》卷三十〇二〈集异记〉游东市, 遇友人饮于酒肆
664) 《太平广记》卷四十七〈续仙传〉某道士与刘商一见如故, 便挈上酒楼, 剧谈劝醉.

좋은 장소이다. 웬만해선 풀리지 않던 난제도 술상에서는 쉽게 해결되는 것도 그러한 원인 때문이다. 그런 이유 때문에 상인들은 민감한 이해관계가 걸린 거래를 보통 술상에서 해결한다. 당나라 말기에 이르러서는 주점영업의 시간제와 장소적인 한계가 타파되며 술집의 용도는 더욱 확대되었을 것이 분명하다. 상업과 요식업은 상호작용하며 대방의 발전을 추동하는 역할을 담당했다.

> 음식시장이 한당시기에 장족의 발전을 할 수 있었던 것은 주요하게 다음 몇 가지 방면의 원인이 있다. 첫째는 한당시기의 농업생산발전과 그 기초 상에서 임업, 목축업, 부업, 어업의 발전이다.…… 다음은 이 시기에 상업과 도시경제의 발전이 음식시장과 요식업의 흥기에 거대한 촉진작용을 함과 동시에 음식시장과 요식업의 흥기는 또한 상업과 도시경제발전을 추동했다는 것이다.665

그런데 음식시장의 중심에는 항상 주점이 서있었다는 사실에 주목할 필요가 있다. 주점은 상인은 물론이고 문인, 여행객, 예인, 사대부들이 애용하는 생활공간이기도 하다. 이들은 이곳에서 상거래를 하고 시를 짓고 예술 공연을 하고 여가생활을 즐겼다. 술상에서 오락이 빠질 수 없는 것은 고대나 지금이나 다를 바 없다. 주점과 오락은 물과 물고기처럼 불가분의 관계이다. 흥을 돋우는 술상에서 벌어지는 오락은 음악과 가무와 시와 연희演戱로 이어지기 마련이다. 오락은 술로 인해 감상의 세계를 획득하고 그렇게 탄생한 예술

---

665) 《汉唐饮食文化》北京师范大学出版社, 1997年 10月, p.181. 饮食市场与行业之所以在汉唐时期得到长足的发展, 主要有如下几方面的原因。首先, 汉唐时期农业生产的发展, 以及在此基础之上的林, 牧, 副, 鱼各业的发展, 为饮食市场和行业的兴起奠定了雄厚的物质基础……其次, 这一时期商业和城市经济的发展对于饮食市场和行业的兴起也起了很大的促进作用, 而饮食市场和行业的兴盛又推动了商业和城市经济的发展。

은 주점에서 공연되는 것이다.

모종의 의미에서 말하면 우리나라 고대의 수많은 오락 활동과 예술 공연은 죄다 술자리의 음주와 불가분의 연관을 맺고 있다. 봉건경제가 고도로 발전한 당대에는 전문적인 예술 공연 장소가 아직 보급되지 못하였다. 그러나 여러 가지 형식의 술자리는 도리어 오락성을 띤 예술 공연을 위해 자신의 매력을 과시할 수 있는 기회를 제공했다. 연회활동은 각종 오락 활동 종목을 필요로 하고 오락 활동 역시 술자리를 빌어 정식으로 사람들의 생활 속으로 침투해야 할 필요가 있다. 더구나 가무와 잡기와 같은 이러한 예술 공연은 자고로 술자리에서 공연되었으며 관중들의 감상과 박수갈채에 의해 생존하고 발전해 왔다. 따라서 술자리와 오락 활동은 마치 한 쌍의 사랑하는 부부처럼 조화로울 수 있는 것이다. 때문에 술자리는 오락장면과 내용의 격을 가일층 높일 수 있고 가무백희예술 역시 연회의 덕분에 역사에 기록됨과 동시에 사회생활의 여러 측면에 걸쳐 침투할 수 있는 것이다.666

술은 예술에 혼을 불어넣었고 술자리는 예술을 양육하고 성장시켰다. 음악연주, 노래와 무용, 작시(作詩), 연희 등 모든 예술종목들이 주점의 술자리에서 동시 공연되었다.

장안의 주점에서는 음주가 시작되면 대기하고 있던 악사들의 음악이 연주된다.

---

666) 《唐代饮食》王赛时 著. 齐鲁书社出版发行. 2003年 4月. p.248. 从某种意义上讲, 我国古代的许多娱乐活动和艺术表演, 都与酒席宴饮有着不可分喝的联系. 在封建经济高度发达的唐朝, 专门进行艺术观赏的场所还并不普及, 而各种形式的宴会却为娱乐性的艺术表演提供了施展魅力的机会. 宴会活动需要各种娱乐节目的陪衬, 而娱乐活动也正式通过宴饮的传递而与人们的生活联为一体, 尤其是歌舞和杂技这样的艺术表演, 自古多在酒场亮相, 通过人们的欣赏和喝彩才得以生存和发展. 宴饮能因为娱乐活动就像一对恩爱的夫妻, 夫行妻配, 夫唱妻随。宴饮能因为娱乐场面和内容的加大而抬高规格, 歌舞百戏艺术也随着宴会的导播而载入史册, 并深入到社会生活的各个层次.

(사진 87) 서역 호선무胡旋舞
당대의 술집들에서는 요염한 서역무희들을 술상에 배석시켜 손님들을 불러들였다.

> 손님들이 술을 마시기 시작하면 술집에서 고용한 전문 악사들이 현장에 도착하여 여러 가지 악기들을 이용하여 음악을 연주한다.…… 더욱이 저녁이 되면 등불을 밝히고 예쁜 소녀들이 간드러진 음성으로 아름다운 노래를 불러 손님들의 발길을 오랫동안 묶어 놓는다.[667]

무속 제의祭儀에서 신을 섬기기 위해 고안된 악가무樂歌舞는 인간을 위한 술자리와 저잣거리의 주점에서 종교적 외의를 벗어던지고 순수예술로 재탄생한다. 여기서 술은 감성의 세계에서만 향유 가능한 흥분과 낭만으로 충만한 취중의 공간으로 음악과 가무를 초대함으로서 예술로 한 단계 격상시키는 것이다. 문학이 술을 통해 영감과 상상을 대여한다면 악가무는 술을 통해 감흥과 즐거움을 선물 받는다. 당대의 문인들은 주점에서 술이 거나하면 시를 짓고 주흥이 도도하면 노래를 부르고 춤을 추었다. 이렇듯 술과 예술이 만나는 장소가 당송대에는 다름 아닌 술집, 주점이었다. 그리고 예술과 술의 유구한 유대관계는 상업이라는 경제적 당위의 보완에 의해 가능성을 획득한 것이다. 공연예술도 엄밀하게 따지면 사실 상품화된 예능을 관중에게 파는 상행위에 불과하다.

고대에나 지금이나 술집과 그림자처럼 따라다니는 존재는 여자이다. 술과 여자의 관계는 떼래야 뗄 수 없는 하나의 동체同體로서 그 끈끈한 연대가 오늘날까지도 면면히 이어져 내려오고 있다. 오죽하면 술과 여자가 주색酒色이라는 하나의 단어 안에 용해되었겠는가. 술과 여자는 남권중심의 동양사회에서 모두 남자를 흥분시키고 황홀경에 빠트리는 정신작용이 있다는 점에서 병렬 가능해진다. 장안의 시장들에는, 이백의 시에도 등장하는 술집과 음식

---

667) 동상서, p.269. 当客人饮酒之际, 酒肆雇用的专业乐师总会临场献技, 各类乐器, 交替弹奏……尤其到了夜晚, 就是灯火通明, 美妙少女一展歌喉, 芳音绕梁, 长使饮客久而忘返.

점들에 손님을 접대하는 기녀들이 많았다.

서시장과 춘명문(春明門) 및 동남쪽의 거강(渠江) 등에는 서역상인들이 경영하는 수많은 주점과 식당들이 있는데 소그드여자들이 손님들과 술을 마신다. 이러한 주점의 손님들은 거의 문인들이고 장사가 아주 잘된다. 때문에 당시 속에 자주 나타난다.668

8세기 무렵 장안에 살고 있는 서역인들이 4,000명을 넘었다고 한다. 이들은 주로 상업에 종사했으며 여자(호희(胡姬))들은 술집을 차리고 춤과 노래로 손님을 유혹하고 술을 팔았다. 이백의 시에서도 당시 장안성에서 술집을 차린 호희들의 모습을 생동하게 그리고 있다. "호희가 흰 손을 내밀어 부르면서, 손님을 청하여 금 술잔에 취하게 하는구나." 669

수많은 술집들에서는 전문적으로 요염하고 낭만적인 서역여자들을 고용하여 손님과 술자리를 함께 하고 술을 권하게 함으로서 더 많은 손님을 불러들인다. 아리따운 서역 아가씨들은 정성을 다해 손님을 접대하고 황홀한 음악연주와 가무로 술맛과 주흥을 돋운다.670

당대는 서역음악과 가무가 대대적으로 유입된 시기이기도 하다. 당고종영휘唐高宗永徽, 현경연간顯慶年間(650년~660년) 서부의 강적强敵 서돌궐을 멸한

---

668) 《中国商业通史》第1卷 吴慧 主编. 中国财政经济出版社. 2004年 3月. p.209. 在西市, 春明门以及东南角的渠江等处会有许多胡商经营酒店, 饭馆等饮食业, 并以胡姬陪酒. 这些酒店的顾客多为文人, 生意相当兴隆, 所以唐诗中屡屡永及.
669) 「송배십팔도남귀숭산송배十八圖南歸嵩山」李白. 胡姬招素手, 延客醉金樽
670) 《唐代饮食》王赛时 著. 齐鲁书社出版发行. 2003年 4月. p.247. 很多酒肆还专门雇佣妖娆浪漫的湖人女子陪酒劝觞, 借以招揽更多的顾客. 美貌胡姬殷勤陪伴并以精湛的音乐歌舞佐饮助兴.

뒤 멀리 우즈베키스탄의 아무하와 아프가니스탄 일대의 광활한 지역은 모두 당나라의 지배하에 들어왔다. 서역 각지에서 호인胡人들이 중원으로 몰려들었는데 그중에서도 장안성에 집중되었다. 복식, 음식, 궁실, 악무樂舞, 회화, 건축 그 어떤 분야를 막론하고 죄다 서역의 색채로 물들었다.[671] 음악, 무용, 노래, 연극에 이르기까지 실로 예술 전반에 걸쳐 서역의 영향을 받게 된 것은 이들 호희들과 그들이 개설한 술집들에서 전수된 것이라고 해도 과언은 아닐 것이다. 호선무胡旋舞와 같은 서역의 무용도 장안에 거주하는 서역여자들 즉 무희舞姬들이 주로 술집에서 주흥을 돋우기 위해 추던 춤이었다. 술집기생酒妓은 직업화를 지향하며 더욱 예능화 되었고 문학예술은 예기藝妓에 의해 술잔 속에 녹아들어 향기를 피워 올렸다.

> 여자들이 술시중을 드는 일이 많아짐에 따라서 당대에는 "술집기생 酒妓"이라는 직업이 생겨났다. 적지 않은 미모의 여성들이 각종 연회 장소에 드나들며 술자리의 오락을 담당했다.…… 그와 동시에 문학예술을 술잔 속에 녹여 넣어 전에 없던 문명의 경지에 도달했다.[672]

호희 이외에 중국인 기생도 많았다. 이들 중 많은 명기名妓들은 음주가무 뿐만 아니라 시를 짓는데도 재능을 뽐냈다. 아름다운 기생이 손님들과 함께 술을 마시며 시를 짓는다는 것은 손님의 대부분이 문인이라는 사실을 감안할 때 문학의 발전에 기여했을 것은 두말 할 필요도 없을 것이다. 기생의 아름다움에 현혹된 문인과, 시인의 문장과 풍채에 감복한 기생의 감정교류는 그대

---

671)《中国戏曲发展史》第一卷. 廖奔, 刘彦君 著. 陝西教育出版社. 2000年 10月 1日. p.127.
672) 동상서. p.191. 由于女性陪酒活动的增多, 唐代社会出现了 "酒妓"的职业, 不少美貌女子 串行于各类宴饮场合, 担负了酒场上的娱乐职责……同时又把文学艺术溶入到杯盏之间. 达到了前所未有的文明境界.

▎(사진 88) 명기 관반반關盼盼

로 시가 되고 문장이 된다.

당대의 예기藝妓들은 노래를 부르고 춤을 출 뿐만 아니라 시도 지을 줄 알았다. 예를 들면 관반반關盼盼, 유채춘劉采春, 장요조張窈窕, 조란란趙鸞鸞 등 당대의 시인들의 추앙을 받은 수많은 명기들은 모두 후세에 시작詩作을 남겼다. 그들 중 일부는 저명한 시인도 있다. 이를테면 설도薛濤는 "전당시全唐詩"에 "설도薛濤 자字 홍도洪, 장안 양가녀良家女, 아버지를 따라 촉蜀지방을 떠돌던 중 마침내 악적樂籍(관기가 됨)에 이름을 올리게 되었다."673)라고 기록되어 있다.

---

673) 《汉唐饮食文化》北京师范大学出版社. 1997年 10月. p.126. 唐代的艺妓, 不仅能歌善舞, 而且也会作诗, 如关盼盼, 刘采春, 张窈窕, 赵鸾鸾等一大批被当时诗人们所推崇的名妓都有视作传世. 其中有的已经成为著名诗人, 比如薛涛, 据"全唐诗"介绍: "薛涛字洪度, 本长安良家女, 随父宦流落蜀中, 遂入乐籍(即作了宦伎).

당대의 사찰공연 습속은 송대로 넘어가면서 와사瓦肆와 구란句欄으로 발전하며 공연장소가 한 걸음 더 거리와 시장으로 공간이동을 시도했다. 물론 송대에도 사찰이 여전히 공연장소로 이용되었지만 당대에 비해 시장과 거리로 공간을 옮기면서 예술과 상업 그리고 술은 더욱 긴밀한 관계를 맺게 되었던 것이다. 고대사회에서 술이 없는 예술은 상상도 할 수 없는 일이었다. 그것은 무속이 영위했던 제의가무에서도 예외는 아니었다. 술은 인간의 단순한 육체적 또는 정신적 동작에 흥과 멋을 불어넣어 예술로 승화시킨, 예술의 영혼이다.

2) 삼국, 고려 시기의 주점과 상업 그리고 예술

술과 상업의 만남은 비단 경제 부흥과 도시화를 촉진할 뿐만 아니라 예술의 진흥에도 결정적인 영향을 미친다. 그러나 한국은 삼국 시기는 물론이고 고려 시기에 이르기까지 술은 상업과의 연대에 실패한 채 무속과 종교와의 타협을 고집함으로서 조선조 말엽에 이르기까지 예술의 부흥을 추동할 수 없었다.

24사 동이전에 기록된 고대 한국의 음주는 두말할 것도 없이 무속적 제의와 이어졌으며 예술(가무) 역시 무속의 연희에 불과했다. 한국이 오랫동안 제정祭政분리가 되지 않았던 것처럼 무예巫藝도 선말鮮末까지 제예祭藝분리가 안 된 것은 예술을 흡수하여 상업화, 대중화하는데 결정적인 역할을 수행하는 술과 상업의 연대가 형성되지 않았기 때문이었다.

국내 학계에서는 빈약한 문헌 자료를 동원하여 고려 시기에 주점이 설치되고 주류 판매업이 존재했다고 주장하고 있다.

肅宗二年(1097年)에는 鑄錢을 시작하였다. 그리고 이 錢貨의 사용을 獎勵

하고자 京城(高麗의 서울),開城)에는 左右 酒店을 官設하고, 各州에는 地方 농민을 위한 酒食店을 公設케 하여 用錢의 利를 認識케 하였으니, 아마 이것이 公設 酒食店의 시작이고, 이른바 주막집의 기원일 것이다.[674]

하지만 화폐유통을 꾀하기 위한 주식점의 개설은 현물화폐 선호로 인해 불과 몇 해 못가고 서민들은 술집에 가지 않고 "술을 자기 집에서 빚어 마셨다."[675] 현종顯宗 때에는 "사치, 음주, 작락, 대처帶妻(아내를 거느림)내지 양주釀酒(술을 빚음)하는 승려들이 많아 자주 금령을 내렸다"[676]지만 이는 술의 상업화나 술과 상행위의 병진으로 보기에는 어렵다. 치부를 목적으로 승려들이 양주업을 경영하는 것도 도시 속에서의 주식점 상행위와는 거리가 멀다.

> 술플 지븨 수를 사라 가고신딘 술파는 집에 술을 사러 갔더니만
> 그짓 아비 내 손모글 주여이다. 그 집 아비 이 내 손목을 쥐더이다

고려가요 "쌍화점"의 가사이다. 여기서 나오는 "술파는 집"은 술 판매와 음주공간이 동시에 제공되는 주점이 아니다. "술을 조금씩 파는 술 소매점"[677]이다. 사다가 집에 가서 마셔야 한다. 주류구입공간과 음주공간이 분리되어 있다. 술 판매와 음주가 상행위에 의해 성사되고 그 상행위가 중심가의 동일한 공간에서 진행될 때에만 비로소 술과 상업 그리고 예술이 하나의 혈맥으로 이어지며 빛을 발할 수 있는 것이다. 그럼에도 불구하고 고려 시기의 술과 상업은 분리되어 있었고 그 결과 예술은 무속과 종교의 종신終身 인질로

---

674) 《韓國文化史大系 Ⅵ》高大民族文化硏究所. 1970年 12月 31日. p.231.
675) 《韓國食品社會史》李盛雨 著. 敎文社. 1995년 1월 20일. p.218.
676) 《한국시장사》조병찬 지음. 동국대학교출판부. 2004년 9월 30일. p.54.
677) 동상서. p.58.

억류되고 말았다. 한국 전통극인 산대희나 가면극이 무속과 불교의 색채가 농후한 이유가 바로 여기에 있다. 게다가 술마저도 시장으로 진출하여 상품화되지 못하고 사찰과 여염집에서 음성적陰性的으로 빚어져 택음宅飮함으로서 그 거대한 사회적인 효능을 상실하고 만 것이다.

고려시대에는 유난히 가뭄과 홍수 등 자연재해가 심해 기우제를 많이 지냈다. 기우제를 지낼 때에는 금주禁酒뿐만 아니라 주악까지 금지했다. "왕명에 의하여 무당이 기우제를 주관"[678]했다. "〈고려사〉에 의하면 기우제에 무격巫覡이 참여한 기록이 200여 건"[679]에 달한다. 무당을 불러 모아 음주와 주악을 금하고 무속제의를 진행하여 하늘에 비를 내리기를 빌었던 것이다. 많을 때에는 무당을 300여 명(인종〔仁宗〕11년, 1133년)씩 불러 모았다. 따라서 무당의 사회적 지위도 그만큼 높을 수밖에 없었다. 충숙왕忠肅王 4년에 좌승상 강융姜融의 여동생이 송악사松嶽祠의 무녀巫女가 되었을 만큼 무당의 권위가 막강했다. 그 결과 술과 예술은 상업과의 연대를 압살당하고 대신 무풍巫風이 전국 방방곡곡에 범람했다.

자양주自釀酒의 택음宅飮은 제한된 공간(자택)에서 타자(독자)와의 현장 교감이나 작품의 상품화과정이 생략된 상황에서도 생산이 가능한 문학의 발전에 긍정적인 촉진작용을 놓았다. 여말麗末의 대시인 이규보李奎報(1168년~1241년)는 "술이 없이는 시를 짓지 않았고"[680] 목은牧隱 이색李穡(1328년~1396년)에게도 술은 하루도 없어서는 안 되는 것이었다.

---

678) 《한국 종교사상사 4》김홍철 외 지음. 연세대학교출판부. 1998년 8월 30일. p.235.
679) 《韓國文化史大系 VI》高大 民族文化硏究所. 1970년 12月 31日. p.64.
680) 《韓國食品社會史》李盛雨 著. 敎文社. 1995년 1월 20일. p.220.

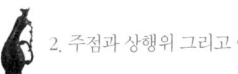

酒不可一日無　술은 하루도 없어서는 안 되고
詩不可一日輟　시는 하루도 쉬지 못할 것이라네
〈시주가〔詩酒歌〕〉

有錢沽酒不復疑　돈이 있으면 술을 사서 마시는 것 어찌 다시 의심하며
有酒尋花何可遲　술이 있으면 꽃 찾는 것 어찌 주저할 수 있을까
看花飮酒散白髮　꽃 보고 술 마시며 백발을 흩날리니
〈광음〔狂吟〕〉

하지만 가무백희歌舞百戱와 같은 공연예술은 이와는 사정이 전혀 다르다. 넓은 공간과 타자(관객)와의 현장교감과 동참 그리고 상품화과정이 반드시 전제되어야 한다. 설령 이런 조건들을 무시하고 강행하였다 하더라도 그 공연은 무의미하다. 문학은 국록을 받는 사대부들이 생계문제가 해결된 상태에서 여유 시간에 하는 예술행위이지만 예인들에게 있어서 공연은 유일한 생계수단이다. 연희는 반드시 경제적인 수입을 창출해야만 행해질 수 있다.

시골은 연희를 통해 현물로나마 경제수익을 올릴 수 있지만 생활 궁핍으로 인해 극히 제한적이고 관중 또한 모으기가 여간 어렵지 않다. 상업이 발달하지 않은 도시 역시 관객 동원과 수익창출이 어렵기는 마찬가지이다. 관객이 모이려면 사람들이 많이 집결하는 장소가 필요한데 고려시대의 도시들은 송나라와는 달리 주식점, 상가, 시장, 종합 오락시설이 구비되지 않아 공연할만한 번화가가 없었다.

궁여지책 끝에 찾아 낸 곳이 다름 아닌 사찰이다.

僧侶들은 寺院에서 宿泊業을 하고 술도 만들어 팔았다. 또 연등회나 팔관회 때는 寺院에 많은 사람들이 모여 寺院에는 釀造禁止 슈도 아랑곳

없이 술이 떨어지는 일이 없었다.681

불교국가인 고려는 사찰들에서 많은 신도들을 거느리고 있었다. 일종의 종교제의로서의 팔관회와 연등회가 사람들이 많이 모여드는 사찰에서 정기적으로 열렸다. 무속인들과 예인들은 경제적으로 풍족한 사찰을 생계수단을 이어가는 장소로 삼고 연희를 진행했다. 실제로 사찰들에서는 무속인이나 예인들에게 경제적인 지원을 하기도 했다. 사원은 전답田畓과 노비를 가지고 있었을 뿐만 아니라 면세免稅, 면역免役의 특혜를 누렸고 곡물가공과 차를 재배, 제조하고 밀, 파, 마늘, 술, 소금, 기름, 꿀 따위를 판매했을 뿐만 아니라 사채놀이까지 하며 경제적으로 비대해졌다.

하지만 팔관회와 연등회는 "국가 명절과 각종 불교행사가 행하여져서, 음악, 가무, 백희百戲 등으로 제불諸佛과 천지신명天地神明을 즐겁게"682하는 무속적이고 종교적인 행사일 뿐 예인들과 관객 사이에는 그 어떠한 상거래도 존재하지 않는다. 공연의 대상도 관객이 아닌 "제불諸佛과 천지신명天地神明이다. 관객(인간)과의 교감은 배제되고 인간의 희로애락도 관심사 밖이다. 이곳에서의 음주 역시 사찰의 공양품일 뿐 도시의 주식점酒食店과 같은 상행위는 추가되지 않았다.

B. 송대, 조선 시기 주점과 상업 그리고 예술

1) 송대의 주점과 상업 그리고 예술
고대의 상업은 수공품과 농산품 및 생필품의 유통교환이 주를 이루었

---

681) 동상서. p.219.
682) 《韓國文化史大系 Ⅵ》高大 民族文化硏究所. 1970年 12月 31日. p.925.

다. 술은 농업과 수공업 그리고 교환 그 어느 환절을 막론하고 상업의 발달에 중요한 기여를 했다. 우선 술은 양곡을 원료로 하기에 농업생산과 연관이 있으며 양조는 수공업의 일종이기도 하다. 송대의 술생산은 전 시기의 그 어느 때보다도 왕성했다. 관부官府에서 대주점正店 72가家 중의 하나인 번루樊樓(북송시기 동경東京의 가장 호화로운 주루酒樓 중의 하나)에 해마다 누룩 5만 근을 내렸다고 한다. "하루 평균 137근의 누룩을 사용하여 20-30명의 노동력이 동원되어 5500여 근의 술을 빚었다." 683

> 동경시내 주점들에서 빚는 술은 매년 찹쌀만 30만 근을 소모한다.…… 인종시기부터 신종시기에 이르기까지 동경의 곡원(曲院)에서 생산하는 누룩, 속된 말로 술약(酒藥)은 매년 200만 근 좌우이다. 당시 누룩 한 근으로 20~60근의 술을 빚을 수 있음으로 반으로 잡아도 8,000만 근의 술을 빚을 수 있다. 동경인구를 고봉기의 150만 명으로 환산해도 매인 평균 50여 근에 달한다.684

여기서 여자, 어린이, 노인들을 빼면 매인당 100근이 넘는다. 그야말로 술의 왕국이라 할만하다. 벼슬아치와 백성들, 시인과 묵객, 어부와 나무꾼에 이르기까지 모두 술을 마신다.685 여기다가 자양주自釀酒까지 합산하면 연간 술생산량은 그야말로 어마어마한 수량이다. 송대에는 관영官營생산의 관주官酒 이외에도 민가에서 자체로 빚는 자양주가 성행했다. 비록 술 전매제도(각주

---

683) 《坊墙倒塌以后—宋代城市生活长卷》李春棠 著. 1993年 3月. p.30.
684) 동상서 p.21. 东京城里酒店酿酒, 每年光是消耗糯米就有30万石。宫廷内酒坊每年酿酒用糯米8万斤。("宋会要稿" 食货二〇之九) 从仁宗到神宗时, 东京曲院生产的曲, 也就是俗话说的酒药于, 每年在200万斤上下。当时1斤曲一般可酿酒20~60斤, 如果按中等水平的出酒率计算, 200万斤曲可酿酒8000万斤。即便按东京人口高峰时150万人平均, 每人达50余斤.
685) 《北山酒经》上卷. 上自缙绅. 下达间里, 诗人墨客, 渔夫樵夫, 无一可以缺此.

(사진 89) 송대의 대주점正店 번루樊樓와 주루酒樓(창계촌리
일좌昌溪村里一座. 下.)
번루는 단지 북송 동경의 72개 대주점正店 중의 하나일 뿐이다.
번루에서만 일년에 누룩 5만 근을 소비했다고 한다.

權酒)를 실시하였지만 국가규정만 어기지 않으면 민가(民家) 자체양주도 허용했다. 일반 관리들은 직급과 봉급에 따라 일정한 수량의 관주를 지급받았지만 집에서 술을 빚어 마시기도 했다. 물론 비싼 관주를 사 마실 수 없는 서민들은 집에서 자체로 술을 빚어 마셨다.

    歲稔谷价卑　새해가 되면 잘 여문 곡식으로
    家家有新釀　집집마다 새로 담근 술이 있어
    諸鄰皆屢醉　수많은 이웃들은 모두 취했는데
    吾舍只空盎　우리 집 술항아리만 유독 비어 있네[686]

송대의 허다한 명사들은 자택에서 술을 담가 마셨다. 이를테면 소식(蘇軾)의 "구일주(具一酒)"와 "천문동주(天門冬酒)", 유지(劉摯)의 천소주(天蘇酒), 양만리(楊万里)의 계자향(桂子香), 청무저(淸无底), 금반로(金盤露), 초화우(椒花雨) 등은 모두 손으로 직접 담근 가양주들이다. 특히 소식이 직접 빚은 구일주(具一酒)는 그 양조방법이 후세에까지 전해질 만큼 유명하다.

양조업종의 발전과 더불어 주점의 개설과 영업도 활성화되었다. "도처에 찻집과 술집이 있었다."[687]

    주성 동성문 밖의 인화점, 강점, 주서의 익성루 약방의 장사점, 반루, 금량교 아래의 유루, 조문의 만왕가, 유낙장가, 주성 북쪽의 팔선루, 대루문 장팔가 원택 대형주점, 정문하왕가, 이칠가 대형주점, 경령궁 동쪽 성벽 아래의 장경루 등 경성의 대형 주점은 72호나 된다. 이 외의 술집은 일일이 열거할 수조차 없다. 그 밖의 소규모 술집은 각점이라고

---

686) 呂南公《灌園集》卷1〈初釀〉
687) 《东京梦华录》[宋] 孟元老. 卷之三.〈马行街铺席〉各有茶坊酒店.

부른다.688

주루(酒樓)와 점포, 가게들은 시장의 울타리를 벗어나 도로변에까지 자리를 잡았다. 일본학자 우메하라 후미(梅原郁)는 당송시기의 거리변화를 세 가지로 분류하고 있다. 첫째는 당 중기 이후―송 초기로 점포와 가게들이 거리에 임해 설치되었고, 둘째는 송 초―북송 중기로 점포와 가게들이 거리를 침범하여 설치되었고, 셋째는 북송 중기 이후로 점포와 가게들이 좁은 골목길을 점하여 설치되었다689는 주장이 그것이다. 실제로 송인종(宋仁宗) 때에 수레의 통행을 위해 경성의 모든 교량위에 노점을 설치하지 못하도록 금지령을 내린 적이 있는데도 "청명상하도(淸明上河圖)"에 보면 다리위에 노점들이 줄지어 늘어서 있음을 확인할 수 있다. 그러나 이러한 침가(侵街) 현상은 도시의 주요도로에서는 엄격하게 제지되었다.690

임가개점臨街開店이후 시장은 도시 전체에로 확대되었으며 크고 작은 거리들과 교량과 길목들은 죄다 상품 교환 장소로 변했다. 단번에 북송 이전의 폐쇄적인 "시장"을 도시전체의 개방형시장으로 변모시킴으로서 도시의 어디나 번화가가 되어 성시城市라는 명칭이 명실상부하게 되었다.691

---

688) 동상서. 卷之二.〈酒樓〉州东宋门外仁和店, 姜店, 州西宜城楼药张四店, 班楼, 金梁桥下刘楼, 曹门蛮王家, 乳酪张家, 州北八仙楼, 戴楼门张八家园宅正店, 郑门河王家, 李七家正店, 景灵宫东墙长庆楼, 在京正店七十二户, 此外不能遍数, 其余皆谓之脚店, 卖贵细下酒, 迎接中贵饮食, 则第一白厨, 州西安州巷李家, 寺东股子李家, 黄胖家, 九桥门街市酒店, 綵楼相对, 修饰想招, 掩翳天日.
689) 梅原郁우메하라 후미《宋代的开封与都市制度》「鷹陵史学」第3, 4号, 1977年出版.
690)《宋代东京研究》周宝珠 著. 河南大学出版社. 1998年 10月. p.235.
691) 동상서. p.235. 临街开店之后, 市区扩大到全城, 大街小巷, 桥头路口, 都成了商品交换的地方, 一下子把北宋以前封闭式的'市', 变为全城性的敞开型的市, 城内外均可为闹市, 城市一词就名实相符了.

2. 주점과 상행위 그리고 예술

(사진 90) 임가개점臨街開店
임가개점 이후 시장은 도시전체에로 확대되었다.

"청명상하도淸明上河圖"에 보면 당시 큰 주점들은 2~4층의 고층건물들임을 알 수 있다. 송휘종宋徽宗 선화宣和 연간에 중수한 번루樊樓는 3층이었고 동화문외백반루東華門外白礬樓도 3층 건물이었다. 《동경몽화록東京夢華录》의 기록에 따르면 이런 고급주점들은 그 명성에 걸맞게 외부 디자인이나 실내 장식 역시 화려했다. 대청과 정원, 꽃과 대나무, 커튼과 휘장을 드리우고"692 "휘황찬란한 촛불"693을 밝혀놓고 손님들을 불러들였다.

물론 가난한 서민계층이 이용하는 술집은 건물의 규모나 장식이 고급주점보다는 훨씬 못했다. 예를 들면 술집 대문에 풀 조롱박을 내건 "대완두打碗頭"는 규모도 작고 안주도 간단하며 골목에 위치한, 하층 소비자들을 위한 술집이었다. 이런 곳에서는 두붓국이나 두부전 같은 값싼 서민음식을 팔

---

692) 《东京梦华录》[宋] 孟元老. 卷之二. 〈饮食果子〉
693) 《东京梦华录》[宋] 孟元老. 卷之二. 〈酒楼〉

았다.

주점에서는 소비자들과 직접 교역과 상거래를 할 뿐만 아니라 술집을 운영하는 영업 자체가 하나의 상행위이기도 했다. 매일 주객들에게 싱싱한 안주를 공급하려면 전국 각지에서 채소와 고기, 과일 등을 운반해 들여야 한다. 큰 주루酒樓에서 하루 사용하는 식재료만 해도 만만치 않았다.

> 이른바 "차반"은 백미갱, 두갱, 신법암자갱(메추라기탕),삼취갱, 이색요자, 하심계심혼포 등 갱, 선색분옥기자군선갱, 가하돈, 백잡(설)제, 화궐어, 가원어, 결명도자, 결명탕제, 육초탁태친장, 사어양숙, 자소어, 가합리(바지락조개), 백육, 협면자이해육, 호병, 탕골두유취양, 돈양, 뇨정양, 각적요자, 아압배증, 여지요자, 환원요자, 소억자, 입호세항연화압청, 주적두현, 허즙수사양두, 입로양, 양두청, 아압청, 계청, 반토, 초토, 총발토, 가야호, 금사두갱,석두갱, 가적장(노루), 전압자, 생소폐, 소합리, 소해, 잡해, 세수해와 같은 안주들이다.…… 술집들에서는 또한 용기들을 외부에 의뢰하여 욱압, 양각자, 점양두, 취근파자, 강하, 주해, 장파, 녹포, 총식증작, 해선시과, 선체와거(상추) 생채, 서경순(죽순)을 사들인다. 어떤 젊은 남자들은 몸에는 백건포삼을 입고 허리에는 청화수건을 두르고 옆구리에 백자항아리를 끼고 냉채를 판다. 또 다른 사람들은 손에 식판을 들고 여러 가지 마른 과일을 판다. 예를 들면 금방 볶은 백과, 율(밤)자, 하북아(거위)리, 리조, 리간, 리육, 교조(대추), 조권, 리권, 도권, 핵도, 육아조, 해홍, 가경자, 임금선, 오리, 이자선, 앵도전, 서경설리, 부리, 감당리, 봉서리, 부탁리,하음석류, 하음사자, 사조, 사원온발, 회마발도, 서천유당, 사자당, 상봉아, 감람, 온감, 면정금길, 용안, 여지, 조백우, 감자, 녹리, 임금간, 지두간, 파초간, 인면자, 파람자, 진자, 비자, 하구류이다. 이 외에도 여러 가지 밀전향약, 과자관자, 당매, 시고아, 향약, 소원아, 소랍차, 붕사원과 같은 음식류이다. 술집들에서는 밖에서도 부드러운 양고기로 만든 여러가지 색갈의 만두와 주양화포, 소육간포,옥판자파, 자편장 등을 팔았다. 그 밖의 작은 술집들에서도

여러 가지 요리를 팔았다. 예를들면 전어, 압자, 소계토, 전오육, 매즙, 혈갱, 분갱 따위의 안주들이다.[694]

실로 어마어마한 량의 식재료가 필요하다. 전국 각지에서 생산되는 산해진미들과 진귀한 토산품들까지 총 망라되어있다. 이렇게 방대한 양의 식재료의 신선도를 유지하려면 매일 외부로부터 조달해야 한다. 그러자면 주점 내부에 전문 구입담당자가 있어야 한다.[695] 하지만 이들 몇 사람이 매일 전국 각지를 돌며 그 많은 식재료를 구입해 들인다는 건 무리일 수밖에 없다. 시장에도 관련 산품을 전문적으로 판매하는 상단商團이나 상항商行들이 있었다. 임안臨安에는 "상단으로는 니로청과물상단泥路靑果團, 혼수건어물상단渾水閘鰲이 있었으며 상항으로는 성북어항城北魚行, 성동해항城東蟹行, 북주항北猪行, 후

---

694) 《东京梦华录》[宋] 孟元老. 卷之二. 〈饮食果子〉谓之『厮波』. 又有下等妓女. 不呼自来. 筵前歌唱. 临时以些小钱物赠之而去. 谓之『剖客』. 亦谓之『打酒坐』. 又有卖药或果实萝卜之类. 不问酒客买与不买. 散与坐客. 然后得钱. 谓之『撒暂』. 如比处处有之. 唯州桥炭张家. 乳酪张家. 不放前项人入店. 亦不卖下酒. 唯以好淹藏菜蔬. 卖一色好酒. 所谓茶饭者. 乃百味羹. 头羹. 新法鹌子羹. 三脆羹. 二色腰子. 虾蕈. 鸡蕈. 浑炮等羹. 旋索粉. 玉碁子. 群仙羹. 假河鲀. 白渫齑. 货鳜鱼. 假元鱼. 决明兜子. 决明汤齑. 肉醋托胎衬肠. 沙鱼两熟. 紫苏鱼. 假蛤蜊. 白肉. 夹面子茸割肉. 胡饼. 汤骨头乳炊羊. 炖羊. 闹厅羊. 角炙腰子. 鹅鸭排蒸. 荔枝腰子. 还元腰子. 烧臆子. 入炉细项莲花鸭签. 酒炙肚胘. 虚汁垂丝羊头. 入炉羊. 羊头签. 鹅鸭签. 鸡签. 盘兔. 炒兔. 葱泼兔. 假野狐. 金丝肚羹. 石肚羹. 假炙獐. 煎鹌子. 生炒肺. 炒蛤蜊. 炒蟹. 煤蟹. 洗手蟹之类……又有外来托卖炙鸡. 燠鸭. 羊脚子. 点羊头. 脆筋巴子. 姜虾. 酒蟹. 獐巴. 鹿脯. 从食蒸作. 海鲜时菜. 旋切莴苣生菜. 西京笋. 又有小儿子着白虔布衫. 青花手巾. 挟白磁缸子. 卖辣菜. 又有托小盘卖干菓子. 乃旋炒银杏. 栗子. 河北鹅梨. 梨条. 梨干. 梨肉. 胶枣. 枣圈. 桃圈. 梨圈. 核桃. 肉牙枣. 海红嘉庆子. 林檎旋. 乌李. 李子旋. 樱桃煎. 西京雪梨. 夫梨. 甘棠梨. 凤栖梨. 镬府梨. 河阴石榴. 河阳查子. 查条. 沙苑榅桲. 回马字葡. 西川乳糖. 狮子糖. 霜蜂儿. 橄榄. 温柑. 绵枨金桔. 龙眼. 荔枝. 召白藕. 甘蔗. 漉梨. 林檎干. 枝头干. 芭蕉干. 人面子. 巴览子. 榛子. 榧子. 虾具之类. 诸般蜜煎香药. 菓子罐子. 党梅. 柿膏儿. 香药. 小儿儿. 小腊茶. 鹏沙元之类. 更外卖软羊诸色包子. 猪羊荷包. 烧肉干脯. 玉板鲊豝. 鲊片酱之类. 其余小酒店. 亦卖下酒. 如煎鱼. 鸭子. 炒鸡兔. 煎燠肉. 梅汁. 血羹. 粉羹之类.

695) 실제로 주점들에는 "운수반(運輸班)"이라는 전문 구입담당부서가 있었다.《坊墙倒塌以后—宋代城市生活长卷》李春棠 著. 1993年 3월. p.30.

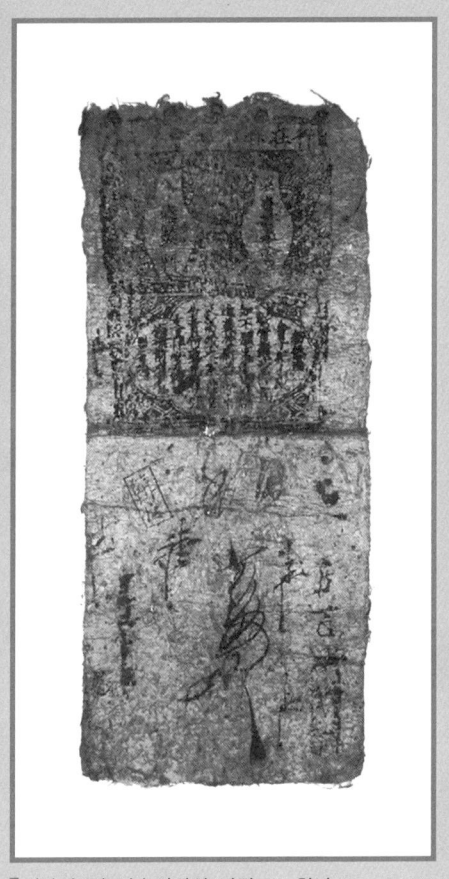

(사진 91) 남송시기의 지전紙錢 회자會子
동전銅錢이나 철전鐵錢보다 휴대가 간편하여 상업의 발달을 촉진하는 작용을 놀았다.

조문외남주항后潮門外南猪行, 남토북상문채항南土北上門菜行, 패자교선어항壩子橋鮮魚行, 계아항鷄鵝行이 있었고 시市로는 수의방육시장修義坊肉市, 성북쌀시장城北米市"⁶⁹⁶ 등이 있었다. 상단이던 상항이던 구입 담당자이던 식자재 조달은 먼저 물자 운송이 선행되어야 한다. 물론 계절에 따른 생산과 물자 수집도 전제되어야 할 것이다. 장거리 상업성 물자운송은 생산, 수륙교통, 운반도구 등 수많은 부대조건들이 구비되어야 한다. 송대의 장거리운수업은 기존의 사치품 운수에서 일탈하여 양곡, 소금, 술, 차, 방직품, 종이, 철, 과일과 같은 생활용품 운수무역으로 전환함으로서 주점의 수요를 만족시킬 수 있게 되었다.⁶⁹⁷ 여기에 화폐도 무거워서 휴대하기 불편했던 동전銅錢(매 천전千錢에 동銅 3근 10냥, 연鉛 1근 8냥. 은銀 8냥이 사용되어 도합 5근이었다.)과 철전鐵錢으로부터 지폐를 사용하게 되면서 교역과 상업무역의 발달 그리고 소비를 자극했다.

이쯤되면 송대의 상업이 전성기를 누릴 수 있었던 것은 주점의 공로가 그만큼 컸기 때문이라는 사실을 인정하지 않을 수 없을 것이다.

주점과 예술의 관계에 대해서는 구태여 설명을 부연할 필요도 없다. 술은 양조장에서 생산되어 나올 때부터 음악과 인연을 맺는다. 임안臨按에는 13개의 관영양조장酒庫이 있었는데 해마다 청명절과 중추절에 새로 빚은 술을 들고 "거리행진"을 거행한다. "대고大鼓를 위시한 방대한 악대가 음악을 연주하며 요염하고 아리따운 관기官妓들을 동원한 거리 축제를 진행"⁶⁹⁸하여 자신의 산품을 홍보한다.

악대의 음악연주는 차집과 술집에서도 공연되었다. 소흥연간紹興年間

---

696) 《夢梁录》卷十三. 〈团行〉
697) 《中国商业通史》第2卷. 吴慧 主编. 中国财政经济出版社 2006년. 2월. pp.548~549.
698) 《坊墙倒塌以后—宋代城市生活长卷》李春棠 著. 1993년 3월. pp.38~39. 以大鼓为核心的庞大乐队, 纵声鼓吹……在游行队伍中……大批妖冶妩媚的官私妓女

(1131년~1161년) 임안臨按 거리의 일부 차방茶坊에서는 여름철에 청량음료를 판매했다. "고객들은 얼음에 냉동시킨 매화주梅花酒를 마시며 악대가 연주하는 매화인梅花引곡을 감상"699)했다. 번루와 같은 대형주점正店에서도 3층에서는 술을 마시며 공연을 관람했다. 변량汴梁성 내의 다른 수많은 "차집과 술집들에서도 악기를 연주했다"700) 인간의 정신을 자극하고 흥분시키는 술과 차는 음악예술과 조화를 이루며 분위기를 황홀한 경지에로 끌어 올린다. 당시 차집과 술집에서의 음악연주가 도시오락생활에서 아주 중요한 지위를 차지했음을 알 수 있다.701)

물론 예술 공연이 가장 빈번하게 진행되는 장소는 와자瓦子의 구란勾欄이다. 사찰에서의 예술 공연 활동도 활발하게 진행되었다. 그런데 와자는 상업, 상품교역, 예술, 요식업을 망라한 종합적인 문화생활공간으로서 내부에 술집도 함께 경영하고 있었다.

결론적으로 술과 주점은 상업의 활성화는 물론이고 예술발전에도 마멸할 수 없는 기여를 하였음을 인정하지 않을 수 없을 것이다. 술과 주점이 없었다면 송대의 비약적인 상업발달과 왕성한 예술부흥 역시 없었을 것이다.

2) 조선 시기 주점과 상업 그리고 예술

조선시대 주점은 전기는 물론이고 중, 후기에도 보이지 않는다. 자택에서 빚은 자양주가 아니면 술 파는 가게에서 사서 마셨다. 선말鮮末의 병주가甁酒家, 헌주가獻酒家, 소주가燒酒家 등은 술을 판매하는 곳이었다.

---

699) 동상서. p.38.
700) 《东京梦华录序》[宋] 孟元老. 按管调弦于茶坊酒肆.
701) 《坊墙倒塌以后－宋代城市生活长卷》李春棠 著. 1993年 3월. p.35. 可见当时茶坊酒肆中的音乐活动在城镇的娱乐生活中占有十分重要的地位.

瓶酒家는 병술집, 바침술집이라고도 한다. 술을 小賣하는 집이다.

獻酒家에서는 약주를 주로 만들어 도매를 主로 하지만 소매도 한다.……
서울에는 100戶 정도의 헌주가가 있어서 藥酒, 白酒를 1年에 약 20,000만
石 정도 만들었다.
燒酒家는 소주의 제조 판매를 주로 한다.…… 서울의 소주가는 孔德里
에 50~60戶로 기타를 합하면 100戶 정도이고 年間 2,500石 정도 만들
었다.[702]

상술한 술집은 술만 판매하고 음주공간이나 안주를 제공하지 않는다는 공통점을 가지고 있다. 엄밀한 의미에서 이들은 술집이 아니다. 일부 학자들은《조선왕조실록》에 보이는 한두 편의 문헌기록을 근거로 18세기 후반부터 술과 안주, 음주공간을 동시에 제공하는 주점이 개설되었다고 주장한다. 그러나「정조실록」의 문헌기록을 자세히 보면 안주와 음주공간을 제공하는 주점이 아니라 술만 판매하거나 술을 제조하는 곳임을 알 수 있다. 대사간 홍병성이 정조대왕에게 바친 이른바 "술집" 관련 상소 원문은 다음과 같다.

近來城市之間, 大釀彌巷, 小酷連屋, 擧國若狂, 專事銜杯.[703]

이를 학자들은 "근래 도성 안에 큰 술집이 골목에 차고 작은 술집이 처마를 잇대어 온 나라가 미친 듯이 오로지 술 마시는 것만 일삼고 있습니다." 라고 번역하고 있다. 양釀과 혹酷은 모두 술집으로 번역되고 있다. 양釀은 술 빚을 양이다. 혹酷은 술맛 텁텁할 혹이다. 고대에는 술집을 주사酒肆, 주점酒店

---

702)《韓國食品社會史》李盛雨 著. 敎文社. 1995년 1월 20일. p.285.
703)《정조실록》정조 30권, 14년(1790 경술 / 청 건륭(乾隆) 55년) 4월 26일(병자) [태백산사고본] 영인본. 46책 130면.

주포酒鋪라고 하거나 간략하게 사肆, 점店, 포鋪라고도 했다. 양釀, 혹酷이라고 표시하지는 않는다. 이 문구는 당연히 "술을 많이 빚는 집들이 골목에 넘치고 적게 빚는 집들도 처마를 잇대어"라고 번역되어야 할 것이다. 술을 많이 빚는 집들은 팔기 위함일 것이고 적게 빚는 집들은 가내 음용이 목적일 것이다. 결국 정조연간인 18세기 후반까지도 서울 도성 안에는 주점은 없고 술 파는 자택양조밖에는 없었음을 알게 한다. 앞의 예문에서도 보았지만 서울에 헌주가와 소주가는 합산해도 200여 호 뿐이다. 낙후한 18세기 서울 도심에 술집이 "골목에 넘치고 처마를 잇대"려면 반드시 인구가 고도로 밀집되고 상업화된 종합유흥공간이 형성되지 않고는 불가능하다. 물론 잉여곡물의 충분한 비축도 전제되어야 할 것이다.

그렇다고 18세기의 서울에 술도 팔고 음주공간도 제공하는 주점이 전혀 개설되지 않은 것은 아니다. "남대문 안에 등불을 내걸고 해장국과 술을 파는 주점"704)이 있었다. 그러나 그 내용에서 짐작할 수 있듯이 주점이라 해보았자 다른 술안주는 없고 주로 해장국과 같은 국밥을 팔면서 술도 파는 서민식당임을 알 수 있다. 송나라 때처럼 여러 가지 요리 안주와 주류를 위주로 판매하는 유흥중심의 주점은 아니었다. 게다가 서민들은 살림살이에 쪼들려 "외상술"을 많이 마셨기에 술집경기도 흥성하지는 못했다. 주점 또한 "항아리 입 같은 창에 새끼줄로 만든 문지도리"가 있고 "작은 각문角門에 새끼줄 발을 드리우고, 쳇바퀴로 등롱을 만들어"705)내건, 초라하고 영락한 모습이었다. 일부 학자들이 주장하듯이 결코 18세기의 서울 도심에 "주점, 음식점이 즐비"했던 것은 아니었다.

---

704) 《李朝漢文短篇集》上. 李佑成, 林熒澤 번역. 一潮閣. 1973年 7月 30日. p.81.
705) "열하일기" 박지원 지음.

18세기 서울은 도시상업의 발달로 새로운 기능을 지닌 영업들을 출현시켰다. 대표적인 것이 서비스업의 성격을 갖는 주점, 음식점, 기방, 색주가 등이었다. 남대문에서 종로에 이르는 거리에는 주점, 팥죽집 등 음식점이 즐비하였으며, 서울 종루 거리에는 천 냥짜리 靑樓가 등장할 정도로 색주가가 번창하였다.[706]

이 책에서는 주점이 즐비하고 색주가가 번창한 증거자료로 임우성, 임형택의《이조한문단편집李朝漢文短篇集》상上권을 들고 있다.《혁하감증嚇羨酣憎》이라는 제하의 야담인데 이야기의 시간적 배경은 순조純祖 때이다. 18세기라고도 할 수 있고 19세기라고도 할 수 있다. 하룻밤 숙비宿費가 천 냥千兩이나 되는 종로의 누대樓臺는 색주가임에는 틀림없다. 그러나 개성의 대상大商 백유성이 만금을 출자하여 개설한 누대는 번창하기는커녕 개업한지 10일이 지나도록 문밖에 손님 하나 얼씬하지 않는다. 주인공 이선략李宣略이 첫 손님이다.[707] 이야기의 흐름을 보아 이 누대는 야담이 즐겨 사용하는 허구적인 설정일 가능성도 배제할 수 없다. 설령 실제로 종로에 하루 숙박비 천 냥짜리 색주가가 개설되었다고 하더라도 10일만에 겨우 손님 한 사람이 찾아들 정도라면 얼마 버티지 못하고 문을 닫았을 것은 불 보듯 번연한 일이다.

서울의 대표적인 색주가라는 "경강의 마포지역과 홍제원, 남대문 밖 잼배, 탑골공원 뒷편, 수은동 등지"[708] 역시 그 시기가 18세기라고 할만한 충분한 근거가 없다. 그보다 훨씬 뒷날인 19세기 구한말의 상황이었을 것으로 간주된다. "주점에서 수십 가지 안주를 제공하고" "젊은이들이 술값으로 패가

---

706)《서울상업사 연구》서울학연구소. 1998년 2월 25일. p.139.
707)《李朝漢文短篇集》上. 李佑成, 林熒澤 번역. 一潮閣. 1973年 7月 30日. pp.73 74.
708)《서울상업사 연구》서울학연구소. 1998년 2월 25일. p.140.

망신"⁷⁰⁹하는 현상도 18세기가 아닌 19세기의 한말 또는 일제강점기 때의 서울의 모습이라고 보는 게 타당하다.

　시장도 1794년 자유매매로 전환되며 교역 공간, 시간상에서 훨씬 개방되었지만 운영체제는 여전히 보수적이어서 주식업酒食業과 상업 내지는 문화오락공간의 확보에 실패하고 말았다. 시전은 변함없이 궁궐과 관아, 사대부들의 사치품이나 필수품을 거래했고 이현, 칠패와 같은, 서민이 이용하는 시장은 운영시간이 새벽으로 한정되어 있어 상업오락적인 종합 문화공간으로 격상되지 못한 채 생계형시장으로 만족해야만 했다.

　김화진金和鎭의 저서인《한국의 풍토와 인물》〈옛날의 음식점〉(을유문화사, 1973)에 언급된 목로木爐술집, 내외內外술집, 사발막걸리집, 모주母酒집, 색주가 등은 목로술집과 색주가를 제외하고는 모두 구한말에 나타난 새로운 음주문화공간들이다. 서서 마시는 목로주점이든 가정집(노과부)의 마당에 돗자리나 짚방석을 깔고 마시는 내외술집이든 간단한 안주에 막걸리만 판매하는 사발막걸리집이든, 술찌끼를 걸러 마시는 모주집이든 모두 상업, 유흥, 문화오락과는 인연이 묘연한, 생계형의 천박한 서민술집들에 불과하다. 주객들에게 제공되는 음주 공간(뒷골목, 가정집 마당)이 협소할 뿐만 아니라 안주 또한 송대宋代 고급 요정料亭과는 거리가 먼, 대중음식점에 불과할 따름이다. 그것은 식음食飮의 공간일 뿐 문화향유의 공간이 아니었다. 오락, 예술과의 인연은 애초부터 단절된 상태였다. 배부르고 취하면 그것으로 끝난다. 20세기 초반까지도 서울에는 고급 요정 같은 것은 없었다.

　상업화와 도시화가 부진한 상태에서 고전극의 몰락은 이미 운명 지워진 것이었다. 중국사신中國使臣의 관람觀覽을 위한 공연목적으로 국가적인 보호를

---

709) 동상서. p.140.

(사진 92) 판소리(평양감사환영도平壤監司歡迎圖. 국부)
판소리는 가면극과는 달리 유교라는 코드를 통해 양반사회 잠입의 성공으로 잔명을 유지했지만 근대극장문화의 파도에는 버티지 못하고 역사의 뒤안길로 사라져야만 했다.

받으며 간신히 명맥을 유지해오던 고전극山臺劇은 인조仁祖 이후에는 공의 公儀 로서는 폐지되고 민간에서 전전하다가 갑오개혁甲午改革(1894년) 후에는 신문예운동이 발흥하며 공연예술의 중심에서 퇴역할 수밖에 없게 되었다. 상업과 주식업酒食業이 발달하지 못한 도시에서 정착할만한 생존공간을 잃은 채, 수익을 창출할 만한 공연장소를 확보하지 못한 채 유랑공연과 매춘으로 잔명을 이어가다가 결국 해산되고 말았다.

대표적인 고전극으로는 가면극을 위시하여, 탈춤, 꼭두각시극 등이 있다. 이러한 공연물의 공통된 특성은 관객들의 참여를 기반으로 하여 공연된다는 점이며, 극적 효과를 높이기 위해서는 배우들과 관객들이 함께 어울릴 수 있는 공간구조를 필요로 한다. 그럼에도 불구하고 1900년대

> 초창기공연예술은 무대와 객석이 나누어진 극장 중심으로 전개되어
> 갔으므로, 고전극은 치명적인 어려움에 봉착하게 되었다.……
> 당연하게도 가면극은 당대 공연예술의 자리에서 밀려나게 되었다.[710]

아현산대阿峴山臺(애오개)는 경제난으로 해산되었고 양주별산대도 1929년 (소화 4년)박람회 때에 동대문에서의 공연을 최후로 해체[711]되었다. 20세기에는 『협률사協律社』(1902년)를 시작으로 『단성사』(1907년), 『연흥사』(1907년), 『장안사』 (1908년), 『광무대』(1908년) 등 극장들이 개관하면서 "점차 극장 중심의 공연예술이 정착" 되기 시작했다.[712] 무대의 액자화로 인해 전통연극이 감수해야 했던 치명타는 훼멸적인 것이었다. 고전극은 송두리 채 공연예술의 공간에서 축출당해야만 했다. 다행스러운 것은 미리 몸통을 줄임으로서 준상업화와 도시정착에 성공한 판소리 하나만 겨우 극장 무대에 오를 수 있게 되었다.

가무백희歌舞百戲에 그 연원을 둔 판소리가 상업적인 공연수익을 올리며 도시에 발을 붙일 수 있게 된 원인은 의외로 엉뚱한 곳에서 기인한다. 일단 판소리의 생존공간부터 도심의 특별한 공간이라고 할 수 있다. 대중적인 서민 공간이 아닌 궁궐이나 귀족, 부자들이 사는 곳이었다. 궁궐, 관청[713], 과거시험 합격자, 회갑연, 생일잔치[714] 등 사대부지식인들의 초대에 의해 연희를 진행하고 보수를 받았다. 유교사회였던 조선시대에는 가무백희와 같은 공연예술

---

710) 《근대전환기 한국의 극》김재석 지음. 연극과 인간. 2010년 11월 8일. p.161.
711) 《韓國文化史大系 Ⅵ》高大 民族文化硏究所. 1970년 12月 31日. p.171.
712) 《근대전환기 한국의 극》김재석 지음. 연극과 인간. 2010년 11월 8일. p.161.
713) 판소리 창자들은 신청에 소속이 되어 있으면서, 대령광대로서 관청의 공역에 응하기도 했다.《판소리의 공연예술적 특성》임명진, 김익두, 최동현, 정원지, 김연호 지음. 민속원. 2003년 2월 15일. p.107.
714) 《판소리의 공연예술적 특성》임명진, 김익두, 최동현, 정원지, 김연호 지음. 민속원. 2003년 2월 15일. p.127.

이 줄곧 사대부들의 기시와 외면을 당해왔었다. 관극금지觀劇禁止는 여자들은 물론 사대부지식층에까지 확대[715]되었다. 그러나 19세기로 진입하며 "비약적으로 발전한 판소리는 마침내 지식인층을 청중으로 끌어들이는 데 성공"[716] 하며 새로운 관객과의 밀월을 즐기게 된다. 사대부 지식계층이 그동안 사특하다고 여겼던, 공연예술에 대한 부정적인 입장을 바꾸어 판소리를 받아들인 데에는 그럴만한 이유가 있다. 판소리는 전통가무백희에서 유교예의에 부합되는 문학적이고 음악적인 요소만 계승하여 살렸기 때문이다. 연극도 무용도 아닌 판소리는 유교사상에 물든 사대부들이 수용할만한 공연예술이었다고 할 수 있다. 과거급제나 축제 또는 잔치에서 술판을 벌려놓고 청중과 창자가 흥겹게 어울리는 연희는 공연과 대가지불로 이어지며 판소리의 생존공간을 구축했다.

하지만 판소리 역시 근대극장문화의 파도 앞에서는 속수무책이었다. 시각 중심의 무대공연에서 "청각중심의 공연예술"[717]인 판소리의 심미적 가치는 반으로 훼손될 수밖에 없었다. 일반 연극의 두 가지 기능인 "'대사'와 '행동'"[718] 중에서 시각적 심미활동에 속하는 행동(연기)이 거부되기 때문이다. 음성절대주의는 시각의 대상인 무대와 배우에 대한 거부나 다름없다. 판소리가 부단한 갱신의 노력에도 불구하고 극장공연에 적응하지 못하고 밀려나게 된 이유를 아래의 몇 가지로 귀납할 수 있을 것이다.

1. 창자와 청중의 분리. 이로 인하여 청중의 호응을 상실하였다. 청중은

---

715) 《韓國民俗考》宋錫夏 著. 日新社. 檀紀 4293年 3月 30日. p.242.
716) 《판소리의 공연예술적 특성》임명진, 김익두, 최동현, 정원지, 김연호 지음. 민속원. 2003년 2월 15일. p.109.
717) 《판소리 미학》『國語文學』33집(국어문학회)1998년. p.169.
718) 《판소리의 공연예술적 특성》임명진, 김익두, 최동현, 정원지, 김연호 지음. 민속원. 2003년 2월 15일. p.30.

더 이상 한마당에서 어울리는 존재가 아니라 공연물의 구매자로서 냉정한 관객으로 돌아갔다.

　　2. 청각과 시각의 분리. 시각의 분리로 인하여 심미적 가치를 상실하였다. 시각의 심미적 감상을 거부 또는 제한함으로서 의미를 축소시켰다. 판소리의 이러한 단점을 파악한 극장주들은 "배역 분담"[719]을 도입하여 "여러 배우들에게 해당 인물의 대사와 연기를 맡기고" "남녀등장인물들을 남녀 판소리 창자"[720]에게 맡겼을 뿐만 아니라 심지어는 『광무대』의 연극 〈춘향가〉에서는 "춘향의 나이에 어울리는 어린 여성 창자를 출연"[721]시키고 대량의 기생들에게 판소리를 가르쳐[722] 창자로 등장시키는 등 시각적 효과의 보강에 전력을 다했지만 소기의 목적을 달성하지는 못했다.

　　굳이 실패의 원인을 꼽으라면 두 가지를 들 수 있다. 첫째로는 판소리의 내용과 현실의 격리이다. 내용 전체가 유교와 무속과 떼래야 뗄 수 없는 관계에 놓여 있어 급변하는 대중문화와 현실 그리고 사회의 관심사를 대변하지 못했다. 판소리 창자의 대부분이 "세습무당의 남편"[723]인 무부巫夫들이었다. "여성 창자들도 역시 그 출신으로 보면 무계가 대부분"[724]을 차지하고 있었다. 다음으로는 사대부 관객들과 밀월을 보내는 동안 판소리는 이미 대중이

---

719) 《판소리의 비평적 이해》김진영 외. 민속원. 2004년 12우월 30일. p.16. 20세기 초에 협률사, 원각사 등 근대 서구식 극장이 만들어지면서 새로운 무대 환경에 적응하여 살아남기 위해서, 판소리는 배역을 나누어 연극적으로 공연하는 음악극인 창극의 길로 접어들게 되었다.
720) 《근대 전환기 한국의 극》김재석 지음. 연극과인간. 2010년 11월 8일. p.118.
721) 동상서. p.119.
722) 신재효는 최초의 여자 창자인 진채선을 길러내여 1867년 경복궁 경회루 낙성연에 보냈다고 한다. 신재효는 진채선 외에도 80여 명의 기생을 길러냈다. 《판소리의 공연예술적 특성》임명지, 김익두, 최동현, 정원지, 김연호 지음. 민속원. 2003년 2월 15일. p.110.
723) 동상서. p.106.
724) 동상서. p.111.

라는 거대한 관객시장을 상실했다는 사실이다. 판소리가 무대에 올라섰을 때 창자의 설창은 더 이상 관객의 심금을 울릴 수가 없었으며 급변하는 문화의 소용돌이에서 한낱 의미 없는 무당굿에 지나지 않았다.

3. 실용적 가치의 분리. 극장 무대공연은 공연물을 상품화함으로서 실용가치를 교환하는 공간이다. 관객은 돈을 주고 공연물을 구매한다. 공연물의 실용가치 즉 즐거움이나 심미적 가치를 산다. 그러나 시각적 효과의 위축으로 축소된 심미가치는 이미 그 실용성을 상실했다.

이처럼 공연예술계에서의 판소리의 퇴장은 선사시대부터 맺어진 공연예술과 무속의 관계를 근대에 이르기까지 단절하지 못한 채 그 그늘 밑에서 시들어버린 전통공연예술의 최후를 고하는 역사적인 사건이라 할 수 있다.

한국에서 주점이 고급요정의 형태를 취하고 문화오락과 예술을 즐기는 음주공간으로 바뀐 것은 일제강점기 때부터이다. 우후죽순처럼 일떠서는 주점들과 음식점, 다방과 커피숍 그리고 기생집, 극장과 백화점…… 도시는 하나의 거대한 시장으로 변하고 유흥공간으로 변해갔다. 이 시기에는 문학, 예술, 공연예술 할 것 없이 문화 전반에 걸쳐 대한민국역사에 유례없는 눈부신 발전을 거듭했다.

> 조선이 1년 간 소비하는 술값은 83,429,176원 당시 일인당 연간생활비는 200원.[725]
>
> 1921년 1930년 사이에 등록된 한국의 제조업체는 657개. 그중 양조업체가 154개.[726]

---

725) 《기독신보》1927년 11월 16일.
726) 《서울600년사》홈페이지. 시대사. 시민생활. 전통적인 음식의 변천.

1930년 주류생산액은 전 공산액의 15%.[727]

예술발전 과정에서 술의 역할비중이 얼마나 지대한가를 한눈에 알아볼 수 있게 하는 통계숫자들이다. 그러나 일제강점기의 술과 상업 그리고 예술과 관련된 연구는 본서의 담론범위 밖의 주제임으로 이만 생략하기로 한다.

이제는 숨 가쁘게 달려온 글쓰기를 마무리할 때가 된 것 같다.

---

727) 《서울600년사》홈페이지. 시대사. 일제침략하의 서울. 시민생활. 양조주.

나가는 말

물水, 정화수玄酒, 제주祭酒, 음용주飮用酒……

술이 달려온 줄기찬 흐름은 반만 년 인류역사를 종단縱斷하고도 남는다. 영향력 또한 정치, 군사, 경제, 이데올로기, 문화, 예술 등 인류문명의 전반을 아우를 만큼 규모가 방대하다. 국가의 흥망성쇠, 전쟁의 승패, 경제의 부흥불황, 이데올로기의 부침浮沈……어느 것 할 것 없이 술의 영향이라는 사정권에서 자유롭지 못하다.

그중에서도 예술의 발전에 미친 술의 권력은 거의 지배적인 것이다. 술은 무속의 사생아인 초창기 예술을 먹여 살린 젖줄이었고 탈종교로 인해 생사의 기로에 선 고아, 예술에게 아름다움과 낭만을 수혈해준 혼魂줄이었다.

술의 업적은 여기서 끝나지 않고 스스로 빚어낸 상상력과 격정으로 위대한 문인들과 불후의 명작들을 탄생시켰다.

　이런 연유만으로도 술은 당당하게 학문의 전당에 입장할 가치가 충분하다. 뿐만 아니라 일상의 권태에 사장死藏된 술의 본래 의미를 복구함으로서 동맹자를 상실한 예술의 품에 환원시키는 학술적 작업에 당위와 명분까지 배당한다. 술이 둔화된 일상의 두터운 먼지를 털고 과거의 영광을 되찾아 느슨해졌던 예술과의 연대를 새롭게 가다듬을 때 유발될 기적! 한 번 기대를 가져볼 만하다.

저자의 말

　현대인의 정서생활공간을 정복해버린 술은 이미 한국인의 문화생활에서 떼래야 뗄 수 없는, 특대 기호식품으로 자리매김하고 있다. 그럼에도 불구하고 인류역사와 술, 문학예술과 술의 관계를 깊이 있게 탐구한 저서가 거의 전무하다는 안타까운 현실이 이 책에 저술 동기를 제공해 주었다. 작금의 폭풍같은 음주문화가 음식물 섭취라는 단순한 일상으로 막을 내리지 말고 한국문학예술을 세계적인 수준으로 끌어올리는 유용한 에너지가 되었으면 하는 바람을 녹여 넣었다.

　전에 없이 출판 시장이 꽁꽁 얼어붙은 불경기에도 출판을 선뜻 허락해 주신 윤석전 사장님께 다시 한 번 사의를 표한다. 예쁜 책을 만들기 위해 불철주야로 심혈을 쏟은 편집진에게도 고마움을 전한다.

2012년 6월 15일 서울에서

술, 예술의 혼

초판 1쇄 발행일 2012년 7월 31일

지은이 장혜영
펴낸이 박영희
편집 이은혜·김미선·정민혜·장은지·신지항
인쇄·제본 AP프린팅
펴낸곳 도서출판 어문학사
　　　　서울특별시 도봉구 쌍문동 523-21 나너울 카운티 1층
　　　　대표전화: 02-998-0094 / 편집부1: 02-998-2267, 편집부2: 02-998-2269
　　　　홈페이지: http://www.amhbook.com
　　　　트위터: @with_amhbook
　　　　블로그: 네이버 http://blog.naver.com/amhbook
　　　　　　　다음 http://blog.daum.net/amhbook
　　　　e-mail: am@amhbook.com
　　　　등록: 2004년 4월 6일 제7-276호

ISBN 978-89-6184-268-6　93380
정가 26,000원

이 도서의 국립중앙도서관 출판시도서목록(CIP)은 e-CIP홈페이지(http://www.nl.go.kr/ecip)와
국가자료공동목록시스템(http://www.nl.go.kr/kolisnet)에서 이용하실 수 있습니다.
(CIP제어번호: CIP2012003002)

※잘못 만들어진 책은 교환해 드립니다.